敬 启

尊敬的各位读者：

感谢您多年来对中国政法大学出版社的支持与厚爱，我们将定期举办答谢读者回馈活动，详情请登录我社网站或拨打咨询热线：

www.cuplpress.com

010-58908302

期待各位读者与我们联系。

高等院校系列教材

管 理 学

（第二版）

■ 主　编　刘俊生

■ 副主编　梅燕京　马建川

■ 撰稿人（按撰写章节先后为序）

刘俊生　辛　锋　马建川

谭兰英　梅燕京　刘惠敏

中国政法大学出版社

第二版说明

　　《管理学》的初版是在 2000 年发行的，九年来使用这本书的各高等院校、培训机构的师生和广大社会读者的反应良好，我们根据教师、学生和本书的其他读者在使用或阅读本书的过程中提出的建议和意见以及管理理论和管理实践的最新发展，决定修订并再版本书以满足社会各方的需求。全书仍然保留由绪论篇、规划篇、组织篇、激励篇和控制篇五个部分共 15 章内容组成的整体结构框架。本书再版修订的宗旨为：力求学术性和应用性的统一，理论性和趣味性的统一，正确反映国内外管理理论的前沿动态和管理实践的最新成果，注重管理理论的一般性研究和通用性研究，强调管理理论知识的系统性、完整性和科学性，并坚持基本概念和基本原理采用学术界通说的原则。本书第二版在每章末增加了自我测试题，自我测试说明（测试目的与计分规则说明）则放在书末，以供读者检查自我测试结果。本书除适合于高等院校管理类专业的教师和学生选为教材或参考书之外，也适合于各类社会培训机构作为管理培训教材使用，同时也适合于各类管理人员、公务员和对管理理论、管理工作感兴趣的社会人员阅读。

　　本书初版的编写人员有（按撰写章节先后为序）：刘俊生（第一、三～六、九、十、十一、十四、十五章）、辛锋（第二章）、马建川（第七章）、谭兰英（第八章）、梅燕京（第十二章）和刘惠敏（第十三章），其中，刘俊生、辛锋、马建川、梅燕京参加了本书再版的修订工作，并各自负责原先撰写的章节的修订，另外的第八章和第十三章由刘俊生负责修订，最后由主编统稿和定稿。中国政法大学行政管理研究所的全体老师和研究人员在本书的编写过程中提出了很多很好的意见和建议，中国政法大学出版社给本书的再版提供了方便和热情的帮助，国内外专家学者的相关教材、论文和著作开启了作者的思路，使用和阅读本书初版的许多师生和读者对本书的再版修订给予了莫大的鼓励和支持，中国政法大学"211 工程"第三期项目对本书的再版予以了一定资助，在此一并致谢。由于作者水平所限，书中内容定有不足之处，愿与广大师生和社会读者交流探讨，共同促进学术之繁荣。

刘俊生

2009 年 6 月

初版前言

　　管理活动同人类社会一样古老，但作为一门学科的管理学却只有百年历史。为什么？经济活动使然。就是说，经济的发展和管理学的产生有着必然联系。经济的发展依赖于资源的有效配置和高效利用，而管理活动的目的之一就是追求资源的有效配置和高效利用，二者"一拍即合"，通过效率这条看不见的红线逻辑地结合在了一起。当然，仅凭此还不能圆满地解释管理学的"晚产"，另外一个重要原因就是产业革命催生的社会化大工业生产。社会化大工业生产冲破了家庭手工业和工场手工业的桎梏，使组织规模迅速扩大，而大规模生产的合理组织和协调依赖于有效管理。上述两个条件孕育了管理学。在不追求经济发展或者没有社会化大生产的国家和地区，既没有促进管理知识的增长，也没有形成职业化的管理阶层，这从反面证实了上述观点。

　　如果前述逻辑成立，那么管理学产生于西方就不难理解了。19世纪后半叶，西方各主要资本主义国家先后完成了产业革命，经济进入了高速发展时期，合理组织生产和高效利用资源成为时代的要求。产生于19世纪末期、成熟于20世纪初期的公共行政（威尔逊）、科学管理（泰罗）、一般管理（法约尔）、理想行政组织（韦伯）等理论正是适应这种时代要求的产物。正是这些理论将管理活动纳入了科学轨道，并为日后管理学的产生以及将管理教育纳入高等教育体系奠定了基础。此后百年，管理理论日渐丰富，知识体系日趋完整，管理学日臻成熟。如今，管理学不仅在高等教育学科体系中占有重要地位，而且在管理实践中发挥着重要的指导作用。就我国情况而言，在 20 世纪 80 年代之前，我国基本上不具备上述两个条件。因此，具有丰富古代管理思想的中国不仅对管理学的创立没有做出大的贡献，而且其管理技术落后了许多年。这并非危言耸听，中国需要并且正在补管理的课。

虽然管理学产生于西方，但它同其他科学一样属于全人类所有。管理理论无国界，管理技术可以移植、借鉴并吸收，为我所用。可以预言，随着经济体制和行政体制改革的不断深化，具有璀璨古代文明的中国必将迎来自己的管理时代。

刘俊生

2000 年 10 月

| 目 录 |

绪 论 篇

规 划 篇

组　织　篇

激　励　篇

控 制 篇

绪　论　篇

第一章

管理与管理学

> **提示：**
>
> 　　"管理"一词的三种语义—管理是通过他人完成工作？—管理与组织—管理的效能与效率—变革与创新—管理是一种职业？—管理革命—管理者需要扮演什么角色—THC 技能—管理道德—四项管理职能—管理学的综合性与工具性—管理是一门艺术？—科技与管理是经济增长和社会发展的"两个轮子"

　　在人类的各种活动中，管理活动有着自己的特殊地位。它存在于社会的各个领域，深深地扎根于社会的实际需要之中，构成社会发展的一种内在机制。管理确立组织的发展方向，并赋予组织以生产力；管理整合资源，并创造价值；管理变革旧规则，并创造新制度；管理改变人的旧观念，并塑造先进的组织文化。进步的组织必然有自己的优秀管理群体，辉煌业绩的背后蕴涵着管理者的先进思想和技能。本章将界定管理和管理者，探讨管理的本质和管理者的任务，阐明管理学的研究对象，分析管理学的性质并探讨学习管理学的意义。

第一节　管　理

一、管理的语义解释

　　在现代社会中，"管理"一词的使用频率很高。作为学科概念使用的有公共管理、工商管理、管理科学等；针对业务工作使用的有财务管理、人事管理、质量管理等；针对人员使用的有图书管理员、卫生管理员、档案管理员等。那么，"管理"一词的含义是什么呢？

　　《现代汉语词典》中给出"管理"一词的三种语义解释：①负责某项工作，

使顺利进行，如税收管理、工程管理等词组中的"管理"一词就是在此意义上使用的；②保管和料理，如图书管理、设备管理等词组中的"管理"一词就是在此意义上使用的；③照管并约束（人或动物），如幼儿管理、宠物管理等词组中的"管理"一词就是在此意义上使用的。可见，"管理"一词的三种语义对应着三类不同的"管理对象"：人类的某种群体性活动或工作、人类能够支配的某种物，以及人类需要调理的某种人或动物。尽管现代汉语中"管理"一词涵盖的范围非常宽泛，但可以将管理的含义概括为"人类对与自身生活息息相关的活动、物、人或动物的控制、支配和约束"。由此可见，管理活动是人类为了自身的生存和发展所进行的一类基本活动。

英文中的 Management 和 Administration 通常与汉语中的"管理"一词相对应。Management 通常译为管理，一般指工商管理，或营利性组织的管理；而Administration 通常译为行政，一般指公共行政，或非营利性组织的管理。"会反复出现的一个问题是'管理'（Management）与'行政'（Administration）这两个词之间的区别。'行政'常与政府或其他非营利性组织相联系，而'管理'则与工商企业相关。"[1] 但两词的替代使用正在成为一种发展趋势。"我们将把这两个词作为可替代的词来使用，但侧重于使用'管理'这个词，不管是用以指工商业组织、医院、慈善机构或政府机关。据此，管理就成了极其普遍的活动。"[2]

二、管理定义的考察

管理学对管理的定义是建立在管理的语义解释基础上的，但语义解释不能代替学术定义。因为学术定义是对事物本质的抽象，着眼于"深"，内涵单一，而语义解释是对语词意义的叙述，着眼于"宽"，含义丰富。由于管理活动的广泛性和各个学派研究管理活动的出发点不同，便出现了各种各样的定义，在此有必要分析一些有影响的管理的定义。

"管理定义为一个协调工作活动的过程，以便能够有效率和有效果地同别人一起或通过别人实现组织目标。"[3] "管理这个词指的是指导其他人为实现共同目标而努力工作的特定的一群人所进行的活动。简单说来，管理就是通过他人

〔1〕 ［美］弗里蒙特·E. 卡斯特、詹姆斯·E. 罗森茨韦克：《组织与管理》，李柱流等译，中国社会科学出版社1985年版，第9页。

〔2〕 ［美］弗里蒙特·E. 卡斯特、詹姆斯·E. 罗森茨韦克：《组织与管理》，李柱流等译，中国社会科学出版社1985年版，第9页。

〔3〕 ［美］斯蒂芬·P. 罗宾斯、玛丽·库尔特：《管理学》（第7版），孙健敏等译，中国人民大学出版社2004年版，第7页。

完成工作。"〔1〕 此类定义源于科学管理学派的奠基人——美国的弗雷德里克·W. 泰罗（Frederick W. Taylor）的观点，他给管理所下的定义就是，确切知道你要别人去干什么，并使他用最好的方法去干。这类定义是从管理者与被管理者相互关系的角度说明管理活动的，认为管理就是指导他人有效地完成工作从而实现组织目标的活动。

"管理是指通过计划、组织、人事、领导和控制这五种职能，使用组织的资源，以达到组织的目的的过程。"〔2〕 "管理是运用组织的人力、财务、物质和信息等资源所进行的规划、决策、组织、领导和控制等一系列活动，其目的是以有效率的和有效能的方式实现组织目标。"〔3〕 "管理是指一定组织中的管理者，通过实施计划、组织、人员配备、指导与领导、控制等职能来协调他人的活动，使别人同自己一起实现既定目标的活动过程。"〔4〕 此类定义广泛流行，影响较大。它源于法国管理学家亨利·法约尔（Henri Fayol）的观点。法约尔在《工业管理与一般管理》一书中将管理分解为计划、组织、指挥、协调和控制五个要素，即管理的五项职能。后经英国学者林德尔·厄威克（Lyndall Urwick）和美国学者卢瑟·古利克（Luther Gulick）、哈洛尔德·孔茨（Harld Koontz）等人的发展和完善，形成了程序管理学派。这类定义是从管理职能的角度阐述管理活动的，认为管理就是计划、组织、指挥、协调和控制的统一，管理者通过行使这些职能，使组织资源得以充分利用，从而实现组织目标。

"管理是组织中协调各分系统的活动，并使之与环境相适应的主要力量。……从根本上说，管理就是将各种互不相关的资源组合成一个达到目标的总系统的过程。"〔5〕 管理是"至少为了一个明确的目的，由作为系统要素的两个以上的人进行协作，在特定秩序的关系下的物质的、生物的、社会的复合系统"，"管理系统是存在于环境之中的、不断变化的动态的开放系统"〔6〕 此类定义源于美国管理学家切斯特·巴纳德（Chester Barnard）的组织是协作系统的观点。第二次世界大战后，该观点在系统科学的基础上获得进一步发展，形成

---

〔1〕 ［英］约瑟夫·L. 马西：《管理学基础》，胡士廉、徐迷猷、段先念译，机械工业出版社1989年版，第3页。

〔2〕 ［美］安德鲁·J. 杜伯林：《管理学精要》（第6版），袁媛、陈莹、胡左浩译，电子工业出版社2003年版，第4页。

〔3〕 ［美］里奇·格里芬：《管理学》（第8版），刘伟译，中国市场出版社2007年版，第5页。

〔4〕 杨文士：《管理学原理》，中国人民大学出版社1994年版，第4页。

〔5〕 ［美］弗里蒙特·E. 卡斯特、詹姆斯·E. 罗森茨韦克：《组织与管理》，李柱流等译，中国社会科学出版社1985年版，第8~9页。

〔6〕 ［日］北原贞辅：《现代管理系统论》，于延方、陈薇、陶新中译，中国人民大学出版社1987年版，第73页。

了系统管理学派。这类定义是从系统的角度阐述管理活动的，认为管理在于协调组织内部各个子系统之间以及组织系统与环境系统之间的关系，消除或缓解紧张与冲突，不断地寻求平衡，从而实现组织目标。

有些学者认为，管理就是组织生产力、维护一定的生产关系和上层建筑的活动过程。此类定义源于马克思的管理的二重性[1]理论。它是从管理的终极目的的角度阐述管理活动的，认为管理的基本任务就是在发展生产力的同时，维护一定的生产关系和上层建筑。

上述各类定义从不同角度概括了人类的管理活动，反映了管理学界对管理活动的不同认识。这些定义并不相互矛盾，而是相辅相成的。

三、本书的管理定义

（一）管理概念

上述的各类管理定义或明或暗地支持着人们的这样一些认识：管理与组织密不可分；管理使资源具有生产力；管理促使组织目标的实现；管理履行着各种各样的职能；管理协调着系统之间的关系；管理是一个过程等。事实上，人类自有了群体活动以来就有管理。现代社会赋予各类组织存在的使命，但使命的实现依赖于组织确立并努力去实现一系列的发展目标，而每个目标的实现又依赖于各种资源的有效供给和利用，而这些正是管理活动的基本内容。

因此，管理（Management）是人们确立组织目标，并有效地组织各种资源以实现组织目标的活动过程。为了更深刻地理解这一定义，需把握管理与组织、效能与效率、变革与创新、抽象与具体之间的关系。

（二）理解四对关系

1. 管理与组织。管理与组织是相互依存、不可分割的一对概念。组织（Organization）为管理活动提供"场所"，缺少了组织，管理就无"用武之地"。管理是组织运行的内在机制，缺少了管理，组织就会失去活力，导致衰亡。一句话，管理是"一只看不见的手"，支配着组织的运行，决定着组织的兴衰成败。古今中外，大到国家和国际组织，小到政府部门、企业、医院和学校，管理方式和风格若能与组织规模和复杂性相适应，则能促进组织发展；若二者不相适应，则会导致组织走向衰落，这是组织的发展规律。可以说，组织的兴衰更替史就是管理的发展史。扩展开来讲，管理思想、管理风格和管理方法的发展变化已经构成了人类文化变迁的重要组成部分。在现代社会里，组织遍及每

---

〔1〕 管理既有同生产力和社会化大生产相联系的自然属性，又有同生产关系和社会制度相联系的社会属性。参见《马克思恩格斯全集》第25卷，第431页。

个角落，使得管理更具普遍性，它正在潜移默化地影响着社会的发展。

2. 效能与效率。人们经常使用单一的效率指标来衡量管理成效，实际上应该用效能和效率两个指标来衡量管理成效。此处的效能（Effectiveness）指组织目标的实现程度，效率（Efficiency）指资源的利用程度。效能与效率有四种组合情况：低效能低效率（没有实现目标而且浪费了资源），高效能低效率（实现了目标但浪费了资源），低效能高效率（没有实现目标但充分利用了资源），高效能高效率（实现了目标而且充分利用了资源）。第一种情况是典型的无效管理的结果，第二种、第三种情况是畸形管理的结果，是由于效能标准和效率标准不协调而造成的，第四种情况是高效管理的结果，是管理活动所追求的理想情况。

3. 变革与创新。"管理的特点就是变革（Change）—— 迅速的、不断的、根本的变革。唯一不变的事就是变革。组织环境中的动态的相互作用力是明显的。同样，在各组织之内，从管理的观点上看，形式也正在变得越来越复杂。这样，了解这种趋势和正在出现的发展情况就显得日益重要了。变革的步伐很可能在加快。"[1] 组织及其环境时刻在发生着变化，由此影响着组织目标的确立和执行、资源的获取和利用。随着组织内外环境的变化，目标需要不断修正，资源的获取和利用方式需更加灵活。"所以，管理角色，向外，观察着环境；向内，观察着内部秩序。其基本目的在于寻求平稳和发展，基本功能在于消除紧张状态和冲突而达到目的。"[2] 在管理变革中，创新成为其核心。正如美国管理学家 E. 戴尔（Ernest Dale）在其所著《管理的理论与实践》一书中所说："如果管理人员只限于继续做那些过去已经做过的事情，那么，即使外部条件和各种资源都得到充分的利用，他的组织充其量也不过是一个墨守成规的组织。这样下去，很有可能衰退，而不仅仅是停滞不前的问题，在竞争情况下，尤其是这样……因此，我们可以把创新（Innovation）看做管理人员的一种正式的职能。"可见，管理就是在创新求变的过程中应付各种变化，使组织从一个平衡态过渡到另一个新平衡态，由此呈现出一个动态发展过程，始终将组织持续地维持在一种平衡态的管理是不存在的。

4. 抽象与具体。此处定义的管理概念是对人类这种普遍活动本质的抽象和概括，它揭示了人类的管理活动和人类的其他活动的区别点，是理性思维的结果。它既适用于营利性组织，又适用于非营利性组织。在千差万别的组织中，

---

〔1〕 ［美］弗里蒙特·E. 卡斯特、詹姆斯·E. 罗森茨韦克：《组织与管理》，李柱流等译，中国社会科学出版社 1985 年版，第 19 页。

〔2〕 ［英］克里斯托夫·霍金森：《领导哲学》，刘林平等译，云南人民出版社 1987 年版，第 3 页。

一个个性格迥异的管理人员，一件件丰富多彩的管理活动，都是客观存在。但管理概念不是对具体管理人员或具体管理活动的"复印"或再现。"值得提醒我们的是，管理并不实际存在。这是个语词，是一种思想。就像科学、政府和工程一样，管理是个抽象的概念。但是，管理人员是存在的，他们并非是抽象概念。"[1] 总之，管理概念是抽象的（Abstract），而管理活动是具体的（Concrete）。

管理活动遍布于人类社会的各个角落，人们可以从不同的角度研究这种具有普遍性的活动。从政治层面考察，管理体现为权力的配置与运用；从社会层面考察，管理体现为人与人之间的一种互动或联系方式；从经济层面考察，管理体现为使资源具有生产效率；从组织层面考察，管理体现为组织的一种内在运行机制；从领导者层面考察，管理体现为激励他人行为、挖掘他人潜力的一种能力；从文化层面考察，管理体现为组织理念和时代精神。本书侧重于从组织层面并兼顾其他层面考察管理活动。

第二节　管理者

一、管理人员职业化

（一）职业化与专业化

管理人员职业化（Professionalism）包含以下几层意思：①管理人员以管理工作为职业；②管理人员掌握着与管理工作相关的系统化的专业知识和技能；③管理人员遵守管理工作的职业规范。管理人员职业化和管理工作专业化[2]是相伴而生的。管理工作专业化（Specialization）包含以下几层意思：①管理业已形成系统化的知识体系和应用这些知识的必要技能；②高等教育中设立了对应专业以传授这些知识和技能给学生；③管理界业已形成一套用于指导职业和管理者个人行为的职业规范。

（二）管理革命

管理工作职业化首先产生于经济领域。人类的各种经济活动都是程度不同

---

〔1〕 ［美］弗里蒙特·E. 卡斯特、詹姆斯·E. 罗森茨韦克：《组织与管理》，李柱流等译，中国社会科学出版社1985年版，第7页。

〔2〕 人们对"管理工作专业化"存在着肯定和否定的两种认识。美国管理学家亨利·艾伯斯（Henry Albers）持肯定观点，而美国另一位管理学家彼得·F. 德鲁克（Peter F. Drucker）却持反对态度。参见［美］亨利·艾伯斯：《现代管理原理》，杨文士译，商务印书馆1980年版。［美］彼德·F. 德鲁克：《管理实践》，帅鹏等译，工人出版社1989年版。本书持肯定观点。

第
一
章

的社会化劳动，是在一定的经济组织中进行的，但构成经济组织基本单位的组织形式是随着生产力的发展而变化的。循着历史发展的轨迹，人们归纳出了四种组织形式：家庭手工业、工场手工业、工厂（企业）和现代企业（公司）。从所有权和管理权相互关系的角度来看，尽管前三种形式的组织规模依次扩大，由简单逐渐走向复杂，并且逐渐加强了管理职能，但所有权和管理权是一体的。这种两权合一的现象是由高度集中的所有权决定的。而公司制度确立的现代企业形式[1]的目的在于集中分散的资金，扩大企业规模，创办个人独资无力经营的现代化大企业，以增强企业的市场竞争力。"公司这种组织形式克服了私人控制财产的某些局限性，它所提供的手段，使得无数个人的资产可以结合起来并置于统一的控制之下。世界上私人财产所有者的生命是有限的，而公司则提供了一种较长的连续性。"[2] 在这种情况下，公司财产所有权极为分散，资产所有者无法直接管理企业，于是聘请专职管理人员负责企业的经营，由此实现了所有权和管理权分离。西方学者认为，两权分离的出现，使得股东们开始把购买股票主要看做是一种金融投资，而不是作为控制企业的手段。股东，即企业的资产所有者，对企业财政状况的关心往往大于实际的管理工作。因此，广泛的受雇佣的管理阶层全面控制了企业，职业管理阶层由此兴起。美国学者詹姆斯·伯恩汉（James Burnham）1940 年在《管理革命：世界上发生了什么？》一书中首先使用了"管理革命"（Managerial Revolution）一词来描述这种变化。他认为，现代公司的资产所有权和管理权已完全分离，资本家已失去其原有地位，让位于职业经理，资本家的时代变成了管理人员的时代，对企业的控制权大部分已从资产所有者转移给了没有资产的管理阶层。

由两权分离引发的管理革命使得企业的管理职能彻底独立了出来，进而使管理工作专业化和管理人员职业化得到了承认，并且为公司规模的进一步扩大和发展管理教育奠定了基础。类似情况同期也发生于公共管理领域，政府中的职业行政人员脱离政治，成为专业管理的事务官，无过失终身任职，改变了过去政治与行政不分的情况。进入 20 世纪以后，随着高等管理教育的兴起和管理职业规范的形成，管理人员职业化和管理工作专业化的程度也逐渐提高。

---

[1] 按股东的组成及其责任可将公司分为无限公司、有限公司、股份有限公司、两合公司、股份两合公司等形式。现代企业制度主要是指股份有限公司。股份有限公司是由一定人数以上的股东组成，全部资本分为均等的股份，股票公开发行、自由转让，股东以所拥有股份多少享有公司的表决权和红利权，以其认购的股份金额为限承担公司债务的一类企业。

[2] ［美］亨利·艾伯斯：《现代管理原理》，杨文士译，商务印书馆 1980 年版，第 8 页。

第
一
章

二、管理者角色

（一）操作者与管理者

任何组织都可将其成员划分为两类：操作者和管理者。操作者（Operators）即非管理雇员（Non - superintendent），指直接从事某项具体的作业工作或执行某项作业任务，不具有监督管理他人工作的职责的人，如政府中的办事员、企业中的工人、学校的教师、医院的医生等都是操作者。管理者（Managers）是监督管理他人工作的人，都有一定的行政职务头衔，即假定他们都是有下级的人。值得注意的是，管理者在工作期间未必一直从事管理工作，也可能担任某种作业工作，如经理搞技术设计、校长给学生讲课等都是管理人员担任某种作业工作的例子。从组织的纵向结构来看，管理者包括基层管理者、中层管理者和高层管理者三类。基层管理者（First - line Managers）的主要职责是给操作者分派具体的作业任务，监督其工作，协调其关系，并向中层管理者报告工作，完成当前的任务指标。中层管理者（Middle Managers）的主要职责是执行高层管理者制订的计划和决策，把高层管理者制订的战略目标付诸实施，同时监督和协调基层管理者的工作，并向高层管理者报告工作。高层管理者（Top Managers）主要负责制订组织的战略、目标和政策，评价组织的业绩，监督和协调中层管理者的工作，代表组织与外界联络。注意此处的"管理者"可以指单个的人（如首席执行官），也可以指管理集团（如由首席执行官、董事长、执行副总裁、总会计师、总工程师以及其他高级职员组成的高层管理集团）。

（二）管理者角色理论

管理者角色（Management Roles）理论[1]认为，虽然管理者千差万别，但其管理行为有共同性，即他们在决策制订、信息传递和人际关系三个方面担任着 10 种角色。

1. 决策制订方面。①决策主导角色。寻求机会，主动决策，监督方案的策划，以发起变革。②排除干扰角色。组织面临意外动乱或危机时，果断采取补救行动，排除障碍。③资源分配角色。负责分配组织的各种资源——事实上是批准所有重要的资源分配方案。④谈判人角色。与组织内外的利益相关者进行谈判，以减少矛盾，取得支持，从而保持长期的合作关系。

2. 信息传递方面。①追踪信息角色。及时寻求和获取组织内外各种相关信

---

[1] 美国哈佛大学管理学教授亨利·明茨伯格（Henry Mintzberg）在 20 世纪 70 年代对管理者角色进行了全面研究，提出管理者的管理行为的共同性表现在决策制定、信息传递和人际关系三个方面的观点，由此形成了独特的管理者角色（Management Roles）理论。参见 ［美］斯蒂芬·P. 罗宾斯：《管理学》，黄卫伟等译，中国人民大学出版社 1997 年版，第 9 页。

息，以便透彻地了解组织与环境状况，成为组织内部和外部信息的神经中枢。②传播信息角色。通过正式或非正式渠道将了解到的信息传递给其他组织成员。③发言人角色。代表组织向外界发布本单位的计划、政策、行动、结果等信息。

3. 人际关系方面。①挂名首脑角色。象征性的首脑，接待来访者，签署法律文件，履行众多法律性的和社会性的义务。②领导者角色。负责指挥和激励下级，对下级的工作给予支持与指导，帮助其排除工作中的障碍。特别是在环境压力的条件下，要起到领导人的作用。③联络人角色。对外，维护自行发展起来的关系网络；对内，维护上下左右的组织网络。

虽然角色理论的研究对象是高层管理者而非中下层管理者，特别是谈判人、发言人和挂名首脑等角色针对的通常是高层管理者，但经过特别授权，中下层的管理者或者其他专门人员（如全权代表、新闻发言人等）也可以"扮演"这些角色。其余各种角色都适用于各层管理者，区别仅在于起作用的范围不同而已。

三、管理者的基本管理技能

组织赋予管理者一定职责，要求其工作符合某种标准或规范，完成其管理任务。为此，管理者在千变万化的复杂环境中必须使自己的工作卓有成效。而管理是否有效，在很大程度上取决于管理者是否具备了其应该具备的基本管理技能，这些技能包括技术技能、人事技能和观念技能，即 THC 技能。

（一）技术技能（Technical Skills），即 T 技能

技术技能是指正确地掌握了从事一项工作所需的技术和方法。它包括三个方面的内容：①掌握专业技术，如制造车间主任必须懂得各种机器设备的操作技术，人事测评中心主任必须懂得人员功能的测评技术；②掌握工作方法和程序，如办公室主任必须懂得收文和发文程序，市场部部长应该掌握各种营销方法；③熟悉工作制度和政策，如财务处处长必须懂得会计制度和财务规定，人事处处长应该熟悉人事制度和人事政策。多数技术技能可以在学校教育和工作培训中获得，但惟有工作实践才能提高技术技能的熟练程度。

相对来说，管理者所处层次越低，对其技术技能的要求就越高。因为基层管理者大多数时间都在指导和监督操作者的具体工作，回答他们有关工作方面的问题。基层管理者为提高管理权威和管理效率，就必须具有过硬的技术技能。对中高层管理者来说，技术技能在其需要具备的全部技能中所占比例相对小一些，但技术技能的结构发生了变化，要求由基层管理者的单一技术技能发展为多样化的技术技能。一般说来，中高层管理者是由基层管理者晋升上来的，基层管理者技术技能的单一化必然造成中高层管理者技术技能的单一化，这显然

不利于中高层管理者对下级的技术指导。为克服这一弊端，可采取两种措施：①运用组织手段，在不同的管理岗位之间轮换基层管理者，以便培养未来的中高层管理者；②优化中高层管理集团的人员组成，使整个集团形成多样化的技术技能结构。

（二）人事技能（Human Skills），即 H 技能

简言之，人事技能是指在工作中与人打交道的技能。它包括三个方面的内容：①处理人际关系的技能（主要指协调技能和沟通技能）。管理者处于组织结构网络的网结上，与上（上级）、下（下级）、左右（平级）的人发生着联系，有时还要与组织外部的人发生联系（尤其是高层管理者）。娴熟地运用人事技能处理与这些人的关系，以真诚的合作态度建立起相互的信任，管理工作就会事半功倍。②识人用人的技能。管理就是通过他人的努力达成组织的目标，因此管理者必须深入地了解他人，用人所长，避人所短，而要做到这些，管理者必须有一套高超的识人用人技能。③评价激励技能。一般而言，组织成员的工作积极性和创造性不会自发产生，需要管理者给予激发，因此管理者应该掌握现代评价和激励方法，以便客观公正地评价他人并给予激励。人事技能可以从学校的理论教育和管理职业培训中获得一部分，但主要是从管理实践中获得。

人事技能对各层管理者都具有同等重要的意义，而且要求管理者具有人事技能也是民主管理和人本管理的发展趋势使然。多项研究结果表明，在同等条件下，H 技能突出的管理者能够获得更大的成功。[1] 遗憾的是，在现实中，并非所有管理者都认识到了这一点。"对于那些曾经搞过技术工作的管理者来说，往往会有以具体工作为中心的取向。因此，对他们来说，人际关系在他的工作日程表上是不会取得'优先权'的。他们认为，如果把时间都花费在处理人际关系这种琐碎的、不起眼的'小事'上得不偿失。事实上，处理人际关系的能力是管理者应具备的基本能力之一。一个管理者必须使自己成为一个重视组织内部关系的管理者，必须拿出足够的时间和精力来处理人际关系。"[2]

（三）观念技能（Conceptual Skills），即 C 技能

观念技能是指对事物的洞察、判断和概括技能。它很难给予清晰地表述，但却是最重要的。它包括三个方面的内容：①预测技能。组织及其环境处于不断的变动中，管理者应密切注意组织内部各部分的相互作用以及组织与环境的互动关系，预测各种因素在当前的微妙变化将对组织未来的发展构成哪些可能的影响。②判定技能。组织在发展过程中，经常出现一些意想不到的问题，造

---

〔1〕 ［美］斯蒂芬·P. 罗宾斯：《管理学》，黄卫伟等译，中国人民大学出版社 1997 年版，第 12 页。

〔2〕 ［美］琼斯·库伯：《管理的误区》，张志宏编译，科学技术文献出版社 1989 年版，第 58 页。

成混乱的局面。管理者需要敏捷地从混乱而复杂的局面中辨别各种因素的相互作用,迅速地判定问题的实质,以便果断地采取对策。③概括技能。管理者依据信息作出决策,而从纷繁复杂的信息中抽象出对组织全局和组织战略有重要影响的关键信息则依赖于管理者的概括技能。观念技能虽难以描述,但它绝非生而有之,理论的掌握、职业的敏感加之勤于思考、善于学习,共同构成获得观念技能的最佳途径。

各种研究结果表明,出色的观念技能可使管理者作出更佳的决策。相对来说,管理者所处管理层次越高,对其观念技能的要求就越高,说明观念技能对高层管理者来说尤为重要。中层和基层管理者也应具备一定的观念技能,否则难以准确地理解和有效地贯彻执行高层的决策,也会阻碍自身管理职业的发展。

总之,对各种不同组织的管理者来说,具备 THC 技能是一项普遍要求。对不同层次的管理者来说,掌握 THC 三项基本技能的比例有所不同。随着管理者层级的增高,对 H 技能和 C 技能的要求依次增强,反之亦然,随着管理者层级的降低,对 H 技能和 T 技能的要求依次增强(见图 1-1)。THC 三项基本技能可以通过管理教育——管理实践——管理教育的不断循环来获得,是一个没有终止的过程。

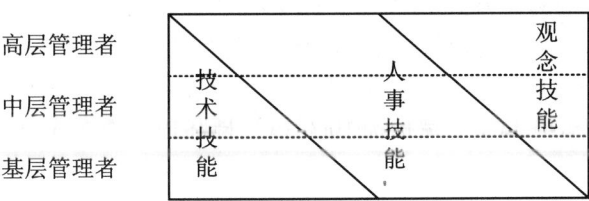

图1-1 各层管理者的THC技能比例示意图

四、管理道德

(一)管理道德及其背离现象

管理道德(Ethics)是管理者工作及其行为的规范和准则。如某公司的商务道德准则包括本公司政策必须严格遵守经营领域内的法律,工作上一丝不苟的声誉是公司的无价之宝,重视结果的同时也关心取得结果的方法,要求各个层级都坦率公正并遵守会计规则等;公司的利益冲突处理准则包括除非通报并获得管理层批准,严禁与公司进行交易或从事与公司有竞争的业务,接受或馈赠礼物、组织或参加娱乐活动、提供或接受服务必须符合相关规定,任何雇员都不得为个人目的使用公司的人员、信息和其他资产,参加某些公司外部活动需要得到事先批准等。理解并拥有良好道德是高素质管理者的重要特征。道德背离现象即违反道德准则的现象，如利益冲突、不能平等待人、性骚扰、滥用组织资源、泄露组织秘密等都是常见的道德背离现象。

1. 利益冲突。利益冲突（Conflict of Interest）是指职业管理者本人利益或者其所代表的其他利益与委托人利益之间存在某种形式的对抗，进而有可能导致委托人的利益受损，或者有可能带来服务品质的实质性下降的现象。如政府官员利益与公共利益的冲突，经理个人利益与企业委托人利益的冲突等都属于利益冲突。管理过程中存在的利益冲突必将伤及管理职业精神和管理的社会公信力。因此，管理职业道德规范要求管理者采取有效措施避免出现利益冲突。

2. 不能平等待人。平等（Equality）意味着公平和不偏不倚，意味着相同的人享受相等待遇。平等待人的准则体现在管理活动的方方面面，如公平晋升（不受性别、年龄、种族、政治和宗教信仰等因素的影响，以胜任和绩效为标准）、平等奖励（完成相同工作的人给予相同的奖励）、公正考核（以绩效为标准的评价，不能掺杂管理者个人好恶的主观因素）等。营造平等、公平和公正的管理氛围和组织文化是管理者义不容辞的责任。

3. 性骚扰。性骚扰（Sexual Harassment）是指以性要求为雇佣条件或者创造一种与性有关的胁迫环境的现象。如带有性偏好的触压、故意接触和注视、暗示性的信件和电话、暗示性表情和动作、强行约会等通常都被认为是性骚扰行为。美国联邦政府 1995 年的一项调查显示，认为"过去 2 年中受到性骚扰"的被调查者，女性为 44%，男性为 19%。[1] 性骚扰在管理行为中尤为常见，皆因管理权威的影响力所致。

4. 滥用组织资源。组织资源指组织所拥有的一切，也包括品牌和声誉等"软"资源（无形资产）。如公车私用、公款旅游、公费吃喝、用公款或公物装修自己的房子、用公款购买私人物品、以单位名义办理私人事务等都属于滥用组织资源的不道德行为。滥用组织资源现象较为普遍，它对管理者尤其有一种巨大的非道德诱惑力，概因他们对组织资源拥有更多的控制权。

5. 泄露组织秘密信息。组织秘密信息是指竞争对手或者敌对势力想获取的信息，包括技术、资金、交易状况、客户情况、员工私人状况等方面的信息，这些信息的泄露会导致组织在竞争或发展中处于不利地位。泄露组织秘密可能是由于利益诱惑（如接受贿赂）、组织间谍、对组织或领导人不满等情况而产生。管理者，尤其是高层管理者，较普通员工更容易泄露组织秘密信息，因为

---

〔1〕 U. S. Merit System Protection Board, *Sexual Harassment in the Federal Workplace* (Washington, D. C. : Merit System Protection Board, 1995), 7, 14.

每个管理职位在组织结构上都是信息源。

以上现象只是诸种道德背离现象的"九牛一毛"，其反面都是道德准则。非道德行为有时会同时属于非法行为，但多数非道德行为可能是合法的。非道德行为的产生根源，从个人角度考察，主要是由于个人的贪婪本性；从组织角度考察，主要是由于组织对此类现象放任自流甚至组织有纵容此类现象的文化氛围。

联合国秘书长曾在 1999 年的世界经济论坛上号召全球企业的领导人采纳并参与《全球契约》（Global Compact），因为他们的承诺会大大地改善全球经济和社会条件。《全球契约》包含三个方面的 9 项基本道德管理和社会责任规范。① 人权方面：在其影响范围内尊重和维护国际公认的各项人权；绝不参与任何漠视与践踏人权的行为。② 劳动标准方面：维护结社自由并承认劳资集体谈判的权力。彻底消除各种形式的强制性劳动；消灭童工制；杜绝任何用工与职业方面的歧视。③ 环境方面：对环境的挑战未雨绸缪；主动增加对环境保护所承担的责任；鼓励无害环境技术的发展与推广。《全球契约》构成了各类管理者道德决策的基础准则。[1] 社会责任国际（Social Accointability International）制定 SA8000 认证体系的目的，也在于防止或修正公司（尤其是跨国公司）在雇用童工、强迫劳动、健康与安全、集体合同、歧视、培训、工作时间和劳动报酬等领域形成不道德商业行为。

（二）道德决策的哲学基础和指南

从道德角度判断决策中何者为正确以及何者为错误的基本标准，即道德决策的哲学基础。这种基础包括权利观、功利观和正义观三类。权利主义的道德决策观认为，判断正误的道德标准是在制定决策或采取行动时是否尊重他人基本权利和公民权利，这些权利包括诚实、生命、自由、隐私权等，即当且仅当一个人尊重他人基本权利时，其决策或行为才会是道德的。功利主义的道德决策观认为，判断正误的道德标准是一个人决策或者行为的结果，这些结果包括效率、绩效、目标、个人利益等，即当且仅当一个人决策或行为的净影响为正（积极影响大于消极影响）时，其决策或行为才会是道德的。正义主义的道德决策观认为，判断正误的道德标准是一个人决策或者行为是否承担了正义的责任，这些责任包括坚持分配公平、程序公平、自然义务（如不伤害他人，不引起不必要的损失，遵守公正的制度，若没有过多的个人风险和损失的话，帮助处于危难和危险情况下的人等）等原则，即当且仅当一个人决策或行为承担正义责任时，其决策或行为才会是道德的。权利观注重保护他人权利，功利观注重结

---

〔1〕　The Global Compact Web Site（www. unglobalcompact. org），August 14，2000.

果或效用，正义观注重公平责任或义务，三种哲学基础是相辅相成而非相互排斥的关系。对于复杂问题，最好将三种哲学基础结合起来使用，即将权利、效用和公平结合起来考虑，平衡三个方面，并在考量后作出决策或者采取行动。

在决策或行为中遇有道德方面疑难问题时，可以通过道德检测改进道德决策。道德检测的基本依据是道德决策的黄金定律（Gold Rule），即"以你希望他人待你的方式对待他人（己所不欲勿施于人）"，黄金定律可以帮助你做出道德的选择。[1] 具体而言，基于黄金定律的道德检测可以通过一些道德指南，即对那些基于道德决策哲学基础上的问题进行回答而实现。我是否诚实和正直、直觉告诉我什么、这样做谁将会受到伤害、这样做对我有何好处、这样做是否公平、若是我的孩子我会让他这样做吗、若公开我的决策或行为是否感觉良好等七个问题构成良好道德决策的指南，这些问题都是基于权利观、功利观和正义观之上的。对这七个问题的明确回答，可以有效地改进管理者的道德决策，有助于管理者将自己从道德困境中解放出来。这是自我性质的道德决策指南。广义上讲，塑造道德行为的力量多种多样，概括起来可以归纳为社会规范和文化、法律和规章、组织行为和文化、个人修养等四种。

第三节　管理学

一、管理学的研究对象

泛泛而谈，管理学是以人类管理活动为其研究对象的，故有学者以此为据给管理学下了如下定义：管理学是一门系统地研究管理活动的基本规律和一般方法的科学。这种定义未免过于笼统。本书认为，管理理论是人们通过对管理实践进行理论概括和抽象而形成的基本概念、原理及方法等知识，它是理性思维的结果，而管理学就是这些知识的体系化。管理由规划、组织、激励和控制职能构成（见图1-2），管理学是通过研究管理的规划、组织、激励和控制四项职能来理性地分析和认识人类管理活动的，规划、组织、激励和控制也因此构成管理学的研究对象。因此，管理学（Principles of Management）是一门关于规划、组织、激励和控制的基本概念和原理的系统化知识的学问。

---

〔1〕 〔美〕罗伯特·N. 卢西尔：《管理学基础：概念、应用与技能提高》，高俊山、戴淑芬译，北京大学出版社2007年版，第61页。

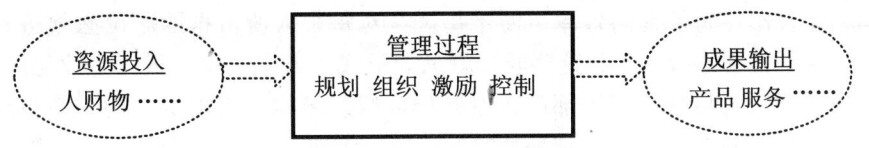

图1-2　组织中的管理示意图

（一）规划职能

规划（Planning）就是管理者在分析组织环境和内部资源的基础上确定组织的发展方向、发展战略和发展目标，制订保证组织目标实现的政策和规则，抉择实现目标的行动策略和资源配置计划的管理行为。规划为管理者履行其他职能指明了努力方向。

管理是在特定环境中进行的，环境构成了管理的约束条件，分析环境形势及其变化，目的在于为规划提供可依据的信息。组织的发展战略是最高层次的规划，它事关组织的发展方向、长远目标和整体布局。战略规划反映环境机会和组织能力的一种现实结合。政策和规则服务于战略，是对战略实现的规范化约束，用于指导组织成员和部门的决策与行动。实现目标的策略之选择，资源之配置计划则是规划中最为细致的部分，它着眼于长期目标在当前的实现措施。

现代组织之环境多变、结构复杂和目标多样化的特征强化了管理的规划职能。管理者在处理眼前事务的同时，更要注重长远的谋划；在处理内部事务的同时，更要注重外部环境变化的影响；在处理一般性事务的同时，更要注重重点工作的部署；在处理局部问题的同时，更要注重全局的筹划。"预则立，不预则废"的古训在现时有了新的诠释。战略设计、政策引导、科学决策将成为21世纪管理规划的重要内容。"可以断言，管理人员的时间观念将会逐渐变得更长远。……公司的经理们更多关注的不再是经营今日的工厂，而是对明天工厂的设计。经理们越来越没有理由让今天的那些紧急事件来占据对未来进行规划的时间。"[1]

（二）组织职能

组织（Organization）就是管理者为完成规划，在一定时空内合理设置部门和职位，合理配置权力资源和人力资源的管理行为。管理的组织职能为规划的实现提供组织保证，同时为管理者履行其他职能提供组织基础。

组织有一定的任务和目标，而这些任务的完成和目标的实现就必须有许多

---

[1]　［美］赫伯特·A. 西蒙：《管理决策新科学》，李柱流等译，中国社会科学出版社1982年版，第28页。

人的相互合作。为了提高效率、便于指挥，对每个人所占据的职位必须进行合理的设置。根据等级原则，这些职位就纵向形成了若干层次；根据专业化原则，这些职位就横向归结为若干部门，由此形成组织结构。但组织结构又使组织呈一种"分离"状态，形成了某种冲突的根源。为使组织像有机体一样协调一致，有必要进行"整合"，即一体化。权力资源的合理分配和人力资源的有效配置是组织一体化过程中必须考虑的两个方面。

　　一般说来，在组织战略稳定时期，组织结构具有相对稳定性，而一旦战略作出调整，组织结构就需作出相应的变化，以适应战略。组织职能更多地体现在日常管理中，即怎样使组织整体围绕组织战略进行有效的运行。管理中的诸多问题都是由于组织功能发挥不良所致，正如美国前管理协会副主席科斯所言："人们向管理咨询工程师提出的问题中，有 75%～80% 是由于组织机构方面的缺陷而产生的。"[1]　美国前斯佩里公司副总经理吉尔摩在管理促进协会的一次会议上曾经讲过："根据我四十余年来在政府部门和工业界的实际经验和观察，我深信，人们在精神和能力上的最大浪费是由于组织不良而产生的……而组织中的绝大多数缺陷是由于没有遵守一些基本原理而产生的。"可见，组织职能发挥得如何对管理效果影响很大。

　　（三）激励职能

　　激励（Motivation）就是管理者针对被管理者的各种需求，给予适当的满足，从而激发并引导其行为指向组织目标的管理行为。激励产生组织活力，为其他管理功能的发挥提供动力源泉。

　　在实现组织目标的过程中，人力资源的有效组织和利用与其他资源的有效组织和利用比较起来，难度更大，但也更为重要。激励理论是建立在人性假设基础上的，研究人的需求以及从需求到动机再到行为的过程，采用什么样的管理方式激发人的行为，就是激励理论的基本内容。领导和沟通是管理者履行激励职能的两个重要方面，也可以说，管理者将激励融于其日常领导行为和沟通过程中会产生更好的激励效果。

　　激励作为一种管理职能是现代社会的进步。传统管理把组织成员视为"工具"，视为是被驱使或奴役的对象，漠视其各种合理需求和正当权利，这种状况直到 20 世纪中叶以后才逐渐有所改善。激励职能在现代管理中占据显著地位。"以人为本"、"人力资本管理"、"人力资源开发"等理论代替了传统的"工具使用论"。对组织成员的激励是全方位的，不但表现在经济方面，更重要的是表现在社会的心理方面。当然，组织的环境、传统文化、管理者的价值观等因素仍制约着

---

〔1〕　〔美〕迪克·卡尔森：《现代管理》，孙耀君译，国际文化出版公司1985年版，第35页。

激励功能的有效发挥。

（四）控制职能

控制（Control）就是管理者在实现组织目标的过程中，跟踪检测规划的执行情况，发现并纠正偏差，保证组织的行动指向既定目标的管理行为。控制为规划的执行提供了有力的保障。

控制是组织目标实现的保障机制。传统管理着眼于事后控制，形式单一，这与组织规模小、结构简单、规划期短、环境稳定性差等特征描述的组织相适应。现代管理控制形式多样化，控制手段现代化，更为注重全面控制，创立了全面质量管理方法，也注重即时控制和事前控制，创立了零缺点管理法和直接控制法。计算机在管理中的广泛应用，大大扩展了控制的范围和深度。高效的管理信息系统使管理人员"足不出户"就了解到了现时的规划执行情况和整个组织的运行状况。

一个组织，规划可以制订得十分完美，组织可以设计得十分灵活，人的积极性可以调动起来，但这些并不能保证目标的达成。控制的作用就在于保证组织的所有行动都按原计划进行，从而实现目标。在现代组织中，授权是与控制紧密联系在一起的。授权的目的在于调动下级的积极性，但责任仍由授权者承担，授权之后的有效控制依赖于控制系统的建立。现代组织中的控制系统可以及时地将下级的工作绩效反馈过来，便于监测和修正规划的执行情况。倘若缺乏有效的控制系统，授权后的控制将很难实现即时控制，而只能是后馈控制。所以，管理者都十分注重建立一种科学化的控制系统，以便出色地履行控制职能。

二、管理学的性质

（一）综合性

管理学是一门比较年轻的跨学科的边缘科学和应用科学，它融合了社会科学领域的社会学、心理学、行为科学、人类学、经济学和自然科学领域的数学、统计学、计算机技术等诸多学科的知识。综合性就是指管理学由众多学科为其奠定基础，具有文理渗透的特点。

综合性是由管理活动内容的广泛性决定的。管理是组织中的活动，其重要特点之一就是要影响群体行为，这就涉及社会学、心理学和行为科学等学科的知识；在管理决策中，要使用定量分析技术，这就需要数学和概率与统计学等学科的知识；组织目标的实现过程必须有效地利用各种资源，经济学提供了这方面的知识；管理实践源远流长，人类社会的漫长发展历史蕴涵着丰富的管理思想，管理理论的发展必然要从人类的管理历史中汲取营养，这就要涉及人类学和历史学知识；管理的目标价值系统、权变管理思想、个体与群体价值观，都涉及哲学领域的知识；组织与环境时刻发生着联系，组织内部各部分之间相互影响，管理需要系统观念和系统分析方法，这些涉及系统科学的知识；管理控制需要强大有效的管理信息系统，这离不开计算机技术和网络技术。可见，管理学具有文理渗透的综合性特点。综合性特点决定了管理学的发展须不断地借鉴和吸收相关学科的新成果。

（二）工具性

工具性是指管理学为各类组织的管理实践提供一般性知识和方法，具有普遍适用的工具特点。一方面，从 20 世纪初期泰罗的标准化管理原理和定额管理原理到 20 世纪中期德鲁克的目标管理理论，再到 20 世纪末和 21 世纪初盛行的绩效管理，无不体现着管理学的工具性价值。这种工具可适用于任何组织，其功能在于促进组织更有效地利用各种稀缺资源，使组织更有活力、更健康地向前发展。另一方面，管理的知识体系是对人类管理活动共性的概括与抽象，管理理论和知识是无国界的，管理方法和技术是可以"移植"的。管理知识可以被任何制度下的社会和社会中的任何组织所利用，是任何组织中的管理者都可以掌握和使用的一种工具。工具性特点决定了管理学的研究应该面向各类组织的管理实践，并加强学术研究的国际交流。

三、管理的科学性和艺术性

管理是一门科学，还是一门艺术？这是人们经常提出的一个问题。在当今社会，科学管理能够促进组织的良性发展已成为人们的共识，但这个问题仍不时地困扰着一些管理人员。原因可能在于：①具体管理活动效果的个体性差异较大，不同管理者应用同一种管理方法，可能会产生截然不同的效果；②管理理论有时难以有效地指导管理实践，即针对具体问题，管理理论有时难以提供令人满意的解答，致使人们怀疑管理的科学性，而认为管理是一门艺术。

科学（Science）是人类实践经验的结晶，是一种知识体系，它包括一组明确的概念（用来概括事物的本质）和一组一般原理（在特定的边界条件下，反映事物之间联系的规律）。概念确切地反映了事物之间的差异性，有明确的内涵与外延。在此基础上，分析事物之间的关系，概括并假设它们之间的因果联系，然后经实践检验，证实这些假设反映了事物间的客观联系的事实，并能解释相关现象，即形成"一般原理"。一般原理具有预示事物发展的重要意义。相互关联的概念和原理构成一个系统，形成一个理论框架，这就属于科学知识的领域。管理领域有自己独特的范畴和普遍原理，并形成了独特的知识体系，属于科学领域无疑。由管理科学延伸出来一套管理规范和管理原则，用于指导人们的管理

第
一
章

活动。建立在此基础上的管理可称之为科学管理或管理的科学性。

科学理论一般都由描述性知识和规范性知识两部分构成。前者揭示事物"是如此"，它是对客观事物的本质及事物之间联系的一种理性认识的结果，后者规范人们"应怎样"，它告诉人们如何思维和行为如何符合"事理"。前者为预示性的，后者为操作性的，前者为后者奠定基础，两者都属于知识范畴。人们根据具体情况及环境条件，用富于创造性的灵活方式将这些知识运用于实践，则是一门艺术。在管理过程中，将管理的科学知识有效地应用于管理实践，依赖于人们高超的管理艺术。可以说，艺术（Art）就是创造性地运用知识的技能，它依赖于个人的经验与智慧，在钱学森看来，"领导艺术是一种远离数学领域的才能，它能从大量复杂事物的关系中判断出最重要最有决定意义的东西"。在人类活动的任何领域，科学知识的应用都存在艺术性。医学知识用于临床需要医生的高超技艺，工程理论用于设计需要工程师创造性的发挥，管理更是如此。管理者需要通过长期实践，才能逐步地提高其管理艺术的水平。

管理科学是对管理活动的一种清晰的逻辑描述，而管理艺术则是远离逻辑和数学领域的；管理科学描述的是常规性原理，而管理艺术面临的是随机性问题；管理科学是体系化知识，而管理艺术是灵活的实践。二者相互依存，相辅相成。科学是管理的内核，艺术是管理的外围软组织。脱离科学的艺术就缺少了根基，只能凭经验和运气管理，也就难以有高明的艺术，正如不掌握医学知识的医生只能是巫医，不懂工程力学原理而设计桥梁只能是蛮干一样；反之，缺少了灵活运用科学知识的艺术手段，科学就变得僵死教条，实践活动就缺少了生命活力。"事实上，有效管理是科学和艺术的结合。成功的管理者认识到在自己的工作中将两者相结合的重要性。"[1] 因此可以说，管理是科学和艺术的统一。

四、管理学的学习

发达国家的发展历程已经告诉人们，先进的科学技术和管理是推动经济增长和社会发展的"两个轮子"。传统社会只重视有形的物质资源，现代社会在重视有形的物质资源的同时，更加重视无形的非物质资源，而科学技术和管理正是最重要的非物质资源。在这两种无形资源中，管理更具基础性，先进的管理为科学技术的发明、发现及其推广应用提供良好保障。同发达国家相比，我国不但科学技术水平总体落后，管理水平更加落后。美籍华人张闻选教授曾言，"我在国外研究中国已有多年，得出的结论是：中国的主要问题不是科技问题，

---

〔1〕 ［美］里奇·格里芬：《管理学》（第8版），刘伟译，中国市场出版社2007年版，第12～13页。

第一章

而是经济问题和科技管理问题。中国的科技比美国落后5年~10年，但经济上却落后几十年。谈经济，就要讲效益；谈效益，就要讲管理。只有通过科学管理提高效率，中国才能有较快的进步。反之，管理不灵，进步就慢。由于管理不善，影响中国经济步伐的事实是众所周知的。在一个管理好的社会里，问题一发生，就有人去设法解决；而在一个管理效率不高的社会里，发生了问题，大家可能视而不见。正是因为这个缘故，大家都吃亏，生活水平不能尽快提高。有问题不去解决，有了技术却不能尽快推广，这当然不能说是技术问题，而是管理问题。不解决管理问题，国富民强则是勉为其难的。"[1] 可见，我国在现代化建设进程中，既要促进科学技术的发展，又要推动管理科学的发展，普及管理科学知识，提高管理水平。特别是在行政管理领域和企业管理领域，加强管理理论研究，掌握现代管理技术，乃当务之急。

（一）学习管理学，培养现代管理观念

我国管理水平落后，不仅表现在管理理论和管理方法等方面，更主要的是管理思想的落后。长期以来，中国不承认管理是一门科学，认为完全凭权威、直觉和经验就能从事管理工作，这就导致了在管理教育方面的一片空白。[2] 所以，学习管理学，首先在于培养学习者的现代管理意识和理念，包括效率观念、风险观念、创新观念、人本观念、责任观念、全球观念等。效率观念就是在工作中要考虑"投入"和"产出"的关系。组织是否有活力，资源是否得到了充分利用，都依赖于管理工作质量的高低。但在现实生活中，"效率来自于管理"这一命题仍未得到人们的普遍认可和重视。先进的管理总是对组织现有状态的连续否定，要求不断地进行变革，以使组织能更好地适应环境的变化，这就要求管理者有创新意识和风险意识。现代社会是知识的社会，人力资源是一种重要的资源。如果说传统管理是命令他人去干什么的话，那么现代管理就是要调动他人的积极性，挖掘他人的潜能，使之积极、主动、负责地去组织工作。因此要求管理者应有以人为本的观念。责任观念则是要求管理者要有一种对自己运用管理权力所作决策的后果负责任的意识。经济全球化是当代世界经济发展的一种趋势，无论是政府管理者还是企事业管理者，都要用放眼全球的眼光来审视组织的发展，跟上世界潮流。这些观念都是管理人员必须具备的基本观念。学习管理学的目的之一，就是要逐步培养这些观念。

（二）学习管理学，掌握基本的管理原理和方法

管理学是关于人类管理活动的一般性知识。通过学习管理学，可以透彻地

〔1〕〔美〕张闻选：《决策与控制的艺术》，中国青年出版社1987年版，第1~2页。
〔2〕杨文士：《管理学原理》，中国人民大学出版社1994年版，第16页。

了解管理在规划、组织、激励和控制方面的基本原理和方法。从另一种角度讲，管理学知识是前人经验的结晶和升华，学习管理学是获得前人经验的有效途径和快捷方式。这些基本原理和方法的一般性特点可以用以指导人们未来的管理实践，有助于提高管理能力，使人们少走弯路。如果管理者仅靠经验和运气进行管理，缺少管理理论的指导，则只能在"黑暗"中摸索，成长缓慢。学习管理学的人即使将来不从事管理工作，但只要在组织中工作，管理学的知识将有助于你领悟上司的管理行为和组织的运作方式，对你事业的成功仍是极有帮助的。当然，我们必须承认，管理学的知识和方法是发展着的，管理能力依赖于管理教育——管理实践——管理教育的不断循环过程得以提高。但是，管理学所提供的基本原理和方法是具有相对稳定性的，对基本知识的掌握奠定了管理实践的基石，而缺少理论指导的管理实践就是盲目的。学习管理学，掌握基本管理原理与方法，对于那些传统经验型的管理者和从专业技术岗位走向管理职位的管理者来说，还具有直接的现实意义。

（三）学习管理学，为学习其他专业管理课程奠定基础

管理学是各类管理专业的基础性课程，具有一般性和通用性的特点。学习管理学可以为进一步学习有关的专业管理课程奠定基础，如行政管理专业中的行政学、人事行政和政策科学等专业管理课程和工商管理专业中的生产管理、营销管理和人力资源管理等专业管理课程，无不是以管理学作为其基础的。我们知道，对任何领域内知识的掌握都是一个循序渐进的积累过程，不能期望一蹴而就。管理学就是管理领域内的知识大厦之基础，打好这个基础就为整个管理知识大厦准备了坚实的平台。学习管理专业的人都应该认真地构筑自己的管理知识平台，为日后的知识积累和能力提升做好准备。

本章小结

管理是人们确立组织目标和有效地组织资源以实现组织目标的活动，它是人类社会的一种普遍性活动。管理与组织密不可分，组织为管理提供"用武之地"，管理是组织发展的内在运作机制。管理追求效率和效能，高效管理是组织良性发展的可靠保障。持续的高效管理之源泉在于不断地变革与创新，墨守成规的管理只能使组织停滞不前甚至倒退。管理概念是对丰富多彩的管理活动的一种抽象，而不是对具体管理活动的"复印"。人们可以从不同的角度——政治、经济、社会、文化以及组织、领导等方面来研究管理。

近代社会在经济领域发生的管理革命——企业所有权和管理权分离，使管理权从所有权者手中转移到了被雇佣的管理阶层手中，产生了专业管理人员，

从而使管理工作职业化。管理者的前提假定是一定有下级。组织中的管理者一般可以分为高、中、低三个层次，不同层次的管理者分工合作，使组织得以有效运转。管理者在三个方面扮演着 10 种角色：决策方面的决策主导者、障碍排除者、资源分配者和谈判者角色；信息传递方面的监听者、传播者和发言人角色；人际关系方面的挂名首脑、领导者和联络者角色。管理者应具备三种基本技能：技术技能、人事技能和观念技能，这些技能可以在管理教育——管理实践——管理教育的不断循环过程中获得。管理道德是管理者行为的规范和准则，道德决策的哲学基础包括权利观、功利观和正义观三种不同理论。

管理学就是关于管理的规划、组织、激励和控制职能的基本概念和原理的系统化知识的学问。它是人类管理活动的知识体系。管理学涉及多种学科的知识，具有文理渗透的综合性特点。管理学知识是对人类管理活动共性的概括和抽象，具有普遍适用于各类组织的工具性特点。就知识体系而言，管理是一门科学，但将管理知识应用于实践需要管理者的智慧、经验和技能，这就是管理的艺术。管理活动是科学性和艺术性的统一。社会的现代化建设需要管理科学和科学的管理，学习管理学就是要培养现代管理观念，掌握管理的基本原理与方法，并为学习其他专业管理课程奠定基础。

自我测试 1

下列陈述是否适合于你，请在合适的位置上做记号

	不适合	中间	适合
1. 积极征求并乐于倾听相反的意见	——	——	——
2. 与形形色色的人都能建立牢固的人际关系	——	——	——
3. 对他人的感受较为敏感	——	——	——
4. 在公众面前演讲具有说服力和影响力	——	——	——
5. 阐述问题时能够客观地看待别人提出的解决方案	——	——	——
6. 善于影响领导和同事	——	——	——
7. 面对风险的时候能够预测积极和消极的结果	——	——	——
8. 乐于授权给他人	——	——	——
9. 清楚何时允许他人打扰而何时不允许	——	——	——
10. 乐于帮助或指导团队成员解决困难	——	——	——
11. 了解同事的长处和短处	——	——	——
12. 将冲突和异议公开并借此提高决策质量	——	——	——
13. 能够意识到所作决定对自己和他人的长期影响	——	——	——
14. 了解所在单位的组织文化	——	——	——
15. 在压力下仍能有效地工作	——	——	——

16. 在与不同文化背景的人打交道时能够调整自己的行为   —   —   —

17. 在紧急状况下能够坚持自己的伦理标准   —   —   —

18. 敢于对自己的行为承担责任   —   —   —

19. 在工作和其他生活事务中找到合理的平衡点   —   —   —

20. 善于总结工作和生活的经验   —   —   —

第一章

第二章
管理理论的演进

> **提示：**
>
> 礼治与法治—富国之学与治生之学—金字塔之谜—理想国—生产的第四要素—政治与行政分离—泰罗制—管理五要素—理想行政组织（官僚制）—"经济人"—"社会人"—人有什么需要—团体"力场"—人际关系可以计量？—现代管理理论丛林—后工业社会—知识管理

人类管理实践和管理思想如同人类历史一样源远流长。在东西方历史上，都曾有丰富的管理思想和实践。但 19 世纪之前，管理思想总体上尚没有形成明晰完整的理论体系，大量的管理思想分散于哲学、史学、政治学等学科中，是近现代管理科学的理论来源。本章在对中西方古代管理思想做简略回顾的基础上，对西方管理学诞生以来管理理论演进的主线做基本梳理，以期领略管理理论发展的基本逻辑。

第一节 中国古代管理思想概览

中华文化之所以成为世界文明的奇葩，在很大程度上是因为中国古代社会有着丰富卓绝的管理思想和智慧，这些思想和智慧造就了诸多人类文明史上的奇迹。中国古代特别是先秦时期，是文化的百家争鸣、百花齐放的鼎盛时期，也是管理思想繁荣发展的全盛时期。随着现代化发展和社会转型的深入，这些思想依然具有强大的生命力。

一、政治领域的管理思想

（一）民本思想

在中国古代管理思想中，民本思想一直具有重要地位。民本思想萌芽于西周之际，形成于春秋时期，成熟于战国时期，而后又经过长期的充实与发展，到明清之时达到顶峰。民本思想的主要内容包括爱民、利民、富民、取信于民等，主张以民众为社稷之本，并以民众为施政标准。如《尚书》中有"故所贵民为邦本，本固邦宁"、孔子的"爱民"、老子的"圣人无常心，以百姓心为心"、孟子的"民贵君轻"等。荀子把君和民的关系比作水与舟的关系，道出了"君者舟也，庶人者水，水则载舟，水则覆舟"的千古名言。古代政治家的管理思想中如李世民的"国依于民"、康熙的"以足民为首务"、乾隆的"以养民为本"等，都是民本思想的表达。

理解民本思想的关键是："民本"是作为目的还是手段或统治术，治理之道是以"一人之天下"还是"天下人之天下"为宗旨，这也是甄别古代民本思想与现代民主时代人本主义异质性与否的要害所在。无论结论如何，民本思想的合理性是不容否定的。

（二）分层治理思想

中国古代思想家、政治家对分层治理或分工的重要性有相当清晰的认识。如孔子提出"不在其位，不谋其政"；荀子提出"主道知人，臣道知事"；韩非提出"明主治吏不治民"等，都是分工与分层治理的主张。《吕氏春秋》中有"贤主劳于求贤，而逸于治事"；《尹文子》中有"故所贵圣人之治，不贵其独治，贵其能与众共治也"；《周礼·考工记》中有"坐而论道，谓之王公；作而行之，谓之士大夫"；《管子》中有"主行臣道则乱，臣行主道则危。故上下无分，君臣共道，乱之本也"；司马光在《资治通鉴》中，开篇论及的就是分层、分工治理的问题，并且从管理的社会整体效能的高度上论述了分工、分层治理的价值所在。

需要注意的是，古代的分层治理主要体现在社会生活的公共领域的宏观纵向分工，分工尚不精细，也没有严明的分权分责的组织制度保障，受制于君主的开明程度。

（三）德治、法治和礼治思想

综观古代治国思想和实践，有三种不同流派：德治与王道、法治与霸道以及礼治与"王霸"相杂。

1. 德治思想的渊源可以追溯到殷商时代，盘庚提出"施实德于民"。孔子和孟子则是德治的系统诠释者。孔子认为德治的核心是"仁者爱人"，德治优于法治。他指出："道之以政，齐之以刑，民免而无耻；道之以德，齐之以礼，有耻以格"。孟子则从性善论出发提出了"仁政王道"的思想。德治是儒家治国策略的基本主张，其管理理想是建立伦理国家。而德治的目标是"施德"，是以统治者的尺度和对被统治者恩赐的角度，作为效果来追求的。由此，德治与专制并不矛盾，它可以栖身于专制统治下而存在。

2. 法治思想是以法家为代表所主张的治国思想。韩非是法治思想的集大成者，他把慎到的"势"、商鞅的"法"、申不害的"术"结合起来，创立了一套系统的治国思想。韩非是从性恶论出发阐述他的治国思想的。他指出，刑、德是统治者的两个法柄，"杀戮之谓刑，庆赏之谓德"。他强调法治的重要性，如果治国"释法术而任心治，尧不能正一国"。他的法治思想包括四个方面：一是有统一的法度；二是法要严峻；三是法要公平合理；四是执法要信，"赏罚不信，则禁令不行"。司马迁对此概括为，"法家不别亲疏，不殊贵贱，一断于法"。而法治的目标是强调通过法制实现对被统治者的控制，其目的是"尊主安国"，它与现代法治精神是有本质区别的。

3. 礼治思想以荀子为主要代表。荀子是理想的现实主义者，他在性恶论基础上提出了"化性起伪"的积极命题，阐释了一套"礼治"思想。他说："礼者，法之大分，类之纲纪也"〔1〕，"礼者，表也，"〔2〕"法者，治之端也"〔3〕。"礼治"之"礼"不是指一般意义上的礼义和法度，而是统治者进行统治活动所服从的规范体系的准则。也就是说，礼治的对象是统治者，强调的是礼对统治和统治者的控制，即治官，这是礼治与德治、法治的根本区别所在。同时，礼治与法治并不矛盾，而是以礼为主导又兼重法的。他指出："治之经，礼与刑"〔4〕。另外，礼治强调的是对统治和统治者的规范与控制，"礼治"也不是"人治"。人治强调的是长官意志，对统治者缺乏社会控制。礼治策略在《管子》中得到发扬光大，从"国之四维"的高度阐释了"礼治"的重要性。

总之，荀子在秉承儒家与法家思想传统的基础上，提出"义立而王"、"隆礼至法"的主张。荀子追求的政治理想是"王制"，政治图景是"王者之政"、"王者之人"、"王者之制"、"王者之言"和"王者之法"。荀子认为，治国的关键是人而不是法。这些思想在现代社会也不失为真知灼见。

（四）选贤任能思想

管理是人的主体性活动，人是管理之本。对管理的考察，不能不考察管理活动中的人才问题。因此，人与江山社稷兴替的关系，是古人关注的一个重点问题，其有关思想十分丰富。如《诗经》中有"得人者兴，失人者崩"、墨子提出"尚贤者为政之本"、孔子提出"为政在人"的主张。

这里的"人"，一方面是对统治者而言的。孔子和老子首先提出了关于统治者的"内圣而外王"能力与素质问题，《大学》中关于"格物、致知、诚意、

---

〔1〕《荀子·劝学篇》。
〔2〕《荀子·天论篇》。
〔3〕《荀子·君道篇》。
〔4〕《荀子·君子篇》。

正心、修身、齐家、治国、平天下"的主张，勾画出了由"内圣"而致"外王"的贯通过程。之后，"内圣而外王"出现了分化，分别是以孟子为代表的"内圣"路线和以荀子为代表的"外王"路线，韩非的"帝王之学"也是"外王"路线。到汉武帝时，董仲舒将两条路线进行综合。而后的宋明理学奉行的是"内圣"路线，陆王心学及明清时的陈亮、叶适等人倾向于"外王"路线。总之，强调知行合一的"内圣而外王"的主张，是中国传统管理思想的精髓。

"人"的另一方面就是选贤任能、德才兼备的用人思想。《吕氏春秋》在总结秦统一六国的经验时指出，秦"招贤异国，委以重任，尊之于高位，终并六国，一统天下"，并提出了"人往高处走，才向善政流"的人才流动规律。诸葛亮在《出师表》中指出，"亲贤人，远小人，此先汉之所以兴隆也；亲小人，远贤人，此后汉之所以倾颓也"。他们都认识到了用人与事业成败的关系。

在人才标准上，司马光是第一个明确提出"德才兼备"的人。他认为"惟德才兼俱者贤士也"，而德与才的关系是"才者德之资也，德者才之帅也"。在识人的方法上，有韩非的识人七法、姜子牙的八证、庄周的九征、诸葛亮的六法、魏征的六法等等。

另外，由伯阳父提出，晏婴、孔子对其进行过系统阐述的"和同论"；儒家的中庸之道、和为贵等思想；在决策上的谋贵众，断贵独；兼听则明，偏信则暗等主张，都是十分可贵的。

二、经济领域的管理思想

中国古代经济领域的管理思想是围绕两个价值取向展开的，从而形成了两个方面的学说体系：一是从国家、社会整体的宏观角度出发，形成了"富国之学"；二是从私人经济活动的微观角度出发，形成了"治生之学"。与古代社会整体主义的政治统治相适应，"富国之学"比"治生之学"要兴盛得多。

（一）富国之学

"富国之学"萌发于春秋时期，存在着"富国"与"富民"或"集富于国"与"藏富于民"之辨，形成了中国历史上丰富的富国之学。

富国还是富民，抑或既富国又富民、国民兼富，历来是政治家、思想家所关注的治国理政的基本命题之一。春秋时期，管仲在治理齐国时推行"通货积财，富国强兵"的富国之策，促进了齐国各业的协调发展与经济繁荣，是"集富于国"的成功实践者。以孔子、孟子为代表，主张"藏富于民"的富国之政，提出"百姓足，君孰与不足；百姓不足，君孰与足"的论断。以老子为代表倡导无为而治的富国之道，提出"多藏必厚亡"、"我无事而民自富"等观点，主张较少的干预。墨子倡导在互助互利中求富，反对横征暴敛，主张"国富"而不是"藏富于民"。荀子在集儒、法、墨诸家富国富民思想之大成的基础上，写成了《富国篇》，对"富国"、"富民"及两者的关系做出了合理的澄清和说明，建立了比较完整、合理的中国传统的"富国之学"体系，成为以后封建社会政治家经世治道的重要指导思想。显然，"藏富于民"与当时的社会管理体制格格不入，但"集富于国"又必然存在着"与民争利"的冲突。所以，历史上有了著名的"盐铁会议"。但"集富于国"始终是富国之学的主导思想，由此也阻碍了中国历史上的"治生之学"的发展。

如果说"富国"与"富民"或"集富于国"与"藏富于民"之辨，解决的是管理宗旨和目标问题，那么，在富国之学上还有"轻重论"和"善因论"之辨。它们是针对"富国之术"即管理体制和策略展开的，形成了干预主义和放任主义两种不同的传统，成为影响中国古代社会经济生活变革的两种基本模式。"轻重论"和"善因论"之辨渊源于春秋战国时期，成熟于西汉中期，它们是富国之学发展成熟的标志。"轻重论"出自《管子》一书，它强调国家对经济生活进行全面干预和垄断的必要性，它以富国为目标，倡导的是国家干预主义的经济管理模式。"轻重论"的内容还包括：轻重之学，即关于商品流通、货币等的知识；轻重之术，即关于国家经济管理工作的一系列方法和手段。战国时期的商鞅、韩非，汉代的桑弘羊、耿寿昌，唐代的刘晏、白居易，宋代的李觏、王安石，明代的张居正，清代的包世臣、魏源，都是主张轻重论的。"善因论"主张，社会经济活动的目标是使整个社会经济得到发展和富国富民，而逐利的经济活动中不仅有私人事务的成分，而且有其自身的规律，因而主张国家对经济管理的要义在乎"因"，即顺应经济发展的自然，对经济活动不干预或较少干预，倡导的是放任主义或经济自由主义的管理模式。"善因论"源于老子的无为而治及汉初的黄老之学，司马迁则是"善因论"的集大成者。他指出："善者因之，其次利导之，其次教诲之，其次整齐之，最下者与之争。"[1] 宋代的叶适，明代的邱濬，清代的唐甄等，承袭了"善因论"的传统。邱濬的"自为论"是"善因论"在封建社会后期的发展。"轻重论"和"善因论"随着古代社会"一治一乱"而发展和交替发挥作用，其中，"轻重论"成为适应当时社会经济活动的主流管理传统。

（二）治生之学

如果说富国之学是从公共领域所阐发的管理思想，那么治生之学阐发的则是私人经济活动的管理思想。而治生之学的产生与发展又受到富国之学的影响，应该说，它是"藏富于民"和"善因论"的具体化和发展。

---

[1]　《史记·货殖列传》。

治生之学始于春秋战国时期，与当时的手工业和商业分工密切相连，首先呈现出来的是商人的治生之学，主要代表人物是春秋战国之际的陶朱公（传说陶朱公就是范蠡）和战国中期的白圭。他们作为成功的商人，不仅积累了大量财富，而且积累了丰富的经营管理经验，形成一套商人的"治生之术"。他们的经验在历史上产生过重要影响，史有"言富者皆称陶朱公"、"天下言治生祖白圭"之说。司马迁是"治生之学"的集大成者。在《史记·货殖列传》中，他在对以陶朱公、白圭为代表的古代商人"治生之术"系统整理的基础上，又对其进一步丰富和发展而形成了治生之学。《货殖列传》是古代治生之学最系统的、流传下来的最早文献之一。治生之学在汉代中期发展成熟的另一个标志是，治生之学由商人治生之学向地主治生之学的转化。但是，在轻商、贱商、不言商的观念影响下，中国历史上的治生之学发展十分缓慢。北魏贾思勰的《齐民要术》、宋代叶梦得的《石林治生家训要略》、明末清初之际张履祥的"治生唯稼穑"、清乾隆文华殿大学士张英的《保田论》等，都是不多见的关于治生之学的著论。

生产经营、商品交换、持家理财在任何时代都是必需的，随着劳动分工和社会的发展，它们的作用越来越大，中国历史上也不乏明智之士重视商业活动的重要地位。如《管子》曰："万乘之国必有万金之贾，千乘之国必有千金之贾。"[1] 但是，由于专制统治的限制，"重本轻末"、"重农抑商"观念的束缚，治生之学和治生之术没有得到重视和发展，这也许是近代以来中国落后于西方的重要原因之一。

另外，中国古代军事理论中也包含了丰富、系统的管理思想，它们成为管理思想的一个重要分支和重要渊源。但是，中国历史上传统悠久的军事思想对社会其他领域管理的影响利弊并存，其负面影响是显而易见的，现代管理在继承传统的基础上应该有所鉴别。

第二节　西方古代管理思想概览

在西方，从人类史前时期到古埃及、巴比伦、古希腊和古罗马，再到中世纪，直至 19 世纪中叶的漫长过程中，人类历史的进步始终伴随着管理的变革。没有管理变革所涌现出来的管理思想和智慧，就没有人类的进步。正如人类的进步曲曲折折一样，管理变革也必然伴随着是是非非。从经验到对科学的探究，不断向前，逐渐接近管理科学的曙光。古代社会漫长的管理历程和长期积累下

---

[1] 《管子·国蓄》。

来的管理文明传统，为管理科学的孕育和壮大提供了宝贵的财富。

一、西方古代管理实践和管理智慧

美国管理思想史学家丹尼尔·A. 雷恩指出："在古代各民族中，都可以发现诸如领导、代表制、管理范围、计划和组织等管理实践。"[1] 西方古代社会的管理实践和思想，是近现代管理实践和文明的摇篮。

人类史前时期就有较高文明的管理智慧。美国原始社会史学家 L. H. 摩尔根在《古代社会》一书中，对氏族组织生活进行了权威性考察，其中的许多方面描述的就是氏族组织的管理。他发现，氏族组织是血亲团体，伦理是组织存在和维系的基本力量。在"氏族法"中，居于首位的是选举和罢免氏族首领或酋帅的权利，奠定了民主制的核心范式，氏族组织实行的是直接民主的管理机制。[2] 摩尔根指出："人类的各种主要制度都起源于蒙昧社会，发展于野蛮社会，而成熟于文明社会。"[3] 创造西方古代社会文明，离不开卓越的管理实践。古埃及、古巴比伦、古希腊曾经的繁荣发展，无疑都是人类管理智慧的产物。如金字塔之谜，古埃及的工匠们是如何完成这一宏伟工程的，令现代人匪夷所思。它既是科学之谜，也是管理之谜，反映了当时人们在某些社会生活领域的管理智慧所达到的高度。

到古希腊罗马共和国时代，有文字记载的管理史和思想主张开始丰富起来。如苏格拉底和柏拉图《理想国》以及"哲学王"主张，亚里士多德的《政治学》以及政体的主张等，在管理的哲学方法论层面上富有远识，对近现代管理理论与实践具有奠基作用。对此，恩格斯指出，"没有希腊文化和罗马帝国所奠定的基础，也就没有现代的欧洲"。[4]

自古希腊、罗马之后，欧洲古代社会经历了一个相当长的时期，称之为"中世纪"（约公元 476 年～公元 1453 年）。关于中世纪，一种流行的说法是：中世纪是政教合一和封建割据的专制统治，是欧洲文明史上发展比较缓慢的时期，中世纪或中世纪早期是欧洲（主要是西欧）的"黑暗时代"。但城市的兴起和资本主义萌芽、生产方式的变革和生产力的发展、商业和海外贸易的发展繁荣、行会组织的建立以及与之相适应的、适应未来社会化大生产、工业文明的观念和规范体系的雏形等，都是在这一时期得到酝酿和初步实践的，同时，古

〔1〕　［美］丹尼尔·A. 雷恩：《管理思想的演变》，赵睿等译，中国社会科学出版社 2000 年版，第 19 ～ 20 页。

〔2〕　参见［美］L. H. 摩尔根：《古代社会》，杨东莼、马雍、马巨译，商务印书馆 1977 年版，第 69 页。

〔3〕　［美］L. H. 摩尔根：《古代社会》，杨东莼、马雍、马巨译，商务印书馆 1977 年版，序言。

〔4〕　《马克思恩格斯选集》第 3 卷，人民出版社 1972 年版，第 220 页。

希腊、罗马时期的文明也在一定程度上得到延续。诚然，中世纪在管理思想史长河中没有多少书面材料可以借鉴，但从管理文明的承继性看，它既有在这一时期对管理的理解和认识，又有丰富的管理实践，为文艺复兴之后社会各个领域的变革和工业文明的发展积累了深厚的传统和丰富的经验。

二、17 世纪～19 世纪的管理思想

这一时期是欧美资本主义政治、经济、文化、科技等社会生活、生产领域发生重大变革的时期。在这之前经历了文艺复兴运动，它为社会转型做了先导性的铺垫，成为社会变革的前奏。自文艺复兴至 19 世纪末管理科学诞生的数百年间，社会变革的需要，哲学等社会科学的勃兴，促进了管理思想的异常活跃，为管理科学的产生奠定了基础。在这一时期，无论政治领域还是经济领域，都需要和发生着管理革命，都酝酿和产生了管理新思维、新学说。诸多哲学家、经济学家、政治学家，同时也是新管理思想理论的诠释者或管理学家。如洛克、卢梭、约翰·密尔、孟德斯鸠、托克维尔等关于国家学说以及在行政思想上做出的重大理论贡献，是这一时期的治道变革的重要理论基础。这些被现代学者称之为"治道学"的诸多学说，大多也即今日所谓之公共管理科学。

相对公共领域治道变革更早的是资本主义生产力的萌芽和发展，生产方式由手工工场到工厂制度的建立，管理在生产中的作用和生产对科学管理的需要日益突出，将"管理"作为科学研究的对象，由此阐释其学说体系也提到了议事日程上来。对此，经济学家的贡献功不可没。他们充分肯定了管理的作用，提出管理是土地、劳动力和资本之后生产的一个要素。对此，亚当·斯密在《国富论》中首先提出组织分工协作是国民财富增长的原因。法国近代政治经济学创始人让·巴蒂斯特·萨伊（Jean Baptiste Say，1767～1832）则是"第一个明确承认生产有第四个要素"的思想家，并给出了"企业家"一个经典性的定义。他认为，企业家发挥管理艺术把生产的传统要素结合在一起创造了利润，同时也承担着风险、付出代价，他们除了获得本人投资的利润外，还应得到管理报酬。[1] 围绕管理的需要，这一时期的思想家在人性假设、工资报酬、管理秩序、劳动分工等方面提出了许多有价值的主张。

18 世纪中叶以来，随着发明家瓦特的蒸汽机技术成功地运用于生产，解决了工厂生产的动力问题，促进了生产规模的扩大，引发了产业革命（或工业革命）。19 世纪伊始，工业化的普遍兴起，科学管理的实验与实践在欧美大陆得到

---

[1]　[美] 丹尼尔·A. 雷恩：《管理思想的演变》，赵睿等译，中国社会科学出版社 2000 年版，第 45 页。

了迅猛发展，涌现出一批科学管理的先驱者，进行了大量的科学管理实验与实践，进行了相应的理论探索，为管理科学的诞生提供了重要的素材。美国著名企业史学家钱德勒指出："现代工商企业是当经济活动量达到这样一个水平，即管理上的协调比市场的协调更有效率和更有利可图时，才首次在历史上出现的。"[1] 不仅经济领域的活动如此，公共领域的管理也是如此，管理作为一门独立的学科，正是适应社会大生产、大组织、大系统管理协调需要的产物。

第三节　西方近代管理理论：古典理论

通常将 19 世纪末 20 世纪初产生的管理理论统称为古典管理理论，包括威尔逊和古德诺的公共行政理论、泰罗的科学管理原理、韦伯的组织理论、法约尔的一般管理理论，它们共同勾画出管理理论的基本框架体系。对古典管理理论的系统考察，是对西方管理思想发展脉络把握的关键。

一、威尔逊和古德诺的公共行政理论

（一）威尔逊的公共行政理论

托马斯·伍德罗·威尔逊（Thomas Woodrow Wilson，1856～1924）是 19 世纪末 20 世纪初美国杰出的思想家和政治家。他在《国会政体：美国政治研究》和《行政学研究》的论著中，提出政治与行政分离的经典观点，阐述了政治与行政的各自职能，提出建立一门独立的公共行政学科的主张，使公共行政研究摆脱政治学的束缚，他由此成为公共行政理论的奠基人。

1. 公共行政研究的任务。威尔逊指出，19 世纪末，公共行政研究呈现出的紧迫性以及行政学的产生与国家经济和社会事务的发展以及政府职能的扩大有关。政府的管理工作迫切需要有科学的理论予以指导，"与制定一部宪法相比较，'贯彻'一部宪法变得愈来愈困难了"，公共行政研究的目的就在于"把行政方法从经验性实践的混乱和浪费中拯救出来，并使它们深深植根于稳定的原理之上"，[2] "力求使政府不走弯路，使政府的事务减少一些不成体统的样子，加强和纯洁政府的组织机构，并使其各种职责都获得尽责的美名。"[3] 威尔逊由此认为，公共行政研究的任务在于，既要弄清楚政府能够适当而且成功地承担什么任务，还要弄清楚政府怎样才能够以尽可能高的效率和尽可能少的金钱

---

〔1〕　［美］小艾尔弗雷德·D. 钱德勒：《看得见的手——美国企业的管理革命》，重武译，商务印书馆 1987 年版，第 8 页。

〔2〕　［美］威尔逊："行政学研究"，载《国外政治学》1988 年第 1 期，第 44 页。

〔3〕　［美］威尔逊："行政学研究"，载《国外政治学》1987 年第 6 期，第 32～33 页。

或人力上的消耗来完成这些专门任务。

2. 政治—行政二分法。作为行政学创始人，威尔逊首次提出政治—行政二分法（Political – Administrative Dichotomy）的观点，并系统阐述了行政与政治的关系。

（1）行政不同于政治。威尔逊指出："政治是'在重大而且带普遍性的事项'方面的国家活动，而在另一方面，'行政管理'则是'国家在个别和细微事项方面的活动。因此，政治是政治家的特殊活动范围，而行政管理则是技术性职员的事情。'"[1] 所以，行政管理是置身于政治所特有的范围之外的。行政管理问题并不属于政治问题，政治不能也无需自找麻烦地去直接指挥行政管理机构。相应地，在行政体制问题上，他主张要建立完善的公共行政机构，要给予地方政府机构以新的生命，要组建地方分权制度。

（2）行政与政治的区别是相对的。威尔逊认为，政治与行政之间并不完全是"意志"与相应"行动"之间的区别，因为行政官员在为了完成其任务而选择手段时，应该有而且也的确有他自己的意志，他不是而且也不应该是一种纯粹被动的工作。这是一般决策和特殊手段之间的区别。

（3）行政与政治又密切相关。威尔逊指出，行政管理的任务是由政治加以确定的，而政治如果没有行政管理的帮助就将一事无成，并且为了保证政治——选民的智慧和意志——通过行政管理活动得到实现，政治（代议机构）必须严密监督政府的每项工作，并对所见到的一切进行议论，乃是代议机构的天职。

3. 人事行政思想。威尔逊十分关注当时的文官制度改革。他提出，行政学研究的目的之一，就是要找到最佳方法以建立这样一种文官班子：他们受过足够的教育，具有公共精神，工作起来既有见识又脚踏实地，并通过经常性向公众进行咨询而与公民的思想保持如此密切的联系，以至使专断成为不可能的事情。他重视政府官员的素质问题，他提出：严格说来统治者只不过是被统治者的仆人而已，就必须准备一批更好的官员以充当政府的"工具"，"我们都必须有一支受过充分训练的官员以良好的态度为我们服务：这显然是一种工作上的需要。"[2] 所谓良好态度就是对于他们所为之服务的政府的政策，具有坚定而强烈的忠诚。这种态度在各方面都绝没有官僚作风的污点。政府官员，尤其是行政领导应该带头克服官僚主义。"只有当一个国度的全部国家机关与人民、人民领袖以及普通僚属的共同政治生活隔离的时候，官僚主义才有可能生存。官

---

〔1〕　［美］威尔逊："行政学研究"，载《国外政治学》1988 年第 1 期，第 45 页。

〔2〕　［美］威尔逊："行政学研究"，载《国外政治学》1988 年第 1 期，第 47 页。

僚主义者的动机、目标、政策和标准必然是官僚主义的。我们规定所有的部长都必须是真正为人民服务的，因而对于在真正为人民服务的部长领导下履行任务的官员们，要想指出他们无耻的独断专横的任何实例，看来是很困难的。"[1]

4. 行政监督思想。威尔逊行政监督思想主要是通过对公共舆论与行政管理之间关系展开的。他说，在行政管理活动当中，群众舆论将起什么作用？准确的答案似乎是公共舆论将起权威性评判家的作用。他指出，对行政管理官员工作的监督是大有裨益的，它可以使民众知道这些官员们是怎样为他们工作的，他们对公共事务的处理原则是否符合民众的意愿；更为重要的是，"只有能对行政机关加以议论和质询的民众，才能算是真正自治的民众"。[2] 威尔逊明确强调，行政研究应当为公共舆论发挥其对行政管理的监督控制作用提供最佳途径，应当排除各种来自行政中的干扰，政府为了能够更有效地履行其职能，其行政管理必须在一切方面都对公众舆论有敏锐的反应。

作为行政学的奠基者，威尔逊的行政学思想对以后的行政学研究具有划时代的意义。

（二）古德诺的公共行政理论

与威尔逊同时代的另一位行政学的创始人是美国政治学家、教育家，美国政治学会的主要创建人弗兰克·约翰逊·古德诺（Frank Johnson Goodnow, 1859～1939）。他于1900年出版的《政治与行政》一书中详细地阐述了行政与政治的关系，由此大大地推进了行政学的发展。

1. 政治和行政的区别。古德诺在西方行政学史上是以探讨政治与行政各自的职能以及二者的关系而闻名。他的主张与威尔逊有较大的分歧。古德诺在《政治与行政》第一章"国家的主要功能"中明确地指出：在所有的政府体制中，都存在着两种主要的或基本的政府功能，即国家意志的表达和国家意志的执行，这两种功能分别称之为"政治"与"行政"。政治是表示国家意志的领域，行政是实现国家意志的方法和技术，行政不应受政治权宜措施及政党因素的影响。它反映了当时美国社会行政改革，实行科学管理的要求，对美国的行政实践和理论研究产生了深远的影响。

2. 政治和行政的协调。古德诺在"政治与行政二分法"上的重要贡献，主要不在于率先提出二分法的主张，而是在于对政治与行政的关系提出的一些具有独创性的思想。在政治与行政的关系上，古德诺的基本态度是：政治与行政的分离是相对的。他认为，政府机构之间的分工不可能像政府两种功能之间的

---

〔1〕 ［美］威尔逊："行政学研究"，载《国外政治学》1988年第1期，第48页。

〔2〕 ［美］威尔逊：《国会政体》，熊希龄、吕德本译，商务印书馆1986年版，第167页。

划分那样，来得一清二楚。"实际上在各种类型的政府里，这两种功能不仅都被分开了，而且每个政府都建立了一些多少有些区别的机关。一方面，所有这些机关不可能把自己完全限于行使其中的某一种功能；另一方面，它们又都在很大程度上或主要地以行使这种或那种功能为特征。"[1] "以执行国家意志为主要功能的政府机关，经常地，事实上是通常地，又被赋予表达国家意志的具体细节的职责，尽管这些国家意志的具体细节在表达时，必须合乎由主要职责在于表达国家意志的机构所制定的一般原则。这就是说，被称为执行机构的机构，几乎在任何情况下都拥有大量的制定法令权或立法权。另一方面，以表达国家意志为主要职责的机关、即立法机关，通常又有权用某种方式控制以执行国家意志为主要职责的机关对国家意志的执行。也就是说，尽管人们能够区分开政府的两种主要功能，但却无法严格地规定这些功能委托给哪些政府机关去行使。"[2]

关于行政的功能，他认为，"从理论探讨和实践便利的角度说，行政不应再只被当作执行机构（政府中的这个机构是由成文法所规定的执行性机构）的一种功能。相反，人们已经看到，行政是执行国家意志的功能。在某些方面，它在范围上可能比由成文法规定的执行性机构的功能要大一些，在另一些方面则可能要小一些。"[3] 在古德诺看来，把每一种功能分派给一个分立的机构去行使是不可能的。这不仅因为政府权力的行使无法明确地分配，而且还因为随着政府体制的发展，政府的这两种主要功能趋向于分化成一些次要的和从属的功能。他强调，以往"政治—行政二分"的提法容易造成这样的误解：一种政府功能只存在于一种政府机构之中。他第一次指明这样的道理：分权原则的极端形式不能作为任何具体政治组织的基础。因为这一原则要求存在分立的政府机构，每个机构只限于行使一种被分开的政府功能。然而，实际政治的需要却要求国家意志的表达与执行之间协调一致。很明显，古德诺在这里表现出的兴趣，主要已不是政治与行政的"分离"，而是它们二者的"协调"。

3. 行政集权与民主、效率的关系。民主与效率无疑是政府的合法性基础和行动目标。政府要有效率，必须要有集权；政府要体现民意，就必须要对其实施控制，使政府做它应做的事情，发挥它应有的职能。那么，政府在何种程度上集权是必要的，社会在何种程度上对其实施控制是有效的，这始终是个公共管理的难题。古德诺指出："在纯粹的君主政体中，表达国家意志所必需的活

---

[1] ［美］古德诺：《政治与行政》，王元译，华夏出版社1987年版，第6页。
[2] ［美］古德诺：《政治与行政》，王元译，华夏出版社1987年版，第9页。
[3] ［美］古德诺：《政治与行政》，王元译，华夏出版社1987年版，第12页。

动，自然远不如在民治的或民主的政府中那么复杂。但在这两种政体中，它们的性质基本上是相同的。这种性质上的相同，甚至在更大的程度上对国家意志的执行也是事实。政府的形式对这些情况几乎毫无影响。只有一点例外，就是政府的民治程度越低，国家意志的执行功能与表达功能之间的区别也就越小。"[1] 显然，古德诺看到了在实际的行政活动中，集权与民主、效率之间合理分离与协调的必要性与所存在的种种麻烦。他说："就政治行为来说，不仅要求统治者的意志在能够被执行之前就表述或表达出来，还要求把这种意志的执行在很大程度上委托给一个不同于国家意志表达机关的机关。政治情况的极端复杂性，使得人们不可能在实践中把这两种功能的行使在同等的程度上委托给同一个政府机关。"[2]

在对政治与行政的关系以及行政效率研究的基础上，古德诺又对行政权力的控制机制做了较为详细的说明。他提出依靠法律、政党和公众的力量，通过行政体制与内外监督机制的改革和完善，使政府置于民主化、法制化之下，从而使它摆脱受少数人控制和操纵的局面，保证政府既体现出人民的意志又有效率。毫无疑问，古德诺关于政治与行政的区别、联系以及行政管理的现实合理性考察和理论分析是透彻、准确的。

威尔逊、古德诺对行政学的理论贡献确立了一个良好的开端。之后的行政学基本上是按照他们预设的理论框架向前发展的。

二、泰罗的科学管理理论

弗雷德里克·温斯洛·泰罗（Frederick Winslow Taylor，1856～1915）是科学管理的主要创始人，被称为"科学管理之父"，其代表作是 1911 出版的《科学管理原理》。在管理思想史上，"泰罗的成就高于任何一个人，他所做的主要工作是把整个 19 世纪在英、美两国产生、发展起来的东西加以综合，从而形成一整套的思想，他使一系列无条理的首创事物和实验有了一个哲学的体系，称之为科学管理。"[3] 作为技术改革家和管理学家，泰罗的"科学管理"具有实践性、科学性、规范性和效率性等显著特点，开现代管理科学研究之典范。列宁曾对其给予高度评价。1918 年，列宁在《真理报》上讲到："我们应该立即

---

〔1〕　[美] 古德诺：《政治与行政》，王元译，华夏出版社 1987 年版，第 6 页。

〔2〕　[美] 古德诺：《政治与行政》，王元译，华夏出版社 1987 年版，第 6 页。

〔3〕　参见 [英] 林德尔·厄威克：《管理备要·泰罗传》，孙耀君等译，中国社会科学出版社 1994 年版。

引进计件工资制并试行实施。我们应该试行泰罗制的每一项科学的和进步的建议。"[1]

（一）科学管理是一场"精神革命"

泰罗强调，人的劳动生产率的巨大增长这一事实不但成为文明国家和不文明国家的区别，而且标志着我们在一两百年内的巨大进步。雇主和企业管理当局关心的是低成本，工人关心的是高工资，只有劳动生产率提高了，他们才都可以达到自己的目的。双方必须变相互指责、怀疑、对抗为互相信任、合作，为此双方都必须进行一次"精神革命"。"双方合作尽到生产最大盈利的责任；必须用科学知识来代替个人的见解或个人的经验知识。否则，就谈不上科学管理。这就是科学管理的两个绝对需要具备的要素。"[2]

泰罗对工人和企业管理当局在"精神革命"中各自的职责和内容作了归纳。在工人方面，应该做到以下五点：①不再为生产的盈余如何在工资和利润之间分配而烦恼和斗争；②同意在提高生产的基础上将工资提高30%到100%，这个标准是通过试验而科学地确定的；③放弃一切怠工的想法并帮助企业管理当局建立科学的生产方法；④同意由企业管理当局科学地决定做什么，什么时候做，如何做以及做多长时间；⑤同意按企业管理当局规定的新方法来进行培训。

在企业管理当局方面，应该做到以下五点：①为每种作业制订一种科学的方法，以代替主观和经验的方法；②科学地、精确地确定从事每项工作的正确时间和方法；③选择并训练工人，使之担任最合适的工作，即在他经过训练以后所能担当的最困难的工作，而他仍能成为"第一流的工人"；④建立一个合适的组织，从工人那里接管除了工作的实际执行以外的全部责任；⑤同意自己也接受每项作业的科学和事实的控制，从而放弃自己对工人的专断权力。

（二）科学管理原理的主要内容

泰罗在《科学管理原理》中，阐述科学管理的基本内容，主要概括为工作标准化、激励性工资制度、劳动人事管理、将计划职能与执行职能分开、职能工长制、管理控制的例外原则等。

1. 工作标准化原理。泰罗在科学试验和技术革新的基础上，进行动作研究和时间研究等，对工人使用的工具、动作、所需时间，依据经济合理的原则制订相应的标准和操作规范，这是工作标准化的内容之一。它的具体任务是：工人掌握标准化的操作方法、工人使用标准化的工具机器和材料、作业环境标准

---

[1] ［英］林德尔·厄威克：《管理备要·泰罗传》，孙耀君等译，中国社会科学出版社1994年版，第70页。

[2] ［美］泰罗：《科学管理原理》，曹丽顺译，中国社会科学出版社1984年版，第240页。

化。泰罗强调，推行生产的标准化是企业当局的职责。在这之前，工人的操作方法和使用的工具往往是根据自己或师傅的经验来确定的，工人劳动和休息的时间以及机器设备等也是由管理人员根据自己的判断或过去的记录确定的，缺乏科学的依据。工作标准化的另一个重要内容是：确定每一个岗位可以达到的、合理的日工作量，这就是工作定额原理。他强调，制订工作定额的标准，是以"第一流的工人"能在不损害其健康的情况下维持很长年限的速度，能使他更愉快而健壮的速度即他称之为"第一流的速度"为标准的。通过标准化和工作定额的实施，大体上实现了工人在不增加劳动强度的基础上提高了工作效率的目标。

2. 激励性工资制度。泰罗认为，实行奖励工资制度能够通过提高工人的收入水平促使工人大大提高生产率。虽然增加了对工人的工资支付，但生产率的提高幅度大于工人工资提高的幅度，所以这一做法对雇主也是有利的。泰罗认为，刺激性工资制度中工资支付的依据不是职位，不是工作类别。他不同意为了维护工人团结而使所有同类工作的工人的工作条件和工资一致化的做法。他认为，这样会挫伤工人提高生产率的个人积极性。他主张，工资应根据工人的实际工作表现来支付。这样既能克服工人"磨洋工"的现象，更能调动工人的积极性。为此，他设计了一种有差别的、刺激性的"计件工资制度"。但是，这一方案却导致了"胡萝卜＋大棒"的效果而备受指责。在甘特的影响下，他对"差别计件工资制"进行了修改，提出了"任务和奖金工资制"。其基本规定是：工人不论其生产量的高低，都有一个保证的日工资，如果工人完成了生产任务，就能得到奖金。奖金的多少根据工作的性质和激励工人的需要而定，在日工资率的30%到100%之间。按这种规定，工人在没有完成生产任务时，仍有一个保证工资，因而被认为更多地考虑到了人的需要方面。

3. 劳动人事管理。泰罗提出，为了使工人掌握标准的工具、操作方法，完成日工作定额，就必须对工人进行培训，使他们成为"第一流的工人"。所谓"第一流的工人"，是指那些体力或者智力适合分配给他们工作的人，并且愿意工作的人，而不适合或不愿意工作的人不会成为"第一流的工人"。在泰罗看来，人具有不同的天赋和才能，只要工作对他合适，都能成为"第一流的工人"。在科学管理中，如果有一个工人没有干好，总是假定首先是我们管理人员的过错，可能是我们没有正确地教会这个工人，没有给他做出一个好的榜样，没有花费足够的时间教他怎样干他的工作。因此，培训"第一流的工人"是领导方面的职责。泰罗认为，健全的人事管理的基本原则是：使工人的能力同工作相配合。企业管理当局的责任在于为雇员找到最合适的工作，培训他们成为"第一流的工人"，激励他们尽最大的力量来工作。所以，泰罗所谓的"第一流的工人"并不像有些人理解的那样是一些体力超过常人的"超人"，更不是建立在对工人的体力与智力掠夺基础上的。

4. 泰罗的科学管理的内容还包括：将计划职能与执行职能分开、职能工长制、管理控制的例外原则。这些内容构成了"泰罗制"的理论体系，它既有泰罗本人的研究和实践成果，也有同时代其他管理学家的贡献。如巴思（Carl George Barth）和吉尔布雷斯夫妇（Frank B. Gilbreth and Lillian M. Gilbreth）为科学管理的工时研究、动作研究等提供了理论支持，甘特（Henry L. Gantt）则是泰罗创建和传播科学管理的亲密合作者。

从科学管理原理的内容看，它有这样几个特点：①它是从工人的、个体的视角研究科学管理，属于作业管理；它重点研究的是工作合理化的技术性问题而非社会组织管理的问题；它只是管理学研究的一个领域，尽管是重要的领域但不是全部。②它第一次将工人具体作业劳动的直接经验事实全面系统地上升到科学实证的层次上，开创了管理学研究的新领域、新方法。③尽管它把效率优化作为研究的重点目标，但没有忽视社会公平问题即价值研究；科学管理所提供的方法不仅是实现效率的方法，也是实现社会公平的方法；但科学管理原理并不主要涉及和解决这个问题。1912 年，泰罗在众议院听证会上，对于科学管理的主要目的是什么，提出了著名的断言："使雇主实现最大限度的富裕，也使每个雇员实现最大限度的富裕"。在今天看来，这不是谎言，而是现实。假如没有像泰罗的科学管理原理那样的基础性研究和实践，很难想象今天物质生活的富裕靠什么来实现。泰罗科学管理原理诞生的一百年间备受责难，其主要原因是对其理论的工具价值存在误识所致，所谓的"泰罗制"所带来的问题，是社会原因造成的，而非其理论本身的缺陷。

三、法约尔的一般管理理论

亨利·法约尔（Henri Fayol，1841～1925）是古典管理理论在法国的杰出代表，其代表作是1916 年出版的《工业管理与一般管理》。如果说泰罗的研究是从"车床前的工人"开始的，是工厂作业微观领域的管理定理，是一系列精确化的操作规范；法约尔则是从"办公桌前的总经理"出发，以一个整体的大企业为研究对象的，得出的管理理论的一般原理，组织管理的普遍原则，就像《工业管理与一般管理》这本书的名字所表达的那样。

法约尔的管理思想对现代管理理论的发展有重大影响，他对管理的含义、原则与要素等做出了经典性的诠释，成为 20 世纪以来管理学教科书的蓝本，他也被奉为"管理过程学派"的鼻祖。

第二章

　　（一）组织职能和管理要素

　　在管理理论的发展史上，法约尔是第一个对组织的全部活动进行系统理论梳理，将管理与组织的其他活动进行明确区分，阐明管理是组织中特殊职能的活动，简明合理地概括管理活动五要素的思想家。

　　法约尔指出，无论企业（组织）大小，其全部活动可分为六个方面或者六个基本职能：技术职能、商业职能、财务职能、安全职能、会计职能和管理职能。这六个职能也即组织内部的分工问题，其中，管理是组织分工的产物，具有重要的作用。在法约尔所处的时代，社会对管理的科学性尚缺乏充分认识。"在现实中，职业学校几乎是单一的技术教育，在企业经营活动中，突出强调技术职能的作用，因而也突出了技术能力，而这种突出使其他一些对于企业发展和繁荣完全同样必要，有时甚至更有益的能力却默默无闻了。"[1] 他提出要重视管理知识的教育，建立一种得出普遍承认的管理理论。他认为，技术职能不是全部职能中最主要的。技术等其他五种职能都并不负责制订企业的总体经营计划，不负责建立社会组织、协调各方面的力量和行动。

　　法约尔对组织六项活动中的管理职能给出的定义是：管理负责制订企业的总体经营计划，负责建立社会组织，协调和调和各方面的力量和行动。它包括计划、组织、指挥、协调、控制这五项要素。其中，计划就是探索未来，制订行动计划；组织就是建立企业的物质和社会的双重结构；指挥就是使其人员发挥作用；协调就是连接、联合、调和所有的活动及力量；控制就是注意是否一切都按已制定的规章和下达的命令进行。[2]

　　法约尔进一步指出，"不要把管理同'领导'混淆起来"。领导"就是寻求从企业拥有的所有资源中获得尽可能大的利益，引导企业达到它的目标，就是保证六项基本职能的顺利完成。"管理是"由领导保证其进行"的，但管理不是企业领导人的独特职权，不是企业领导人的个人责任，而是"一种分配于领导人与整个组织成员之间的职能"。[3] 也就是说，"管理"既是组织全部活动职能的一种分工，也存在于组织全部活动的各种职能之中。因此，管理既有专门或专业性又有普遍性，在组织职能分工的各个领域、各个层次中都有管理问题，只不过根据分工不同，管理职能范围不同而已。

　　（二）专门能力

　　法约尔指出，与组织的六种职能相对应，每一种基本职能都需要有一种专

---

〔1〕　[法] 法约尔：《工业管理与一般管理》，周安华等译，中国社会科学出版社 1998 年版，第 3 页。
〔2〕　[法] 法约尔：《工业管理与一般管理》，周安华等译，中国社会科学出版社 1998 年版，第 5~6 页。
〔3〕　[法] 法约尔：《工业管理与一般管理》，周安华等译，中国社会科学出版社 1998 年版，第 6 页。

门的能力，即技术能力、商业能力、财务能力、安全能力、会计能力和管理能力等。每一种专门能力又都以以下几个方面的基本要素为基础：身体、智力、道德、一般文化（具有不限于从事职能范围的各方面知识）、专业知识（技术，或商业、或财务、或管理等专业职能知识）、经验。在此基础上，法约尔对人员的职能分工与专门能力的配置趋势做了数量化考察（见表2－1）。他发现，"在各类企业里，下属人员的主要能力是具有企业特点的职业能力，而较上层的领导人的主要能力是管理能力。对管理知识的需要是普遍的"[1]

表2－1 大型企业各职能人员管理能力的比重关系表

组织类别	六种专门能力各占的百分比（％）							总计
	各类人员	管理	技术	商业	财务	安全	会计	
大型企业	工人	5	85	—	—	5	5	100
	工长	15	60	5	—	10	10	100
	车间主任	25	45	5	—	10	15	100
	分厂长	30	30	5	5	10	20	100
	部门领导	35	30	10	5	10	10	100
	经理	40	15	15	10	10	10	100
联合企业	总经理	50	10	10	10	10	10	100
国家企业	部长	50	10	10	10	10	10	100
	总统	60	8	8	8	8	8	100

同时，法约尔还对组织规模与领导者的专门能力的配置趋势做了说明（见表2－2）。他指出：小型企业领导人的主要能力是技术能力。随着企业等级的上升，管理能力的相对重要性增强，技术能力的相对重要性必然减少。在中等企业中，这两种能力相等。大型企业领导人最重要的能力是管理能力，企业越大，管理能力越起主要作用。

---

〔1〕 ［法］法约尔：《工业管理与一般管理》，周安华等译，中国社会科学出版社1998年版，第14页。

表2-2　企业规模与管理能力的比重关系表

领导人类别	六种专门能力各占的百分比（%）						总计
	管理	技术	商业	财务	安全	会计	
初级企业	15	40	20	10	5	10	100
小型企业	25	30	15	10	10	10	100
中型企业	30	25	15	10	10	10	100
大型企业	40	15	15	10	10	10	100
特大型企业	50	10	10	10	10	10	100
国家企业	60	8	8	8	8	8	100

（三）管理原则

法约尔总结出14条管理原则：①劳动分工，即将工作分解为具体的任务，并将责任分配给特定的个人；②权力与责任一致，即将权力与责任一起下放；③纪律，即明确期望，惩罚偏离者；④统一指挥，即一个下属只应接受一个上级的命令；⑤统一领导，即对于力求达到同一目的的全部活动，只能有一个领导人和一项计划；⑥个人利益服从整体利益，即整体利益应该优先；⑦报酬，即系统地为支持组织目标的努力提供报酬；⑧集权，即明确高层管理者比下属具有相对的重要性；⑨跳板原则，即在组织指挥链内保持沟通；⑩秩序，即使工作和材料有秩序以支持组织目标；⑪公平，即平等的纪律和秩序提升员工承诺；⑫人员稳定，即强化员工的忠诚，促进长期工作；⑬首创精神，即鼓励员工在支持组织目标方面自己决策；⑭人员团结，即建立雇员和管理层之间的利益共同体。

法约尔指出，在管理方面，没有什么死板和绝对的东西，这里全部是尺度问题。"没有原则，人们就处于黑暗和混乱之中；没有经验与尺度，即使有最好的原则，人们仍将处于困惑不安之中。原则是灯塔，它能使人辨明方向，它只能为那些知道通往自己目的地道路的人所利用。"[1]"原则是灵活的，是可以适应于一切需要的，问题在于懂得使用它。这是一门很难掌握的艺术，它要求智慧、经验、判断和注意尺度。"[2]

法约尔的一般管理理论关注的重点在于通过科学的管理和合理的专业化分工，实现组织效率最大化。因此，法约尔的一般管理理论对管理学的发展产生

---

〔1〕〔法〕法约尔：《工业管理与一般管理》，周安华等译，中国社会科学出版社1998年版，第50页。

〔2〕〔法〕法约尔：《工业管理与一般管理》，周安华等译，中国社会科学出版社1998年版，第22页。

了巨大的影响。继泰勒的科学管理原理之后，法约尔的一般管理理论被誉为管理学史上的第二座丰碑。

四、韦伯的理想行政组织理论

马克斯·韦伯（Max Weber，1864～1920）同威尔逊、泰罗和法约尔是同时代人。他在哲学、社会学、法学、经济学、历史学和宗教学等领域都有广泛的研究。他不仅是公认的社会学的三大奠基人之一，也是管理学的重要创始人之一。凡是谈到管理学发展历程的时候，都把韦伯和泰罗、法约尔并列。这三位大师各有特色，如果说泰罗是以新教徒的执着和认真把企业的微观管理导向科学，法约尔是以高瞻远瞩的睿智构建了管理学的宏观大厦，那么韦伯就是以哲学家式的严密，创立了组织理论和方法论体系，被称为"组织理论之父"。他的著作不少，《新教伦理和资本主义的精神》、《社会和经济》等都有重要的影响。他的思想在整个社会科学乃至自然科学方法论上影响了整个20世纪。韦伯的理论贡献主要在于权威类型、行政组织、文化与管理等方面。

（一）权威类型

权威是管理的重要手段和维系组织的基本力量。韦伯有关权威的本质和类型的论述，堪称20世纪管理学的经典。

韦伯首先对权威有别于权力的本质做了说明，指出"权力意味着在一种社会关系里哪怕是遇到反对也能贯彻自己意志的任何机会，不管这种机会是建立在什么基础之上。"[1] 而权威"不是任何形式的对别人实施'权力'和'影响'的机会，……任何一种真正的统治关系都包含着一种特定的最低限度的服从愿望。"[2] 权力和权威的一个共同形式是命令与服从关系。但是，在他看来，两者有不同的基础。权力是"建立在一种被要求的、不管一切动机和利益的、无条件顺从的义务之上"，[3] 体现为一种强力控制；而权威之所以可能，不取决于命令者而取决于服从命令的人，取决于服从者的"服从愿望"，即服从者是否认同和接受命令的控制。所以，权威也是一种权力，是被认可的权力。

在此基础上，韦伯总结了三种纯粹形态的、被社会所认可和接受的合法性权威，它们是：①法理型权威（Legal Authority），其依据是对那些按照规则被提升到有指挥权的人的权利之合法性的信念，又称法定权力；②传统型权威（Traditional Authority），其依据是对古老传统的不可侵犯性和按传统行使权力的人的

---

〔1〕 ［德］马克斯·韦伯：《经济与社会》（上），林荣远译，商务印书馆1997年版，第81页。
〔2〕 ［德］马克斯·韦伯：《经济与社会》（上），林荣远译，商务印书馆1997年版，第238页。
〔3〕 ［德］马克斯·韦伯：《经济与社会》（下），林荣远译，商务印书馆1997年版，第265页。

地位的正统性的信念，又称传统权力；③魅力型权威（Charisma Authority），其依据是对个人特殊和超凡神圣、英雄主义或模范品质的崇拜，或对个人的启示或发布的标准模式或命令的崇拜，又称超凡魅力，是将神圣宗教观念世俗化的产物。韦伯指出，上述三种权威的统治效率是各不相同的：传统型权威的统治效率较差，魅力型权威是非理性的，是不稳定的，其效率取决于统治者个人魅力程度。这两种权威都不宜作为行政组织体系的基础。而法理型权威依据的是理性化的组织、专业化的分工、明确的规章制度实施的统治，是最有效率的。

（二）行政组织

韦伯从权威理论的研究引申出组织理论。按照权威的类型，他划分了三种相应的组织类型：①法理型组织，即以法理型权威为基础而维系其统治的组织；②传统型组织，即以传统型权威为基础而维系其统治的组织；③魅力型组织，即依靠统治者个人的超凡权力为手段建立和运行的组织。显然，韦伯看到了法理型组织适合作为现代社会的基本组织形式。为此，他总结归纳了一套官僚组织（Bureaucracy）规则体系，称为理想（Ideal）行政组织体系，即理想化的法理型组织体系。它是一种以组织分层、职能分工、集权与统一指挥等为特征的现代社会的行政组织模式，又称科层组织。

韦伯从八个方面描述理想行政组织的特征：①有一个按规则行使正式职能的持续性组织；②有明确的权限，包括按劳动分工所确定的职责领域，有为了履行这些职责所必要的命令的权力，明确规定可能允许的强制手段和使用的前提条件；③行政机关按等级系列原则组织起来；④官员的按照议事规则照章办事的运行机制；⑤行政管理班子同行政管理物资和生产物资完全分开的原则；⑥任职人员不能将职位占为己有；⑦行政管理档案制度原则，将管理行为、决定和规则以书面形式加以规定和记载；⑧合法型统治能以各种不同的方式来行使，主要是借助于官僚体制的行政管理班子进行统治。

韦伯以此为基础进而从十个方面设计出理想行政组织的人事管理制度，明确行政管理班子的官员们在组织中的地位——权利义务关系。①个人是自由的，仅仅在事务上服从官职的义务；②处于固定的职务等级制度之中；③拥有固定的职务权限；④根据契约受命，即（原则上）建立在自由选择之上；⑤根据专业业务资格任命（不是选举）——在最合理的情况下，通过考试获得的、通过证书确认的专业业务资格；⑥采用固定的货币薪金支付报酬，薪金首先依据官阶等级分级，同时也根据职位的责任，此外，还根据"身份地位"的原则；⑦把他们的职务视为唯一的或主要的职业；⑧职务"升迁"根据年资或政绩，或者两者兼而有之，取决于上司的评价；⑨工作中完全同"行政管理物资分开"，个人不得把职位占为己有；⑩接受严格的、统一的职务纪律和监督。

通过对官僚制的本质及特征进行深入而系统的分析，韦伯认为，官僚制具有巨大的优越性。在他看来，这种优越性体现在以下方面：①在理想的行政组织中，通过合理的权力分层、职位分工、层层节制、环环相扣，使组织管理活动秩序井然；②在理想的行政组织中，人们之间的关系是以理性准则为指导，不受个人感情影响的关系；同时，依照规则办事，可以保证公事公办，不偏不倚；③在理想的行政组织体系中，明确规定了每个成员的职权范围和协作形式，以便使各个成员正确地行使职权，减少摩擦和冲突；④从纯技术的观点来看，理想的行政组织是最符合理性原则、效率最高的。它在精确性、稳定性、纪律性和可靠性方面都优于其他组织形式；⑤在理想的行政组织中，组织的领导者和成员的工作成果，可以精确地计算出来，这有利于对官员的考核。

韦伯肯定了该组织类型能够适应于各种管理工作，是最好的一种组织形式。同时，他也指出了其弱点。认为官僚制犹如一个巨大的铁笼，将人固定在其中，压抑人的积极性和创造精神，使人成为一种附属品，只会机械地例行公事，成为没有精神的专家，没有情感的享乐人，整个社会将变得毫无生气。

韦伯之后，20世纪组织理论变革的一个中心议题是围绕官僚制展开的。东西方管理学界、社会学界甚至政治学界，有相当多的学者对韦伯的这一理论进行反思和批评。在许多人眼里，官僚组织已经成为机构膨胀、效率低下、管理僵化、精英集权、否定民主的代名词。如《官场病》是最有代表性的喜剧性讽刺和批判，而祸端指向韦伯的官僚制理论，这显然是存在严重偏颇和误解的。官僚体系及其弊端无论韦伯身前身后，都是一种客观事实，韦伯的理想行政组织理论只不过发现它，并试图修正和克服它。然而，理论的误解和实践滥用，使思想家背负了不应有的罪名。

（三）文化与管理

权威理论和官僚制理论，是韦伯在管理思想史上最为直接的两大理论贡献。除此之外，宗教与文化是韦伯学术研究更为关注的一个重要领域。宗教、文化研究，阐释它们对社会发展、管理文明进步的价值，从而揭示价值观、文化传统、资本主义精神的确立与以工业化为基础的现代化进程之间的关系。这是韦伯学术研究的一个重大课题，其思想贡献和影响都是巨大的，其标志性著作是《新教伦理和资本主义精神》，此外还有《儒教与道教》等。

在《新教伦理与资本主义精神》中，韦伯首先对什么是"资本主义"做了一个有别于我们的文化观念和常识的不同解释之后，他致力于探讨这样一个问题，即近代资本主义为什么仅仅出现在西方，而同时期的东方却呈现出停滞之势？本书的独到之处在于极为注重对资本主义经济兴起过程中非经济因素重要作用的推究。通过大量经验材料分析，论证了新教伦理与近代理性资本主义发展之间的成因关系。在他看来，正是新教伦理的尽天职、蒙恩、勤奋、劳动、守信、克制、俭省、节欲的精神推动了近代资本主义社会和经济的发展。《儒教与道教》是韦伯另一本重要著作。通过中国社会与西欧不同之处的比较研究——尤其是与清教徒的对照，探讨了为什么资本主义没有在中国发展的问题。他认为，东西方在现代化发展进程中存在的差异，归根结底是一个文化问题。

韦伯对西方资本主义精神的肯定和对东方文化的批判，在某些具体细节或者某些重要问题上的看法是否适当并不重要，重要的是韦伯独辟蹊径，从伦理等文化形态的角度研究其与管理的关系即管理文化研究，已经成为今日管理学研究超越微观的、技术层面的狭小领域，走向更广、更高视域的传统。无疑，韦伯是这一传统的先驱者，这是他的一个更为重大的贡献。

第四节　西方近代管理理论：行为理论

行为科学是指运用心理学、社会学、人类学及其他相关学科的成果，研究和揭示管理活动过程中的人、人的行为及其与其他要素之间相互作用的规律性的学问。行为科学不是指某种具体的学说。它作为一种研究方法，已经成为管理理论研究和管理实践的基本范式之一。它发端于 20 世纪 20 年代，到 50 年代~60 年代的马斯洛人本主义心理学之成熟标志着行为科学的高潮。这一时期是管理理论发展的新阶段，是从古典管理理论关注工作和效率到关注工作中的人和人的需要的转变。管理理论既研究效率问题，同时又要审慎对待人的价值和人在管理活动中的特殊地位和特殊意义，这是行为科学时期诸理论所关注的重大问题。对此，不同学派从各自理论出发做出了不同回答。

一、梅奥的人际关系学说

乔治·埃尔顿·梅奥（George Elton Meyao，1880~1949），20 世纪著名的管理学家，人际关系学说（行为科学早期学派）的创始人。他的人际关系学说的诞生以及行为科学时期的开端，主要是泰罗时期科学管理等传统理论和实践应用面临管理危机和困惑引发的。传统管理理论与实践基于理性主义传统和"经济人"假设，它们的共同特点是未对人的因素给予充分重视，工人成了"会干活的机器"。技术统治和机器压迫，引起了工人的强烈不满，劳资关系日益紧张。使得以往的管理理论和方法已不能有效地控制工人来达到提高生产率和增加利润的目的，这使得对新的管理理论的探索成为必要。在这种情况下，一些学者开始从生理学、心理学等角度进行提高生产率的实证研究，其中管理史上最著名的实证研究就是 1924 年开始的"霍桑试验"。

　　1927 年，梅奥应邀参与霍桑试验和对实验结果的研究，于 1933 年出版了《工业文明的人类问题》一书，此书的出版是人际关系学说创立的标志。梅奥第一次系统地从社会与心理方面探究影响工人生产积极性的因素，探讨人际关系因素在生产与管理中的作用。1945 年，梅奥又出版了《工业文明的社会问题》一书，进一步阐述了他的观点。梅奥把管理研究的重点和方法从工作、技术和物的因素转到人的因素上来，不仅在理论上对古典管理理论作了修正和补充，开辟了管理研究的新理论，也为行为科学的发展奠定了基础。

　　梅奥的人际关系学说的重要贡献主要有以下方面：①工人并不是把金钱当作刺激积极性的唯一动力的"经济人"，而是在物质之外还有社会的和心理的因素的"社会人"，是复杂的社会系统的成员。②企业中除了"正式组织"之外，还存在着"非正式组织"。新型的领导能力就是要在"正式组织"的经济需求和工人的"非正式组织"的社会需求之间保持平衡。③新型的领导能力还表现在通过提高职工的满足度，激励职工的"士气"，从而达到提高劳动生产率的目的。

　　梅奥的人际关系学说在以人为本和强调社会和谐的理论指引下，开创了工业心理学研究的先河，所涉及的霍桑效应、社会人假设、非正式组织、员工满意度等，成为他之后行为科学研究的重要论题。作为先行者，梅奥的理论存在缺陷，受到质疑是正常的。但他为管理学的研究开辟了新领域、新的方法，对管理学的发展产生了深远的影响。

一、马斯洛的需要理论

　　亚伯拉罕·H. 马斯洛（Abraham H. Maslow，1908～1970）是 20 世纪著名的心理学大师，他所开创的人本主义心理学是心理学的"第三思潮"。同时，他也是行为科学时期著名的管理学家，他的人本主义管理心理学是行为科学发展中的里程碑和达到鼎盛的标志。

　　马斯洛的需要理论研究起始于 20 世纪 40 年代初，以 1943 年发表的《人类动机理论》为起点，以 1954 年出版的《动机与人格》为成熟标志，之后还在 1970 年出版了《人性能达的境界》等著述。他的人本主义心理学是以具有创造性的人为研究对象的。他认为，任何人都有创造性天才的潜能，并非是特殊人类所独有的，并且在一定条件下，人们能将创造性变为现实，成为自我实现的人。马斯洛在《人类动机理论》中将人的需要区分为生理需要、安全需要、归属和爱的需要、自尊需要和自我实现五个层次（见本书第十一章第二节）。尔后在《动机和人格》中，又增加了求知和审美两种需要，并对人的需要类型及其关系做了详细说明。[1]

首先，他将人的需要划分为七个方面：生理需要、安全需要、归属和爱的需要、自尊需要、了解和理解的欲望（求知需要或好奇心）、审美需要以及自我实现的需要等。马斯洛强调精神健康的一个特点就是好奇心，同时人需要美，正如人的饮食需要钙一样，美有助于人变得更健康。其次，他将人的各种需要划分为基本需要和发展需要两类。基本需要是由人种先天遗传因素所决定的"类本能"需要，包括生理、安全、归属和爱、自尊的需要等，因为这些需要的满足在很大程度上依赖于他人和环境，故又谓之匮乏性需要。发展需要是在自我实现需要层面上，包括了解和理解的欲望和审美需要两种具体类型，因为求知和审美在很大程度上不依赖他人和环境，它们的满足可以导致更加积极的状态，故又谓之成长性需要。相对上述六种具体需要而言，自我实现常常不是某种具体需要，而是各种具体需要的综合所达到的状态，体现为人对自己需要所达到程度的自我认知和肯定性评价，故相对其他具体需要，自我实现具有抽象性特征。最后，从马斯洛对基本需要、发展需要或匮乏性需要、成长性需要的界定看，人的各种需要类型之间有一个大体的层次和递进次序，构成需要的金字塔。

马斯洛的需要层次理论以以人为本的价值观为核心，对人的动机进行价值论分析，需要的类型也即价值类型。他的理论具有哲学方法论意义，展示的是人类管理实践的终极目标，代表了20世纪下半叶以来整个理论和实践价值的合理取向，产生了广泛而重大的影响。

三、卢因的团体动力学

库尔特·卢因（Kurt Lewin，1890~1947），德裔美籍心理学家和管理学家，团体行为理论的开创者和重要代表。团体行为理论是由若干不同学说组成的理论体系，除了卢因的团体动力学，还有多伊奇的"团体内聚力理论"，史密斯、温斯顿、克雷奇等的"团体士气理论"，贝尔斯的"团体成员相互影响分析法"，谢里夫的"团体间竞争学说"等。

这里的"团体"，是指在正式组织中所存在着的非正式组织。这个问题在梅奥的人际关系学说中已经提出来了。但是，在相当长时期里，在社会的一般传统和管理中，非正式组织也即"非法组织"，它的存在与它的合理性、合法性一直受到管理当局的排斥和质疑。但是，团体是客观存在的，并具有深刻的社会基础。因此，承认团体存在的合理性、合法性，研究团体的组织结构、目标、

---

[1]　[美] 马斯洛：《动机和人格》（第3版），许金声等译，中国人民大学出版社2007年版。

领导方式、内聚力等，发挥团体在正式组织管理中的积极作用，这是团体行为理论研究的基本价值取向。因此，团体行为理论是 20 世纪行为科学和组织理论和实践观念的一个重大转折。可以说，20 世纪晚期，在管理领域所普遍流行的团队管理（Team Management），是团体行为理论的必然结果。

卢因的团体动力学是团体行为理论成熟的标志和一个重要分支。其主要内容包括：①与正式组织一样，团体（非正式组织）也有三个要素：活动、相互影响和情绪。②团体是处于均衡状态的各种力的一种"力场"，叫做"生活场所"、"自由运动场所"，这些力包括团体活动的环境、团体成员的个性、感情及相互的看法等，团体行为就是各种力的错综复杂的结合。③团体除了接受正式组织的目标，还有它自己的目标，以维持团体的存在；根据团体的目标与正式组织的目标是否一致，将团体分为积极团体与消极团体。④团体中有一个非正式的、较难辨认的成员结构，包含正常成员、非正常成员、领导成员和孤立者。⑤团体也有专制的、民主的和自由放任的三种领导方式。其中实行民主领导方式的团体内聚力最强、效率最好。⑥团体参与者的多少受团体规模的大小、领导方式、成员之间的权力地位关系等因素的影响。⑦团体的规模较小为好，以便成员相互间能经常交往，其内聚力较强，大规模的团体往往又会分裂为一些小的团体。

另外，团体内聚力和士气等，也是团体行为理论研究的一个重要内容。他们对内聚力和士气的特性、形成因素、测定方法及其对管理的影响作用，做了深入的理论和实证研究，取得了重要的理论成果。

四、布莱克的管理方格理论

罗伯特·R. 布莱克（Robert R. Blake，1918～2004）也是行为科学时期重要的管理学家，1964 年，他和简·S. 莫顿（Jane S. Mouton）合作出版了《管理方格》一书，标志管理方格理论（Management Grid Theory）初步完成。之后，他与A. A. 麦坎南合著了《领导难题·方格解决》一书，对方格理论做了进一步丰富和完善，使之成为完整的理论体系。[1]

布莱克等人通过管理方格图的方式，对团体、组织中领导者的领导方法和下级的行为定向的不同类型、特质进行了概括和说明。布莱克认为，无论是领导者，还是下级人员，在组织管理活动中，其行为活动方式都存在着"对人的关心"和"对生产的关心"两种不同的取向。每个成员的行动不是"非此即

---

[1] 1978 年，《管理方格》修订再版，更名为《新管理方格》。该书和《领导难题·方格解决》一书的中译本均由孔令济等译，中国社会科学出版社出版（1989、1999）。

第
二
章

彼"式（要么以生产为中心，要么以人为中心）的绝对，而是两种取向不同程度的互相结合，形成了不同的具体行为模式。布莱克在《管理方格》一书中重点研究贫乏型、任务型、乡村俱乐部型、中庸之道型和团队型五种典型管理方格（见本书第十二章第三节）。后在《领导难题·方格解决》一书中，又追加分析了家长主义和机会主义两种管理方格。布莱克指出，"在家长主义的管理中，给人们奖赏和认可作为忠诚和服从的报答，不依从将导致惩罚"，而"在机会主义的管理中，组织的绩效是按照一种交换方式产生的。人们适应形势以便从中取得最大利益。"[1] 可以说，机会主义是一种权变的管理风格。

另外，布莱克还通过管理方格图，对下级的基本定向进行描述：①尽可能不操心的下级，即下级除了想得到和保持职位以外，对工作和对上级都很不关心；②固执己见的下级，即下级主要关心的是完成他自己界定的任务，对他的上级关心极少；③热衷于讨好的下级，即下级对工作并不关心，但他设法巴结讲究实际的上级；④有地位意识的下级，即下级通常依据先例和规则做事，并寻求中间立场；⑤寻求答案的下级，即下级对完成工作任务和与他一起工作的人都高度关心，并且习惯用坦诚的方式思考和行动；⑥此外还有家长主义定向的下级和机会主义定向的下级。前者追求的是控制别人而不是被人控制；后者的基础性的激励是谋求个人利益，讨好上级是最常见的反应。

管理方格理论为我们观察团体、组织中上下级各自的行为特征以及相互关系的状态提供了一套简单有效的方法，对管理阶层及管理学界有较大影响。同时，布莱克指出，"方格使我们能够描述态度和行为。它不是一种心理评价的机制，也不是一种对人们进行分类或在一定位置上进行排列的方法。没有人始终一贯地坚持一种单一的方格方式。相反，人们在不同的时间采用不同的方法或者表现不同程度的关心"。[2]

行为科学时期是西方管理理论发展的重要时期，涌现出很多有重要影响的学说，除了以上所述之外，还有道格拉斯·麦格雷戈的"X理论—Y理论"、埃德加·沙因的"复杂人假设"、弗鲁姆的期望理论、赫茨伯格的双因素理论、利克特的支持关系理论、费德勒的权变理论和豪斯等的"目标—途径领导理论"、威廉·大内的Z理论等。同时需要说明的是，行为科学时期没有明显的结束时间，一直延续到现代管理理论时期。实际上，行为科学的方法论已经成为管理理论研究的重要传统而越来越受到人们的重视。

---

〔1〕 ［美］布莱克等：《领导难题·方格解决》，孔令济等译，中国社会科学出版社1999年版，第34页。
〔2〕 ［美］布莱克等：《领导难题·方格解决》，孔令济等译，中国社会科学出版社1999年版，第49页。

第五节 现代管理理论

二战结束以来，西方管理理论进入一个发展繁荣的新阶段。这个时期学派众多，研究领域广泛深入，研究对象逐渐明晰。参照孔茨关于管理丛林诸学派的分类法，[1] 对各个学派的梗概作简要介绍。

一、社会协作系统学派

社会协作系统学派的创始人是切斯特·I. 巴纳德，其代表作是 1938 年出版的《经理的职能》。

该学派把社会学概念应用于管理学的研究，并把研究重点放在组织结构的逻辑分析上，提出了一套协作和组织的理论。巴纳德认为，构成现代工业社会的基本单位——企业，是正式组织，它是"有意识地协调两个以上人的活动或力量的一个体系"，是由协作的意愿、目的即协作的共同目标和信息交流三个基本要素构成。经理人员是组织或协作体系中最关键的因素，他有三项职能：提供信息交流的体系、促成必要的个人努力与提出和制订目标。经理人员要履行上述职能，其领导行为包括四项内容：制订行动目标、发挥组织领导能力、善于应用组织机构和积极发挥全体组织成员的积极性。由此，经理人员需要具备活力和忍耐力、决断力、处理人际关系的能力、高度的责任心、高度的智力等五项基本品质。

权威理论是巴纳德管理理论创新和产生重要影响的一个方面。他对权威做出了与"命令是服从的必要条件"的古典观念相反的解释，他认为，"权威是正式组织中一种信息交流（命令）的特性，通过它的被接受，组织的贡献者或'成员'支配自己所贡献的行为，即支配或决定什么是要对组织做的事，什么是不对组织做的事。"[2] 因此，权威来自接受命令的人而不是经理人员。接受命令的人能够理解命令，他认为该命令同组织目的是没有矛盾、同他的个人利益是一致的，而且能够执行它，这是命令被作为权威而得到服从的条件。

二、决策科学学派

决策科学学派是 20 世纪中期由美国著名管理学家、决策科学的创始人赫伯

---

〔1〕 1961 年，孔茨在《管理理论的丛林》中，将当时的管理理论划分为 6 个学派；1981 年，他在《再论管理理论的丛林》中，根据理论的发展，将管理理论划分为 11 个学派。

〔2〕 ［美］巴纳德：《经理人员的职能》，孙耀君等译，中国社会科学出版社 1997 年版，第 129 页。

特·A. 西蒙创立的，其他代表人物还有 G. 马奇等。其代表作有《管理行为》、《组织》和《管理决策的新科学》等。

该学派对决策问题特别重视，主张决策贯穿于管理的全过程，管理就是决策。西蒙等人详细地分析了决策在管理中的作用和决策的四个阶段：情报活动、设计活动、抉择活动、审查活动，并特别强调信息联系在决策过程中的作用。与巴纳德不同，他们更重视非正式渠道的信息联系，认为非正式渠道在信息联系中起主要作用。关于决策的准则问题，是该学派的重要贡献之一。西蒙等人提出以令人满意的准则代替最优化准则作为决策的准则，是切实可行的。

关于程序化决策和非程序化决策的决策技术，以及决策中的思维过程，是决策管理理论中最有特色的贡献。西蒙等人把心理学、行为科学、系统论、运筹学、计算机科学等结合起来考察和研究人们在决策中的思维过程，分析了程序化决策和非程序化决策及其使用的传统决策技术和现代化决策技术，提出了"目标—手段分析法"等决策方法，以及利用计算机的"通用问题解算机"等决策辅助工具，为后来将人工智能技术应用于管理决策活动打下了基础，因而得到人们高度的评价，西蒙因此于 1978 年获诺贝尔经济学奖。

三、系统管理学派

系统管理学派盛行于 20 世纪 60 年代，主要代表人物是美国的约翰逊、卡斯特、罗森茨韦克、米勒、梅萨罗维奇，代表作有《系统理论与管理》、《组织与管理》等。

该学派认为，工商企业是一个由相互联系共同合作的各个子系统所组成的为达到一定目标（组织目标与成员的个人目标）组成的系统。系统管理就是把组织单位作为系统来安排和经营。他们认为，系统管理有四个特点：①以目标为中心，强调系统的客观成就和客观效果；②以整个系统为中心，强调整个系统的最优化，而不是子系统的最优化；③以责任为中心，每个管理人员都分配给一定的任务，并衡量其投入和产出；④以人为中心，每个工作人员都被安排进行有挑战性的工作，并根据其工作成绩来付给报酬。

系统管理学派把系统论、控制论、信息论应用于工商企业管理活动，系统地阐述了系统观点、系统分析、系统管理及它们的相互关系，分析了组织和管理的系统模型，以及系统管理中的各项职能。他们应用科技手段和严谨的科学思维方法分析和研究复杂的管理问题、重大的社会问题等，取得了令人注目的成就。如福莱思特等人受罗马俱乐部的委托，用系统动态学方法进行研究，于 20 世纪 70 年代初发表的《增长的极限》（即《罗马俱乐部报告》）等著作，引起很大的轰动，扩大了系统管理理论的影响。

四、社会—技术系统学派

社会—技术系统学派是以系统观点研究管理科学的。它是由特里斯特、埃默里、赖斯、班福斯等人在英国的塔维斯托克人际关系研究所主持下，针对"二战"后英国煤矿从手工采煤转为机械采煤的技术变化所引发的问题和印度的纺织厂的作业组织进行实验研究的基础上概括形成的。以后又由美、英等国的管理学家进一步予以发展。该学派的代表作有：《组织的选择》（1963 年）、《生产率和社会组织》（1958 年）、《社会—技术系统》（1960 年）、《组织环境的因果结构》（1965 年）等。

该学派的研究发现，手工采煤条件下的作业组织是一个有自主权的组织，它有三个特点：工作任务的整体性、个人技术的全面性和选择伙伴的自主性。但是，随着采煤机械化的变革，改变了作业组织的产生方式和规模，导致了操作工人同管理人员的矛盾冲突，影响了作业效率的提高。

该学派认为，这是由于以往的管理理论只把组织看成是一个社会系统，或是一个封闭式的系统，而把技术系统排除在它的研究范围之外，没有看到技术系统对社会系统有很大的影响，没有看到个人的态度和群体行为要受人们工作环境中的技术系统所影响。要解决管理中的各种矛盾，提高生产和管理效率，就必须建立起一种社会—技术系统，使组织的社会系统和技术系统相互均衡与协调起来。若两个系统失去了均衡，首先应改变技术系统，才能重新使两者趋于平衡。该学派认为，既满足其社会需要，又满足其技术需要的组织才是一个最好的组织。而且，组织还受到环境的影响，随环境的变化而发展演变，是一个动态的系统。所以，应该把组织看成是一个开放式的、动态的社会—技术系统。

该学派提出必须把企业的社会系统同技术系统紧密地结合起来，统一考虑安排，改善管理实践主张，是符合社会化大生产的发展规律的，特别是在当前新的技术革命和产业革命的形势下，更值得借鉴。

五、数量管理学派

数量管理学派，与运筹学（或译为作业研究）是同义语。它的渊源可以追溯到本世纪初，正式形成一个管理学派，是在"二战"以后。属于该学派的学者很多，如布莱克特、丹齐克、丘奇曼、拉塞尔·阿考夫、贝尔曼、埃尔伍得·伯法等，他们大都又是有建树的科学家。

该学派是从理性出发，把科学的原理、方法和工具应用于管理，是一种以定量分析为主要方法的管理学派。他们认为，管理科学的目的是通过把科学的原理、方法和工具应用于管理的各种活动，制订出用于管理决策的数学和统计模型，并把这些模型通过电子计算机应用于管理，降低不确定性，以便使投入的资源发挥最大的效用，得到最大的经济效果。

该学派在管理理论上最有影响的贡献是创制了一系列定量分析的管理方法，如盈亏平衡分析（又叫量本利分析）、库存控制模型、决策树、计划评审法（PERT）、关键线路法（CPM）、线性规划、马尔可夫分析、排队论、模拟（又叫仿真，包括运筹对策法、蒙特卡罗法、系统模拟法等）、对策论（又叫博弈论）、概率论、目标规划等。

20 世纪 70 年代后，随着运筹学的日趋成熟、计算机技术的发展，这个学派的理论特点得到进一步的发挥，被广泛应用于研究城市的交通管理、能源分配和利用、国民经济计划编制以及世界范围内经济发展的模型等一些更大和更复杂的经济与管理问题。

学界对该学派的褒贬不一，有的学者认为该学派是管理学发展最重要的代表，有的学者则认为，该学派过于偏重数量分析方面，未能同管理中的实际问题更紧密地结合起来，因而尚未能发挥出应有的巨大能力。而相当多的学者则对该学派持批判的态度，认为它并不能真正解决管理中的重大问题，特别是对管理中的人的因素往往无法进行定量计算，这样该学派的特长就得不到很好的发挥。

六、经理角色学派

经理角色学派是 20 世纪 70 年代由加拿大管理学家、麦吉尔大学管理学教授亨利·明茨伯格创立的，属于组织行为理论的范畴。其代表作是《经理工作的性质》一书。

该学派是从经理——正式组织中拥有正式的权力和职位的主要负责人——所担任的角色为中心，全面系统地阐述了经理工作的特点、经理所担任的角色、经理职务的类型和提高经理工作效率的要点等。

该学派通过对经理的职务和工作调查研究发现，各种类型的经理的职务是极为相似的，都可用 6 种工作特点和 10 种基本角色来加以描述。其中，经理所担任的 10 种角色为：挂名首脑、领导者、联络者、信息接受者、信息传播者、发言人、企业家、故障排除者、资源分配者、谈判者。这 10 种角色不是互相孤立的，而是一个结合起来的整体。提高经理工作效率的 10 个要点：与下属共享信息；自觉地克服工作中的表面性；在共享信息的基础上，由两三个人分担经理的职务；尽可能地利用各种职责为组织目标服务；摆脱非必要的工作，腾出时间规划未来；以适应于当时具体情况的角色为重点；既要掌握具体情节，又要有全局观点；充分认识自己在组织中的影响；处理好对组织施加影响的各种力量的关系；利用管理科学家的知识和才能。

七、权变管理学派

权变管理学派产生于 20 世纪 60 年代，由英国学者 J. 伍德沃德在《工业组织：理论与实践》中首先提出。属于该学派的还有美国学者 P. 劳伦斯、J. 洛奇、F. E. 菲德勒、V. H. 弗鲁姆、F. E. 卡斯特和 J. E. 罗森茨韦克等人。

该学派是以"超 Y 理论"为出发点、以系统理论为基础建立起来的。他们认为，管理的指导思想和管理方式要视工作性质、环境特点、成员素质等条件随机应变，没有什么一成不变的、普遍适用的、"最好的"管理理论和方法。组织管理成功与否取决于组织与环境关系的现实状态，而不取决于传统管理理论所确定的一般管理原则。因此，要求组织的领导者在决策时，要具有适应性、灵活性和想象力。

伍德沃德在研究中发现，组织效率取决于组织的技术系统和社会结构能否适应，凡是组织的技术系统能适应社会结构的就是最佳的组织。因此，不能照搬传统组织理论中的管理原则，应尽可能通过实证研究获得管理方法。劳伦斯和洛奇则揭示了组织与环境之间的权变关系，认为成功的组织具有与环境要求相符的结构形式。管理的真正问题是如何在组织各部分中取得平衡和确定整合关系，以不断适应环境的需要。菲德勒用权变观点研究领导者的效率，他认为，领导者同下属的相互关系、工作规定的明确程度、领导的职位权力，是影响领导效率的三个重要因素。弗鲁姆等人提出的"领导—参与模型"则主张，领导模型应适应于环境情况而随时变动，并且随下属参与决策的程度而定。卡斯特和罗森茨韦克则用权变理论分析了管理过程。

权变管理理论反对不顾具体的环境条件而一味追求最好的管理方法，寻求万能模式的教条主义，而强调要针对不同的具体条件采用不同的组织结构、领导模式及其管理技术等主张是可取的。

八、经理主义学派

经理主义学派又称经验主义学派，其代表人物有彼得·德鲁克、欧内斯特·戴尔、艾尔弗雷德·斯隆、威廉·纽曼等。其重要著作有德鲁克的《管理实践》、《卓有成效的管理者》、《变动中的管理界》、《管理的前沿》、《后资本主义社会》、《迎接 21 世纪的管理挑战》，戴尔的《伟大的组织者》、斯隆的《我在通用汽车公司的年代》等。

经理主义学派最重要的代表是被誉为"现代管理学之父"的德鲁克。1954

年，德鲁克提出了一个具有划时代意义的概念——目标管理（Management By Objectives，简称为 MBO），这是他所发明的最重要、最有影响的概念，成为当代管理学的重要组成部分。目标管理的最大优点和贡献之一就是它使得管理者和被管理者都能用自我控制的管理来代替由别人统治或被动的管理。知识管理则是德鲁克晚年的重要理论贡献。

属于经理主义学派的人很多，其中有管理学家、经济学家、社会学家、统计学家、心理学家、大企业的董事长、总经理和管理咨询人员等。该学派是以大企业的管理经验为研究对象，并以向大企业的经理提供管理企业的成功经验和科学方法为目标。因此，该学派不是严格意义上的一个学派，他们也不都是以学术研究而是以管理实践经验为专长，所以，该学派又被叫做经验主义学派。

以上是参照孔茨关于管理丛林时期诸学派的分类法所做的极为简单、粗略的介绍。尽管国内自 20 世纪 80 年代以来，早已习惯了这一分类法，但是，随着对 20 世纪西方管理学的总体发展了解的越来越全面的时候，也暴露出这一方法的缺陷：一是诸学派的分类法不尽合理，二是它不是对西方管理学的整体把握。事实上，20 世纪的西方管理学理论远比这里所涉及的内容丰富得多。在此提及的只是其中的一个侧面，谨请读者有所分辨和谅解。

第六节　后工业社会的来临与知识管理的变革

15 世纪～18 世纪，是西欧从封建社会向资本主义社会过渡，从传统农耕社会向近代工业社会转变的时期。史学界把这一时期称为"前工业化时期"或"前工业社会"、"工业社会前"。从 19 世纪初到 20 世纪中叶，工业社会经历了150 多年的发展。管理与技术作为推进工业革命的两个轮子，不仅工业社会自身发展到一个新的历史时期，管理科学也从无到有，发展到"丛林时期"。到 20世纪中叶时，社会的存在基础和发展动力呈现出一系列有别于以往的新气象、新特征、新趋势。与此相呼应的是，管理科学也面临新情况，需要研究新问题以应对社会变革的需要。

一、后工业社会的到来

对于 20 世纪 60 年代以来，社会发展所呈现出来的新气象、新特征、新趋势如何定义，成为当时社会各界特别是学术界普遍的重大话题。对此，不同学者有不同的概括和说明。

（一）丹尼尔·贝尔的诠释

在社会学家中，丹尼尔·贝尔（Daniel Bell）是较早对这一现象进行关注和研究的。他在 1959 年首次提出"后工业社会"（Post – industrial Society）一词，或译为"工业化后社会"。他在《后工业社会的来临》一书中"1976 年版前言"中指出："如果工业社会以机器技术为基础，后工业社会是由知识技术形成的。如果资本与劳动是工业社会的主要结构特征，那么信息和知识则是后工业社会的主要结构特征。"[1] 同时，贝尔对后工业社会的具体特征进行了系统描述：①理论知识的首要性。理论知识的系统汇编和材料科学成为技术创新的基础。②新知识技术的产生。我们能够利用它获取有关经济和工程问题制订更有效和"合理"的解决方法。③知识基层的扩大。社会上成长最快的集团是技术和专业阶级，他们将是社会上最大的一个集团。④从商品变为服务。在后工业社会里，新的服务主要是对人的服务和专业、技术服务。⑤工作性质的改变。工作主要是"人与人的竞争"（管理者与当事人间，医生和病人间，师生之间，或者在研究团体之内，官员团体内和服务业团体内），人们必须学会如何相处。⑥妇女的作用。后工业部门的从事加工处理，其中电讯和电脑对于信息和知识的交流极为重要，后工业部门的工作为妇女提供了更多的就业机会。⑦科学的蜕变。⑧工作地点成为政治地位。⑨能者统治。后工业社会是"能者统治"的社会，他们是"依靠才能来获得合理权威的地位"的人，是"由他们的同行评定为最优秀的人"。此外，还有匮乏的终了问题和信息经济学等十一个方面。

贝尔当年的描述在今天几近成为现实，同时在这些新的特征中绝大多数与管理相联系，这些社会变革在很大程度上也就是管理变革。因此，他的主张为应对后工业社会管理变革提供了重要的理论依据和指南。

（二）阿尔文·托夫勒的预言

阿尔文·托夫勒是对这一现象进行持续深刻研究的另一位重要思想家。他的《未来的冲击》（1970）、《第三次浪潮》（1980）、《权力的转移》（1990）"未来三部曲"，对当今社会思潮有广泛而深远的影响。2006年5月，他和妻子海蒂两人合作出版新作《财富的革命》等。

托夫勒是第一位洞察到现代科技将深刻改变人类社会结构及生活形态的学者。提出了一系列影响至深的思想。在《第三次浪潮》中，他将人类发展史划分为第一次浪潮的"农业文明"，第二次浪潮的"工业文明"，第三次浪潮的"信息社会"。他的这一主张给历史研究与未来思想带来了全新的视角。在《权力的转移》一书中，托夫勒提出"超象征型经济"时代。他指出，在这一时代，新的财富创造体系，就是靠资料、创意、符号和象征意义的快速交换与扩散。知识就是超象征型经济中的财富，是"藏在脑壳里的资源"。知识常常可以取代

---

[1] ［美］丹尼尔·贝尔：《后工业社会的来临》，高铦等译，新华出版社 1997 年版，第 9 页。

其他资源，是取之不尽、用之不竭的其他资源的终极替代品。所有的经济生活无一例外，惟有在这——"社会资源"上才能运行。

同时，权力问题是托夫勒在他所有的著述中普遍重点论述的问题。《权力的转移》一书的主旨是讲述知识在权力转移中扮演的关键角色。他认为，知识作为"象征的财富"，还能带来实质的权力，权力的转移沿着"暴力——财力——脑力"的方向进行着。随着进入"超象征型经济"时代，经济竞争与权力斗争决胜的关键是知识。他强调，"在企业界的权力争夺战里，主要的斗争工具跟其他社会阶层的斗争相同，就是暴力、金钱和知识。不了解这三样工具如何变动的人，等于是搭上通往经济衰亡之路的倒退火车，知识才是敲开 21 世纪经济'霸权之门'的钥匙。"

《再造新文明》[1] 是托夫勒夫妇的新作，可谓政治层面的"第三次浪潮"，被美国前众议院议长金里奇誉为"21 世纪的公民指南"。他们提出，当前的人类社会面临着前所未有的重重危机，家庭体系出现了危机，社会保障、都市、价值体系亦然，特别是政治体系，更是在实践层面丧失了民众的信赖。为此，我们需要有一套适用于 21 世纪的治国之道。

托夫勒关于信息社会的主张，为管理科学的发展变革提供了富有哲学智慧的预言，他告诫人们，工业革命使旧有的许多政治结构为之埋葬。同样的道理，知识革命及其所带来的第三次浪潮的转变，将对全球化下的国家造成相同影响。以"知识储备"为财富工具的社会将占领战略的制高点，"知产阶级"将成为社会的主流人群。人类不只在过渡，而是在转型；我们要面对的不仅是一个新社会，而是一个崭新文明的再创造。

（三）约翰·奈斯比特的远见

作为著名的未来学家和管理大师的约翰·奈斯比特（John Naisbitt，1928 年生），在他 1982 年出版的著名的《大趋势》一书中指出，虽然我们仍然认为我们是生活在工业社会里，但是事实上我们已经进入了一个以创造和分配信息为基础的经济社会。他把"从工业社会向信息社会的转变"作为社会中目前正在发生的十种重大变化的第一种变化。另外，作者还提出，从强迫性技术向高技术与高情感相平衡的转变、从一国经济向世界经济的变化、从短期向长期的变化、从集中到分散、从代议民主制到共同参与民主制的转变、从等级制度到网络制度、从非此即彼的选择到多种多样的选择等重大变化。显然，他的这些说法在今天看来是常识，但却是当时的人们所无法理解和接受的。然而，奈斯比特无愧于著名未来学家的美名。他强调，在信息社会里，我们使知识的

---

〔1〕〔美〕阿尔文·托夫勒、海蒂·托夫勒：《再造新文明》，白裕承译，中信出版社 2006 年版。

生产系统化，并加强我们的脑力，以工业来做比喻，我们现在大量生产知识，而这种知识是我们经济社会的驱动力。我们现在大量生产信息，正如过去我们大量生产汽车一样。新的财富—技术知识，未来的竞争是人才的竞争。新的权力来源不是少数人手中的金钱，而是多数人手中的信息。[1]

关于 20 世纪 60 年代以来社会发展变革的新气象、新特征、新趋势的概括，其他学者也提出了有重要影响的主张。如德鲁克称之为"后资本主义社会"、"知识社会"，日本学者堺屋太一在《知识价值革命》一书提出了"知识价值"成为经济增长和资本积累主要源泉的"知识价值社会"等。总之，后工业社会的到来和社会学家、未来学家对新社会形态的解读，无疑成为 20 世纪晚期管理变革的指南，具有哲学方法论意义，对社会的经济、政治、管理理论与实践等的影响是深刻的。

二、德鲁克论知识社会与知识管理

彼得·F. 德鲁克（Peter F. Drucker，1909～2005），20 世纪最伟大的管理学大师。作为"现代管理学之父"，德鲁克是较早探索后工业社会或知识经济的制度基础和知识管理的思想家之一，特别是后一方面，德鲁克的思想贡献引人注目。他的《后资本主义社会》一书指出，"二战"以来，我们迎来了一个新社会——后资本主义社会。它与过去 250 年所界定的资本主义不同，它的社会结构，它的社会和经济动力、社会阶级和社会问题有新的特点。对于这一新特点的社会形态的概括，他更多的是采用"知识社会"（Knowledge Society）一词，它更能直击新社会特征的关键所在。同时也与他较早提出的知识工作者、人力资源和智力资本连贯一致。在他看来"知识社会本质上是后资本主义社会"（Root‑Capitalist Society），因为正是知识的运用与产生，才是经济增长的驱动力，而不是传统资本家的投资。

德鲁克在管理哲学层面上，系统考察知识社会形态特征以及管理变革现状和发展趋势。对此，他做了以下归纳：①当今社会的基本经济资源是知识，是一种高品位的资源。社会的基本经济资源——用经济学家的话来说，就是"生产资料"——不再是资本、自然资源（经济学家所说的"土地"）或"劳动力"，它现在是并且将来也是知识。②财富是通过知识应用于工作来创造的。在后资本主义社会，创造财富的中心活动将既不是把资本用于生产，也不是"劳动"。社会的价值由"生产力"和"技术创新"来创造，而这两者都是将知识应用于工作。③当今社会的主要社会团体将是由知识工作者组成的。对此，德

---

〔1〕 ［美］奈斯比特：《大趋势》，梅艳、姚综译，中国社会科学出版社 1984 年版。

鲁克在20世纪60年代就提出了"知识工作"、"知识工作者"等概念，到80年代，他对"知识工作者"做了经典性的说明。他指出，"知识社会的主要社会团体将是'知识工作者'，即像资本家知道如何把资本用于生产一样，他们是知道如何把知识用于生产的知识经理人员，知识专业人员，知识雇员。"[1]　④知识工作者不像资本主义制度下的雇员，他们既拥有"生产资料"，又拥有"生产工具"。知识工作者拥有知识并能随身带着到处走。因此，后资本主义社会的经济挑战将是知识工作和知识工作者的生产力；⑤工业革命以来，随着知识的含义及价值的变革，推动了社会由"工业革命"到"生产力革命"，再到"知识（管理）革命"的发展，大致经历三个转折阶段：第一阶段，大约从1750年开始的，"在第一阶段100年里，知识被用于工具、生产过程和产品，从而产生了工业革命；第二阶段，开始于1880年左右而于第二次世界大战后达到高峰，知识在其新赋予的含义下开始被用于工作，这开创了生产力革命；第三阶段，大致始于20世纪60年代，"知识正在被应用于知识"，这是知识转变的，或许也是最后一个阶段。提供知识以找出应用现有知识创造效益的最佳方法。它始于第二次世界大战之后，这就是知识革命。

德鲁克指出，由知识应用于生产引起的知识管理革命意味着知识是资源和有用之物，并且由个人利益和资源变成社会利益和资源。总之，他提出的关于"知识是一种高品位的资源"、"知识工作者是宝贵的财富"等主张，成为上世纪末关于新经济范畴中的基础性、决定性的因素。同时，他的主张也为管理变革提供了重要的启示，发展知识经济的关键是发挥知识工作者的作用，必须以人为本，对知识工作者进行有效的激励，这是知识社会中知识管理变革的着力点。

总之，管理科学发展到20世纪末21世纪初，在"以知识为基础的经济"引导下，承前启后，不断创新，发挥着越来越大的社会作用。

本章小结

人类的管理实践同人类社会一样古老，人类社会的发展历史蕴涵着丰富的管理思想。中国古代管理思想，在政治领域表现为民本思想、分层治理思想、德治法治思想、为政在人思想等；在经济领域表现为富国之学和治生之学。西方古代管理思想，在政治领域表现为民主思想、分权思想、公私事务分治思想等；在经济领域表现为人性假设、规范管理、管理是生产要素思想等。

近代管理理论产生于19世纪末期的西方，威尔逊创立了公共行政理论，泰

---

〔1〕　［美］彼得·德鲁克：《后资本主义社会》，张星岩译，上海译文出版社1998年版，第8页。

罗创立了科学管理理论，法约尔创立了一般管理理论，韦伯创立了行政组织理论，这些理论研究了政治与行政分离、时间动作分析、管理职能和理想行政组织的形式等。20 世纪 20 年代，梅奥从一个新的视角研究管理，创立了人际关系理论，提出了社会人、非正式组织、对工作的满意感等概念。

第二次世界大战之后进入现代管理阶段，管理理论发展迅速。在经济领域的现代管理理论有社会协作系统理论、系统管理理论、决策理论、社会—技术系统理论、管理科学理论、经理角色理论、权变管理理论和经理主义理论等。

伴随后工业社会的到来，管理理论的研究也随之深入。贝尔对后工业社会的特征作了详尽的描述，托夫勒预言信息社会将导致知识革命，奈斯比特对信息社会的经济形态做了耐人寻味的阐述，德鲁克则深入地分析了从工业革命到知识管理革命的转变。

自我测试 2

下列陈述是否准确地描述了你自己，请在合适的位置上做记号

	不准确	中间	准确
1. 若在激烈争论中对他人进行了人身攻击，我会真诚地向他道歉	__	__	__
2. 我知道并能控制自己情绪的变化	__	__	__
3. 在倾听别人诉说的时候，我从未打断过别人的话	__	__	__
4. 我主动寻求资源完成工作任务，包括争取他人给予帮助	__	__	__
5. 我尊重具有不同背景的人，而且与他们保持良好的关系	__	__	__
6. 我的诚实赢得了别人的尊重	__	__	__
7. 别人惹我生气时，我会用一种非威胁的方式告诉他	__	__	__
8. 我能够帮助沮丧的人重振精神	__	__	__
9. 即使在令人烦恼的时刻，我通常能够保持镇静和沉着	__	__	__
10. 我能够承认自己的错误	__	__	__
11. 我能很快从挫折中振作起来	__	__	__
12. 我能领会表明别人需要或想法的社会暗示	__	__	__

第二章

规　划　篇

第三章

组织环境

> **提示：**
>
> 　　组织边界—环境的不确定性——般环境和特定环境—政治环境—经济环境—社会环境—技术环境—国际环境—竞争关系—顾客—供应商—利益集团—管理万能论和管理象征论—环境是管理的约束性条件

　　任何组织都存在于特定环境之中，环境对管理形成一种强大的制约力量，几乎所有管理职能的履行都在不同程度上受其影响。任何组织——无论是营利性组织，还是非营利性组织的管理者，都不能忽视环境的存在及其影响。在多数情况下，管理者无力改变环境，适应环境便是其最好选择。于是，识别和评价环境、预测环境对组织的影响，就在管理者的时间表上占据了一定的位置。本章主要讨论环境与组织的关系，阐明环境的本质及其构成要素。

第一节　环境与组织边界

一、环境概念

　　组织环境，从广义上来讲，包括内部环境和外部环境；从狭义上来讲，仅指外部环境。本章从狭义上使用"环境"一词。外部环境（External Environment）是指对组织的生存与发展有着潜在影响的外部机构和力量的总和。世界贸易组织和世界银行潜在地影响着中国政府的经济活动；长虹集团实施的彩电降价策略迫使康佳集团作出相应对策；法院应相对人的请求对行政机关的某一具体行政行为的合法性进行审查，在这些例子中，前者之于后者就是环境因素。

环境对组织形成一种潜在影响，并约束着管理者的有效选择。环境中有各种各样的要素变量，这些要素对组织产生的影响是各不相同的。有些环境要素影响着特定社会中的一切组织，不论管理者是否意识到这类环境要素的存在，它都或多或少地影响着组织的发展，区别只在于影响的大小，由这类要素构成的环境被称之为一般环境（参见本章第二节）；有些环境要素只影响着社会中的特定组织，管理者一般都能意识到这类环境要素的存在，这类环境力量对组织的作用是具体的，管理者能直接感受到它产生的压力，由这类要素构成的环境被称之为特定环境（参见本章第三节）。

二、组织边界

组织是开放系统，它与环境之间不断地进行着物质、能量和信息的交换。例如：企业从环境中接受人、财、物等各种资源，经过转换，向环境输出产品或劳务；政府收缴纳税人的税款，从社会上录取公务员，经过转换，向社会输出公共产品和公共服务。这种交换是组织生存所必需的。但为了对环境影响作出反应，组织应该像有机体一样，有一种对环境因素的自动分辨和选择机制。就是说，组织需要有一个边界（Organizational Boundary）把自己与环境"隔离"开来，而这种边界应该有一种交换选择机制。"组织不能对所有可能的环境影响都作出反应，它必须对它所接受的投入、所做的转换工作以及它的产出都作出选择。实际上，它必须建立一个活动领域，并用界线把自己与外界环境分隔开来。"[1]

组织边界是个形象化的说法。实际上，在组织与环境发生的各种各样的交换中，既没有地理意义上的、也没有结构意义上的清晰可见的边界。组织边界只能是组织的某些活动所决定的自己与环境之间的某种交换机制。组织边界的一个重要作用就是环境投入的过滤性。对有形投入的过滤比较容易，组织边界体现为组织政策、制度和某种管理手段，但对文化和价值观等无形东西的过滤较为困难，此时的组织边界体现为组织文化和价值观，唯有组织文化和价值观处于优势地位时才能构筑起高强度的防渗透边界。组织边界的另一项重要功能就是抗干扰性。它能使组织不受环境的干扰，保持一定程度的独立性和自主性。

---

〔1〕　〔美〕弗里蒙特·E. 卡斯特、詹姆斯·E. 罗森茨韦克：《组织与管理》，李柱流等译，中国社会科学出版社 1985 年版，第 150 页。

第二节　一般环境

一般环境（General Environment）是指特定社会中的政治、经济、社会、技术等要素构成的社会环境，广义上的一般环境也包括国际环境。在特定社会中，各类组织都处在同样的一般环境之中。

一、政治环境

政治环境（Political Environment）是指政治制度、政治体制、政治结构和社会的一般政治气氛、政治稳定性、政府对各类组织的态度及倾向以及法律规范体系、司法体制等静态的法律框架和法律的制定、修改、执行等动态的法律运行过程等因素的总和。

政治环境对社会中的各类组织都有或多或少、或明或暗的影响。政治制度、政治体制和政治结构潜移默化地影响着各类组织的制度和结构，社会的政治气氛无形地影响着组织的管理方式，政治的稳定性影响着各类组织的长远规划，政府的态度和倾向影响着各类组织的重大管理决策。社会的发展和国家的进步取决于社会中各类组织的努力，政治应支持这种努力，并设法保障管理者有较长的预期，避免使管理者处于一种"担惊受怕"的政治环境之中。政治环境对跨国公司的影响更为重要，因为管理内在地要求组织努力预测所在国的政治变化和这种变化的规律性，尤其是两国政治环境截然不同时，更是如此。如发展中国家在吸引外国投资时，会努力营造一种宽松的政治气氛和保持一种稳定的政治环境，并会努力发展一种政治结构，将政治变革的影响限定在政治领域内，尽量不波及经济领域和其他社会领域，以便保证投资人的稳定预期。

法律对社会组织具有直接的约束力。法律决定着企业生产和经营的范围，决定着大学教育的目的和方针，规范着政府机关对社会管理和提供公共服务的行为。"法律、工作的和官方的规章以及法庭的裁决，像巨网一样包围着各类组织的管理者，制约着他们沿着规定的轨道运转。有些法律和规章是为了保护劳动者、消费者和居民，有些是为了维护合同的实施和保护所有者的财产权利，更多的是为了按章管理商业和其他组织的管理者及其下属的行为。所有这些，组织的管理者都不能独自决定，而通常是由明文的法律和规章来控制。"[1] 法律的制定通常是社会压力和社会问题作用的结果，社会的方方面面都处在法律规范之中。所以，管理者必须能够适应"法律海洋"环境，使组织的行为符合

---

〔1〕　李凡忠等：《管理学精髓》，经济科学出版社 1992 年版，第 36 页。

于法律。司法体制是政治体制的组成部分，并且其运作是与特定的政治文化相联系的，因此，管理者必须适应法律的既定执行程序及其运作机制。另外，管理者应高度关注与组织相关的新的立法和原有法律的修改，期待着知道新法律的约束与要求。法律环境中最令管理者头痛的事情莫过于显失公正的法律执行机制。法律在约束组织和个人的同时，更重要的是要保护组织和个人的合法权益。每当管理者诉诸法律解决问题时，法律应给他以"公正"的信心，如果管理者缺乏这样的信心，可以说他们处于最糟糕的法律环境之中。

二、经济环境

经济环境（Economic Environment）是指经济制度、经济结构、金融体制、财政税收政策和经济形势、经济稳定性等因素的总和。

世界各国的经济制度有建立在私有制基础上的，也有建立在公有制基础上的，但从经济结构来看，各国在本质上都是一种混合经济结构，区别只在于私有化和国有化程度及各自的比重不同。市场经济是世界各国的主要经济模式。社会中的各类组织都是在既定的经济框架内生存和发展的，总体上要适应既定的经济体制。处于私有化程度较高的市场经济体制中，政府干预较少，管理者更多地考虑市场的作用；处于国有化程度较高的市场经济体制中，政府干预较多，管理者更多地考虑政府的作用。金融体制是与一国的经济体制相适应的，由此衍生出不同的金融政策。利率影响着组织的贷款能力和顾客的购买力；住房贷款和学生贷款等政策直接影响着消费者的消费欲望，间接地影响着房地产部门和教育部门的规划目标。政府财政税收政策对各类组织在经济上的影响更大。政府通过财政政策控制信贷水平，由此产生了对各类组织的影响。税收政策更是直接影响着社会中每个人和各类组织的行为，在很多管理决策中必须考虑政府的税收政策。如对企业利润课税太多，投资者可能将资金转移；对不动产课税太高，则会抑制消费能力。经济形势和经济稳定性对各类组织影响甚大，如金融危机、通货膨胀、失业率水平、国民经济的增长和衰落等明显地影响着整个社会。

三、社会环境

社会环境（Social Environment）是指社会人口、传统文化、意识形态、价值观念、伦理标准和居民的一般文化水平等因素的总和。

社会环境的实质是多元化（Diversity）问题，包括人口多元化和文化多元化两个方面。人口多元化是指组织成员有着各种不同的群体特征，如年龄、性别、宗教、身体状况等；文化多元化是指组织成员属于不同的文化或者亚文化群，如儒家文化、基督教文化、穆斯林文化以及聋人文化、盲人文化等。具有相同人口特性的人也许具有不同的文化特性。社会环境对组织和管理的影响是潜移默化的，它是通过群体或个体的思维方式和行为方式表现出来的。管理者在既定的社会环境中从事管理工作，并且主要是与人打交道的，要求有效地处理与具有不同文化背景的员工之间甚至与外国人之间的事务，所以，管理者选择的管理方式和管理政策必须适应于组织所处的社会环境，以便使管理更有成效。

文化是社会环境的核心要素。从整体上来说，文化是人类创造出来的，它是可以改变的，每个管理者在自己所能影响的有限范围内可以创造出一种良好的"组织文化"。但应该清楚，这种组织文化仍必须适应整个外界文化环境，因为文化环境是一种历史的积淀，非一朝一夕所能形成或改变。传统文化是社会环境要素中最深刻的方面，它从根本上制约着管理者的管理行为，同时影响着民众对权威的认可程度和认可方式，影响着管理者对管理方式和管理风格的选择。意识形态是人们对社会的一种系统看法或观点。按照马克思主义理论，它是由经济基础决定的，具有不同经济基础的集团或阶层就有不同的意识形态，从而产生了对"现实"认识的不同观点，由此影响着人们对各类组织的认同。价值观念决定着人们对组织目标和政策的认识，管理决策应最大程度地与人们的价值观念保持一致，否则，管理决策在执行过程中就会碰到种种困难。伦理准则是一种普遍的社会规范，人们依此规范来约束自己并审视别人的行为。管理者的管理手段和方式必须符合道德规范，否则，管理就难见成效。人们的一般文化水平是由社会教育水平决定的。在知识社会里，知识已成为发展生产力的第一推动力，不同层次的文化水平决定着权力资源的不同分配方式，低层次文化水平的组织构成，管理者倾向于集权，反之则倾向于分权。同时，人们的一般文化水平决定着组织的理性程度和对科学技术的看法。

荷兰学者霍夫斯塔德（Geert Hofstede）发现，影响管理活动或管理决策模式的文化层面主要有个人主义和集体主义、权利差距、不确定性规避、价值观的男性度与女性度四个方面。[1] ①文化的个人主义和集体主义（Individualism & Collectivism）层面反映的是不同的社会对集体主义态度不同。在集体主义盛行的国家中，每个人必须考虑他人利益，组织成员对组织具有精神上的义务和忠诚。而在推崇个人主义的社会中，每个人只顾及自身的利益，每个人自由选择自己的行动。管理决策方式在这一文化层面上所呈现的差异表现为：一般说来，在

---

〔1〕 G. Hofstede, "The Cultural Relativity of the Quality of Life Concept", *Academy of Management Review* (1984), Vol. 9, pp. 389~398. 霍夫斯塔德的专著《文化影响力》（1984）和《文化与主题：思想的远见》（1991）被译成多种语言版本。中国科学出版社曾于 1996 年翻译出版过他的代表作《跨越合作的障碍——多元文化与管理》，被中国文化界称为"具有启示性的专著"。

集体主义倾向的公司，管理者在决策时常鼓励员工积极参与决策，决策达成时间较长，但执行和贯彻决策迅速，因为几乎每个员工都参与了决策过程、明白决策的目的和内容。而个人主义倾向强烈的公司管理者，常常自己独立决策，决策迅速但执行贯彻时间较长，因为他们不得不用更多的时间向员工来"推销"自己的决策目的、内容等等。②权利差距（Power Distance）在组织管理中常常与集权程度、领导和决策联系在一起。在一个高权力差距的组织中，下属常常趋于依赖其领导人，在这种情况下，管理者常常采取集权化决策方式，管理者做决策，下属接受并执行。而在低权力差距的组织中，管理者与下属之间，只保持一个较低程度的权力差距，下属则广泛参与影响他们工作行为的决策。③不确定性规避（Uncertainty Avoidance）倾向影响一个组织使其活动结构化需要的程度，也就是影响到一个组织对风险的态度。在一个高不确定性规避的组织中，组织就趋向于建立更多的工作条例、流程或规范以应付不确定性，管理也相对是以工作和任务指向为主，管理者决策多为程序化决策。在一个弱不确定性规避的组织中，很少强调控制，工作条例和流程规范化和标准化程度较低。④价值观的男性度与女性度（Sexism & Feminism），男性度与女性度和长期取向两个维度也在不同程度上影响到管理者的决策方式。从某种意义上说，各国公司在决策方式上的差异从根本上都可以归因于多维且相互作用的各个文化尺度上。

总之，社会环境影响着组织和管理的方方面面，尤其对权威关系、目标认可、管理方式、人际关系、理性主义、科学技术等方面产生着重大影响。当然，也不要忘记了本书的一种观点：卓越的管理创造着时代精神和组织文化。

四、技术环境

技术环境（Technical Environment）是指科学技术的知识储备和科学技术的最新发明、发现及其应用的总和。

18 世纪蒸汽机的发明、19 世纪电的发现和 20 世纪计算机的发明等科学技术的进步所引发的技术革命，极大地推动了经济进步和社会发展，充分说明科学技术是第一生产力。20 世纪 90 年代初的"海湾战争"和 21 世纪初的反恐战争都是高科技战争，它告诉人们科技已经改变了传统的战争概念；计算机和互联网技术已经使图书馆和办公室工作发生了革命；电子商务技术彻底变革了传统的营销方式；电子政务技术改变了公共服务的方式。技术环境对各类组织的管理都产生着强烈的影响，对企业、军队和政府等组织的管理产生的影响更为明显。管理者不得不时刻关注技术环境这一关键因素的发展动态，预测其前景、判断其影响已成为管理者的一项"日常工作"。

　　技术环境对管理的影响是全面的。对技术发展变化的预测构成了组织战略规划和政策制定必须考虑的关键因素之一。20 世纪 50 年代，日本和前苏联对电子技术的发展前景作出了不同的判断，导致两国采取了不同的电子工业发展战略。日本全力发展晶体管和集成电路技术，而前苏联则集中精力攻克电子管微型化难关，从而使前苏联在电子工业方面走了弯路，造成了 50 年后的今天其在电子技术领域仍落后于日本的恶果。无论是战略规划还是战略执行，管理者应该密切注视相关技术环境的变化，以便于采取有效措施应付技术的变化带来的影响。技术环境对组织的结构和组织雇员同样产生相当大的影响。自动化技术使企业内部机构重新组合，按照流水线组织工作，并使企业大量裁员，留下的雇员被要求提高其技术水平；电子商务技术彻底改变了组织的营销结构系统；机器人的采用改变了汽车制造工业的工艺设备和流程。领导方式和管理风格也随技术环境的变化在一定程度上发生了变革。通讯技术带来了交流沟通的现代化，传统会议的组织方式发生了根本性变革，计算机技术使管理决策更为准确和科学。控制理论和方法也受到了技术环境的极大影响。现代化的交通工具和通讯设施使控制系统和控制方式发生了革命性变革，即时控制和全面控制等手段得以实现。总之，技术环境对组织的战略规划、远期目标、组织结构、工作方式、管理手段和控制系统都产生着直接影响。

五、国际环境

　　国际环境（International Environment）是指对组织构成潜在影响的国家外部因素的总和。随着现代化通讯技术和交通工具的发展，世界经济一体化进程在加快，国际环境对各类组织的影响越来越大，管理者在决策时不得不把国际环境作为重要环境变量来对待。

　　对政府来说，国际政治格局的新变化和世界经济的一体化趋势构成了各国政府的宏观国际环境。一些国际性组织，如联合国、世界贸易组织、世界银行、国际货币基金组织等，在世界范围内发挥的作用越来越大。各国政府在制订本国发展战略和选择相关政策时，不得不考虑这些国际组织的影响。从微观层面来看，很多公共问题已成为全球性问题，如环境污染、制毒吸毒贩毒、移民、森林毁损、水土流失、土地沙漠化、物种灭绝、粮食短缺等问题都是各国政府面临的共同问题。这些问题的解决要求各国政府采取联合行动，一国政府政策的制订必须与其他国家相关政策的制订相呼应。由于经济发展的不平衡，发展中国家与发达国家的差距越来越大，这种尖锐的"南北矛盾"构成了发展中国家的一个重要的国际变量。

　　对于企业来说，经济的一体化发展趋势就是最大的国际环境因素。世界上多数国家都已加入世界贸易组织（约140个成员国），产品和服务的竞争已经在世界范围内展开，特别是大型跨国公司主导的经济一体化进程的加速更加剧了这种国际化竞争。唯有管理者具有战略眼光和全球观念，才能顺应世界潮流。此外，企业管理者还必须注意世界经济形势和局部事件的变化对本企业的影响，如石油危机、金融风暴、战争、跨国公司兼并、技术突破等国际环境在地球一侧的变化极有可能影响到远在地球另一侧的企业的生存。

对事业组织来说，国际环境的影响也必须给予考虑。如在教育界和科技界，国际交流日益加强，发达国家在高等教育方面已呈现一种主导趋势，发展中国家的优秀学生纷纷流向发达国家接受高等教育。另一个发展趋势就是国际合作办学。这些发展趋势对一国教育将产生重大影响。科技领域重大项目的国际联合攻关，已经成为一件平常的事情，科技人员的国际交流日益频繁，由此影响着一国科研机构的管理。

总之，国际环境的影响是全面的且越来越重要。在各类组织的战略管理中，尤其应注重国际环境的变化给组织带来的可能的困难或机遇。

第三节　特定环境

特定环境（Specific Environment）是指对一个组织具有潜在影响的竞争对手、服务对象、资源供应者、管理部门等因素构成的具体环境。特定环境指向具体组织，即每个组织所处的具体环境都不同，并随条件的变化而改变。

一、竞争对手

一个组织的竞争对手（Rival）是指与其争夺资源和顾客的其他组织。竞争关系在现代社会中是普遍存在的。例如，各国政府为争夺石油资源和产品市场产生竞争关系；中央政府和地方政府及地方政府之间为争夺税收而具有竞争关系；医院之间为争取患者和高水平的医生而具有竞争关系等。

竞争对手是构成组织特定环境的一个重要因素。管理者在作出与环境直接或间接地相关的任何决策时必须充分考虑竞争关系的影响，弄清楚自己在竞争关系中所处的地位。一个组织的竞争对手一般都处于同一行业中，原因在于它们争夺的是同种资源或同类顾客，这种竞争关系一般来说是长期的。当然，竞争对手也可能出现在其他行业，形成一种临时性的竞争关系，如两个性质截然不同的企业因争取银行的一笔贷款而可能形成临时性竞争关系。优胜劣汰的竞争机制在社会中形成了一种残酷的竞争环境，竞争关系呈现复杂性，管理者对竞争环境必须保持高度清醒的头脑，尽可能获得竞争对手的信息情报，做到知己知彼，使自己在竞争中处于有利地位。当然，竞争中也会经常出现合作与联盟，管理者应该充分认识到这一点，并学会使用竞争中的合作与联盟手段，以达到双赢目的，如企业间合作研究一项新技术，或联合说服政府采取某项行动等都是竞争中合作与联盟的常用手段。

总之，竞争对手是一种重要的环境力量，并且这种力量处于不断的变化之中。任何组织的管理当局都不能忽视它的存在。管理者必须时刻关注竞争对手的变化，并随时准备作出反应。

二、服务对象

服务对象（Service Object）是指"顾客（Client）"，即产品和服务的实际或潜在的使用者或享受者。各类组织都有自己的顾客群，政府的服务对象是公众，企业的服务对象是其产品或商品的消费者，学校的服务对象是学生，医院的服务对象是患者。显然，服务对象不仅局限于作为个人的顾客，还包括了其他组织或部门。任何组织的生存前提就是存在服务对象，没有了顾客，组织就不可能存在。社会赋予组织的基本任务就是要使其顾客满意，所以，顾客构成了组织特定环境的基本组成部分。

管理者应对顾客的含义及其影响有足够的了解和认识。一般而言，顾客是一个模糊集合，很难明确其边界，除非指组织的现时服务对象，并且，顾客群始终处于动态的变化之中，具有明显的不确定性。即使如此，管理者对其组织的服务对象应该有明确的定位，以便采用有效的策略来赢得顾客。为此，管理者必须了解顾客的需求和愿望，并且要跟踪这种需求和愿望的变化，使组织处于一种不断学习的状态，有能力修改其现有产品（服务）或推出新产品（服务），以满足顾客的要求。不仅如此，管理者还必须有超前意识，"创造"消费，"创造"顾客，而不仅仅是满足顾客的现有要求。如果一个管理者难以做到上述两点，那么组织的生存就会成问题。因此管理者的任何决策都应立足于"市场"，立足于服务对象，密切注视着顾客的变化。顾客的消费标准就是产品和服务质量以及产品和服务的个性化。任何组织长治久安的秘诀在于：苦练"内功"，善于学习，急顾客之所急，想顾客之所想，否则，顾客就会自动离去，组织必然衰败无疑。

三、资源供应者

资源供应者（Resource Provider）是指组织所需要的人、财、物、情报信息等资源的提供者。按照系统科学的观点，组织是开放系统，它与外界环境不断地进行着各种资源的交换，资源供应者自然就构成了对组织产生影响的特定环境的另一个因素。

1. 人力资源供应是资源供应的第一部分，人才交流中心、企业家市场、猎头公司、高等院校等都是人力资源的供应者。人力资源包括一般劳动力和高级劳动力，两类劳动力的价格是组织在投入方面必须考虑的重要经济因素。一般劳动力资源相对充足，价格较低；高级劳动力资源相对稀缺，价格较高。在不同地区或国家，同一类劳动力价格差异较大。劳动密集型企业一般都向劳动力价格较低的地区和国家转移，以减少投入，降低成本，增强竞争力。

2. 资本供应是资源供应的第二部分。不同组织的资本供应者是有差别的，如政府资本主要来源于对公众的税收和服务收费，其次是政府发行的债券和世界银行贷款；企业资本主要来源于股市、银行贷款和企业发行的债券等；教育机构经费来源主要是政府拨款和社会各类组织或个人的慈善捐款。管理者不仅要注重资本的获得，还要注意资本的获得成本，密切注视资本市场的变化动向，提高组织的信誉度，保证资本供给渠道的畅通和资本供给的稳定性。

3. 物资供应是资源供应的第三部分，它表现在设备、材料、土地、道路、建筑等方面。物资供应对任何组织来说都是经常性的资源供应，管理者应对物资供应市场有清楚的了解和清醒的认识，尤其我国在当前尚不规范的市场经济体系中，鱼目混珠的现象大量存在，对于大宗物资的供应应采用公开招标的办法进行，防止假冒伪劣物资的流入。此时，组织边界的审查功能应发挥作用。对于长期的物资供应者，应建立一种稳定的合作关系，互惠互利，将其纳入到协作系统中来。必须注意的一点是，组织经常使用的主要物资的供应者绝不能只有一个，同时还要防止供应者之间的联盟的出现。

4. 情报信息资源的供应构成资源供应的第四个组成部分。广义来讲，情报信息供应包括的内容十分宽泛，难以界定，不同类型的组织所需要的情报信息种类差距较大，但组织关注的重点是与其工作相关的核心情报信息的供应，如政治情报和经济情报的供应之于政府；技术情报和市场信息的供应之于企业；医疗技术情报和药品信息的供应之于医院；学术前沿信息的供应之于科研机构等，都是核心情报信息的供应。一般而言，组织都会成立相关机构行使组织边界的获取和过滤信息的功能。对组织而言，情报信息的供应者，除特定机构之外，大量的是相关媒体，包括电视、报纸、专业刊物、图书、政府公报、互联网等，情报信息的供应者很少是为某一专门组织服务的，当然，组织可以委托专门的情报信息机构（如调查公司、咨询机构、科研机构、报社、杂志社等）为其获取并提供信息。总之，在知识经济时代，谁占有了准确的情报信息，谁就占有了竞争的"制高点"。学会充分利用情报信息资源，与情报信息资源的供应者保持良好的关系，是管理者的一门必修课。

四、管理部门

管理部门（Administration Sector）是指与组织相关的政府代理机构和一些利益代表集团。组织都处在一定的社会环境之中，有自己特定的目标和利益追求。为保证各类组织利益追求的合法性和合理性，政府的代理机构和一些利益代表集团就会限制组织的某些行为，管理者会经常感受到这种外界压力的存在。

政府代表公共利益，负责对社会进行管理，它规定组织能做什么，不能做什么。政府的代理机构依法对社会的各类组织进行监督，对有违法行为的组织施加压力。工商管理局负责企业登记和商标注册，监督企业是否在其经营范围内合法经营；技术监督局检查企业产品和服务是否符合国家的技术标准；物价局监督企事业单位的某些产品和服务在价格上是否遵守国家的法律、法规；劳动局监督企事业单位用工情况和社会保障制度的落实情况；环境保护局监督企业生产过程中对环境的污染情况；证券委员会监督上市公司对国家财务标准的执行情况；劳动仲裁委员会解决组织与职工之间的劳动纠纷等。这些政府代理机构制约着管理者的决策范围和行动方案的选择，因此管理者要花大量的时间和精力与政府的管理部门打交道。

除政府代理机构对组织产生直接的影响之外，还有一些利益代表集团也对组织产生某种影响，如工会、妇女联合会、青少年权益保护委员会、消费者协会、企业家协会、绿色和平组织等，它们都代表着相关利益群体，保护其成员的利益。这些利益代表集团虽无政府代理机构那样的行政权力，但其多数行动会获得政府支持，并且有些利益代表集团本身就与政府关系密切。不过，它们最有力的手段还是通过大众传媒制造舆论引起社会的广泛注意，对企事业单位甚至政府施加压力，从而实现它们的影响。管理者不能忽视这些压力集团可能产生的影响，应当充分意识到这些压力集团是影响自己决策的一支重要力量。

第四节　环境是管理的约束条件

一、两种观点：管理万能论和管理象征论

管理在组织生存和发展中究竟有多大作用，或者说，管理者对组织的成败究竟负有多大责任？有两种不同的观点：万能论和象征论。[1]

---

[1] [美] 斯蒂芬·P. 罗宾斯、玛丽·库尔特：《管理学》（第7版），孙健敏等译，中国人民大学出版社 2004 年版，第 61 页。

（一）管理万能论

在球队连续不胜的时候，公司濒临倒闭的时候，机关问题重重的时候，组织采取的措施常常是更换高层管理者，这就是管理万能论在现实中的反映。管理万能论（Omnipotent View of Management）认为，不能控制环境力量的影响是管理者无能的表现，他们应该有能力克服任何障碍以实现组织战略和目标，管理者对组织的成败负有直接的完全责任，也即管理者的素质决定着组织的素质。管理万能论的假设是"好的管理者可以变草成金"，换人就能够改变糟糕的现实状况。管理万能论是社会的主流观点，它为组织运行不良时寻找责任的承担者（实际上就是管理者）提供了理论基础。当然，组织运行良好时，管理者也会受到奖赏，即便是良好绩效的取得并非管理者之功时也是如此。

（二）管理象征论

与此相反，管理象征论（Symbolic View of Management）认为，组织成败在很大程度上归因于管理者无法控制的外部力量，期望管理者对组织绩效产生重大影响是不合情理的，管理者不负组织成败的责任。管理象征论为组织运行不良时免责管理者提供了理论基础，同时这种观点认为，组织运行良好时也无需奖励管理者，因为管理者对组织绩效产生的影响并不大。因此，管理象征论不被社会主流所支持。

二、环境：管理的约束条件

管理万能论和管理象征论是关于管理、环境与组织绩效间关系理论的两个极端观点。由这两个极端观点形成一个"连续光谱"理论，即管理者之于环境，既不是软弱无能的，也不是无所不能的。任何管理者都可以纳入这个连续光谱之中，或靠左，或靠右，或居中。

（一）四种环境

环境的不确定性可分解为变化程度和和谐程度两个维度。变化程度是指环境稳定或动荡程度，和谐程度是指环境简单或复杂程度。由此产生了四种组合，分别对管理产生着不同的影响。[1]

1. 相对稳定且简单的环境。这种环境涉及的环境因素较少，且变化起伏不大，管理者根据自己的经验和知识足以判断并有效处理环境影响。如有固定的销售渠道、有稳定的原料供应、工艺技术变化不大以及政府政策对其影响相对稳定的多数饮料和食品公司所处的环境就是这种环境。处于这种环境中的组织

---

[1]　本书在此采用美国组织理论家汤姆森（J. D. Thompson）的分析方法，来分析不同的环境对管理产生的不同影响。J. D. Thompson, *Organizations in Action*, The McGraw - Hill Companies, Inc. , 1967.

呈现出一种相对稳定的状态。此时，管理者对内部的管理就可采取强有力的组织等级结构形式，通过规章制度、工作程序标准化和严格控制来进行管理。

2. 相对动荡但简单的环境。这种环境的个别因素可能发生剧烈变化，但管理者只要密切注视着环境的变化，依靠自己的经验和知识仍可作出有效对策。处于这种环境中的组织总体上处于稳定状态，但局部处于不稳定状态。面对这种环境，规章制度和工作程序化仍是主要的管理方式，但必须调整组织的局部结构和某些管理手段，以应付环境带来的变化。多数服装公司就处于这种环境之中。它们有固定的原料供应渠道，生产技术单一，政府政策对其影响不大，有固定的销售网络，但服装样式的变化（顾客爱好的变化）和新面料的出现都是经常发生的事情。虽然这种变化对生产程序和工艺技术影响不大，但服装设计部门和采购部门必须有足够的灵活性，以对这些变化作出快速反应。

3. 相对稳定但复杂的环境。这种环境涉及的因素较多，但各因素变化缓慢。管理者根据经验和知识难以对众多环境因素的综合影响作出明确的判断，不能从整体上把握环境的变化。处于这种环境中的组织总体上处于一种不稳定状态，管理者一般采用适当分权的组织结构形式，如事业部制，来应对这种变化缓慢但很复杂的外部环境。汽车制造公司基本上处于这种环境之中。材料技术、竞争对手情况、生产工艺技术、国家法律和政策等因素虽变化缓慢，但管理者由于种种原因不能有效地把握这种变化。高层管理者需要有充足的时间和精力研究环境影响和组织的宏观政策。

4. 相对动荡且复杂的环境。这种环境的多种因素经常发生管理者难以预料的剧烈变化，管理者的经验和知识不足以完全辨析和把握环境的变化。处于这种环境中的组织也处于一种高度不稳定状态。面对这种动荡而复杂的环境，管理者强调组织内部各方面的及时沟通与联络。组织结构一般采用分权式的形式，成立各种具有相对独立性的专门任务小组，允许子公司面向市场独立经营，管理方式采用一种相对民主的灵活经营方式。网络公司和生物技术公司等高新产业公司就处于这种环境中，技术、市场、对手、法律等诸多环境因素都处在动荡变化之中。有效管理在于组织内部各单位具有足够的灵活性和相对的独立性，相互之间民主协商，及时沟通。管理的难点在于集权与分权的适当平衡。

（二）组织对环境的反应

变化着的环境具有不确定性，这种不确定性对管理活动产生着巨大影响，对管理者的管理行为有着强大的约束力。一般说来，管理者不太容易彻底改变环境力量的大小和方向，只要能正确地分辨和评价环境力量，并能正确地预测环境力量的发展趋势和它对组织将产生的影响，并拿出有效对策以适应或影响环境，就是一名优秀的管理者。如果一个组织能长期适应环境变化或者影响环境要素，那么它就极有可能成为改变其他组织之环境的主导力量，从而实现对环境的反作用。

1. 适应环境。为了适应不确定的环境，组织常常对其结构和工作流程进行调整，如组织倾向于运用建立弹性结构和分权或授权的办法应对复杂环境引起的不确定性，组织在环境输入或输出的边界上设置缓冲器或者试图平缓组织边界的波动来适应环境的不确定性，公司还可以建立调整其技术核心的柔性工艺（Flexible Process）来适应环境等。

2. 影响环境。除通过适应并对环境不确定性做出反应外，还可以主动出击以改变环境，独立行动和合作行动是两种主动影响类型。[1] 独立行动模式包括竞争攻击（如挖掘独特竞争力以创造竞争优势）、竞争妥协（如与竞争者改善关系）、公共关系（如在环境组成人员中建立和保持良好形象）、志愿行为（如志愿参加各种利益群体的活动）、法律行为（如与竞争者的不信任或欺骗行为进行司法活动）、政治行为（如努力影响议员或政府部门创造一个更加有利的环境）等。合作行动模式包括契约（如与其他组织就交换产品、服务、技术等事项进行谈判）、增补成员（如在组织的领导结构中吸引新成员以规避不确定性）、联盟（如两个或多个组织在一段时间内就某问题结成同盟）等。

本章小结

按照系统科学的观点，组织总是处于外界环境系统之中并受制于环境。环境就是对组织生存与发展起着潜在影响的外界机构和力量的总和，包括一般环境因素和特定环境因素两类。组织与环境发生着各种各样的交换，组织边界具有这种交换的选择机制，它具有过滤性和抗干扰性功能，前者保证交换的效用，后者保证组织的独立性。

一般环境是指政治、经济、社会、技术等因素构成的社会环境及这个社会所处的国际环境。社会中的各类组织都处于同样的一般环境之中。政治环境由政治体制和政治稳定性等要素组成（法律纳入其中）；经济环境由经济制度和经济政策等要素组成；社会环境由人口群体、意识形态和价值观念等要素组成；技术环境由知识储备和技术创新等要素组成；国际环境由国际政治和世界经济等要素组成。一般环境对组织的影响是长期的和深远的，管理者的管理行为必须适应于一般环境。

---

〔1〕　〔美〕托马斯·S. 贝特曼、斯考特·A. 斯奈尔：《管理学：新竞争格局》，王雪莉译，北京大学出版社 2007 年版，第 62 ~ 63 页。

　　特定环境是指对组织具有直接影响的竞争对手、服务对象、资源供应者、管理部门等因素构成的具体环境。社会中的各类组织所处的特定环境是不同的，它们对组织的作用都是直接的、具体的。竞争对手是指争夺资源和顾客的其他组织；服务对象即顾客，包括现实的或潜在的顾客；资源提供者包括人、财、物和信息的供给者；管理部门包括政府代理机构和利益代表集团。特定环境对组织的影响更多地体现在当前，管理者不能忽视特定环境的任何因素的影响，应将管理决策建立在对特定环境影响的深刻认识的基础之上。

　　在有关管理、环境和组织绩效间的关系的理论中，管理万能论和管理象征论是两个极端观点。前者认为管理决定组织成败，后者认为环境决定组织成败。连续光谱的关系理论认为，环境的不确定性对管理产生各种影响，构成管理的约束条件，但优秀的管理者可以通过适应甚至改变环境创造更好的组织绩效。环境不确定性可分为变化程度和和谐程度两个维度，由此构成四种环境类型：稳定且简单环境，动荡但简单环境，稳定但复杂环境和动荡且复杂环境，不同环境应有不同管理结构和管理方式与之适应。管理者可以通过适应环境或者影响环境对环境的不确定性做出反应。

自我测试 3

　　　你是否同意下列观点，请在合适的位置上做记号

	反对	中立	同意
1. 集体福利比个人奖励更重要	—	—	—
2. 被团队成员接受很重要	—	—	—
3. 集体利益高于个人利益	—	—	—
4. 员工应对组织忠诚	—	—	—
5. 团队成功比个人成功更重要	—	—	—
6. 决策时应多征求员工意见	—	—	—
7. 管理者在工作之外应多与员工接触	—	—	—
8. 分权比集权效率更高	—	—	—
9. 员工不应该无条件地服从组织决定	—	—	—
10. 管理者可以将重要工作委派给下级	—	—	—
11. 将工作要求制订出细则，使员工清楚应该做什么	—	—	—
12. 员工应该按照规定的程序办事	—	—	—
13. 管理者应该指导员工工作	—	—	—
14. 任何活动都应该按照计划行事	—	—	—
15. 信息不完整时不作决策	—	—	—
16. 解决问题时男性依靠逻辑分析而女性依靠直觉	—	—	—

17. 高层管理职位男性比女性更合适	—	—	—
18. 男性事业有成比女性事业有成更重要	—	—	—
19. 在管理活动中，男性比女性具有更强的说服力	—	—	—
20. 女性比男性更为注重生活的品质	—	—	—
21. 组织应该帮助员工解决私人问题	—	—	—
22. 管理者应留心员工健康并为其提供健康保健	—	—	—
23. 组织应该照顾有子女的员工	—	—	—
24. 组织应该考虑员工子女的教育问题	—	—	—
25. 在员工遇到纠纷时，组织应该提供法律上的帮助	—	—	—

第三章

第四章

战略管理

> 提示：
>
> 　　战略是全局性规划还是方向性规划？—战略发展观点—组织需要一个还是多个战略？—战略地位—战略模式—战略实施是一个需要耐心的长期过程

　　中国人常说："不知谋全局，就不知谋一域；不知谋万世，就不知谋一时，""人无远虑，必有近忧。"从管理学的角度来看，这些话讲的就是战略管理问题，"谋全局"、"谋万世"和"远虑"就是战略规划问题。战略管理是组织中最高层次的管理，也是最为困难的管理，它在很大程度上决定着组织的兴衰成败。本章将阐明战略和战略管理概念，论述战略和组织远期目标的关系、战略层次、战略管理等问题。

第一节　战略的本质

一、战略概念

（一）战略就是对全局的谋划

　　"战略"一词原本是军事术语，指对战争全局的筹划和指导，又泛指重大的、带全局性的或决定全局的谋划。将军事上的战略概念引入管理理论，是 20 世纪中后期的事情。20 世纪 30 年代末期，巴纳德（C. I. Barnard）最早将战略概念引入企业管理理论；60 年代，钱德勒（H. J. Chadler）奠定了企业战略研究的基础；70 年代，安索夫（H. I. Ansoff）完善了战略管理的理论框架；80 年代，波特（Michael Porter）提出了以产业结构为特征的企业战略管理整体研究方法；90 年代，新公共管理运动将战略管理引入公共管理领域。战略管理理论已经成为管理学的一个重要分支，战略管理已普遍应用于营利组织和非营利组织的管理之中。"任何组织机构都应以战略眼光考虑：本组织的事业是什么？本组织应该做些什么？它还应该认真考虑：顾客想买到什么？在顾客眼中，什么东西最有'价值'？应该强调指出，这些问题不仅对于生产企业来说是重要的，而且对那些非营利性的公共服务机构（不论是医院、大学、同业协会，还是红十字会）来说也是非常重要的。任何组织机构都应该认真考虑，本组织的特长是什么？这些特长是否恰好适合其特定事业的需要？光有这些特长够不够？它们是否得到了有效的利用？本组织机构目前和今后几年的'市场'究竟在哪里？"[1]

战略概念至今没有一个公认的定义，给它下定义是很困难的。本书综合关于战略的各种观点，认为战略（Strategy）就是与组织环境和资源相匹配的、与组织价值观和期望相符合的，用于指导组织全局和确定组织远期发展方向的规划。可以从以下四个方面来把握战略概念。

（二）从四个方面把握战略概念

战略与组织所处环境相匹配，与组织资源相匹配。组织的生存与发展受环境力量的约束，它给组织一种挑战（逆境）或机遇（顺境），战略规划就是组织向环境的主动出击，以求得与环境的和谐发展。"明确的战略形成意味着向环境主动出击，以'进攻'来保护自己，即它主张革新，而不仅是反应与适应。有效的组织战略是坚定而有弹性的，而不是脆弱而凝固的。它为组织提供了影响其环境并开创出适合自己特殊优势和利益的道路的手段，它可以集中组织力量，激励组织成员，增强下属单位和组织成员自控的可能性，使组织成为对其变动的环境应付自如的有机整体。"[2] 同时，战略还要与组织资源相匹配，就是说，组织有相应的资源对环境的威胁或机会作出反应。组织如果缺少或者不能获得所需资源，那么就难以形成战略，即使形成，也是空想，无法实现。战略不仅要考虑组织现有资源适应环境的程度，而且要考虑组织获取和控制资源的能力以适应未来战略发展的情况。

1. 战略与组织价值观和期望相符合。所谓"组织的价值观和期望"就是组织内外有权力影响管理决策的人们的价值观和期望的"合力"。这些对组织有影响的人主要是指高层管理者和特定环境中的利益相关者，战略实际上就是这些对组织具有强大影响力的人们的态度或信念的反应，换句话说，从战略规划中可以看出这些人的价值观和期望。如果这些有影响的人物缺乏明确的价值观和期望，组织就不会形成任何战略，只能处于"做一天和尚撞一天钟"的境地。

---

〔1〕 ［美］彼得·F. 德鲁克：《动荡年代的管理》，屠端华等译，工人出版社 1989 年版，第 56～57 页。

〔2〕 刘俊生：《现代管理理论和方法》，中国政法大学出版社 1995 年版，第 111 页。

2. 战略确立并影响着组织的远期发展方向。组织远期发展方向包括组织远期发展的运行范围、远期发展目标和总方针。这些内容实际上就是战略的结果要素。"组织现在和将来干什么？"对这一问题清楚的回答就涉及组织的战略方向。将目前从事电脑生产的公司分别定位为："从事电脑生产"、"从事电子产品生产"、"从事信息产业"而确立的战略方向是完全不同的。"组织集中在某个活动领域，还是分散在几个活动领域？组织运营的界限是什么？"对这一问题的回答就涉及组织的战略范围，也就是组织与环境相互作用的范围。"组织在未来10年、20年将取得什么成就？在本领域中将占据什么地位？"对这个问题的回答就涉及组织的战略目标。"保证战略实现的基本指导思想是什么？"对这一问题的回答就涉及组织的战略方针。任何明确的战略都包含着始终影响组织的上述四个方面。

3. 战略是全局规划。战略是全局规划，支配着组织的其他管理决策。战略的实现依赖于一系列策略的支持和为数众多的具体目标的实现。在管理过程中，战略是"纲"，其他管理决策受战略的规范和支配，凡在目的上与战略相悖的决策都将被排除在外。

4. 战略有四个特征：[1] ①战略突出了组织本身资源和技术与外界机会相结合，现实的机会与潜在的冒险性相结合；②具有长远的时间概念，着眼于未来；③着重于总的、概括性的谋略；④整个行动过程均由最高领导层控制。由此可以看出，战略在本质上是极为复杂的规划，它要求管理者有很高的观念技能，并会使用一系列综合方法整合一个组织，还要求对战略实施可能引起组织的重大变革有充分的思想准备和风险意识。

二、战略发展观点

战略涉及组织远期发展方向问题，战略实施实际上是一个变革过程，对这个过程是怎样发展变化的，却有不同的解释，这就是战略发展观点。[2]

（一）渐进式战略发展和突变式战略发展

战略追求组织与环境的良性互动。在变化缓慢的环境中，组织可能并没有形成明确的新战略，但在适应环境的过程中，管理者会不断作出各种各样的管理决策，随着时间的推移，组织所采取的各种各样的行动可能逐渐形成了一个"合力"，缓慢地形成了组织新的总体战略意图，在不知不觉中导致了组织在战

---

〔1〕 ［美］里基·W. 格里芬：《实用管理学》，杨洪兰、康芳仪编译，复旦大学出版社1989年版，第112页。

〔2〕 ［英］格里·约翰逊、凯万·斯科尔斯：《公司战略教程》，金占明、贾秀梅译，华夏出版社1998年版，第22～25页。

略上的重大转变，这就是渐进式的战略发展观点。

相反，在环境变化足以威胁组织生存与发展时，或者渐进式战略远远不能适应环境的变化，致使组织与环境之间产生了严重的不协调时，可能需要"一步式"的重大战略转移，重新确立一种新方向，这就是突变式的战略发展观点。在现实中，更多组织的战略管理实践符合渐进式的战略发展，突变式的战略发展确实发生过，但它在各类组织的战略管理实践中并不多见。

需要注意的是，渐进式和突变式的战略发展观点的主要区别在于战略方向的转移是否"一下子"就明确了，而不在于战略管理过程是渐进的还是突变的。因为就过程而言，各类战略都是"渐变式"的。

（二）设计式战略发展和自发式战略发展

设计式战略发展是"人为式"的，即战略是由管理者刻意设计出来的，并以计划的方式写出来。可以将设计式的战略发展观点理解为"战略是规划出来的"，管理者不仅对所形成的战略方向可以给予清晰的表述，而且战略实施也是处于计划程序之中。总之，战略被认为是一个审慎的和系统的开发和实施过程。

自发式战略发展是"自然而然式"的，即战略是自然发生的过程。在管理者的意识当中，新战略方向没有预先设定，也不能清晰地表达出来，管理者只是面对环境的压力，对环境的每一变化迅速地作出反应，制订相应的对策，这些对策的实施，使组织在不知不觉中发生了方向性变动，从而改善了它们相对于其他组织的地位。在外人看来，这个组织似乎有明确的战略。

设计式和自发式战略发展的区别仅在于组织的战略管理是否有明确的战略规划程序，而不在于战略管理是否"顺其自然"，因为各类战略都谋求与环境协调，顺应环境的变化。设计式战略发展绝不是谋求改变环境，自发式战略发展的目的也绝不意味着组织跟着环境"亦步亦趋"。

（三）机会式战略发展和强加式战略发展

机会式战略发展意味着"主动出击"。组织环境的变化和自身资源优势的积累，可能使组织获得某种优势战略机会，管理者能迅速地辨认并判断出这种机会优势，推动组织作出方向性变革。机会式发展战略完全依赖于"机会判断"，可能导致更高的风险，它并不总是明智的，但它在现实中确实存在着。机会式战略发展更适合于在原战略方向上作部分修正，不适于作全新方向的战略转移。

强加式战略发展意味着"被动变革"。组织环境的戏剧性变化或组织自身资源的衰竭，将导致组织的发展遇到意想不到的障碍，强大的压力迫使管理人员不得不采取全新的战略，战略的实施过程在本质上就是逐渐缓解或消除这种压力的过程。强加式战略发展使人产生一种"孤注一掷"的感觉，会对组织形成一种长期的显著影响。

第二节 战略的层次

在任何组织中，战略都是分层次的，有总体战略和分体战略之分。总体战略指导、制约和规范分体战略，分体战略有效地支持总体战略。两类战略相互渗透，相互依存，构成一个组织的战略网络。

一、总体战略

总体战略（Total Strategy）又称公司层战略（Corporate – level Strategy），就是组织整体的全局性战略，其主要任务就是要确立组织经营的主要方向，包括组织的经营范围、资源部署、战略目标和有关全局性的总方针和原则。

1. 战略范围。战略范围就是组织与环境相互作用的领域。就企业而言，有单一化经营企业和多样化经营企业两类。单一化经营的企业为社会提供单一的产品或服务，与社会的作用领域相对狭窄，如麦当劳公司的战略范围主要限定在为人们提供快餐；北大方正公司的战略范围为中文信息处理中的中文排版领域。多样化经营的企业是由单一化经营企业逐渐发展而来的，在发展过程中，每一次战略范围的扩展都是战略管理中的重大决策。扩展的速度必须适当，要与环境机会和本身资源相匹配、相协调；扩展的速度过快，组织就会产生诸多战略问题，很可能对组织的长远发展产生深远的影响。

2. 资源部署。资源部署就是与战略范围相适应的资源配置。资源的有限性决定了资源部署的困难性，在多样化经营的企业中尤为如此。一般来讲，围绕着战略范围中的战略重点（如重点产品、重点服务、重点技术、重点研究等）来合理地配置资源，有效的资源配置反对资源的平均分配，如春兰集团虽然已迈向多样化经营之途，但资源配置始终围绕空调产品及其相关技术开发这一中心进行，从而保证了自己在空调领域的领先地位。

3. 战略目标。战略目标就是在战略范围和资源部署基础之上所确立的组织远期发展目标。诸葛亮的隆中决策所确立的"三分天下"战略目标就是建立在对形势作出的客观分析和对自身资源的客观认识之基础上的；长虹集团在 20 世纪 90 年代初期分析了国内市场的竞争情况和自身的实力，确立了"长虹电视在国内市场占有率将达到40％"的目标。总体战略中应该阐明战略目标，使总体战略的方向性更加明确。请读者注意本书的观点：战略目标是战略的有机组成部分之一，是理性的战略规划的结果，也可以说，战略目标是战略规划的高度抽象与概括，缺乏战略目标的总体战略是不完整的。

4. 战略方针。战略方针就是战略管理必须遵守的决策指导准则。战略方针在于保证战略目标的实现，约束和指导分体战略并在实现战略的过程中进行各种管理决策的拟定和实施，如"三分天下"战略中的"联吴抗曹"、中国"经济建设市场化"战略中的"四项基本原则"、联想集团的"电脑—网络"发展战略中的"不搞跨行业的多样化经营"等都是战略方针的具体形式。战略方针如同战略目标一样，是对战略管理所遵循的基本准则的高度概括，一般是用一种简单清晰的语句来表达，以便人们理解和遵守。

二、分体战略

分体战略是指支持组织总体战略的二级战略，包括事业层战略和职能层战略。

1. 事业层战略。事业层战略（Business – level Strategy）主要涉及公司在每个事业领域内如何进行竞争的战略。对拥有多种事业的组织，其每个事业部门都有自己单独的经营领域，都有自己独特的使命和竞争对手，这样的事业部门称之为战略事业单位。在总体战略指导下，每一战略事业单位都有自己的独立于组织其他事业单位的战略，这种战略规定该单位提供的产品和服务，"其主要问题是关心应该开发哪些产品和服务，以及将其提供给哪些市场；关心它们满足顾客的程度，以达到组织的目标——如远期盈利能力、市场增长速度或者提高效率等。"[1] 每个战略事业单位按照自身的能力和竞争需要开发自己的分体战略，但同时必须与整个组织的能力和需要保持一致。

2. 职能层战略。职能层战略（Functional – level Strategy）考虑的是组织的各种职能如何来支持总体战略或事业层的分体战略。就企业而言，职能战略主要包括：①市场战略（也称营销战略）：涉及市场占有地位、销售渠道、销售方法和商品价格等；②财务战略：涉及资金筹措渠道和方法、投资组合、股息政策和财产管理等；③生产运作战略：涉及产品结构、生产布局和生产力提高等；④研究与发展战略：涉及新产品的研制、新技术和新工艺的开发或购买等；⑤人力资源战略：涉及人力资源的配置、开发和激励等；⑥组织设置战略：涉及集权与分权、部门结构和信息传送与协作方法等。

如果我们将战略理解为涉及组织全局的远期发展方向的规划，那么从分体战略与总体战略的关系看，总体战略才符合战略的含义，分体战略只能是实现总体战略的手段和策略。但在现实生活中，人们总喜欢把这些支持总体战略的策略也称之为"战略"，可能是因为这些"策略手段"也涉及组织"局部"的

第
四
章

远期发展方向问题。在"战略网络"的概念意义上来理解"战略"一词，本书将这些"策略"称为分体战略，纳入战略概念之内。但读者应该清楚：组织在一定时期内只存在一个（总体）战略。在战略转移的过渡时期，似乎有新、旧两个战略并存，但实际上旧战略已经消亡，只存在着新战略。说到多个战略时，总是指分体战略。

第三节　战略管理程序

战略管理是一个过程，从逻辑上讲，它包括战略规划和战略实施两部分内容，而战略规划又包括战略分析和战略选择两部分内容。战略管理（Strategic Management）就是管理者对组织进行战略分析、战略选择和战略实施的过程。战略分析、战略选择和战略实施就构成战略管理程序。应该注意的是，不能把它理解为战略管理的实际过程，而应该把它看做是管理者和组织用来分析复杂的战略管理问题的一种逻辑工具，因为这些环节在战略管理实践中是"揉"在一起的，是相互交织的，难以从时间上区分出来。战略管理犹如手工雕塑，最初雕塑的"目标"在雕塑师的头脑中只是一个观念轮廓，并且只是个粗线条的轮廓。在雕塑过程中，雕塑师凭着自己的知识和手艺，逐渐完善最初的"想象"，使雕塑对象成比例地逐步显现出其轮廓，最后完成这件精美的工艺品。战略管理就是管理者在把握环境的基础上勾画出组织未来的发展"蓝图"，凭借自己的智慧、经验和对环境变化的敏感性，边实践、边学习，逐渐使最初的"蓝图"丰富和具体化，一步一步地迈向战略目标。处于成长期的组织，这个过程的发展速度很快，有时出乎管理者的预期，战略管理也处于快速变化过程之中；处于稳定发展期的组织，这个过程的发展速度放缓，管理者的预期较长，战略管理也处于相对稳定的发展过程。

一、战略分析

战略分析（Strategic Analysis）就是深刻认识那些对组织生存与发展有关键性影响的因素，由此对组织的战略地位形成一个概括性的判断。环境有什么样的变化？组织有什么样的资源优势？与组织相关的个人和群体有什么样的期望？这些因素怎样影响组织当前及今后的发展？这些问题都是战略分析要回答的，其结果就是要形成组织当前处于什么样的战略地位的清醒判断。

（一）环境分析

在战略分析中，环境分析最为困难，这是由环境的高度不确定性决定的。第三章已经列示了环境的各种要素及其对管理可能产生的影响，环境分析就是以此为基础确认关键影响因素，通常使用的方法有 PEST 分析法和结构化分析法。

PEST（Political Economic Social Technologic）分析就是对一般环境进行分析，要求管理者列示政治、经济、社会和技术对组织产生的影响，根据经验和预测来确立影响组织发展的关键因素。战略管理者一般对环境变化相对敏感，对影响本组织的一些关键环境要素的把握通常不会有太大困难，困难往往在于对这些关键要素发展趋势及对未来产生的潜在影响的把握。PEST 分析法要求：①详细列示政治、经济、社会和技术环境因素有可能对本组织产生影响的每个细目；②逐个分析这些细目变化的内在驱动力，以把握其变化规律；③逐个分析这些环境细目对组织过去和现在产生的影响，预测其未来的可能影响；④确认环境的关键影响要素。

对特定环境的分析，通常使用波特（M. E. Porter）的"五要素"结构化分析方法。该方法认为，竞争环境有五个基本要素：①进入的威胁：取决于进入壁垒的难易程度，它涉及规模经济、资金要求、分销渠道、成本优势、差异化、预计的报复和政府行为；②供应商的影响：取决于其讨价还价的能力，它涉及集中或分散供应、转移成本、供应商的品牌、联合或分散、顾客的重要性等；③购买者的影响：取决于购买者讨价还价的能力，它涉及购买的集中度、替代品供应、购买品成本、买方联合等；④替代品威胁：如化纤之于棉花、软饮料之于咖啡、太阳能之于石油燃料、火车之于汽车、移动电话之于固定电话等都是替代品，替代品的威胁取决于其替代程度；⑤竞争：取决于竞争者的均衡程度，它涉及市场状态、固定成本、边际收益、差异化、兼并、退出壁垒难易等。管理者通过对特定环境的结构化分析，确立对组织发展有重要影响的特定环境要素。

环境分析之目的在于客观认识环境要素的作用，寻找影响组织发展的关键环境因素，辨别组织面临的限制和机会，明确组织在行业中的定位，确立组织目前的战略地位，为战略选择提供基准。

（二）资源分析

资源分析是指认识和评估组织的各种资源状况及其整体均衡情况，辨别组织的优势与劣势及其核心竞争力，最终确立组织的战略能力的过程。需要提醒读者的是，开放的观点和发展的观点对分析组织资源是十分有益的。

一般来说，评估组织资源包括以下几个方面：①实物资源分析：涉及实物资源的数目、自然状况和机器设备的生产能力；②人力资源分析：涉及现有不同技能的人员数目及类型、人力资源与组织任务的适应程度、人力资源开发政策及其运行机制；③财务资源分析：涉及资金的获得方式和获得渠道、现金管理、对债权人和债务人的控制能力、处理与资金供给者关系的能力；④无形资产分析：涉及技术能力、商标、品牌名、组织形象等。在资源分析中，务必不能忽视无形资产资源分析，有时组织的核心能力就在这种资源中。

资源分析还应当注意如下几个问题：①对组织特有资源的辨别和分析，特有资源决定着本组织不同于其他组织的独特性；②资源分析应包括组织获取资源能力的分析，而不应该把眼光仅仅盯在组织现有的静态资源上，很多重要的战略资源都在组织所有权范围之外，如果组织对这些资源的控制力和获取力很强，那么它们就应该包括在资源分析范围之内，如分销商和作为股东的银行等都是重要的战略资源；③放开眼界，进行纵向的历史比较和横向的行业比较，前者在于揭示组织中各种资源的发展变化趋势，后者在于揭示组织所能控制的资源在整个行业中所处的相对地位；④衡量、评估资源的配置状况和配置能力，组织战略常遭破坏，可能不在于组织的某项行动和某些资源，而在于资源配置不成比例，资源的均衡配置是组织战略能力的一个支持因素。

（三）文化和价值观分析

在战略演化过程中，环境变化的影响和组织资源的影响构成其客观基础，而组织文化和价值观则是其主观基础。任何战略的拟定和实施无不受组织文化的影响，无不是人们强烈期望的产物。战略分析需要明确组织的战略期望，不能忽视文化和价值观分析。

要了解组织文化和价值观的渊源，就既要了解社会的文化背景和价值观，又要了解人们的观点、信仰和期望。从管理的角度来看，分析文化的外部影响主要应考虑以下几点：人们对待环境不确定性的态度；人们影响环境的行为方式；社会对权力的看法；社会对个人主义或集体主义的看法；社会的导向是什么。分析文化的内部影响主要应考虑以下几点：组织的价值观是什么，以使命和目标等形式表现出来的价值观容易辨认，但多数的价值观是比较模糊的，通过人们对一些特定价值观问题的回答，可以领悟组织的价值观；组织的信仰为何，一般可以从人们的语言和具体行为方式中考察出来；组织的假设是什么，这是难以察觉出来的一种主观性行为依据，假设在组织文化中有时起着一种核心的作用。

组织文化和价值观是组织原有战略长期演进的历史积淀，它塑造着人们的观念、期望和行为模式，决定着人们对战略的认可程度。一般而言，如果组织文化和价值观是一种开放型的和学习型的，那么它就会对新战略产生一种积极的推动作用；反之，它就会阻碍和排斥新战略的形成和实施。一个组织的战略性转移常常是对组织原有文化和价值观的否定，新战略的形成和实施必须有强力支持，不然新战略就会被传统文化和价值观慢慢吞噬下去，难以完成战略转移。

文化和价值观分析的一个重要方面就是要考虑利益相关者的期望。将战略规划简单理解为高层管理者的决定是不符合实际的，因为战略是利益相关者期望的"合力"之产物，是对这些相互冲突的期望的折中调和产物。利益相关者是前述文化和价值观的化身，他们会动用各种权力资源影响组织的战略拟定和实施，因此必须对组织内外利益相关者的期望进行透彻分析，由此建立起来的战略期望会更符合实际。

（四）SWOT 分析

SWOT 分析是在组织环境、组织资源和组织文化分析和评估的基础上，对组织的优势（Strengths）、劣势（Weeknesses）、机会（Opportunities）和威胁（Threats）进行的综合分析。这是战略分析的一种有用工具。这种分析在本质上是关键因素分析的一种结构化形式，它要求分析人员明确回答：组织的关键能力是什么（优势）？组织的关键限制是什么（劣势）？环境中关键的有利因素是什么（机会）？环境中关键的不利因素是什么（威胁）？它们之间有何联系？在此，核心能力概念有助于将它们联系起来。一个组织的核心能力就是相对于其他组织的独特优势，它可以强化组织的优势，减少劣势，创造环境机会，降低环境威胁，它是战略能力的重要支柱。核心能力越具有持久性、不可转移性和不可仿造性，组织的战略能力就越强。

二、战略选择

大多数大型组织都涉及多个业务、产业和市场（多样化），其中每个业务或者业务组通常被称为战略业务单位（Strategic Business Unit，SBU）。组织进入哪些业务、产业和市场以及如何管理这些不同的业务，这些都属于总体战略。多样化程度和性质就是属于组织最重要的总体战略。多样化战略包括单一产品战略、相关多样化战略和不相关多样化战略。相关多样化是指 SBU 之间联系程度更为紧密的多样化，不相关多样化是指 SBU 之间联系程度更为疏远的多样化。

（一）单一产品战略模式

1. 竞争战略。[1] 根据产品成本或产品差异化可将竞争战略分为三类：①成本领先战略：发现和挖掘组织所有的资源优势，强调生产规模，追求所有资源的成本优势，变成行业内的低成本生产者，获得并保持在行业中整体成本领先

---

[1]　竞争战略是迈克尔·波特（Michael Porter）在 1980 年出版的《竞争战略》一书中提出的。该书从市场竞争角度出发，分析了可获得持续性竞争优势的三种基本战略，即成本领先战略、差异化战略和集中战略。

地位，以行业平均成本水平或接近行业平均成本水平来为其产品定价，实现大量销售，获取更大利润。②差异化战略：公司在某些极有价值的行业方向上做得高于其他企业，独一无二，这种独特性将自己与竞争对手区别开来，并给产品一个额外的加价。如果这种溢出价格超过因其独特性所增加的成本，那么公司就形成了一种强有力的竞争优势，就会产生更大利润。③集中战略：公司选择行业中的一个细分市场或一组细分市场，即选择行业内的很小的竞争范围，通过①或②挤走其他竞争对手，可见，集中战略包括成本集中战略和差异化集中战略两类。

2. 战略钟。[1] 根据价格高低和由于差异化而导致的附加值高低，可将竞争战略演化为八种：低价格—低附加值战略，低价格—标准价值战略，低价格—高附加值战略，标准价格—高附加值战略，标准价格—低附加值战略，高价格—标准价值战略，高价格—低附加值战略，以及高价格—高附加值战略。

3. 适应战略。[2] 根据环境变化和管理者对这种变化的反应，可将适应战略分为防御者战略、探索者战略、分析者战略和反应者战略四种。①防御者战略是在简单稳定的环境中，寻求狭窄的细分市场，稳定地提供一组产品，倾向于采用标准的经济行为，如以竞争性的价格和高质量服务作为竞争手段，开拓并保持有限市场，防止竞争者渗透。防御者战略不受其细分市场以外的发展的诱惑，注重有效的短线产品开发并获得成长。②探索者战略是在动荡不定的环境中，发现和发掘新产品和新市场的机会，避免长期任务，同时采用几种最新技术和最新设备，以利于随着环境变化而立即转向其他产品。探索者战略具有足够的灵活性，具有把握较大范围内的环境条件和变化趋势的能力，并且具有较强的实践能力。③分析者战略则介于上述两者之间，试图使风险最小化而利润最大化。既想保持传统产品和原有顾客，又想从新产品和新市场中捞取好处，采用稳定的技术与变动的新技术相结合的政策。分析者的最大能力在于"跟随"探索者，主要靠模仿生存，复制探索者的成功技术和思想，并且在探索者证实了市场存在之后能立即投入战斗，推出性能更为优越的产品，抢占市场。可见，分析者战略有更高的效率。④反应者战略是在管理者对环境反应迟钝，或判断出现严重失误，或战略管理不当，环境已给组织造成巨大威胁时，管理者不得不采取的一种被动性战略。

---

〔1〕 战略钟（Strategic Clock）概念是由克利夫·鲍曼（Cliff Bowman）发展了波特的竞争战略模型而开发出来的。由于演化出来的八种战略排列起来类似钟形，故形象地将其称为战略钟。

〔2〕 适应战略是雷德蒙·迈尔斯（Raymond E. Miles）和查理斯·斯诺（Charles C. Snow）在1978年出版的《组织的战略：结构与程序》一书中提出的。该书提出组织战略应在产品与市场、生产与销售、组织设置与管理三个方面与环境和资源相适应的观点，并由此提出四种适应性战略。

（二）多样化战略模式：组合战略

组合战略[1]首先以增长率和市场份额为标准，将战略业务分为四种：①瘦狗业务（Dogs，指低增长、低市场份额的一类业务）。这类业务的市场需求量萎缩，市场占有率较低，既不会产生、也不需投入大量现金。②现金牛业务（Cash Cows，指低增长、高市场份额的一类业务）。处于这个领域的产品属于盈利产品，它能产生大量的现金，但未来增长前景有限，故不需大量投资。③问号业务（Question Marks，指高增长、低市场份额的一类业务）。处于这个领域的产品是风险产品，可能产生很高的利润，但市场份额很小。④金星业务（Stars，指高增长、高市场份额的一类业务）。处于这个领域的产品的市场需求增长很快，且又有很高的市场占有率，但也许不会产生正现金流，因为它需要在工厂、设备、产品开发、技术和质量等方面大量投资。

研究表明，"牺牲短期利润以获取市场份额的组织，将产生最高的长期利润。因此，管理当局应当从'现金牛'身上挤出尽可能多的'奶'来，把现金牛业务的新投资限制在最必要的水平上，而利用现金牛产生的大量现金投资于金星业务，对金星业务的大量投资将获得高额红利。当然，当金星业务的市场饱和度及增长率下降时，它们最终会转变为现金牛。最难作出的是关于问号业务的决策，其中一些应当出售，另一些有可能转成金星业务。但是问号业务是有风险的，管理当局应当限制投机性业务的数量。对于瘦狗业务不存在战略问题——这些业务应当出售或是瞅准机会清理变现，很少有值得保留或追加投资的。出售瘦狗业务所得的现金可以用来收购或资助某些问号业务。"[2]

组合战略就是在上述思想指导下形成的如下战略矩阵：①稳定型战略（维持高市场份额，回收大量现金而不进行新的投资的战略）；②发展型战略（增加投资，提高产品质量和服务水平，开拓市场，争取更高的增长率和更大的市场份额的战略）；③紧缩型战略（对那些市场份额难以扩大或逐渐减少的产品，采用减小经营规模的战略）；④放弃型战略（对严重滞销的产品和服务部门，采用关闭或出售的战略）。

（三）国际管理战略

国际管理者面临的任务是要为在全球市场上的竞争制定最佳战略。根据全球一体化的压力和本地反应的能力，国际管理战略可以分为以下四类。全球战略模式，即将全球视为单一的市场，公司总部集中控制运营的一种战略模式；

---

〔1〕 组合战略是由波士顿咨询集团（Boston Consulting Group，BCG）于20世纪70年代初期，在战略事业单位概念基础上开发出的一种业务组合形式。

〔2〕 ［美］斯蒂芬·P.罗宾斯：《管理学》，黄卫伟等译，中国人民大学出版社1997年版，第179页。

跨国战略模式，即使专业化工厂符合本地反应的要求，通过复杂的协调机制来进行全球一体化的战略模式；国际战略模式，即利用现有的能力向外国市场扩展的战略模式；多国战略模式，即将设在多个国家的子公司作为独立的业务单位来运营的战略模式。

（四）战略发展方向和战略发展方法[1]

根据市场和产品的变化组合，可以形成六种不同的战略发展方向：①退出：现有产品或服务从当前市场中全部或部分地退出；②合并：现有产品的系列和种类不变，但在当前市场中进行重新组合，组织的经营方式发生了变化；③市场渗透：现有产品和服务在当前市场中获得更多份额；④产品开发：在当前市场中革新现有产品或开发新产品；⑤市场开发：为现有产品开发新的销售地区、新的细分市场和新的用途；⑥多样性：开发新产品和新市场，确立全新的发展方向，包括在本行业较宽范围的相关多样化和跨行业的无关多样化。

战略发展方法就是不同战略模式和战略方向的实现方式，主要有以下三种：①内部开发：组织对新产品、新服务、新市场、新技术和新工艺进行自行开发的方法；②合并和收购：组织通过合并或购买其他公司，以快速进入新产品或新市场领域的外部开发方法；③联合开发和战略联盟：具有不同独特资源的组织之间的一种合作开发方法，包括组织内部关系正式化的形式（联营或合资）、松散协作关系形式（网络组织或机会性联盟）和契约关系形式（分包经营、特许经营或许可证经营）三类。

（五）战略评价

战略评价是指根据适应性、可行性和可接受性标准对战略进行分析和评价。战略适应性评价包括环境适应性、资源适应性和文化适应性的评价，涉及战略是否充分利用了环境机会和资源优势，是否克服了环境威胁和资源劣势，是否与组织文化和价值观一致。战略可行性评价主要关心组织资源对战略实现的支持程度，包括资金支持、技术支持、能力支持、人力和物资支持。战略可接受性评价包括收益分析、风险分析、利益相关者的期望满足度分析和环境接受程度分析。

三、战略实施

战略涉及组织全局和远期发展方向问题，所以战略实施会对组织的各个方面产生不同程度的影响，特别是新战略在本质上与旧战略不同时，战略转移甚

---

[1]　[英]格里·约翰逊、凯万·斯科尔斯：《公司战略教程》，金占明、贾秀梅译，华夏出版社1998年版，第143～154页。

至会引起组织混乱或震荡。由此可见，战略实施是一个需要耐心的长期过程。影响战略实施的因素很多，在此主要阐述资源分配、组织模式和实施阻力等三个方面。

（一）资源配置

资源配置（Resource Allocation）是战略实施的首要问题，它可以分为总体战略的资源配置和分体战略的资源配置两个层次。资源配置的一般方法有计划性分配（适用于集权型组织）和市场性分配（适用于分权型组织）两类。

总体战略资源配置是指组织资源在各个战略事业单位之间的均衡分配。在资源相对充足时，计划性分配采取程式化分配形式（组织有一套固定的"公式"，以此公式来分配资源）；市场性分配采用协商式分配形式（战略事业单位可以与总部"讨价还价"，以此实现战略资源分配）。但在资源相对紧缺时，计划性分配通常采取指定优先级的分配形式（优先满足战略实现的关键部门的资源需求）；市场性分配采用公开竞争的分配形式（总部在组织内部开设"投资银行"，各分部通过竞价获得所需资源）。

分体战略资源配置是指战略事业单位将所控资源在各职能和各项目之间的均衡分配。这一层次的资源配置需要非常详细的计划，一般都是计划性配置。它首先要求将各部分业务进行战略定位，确定哪些价值活动对所定战略的成功实施最重要，即要弄清楚成功地实施战略有哪些"必需"因素，有哪些活动支持这些因素，确定这些因素和活动的优先级。其次，要弄清楚现有资源与战略实施的要求资源匹配情况，重新调整现有资源以支持战略实施。最后，保持各种价值活动之间资源配置的均衡性。

（二）组织模式

战略实施与组织模式紧密相关，重大的战略转移意味着组织结构和运行方式将要发生变化。战略实施的组织设计要考虑以下几个方面：①以什么样的组织结构匹配战略实施；②权力资源如何配置，以保证战略实施（主要解决集权与分权关系）；③建立什么样的控制系统，以保证战略实现（①和②参见本书第七章第二节，③参见本书第十四章）。

（三）实施阻力

战略实施中存在着各种各样的阻力，管理者对这一点必须给予充分重视，否则，强大的阻力足以使战略实施中途夭折。（参见本书第九章）

本章小结

战略概念是 20 世纪后半叶被引入管理理论体系的。战略就是用于指导组织全局远期发展方向的规划。有效战略与组织环境和组织资源相匹配，与组织的文化和价值观相符合，决定着组织远期发展运行的范围、目标和总方针，支配着其他管理决策。用发展的观点来看战略模式，包括渐进式和突变式、设计式和自发式、机会式和强加式等不同的战略发展模式。

从现实中人们对战略一词的使用来看，战略是分层次的，有涉及组织整体的总体战略和涉及组织战略事业单位或职能的分体战略。从理论上讲，分体战略在本质上是总体战略的实现手段或策略，组织在一定时期只能有一个（总体）战略。

战略管理是一个战略分析、战略选择和战略实施的过程。战略分析就是在深入全面地对环境、资源和文化认识的基础之上，弄清楚对组织发展有关键影响的因素，由此对组织的战略地位形成一个概括性的判断。战略选择包括战略设计和战略评价两个方面。竞争战略、适应性战略和组合战略都是可选的战略模式；从产品和市场的角度来看，退出、合并、市场渗透、产品开发、市场开发和多样化都是可选的战略发展方向；通过内部开发、合并和收购、联合开发和战略联盟等不同的战略发展方法来实现组织战略。适应性、可行性和可接受性是战略选择的评价准则。战略实施是一个需要耐心的长期过程，关键是要处理好资源配置、组织模式和实施阻力等问题。

自我测试 4

下列陈述是否适合你？请在合适的位置上做记号

	适合	中间	不适合
1. 我会区分不同的批评意见，以决定它对我是否有用	___	___	___
2. 我总是试图运用新的概念或者方法来解决问题	___	___	___
3. 我有意识地在日常工作中使用新的方法	___	___	___
4. 我能够意识到何时运用形象的方法表达想法是最佳的	___	___	___
5. 我对于超出专业领域的问题很有兴趣	___	___	___
6. 我有理由反对某个方案，即便这样做会影响团队的和谐气氛	___	___	___
7. 我会留出一段时间不被打搅	___	___	___
8. 我能够对微小的事情和重要的事情做出区分	___	___	___
9. 我知道怎样简化并组织我的观察材料	___	___	___
10. 我很少放弃模棱两可的观点	___	___	___
11. 我能够坚持保护自己的隐私，不对任何人讲	___	___	___
12. 我经常对单位的政策、制度或价值观提出疑问	___	___	___

第四章

13. 即使观点遭到批评或唾弃，我仍然与同事们相处得
    融洽 ⎯⎯ ⎯⎯ ⎯⎯
14. 我能够将符号翻译成各种具体的观点或者行动措施 ⎯⎯ ⎯⎯ ⎯⎯
15. 我对物质设备和环境有合乎情理的要求 ⎯⎯ ⎯⎯ ⎯⎯

第四章

第五章

组织目标和计划

第五章

> 提示：
>
> 目标三要素—组织目标是高层管理者的目标？—规章制度是目标？—MBO—标杆管理—持续性计划—非持续性计划—计划可以"滚动"—PPBS—PERT

任何组织，包括政府、公司、医院、大学等，从其成立之初，社会就赋予了它某种使命，即组织生存和发展的基本目的，而组织是通过连续性阶段目标的完成来实现社会赋予自己的使命的。战略管理已涉及组织远期目标问题，本章将阐述组织的目标制订和支持目标实现的各类计划。

第一节　组织目标

一、目标的性质

目标（Objectives）是组织期望在未来一段时间要达到的结果。它由目标对象（目标指向的客体）、目标定额（期望成果的衡量标准）和目标时限（目标实现的承诺期）三个要素构成。如国家确立的年增长7%的经济发展目标，其目标对象是经济增长，目标定额为7%，目标时限是1年。

（一）目标的多样化：目标对象的非单一性

现代组织从系统科学的观点出发，注重组织内外多方利益的平衡，排斥传统的单一目标发展模式，采用多目标综合发展模式，以保证组织长期的稳定发展。

德鲁克在《管理实践》一书中归纳了成功企业在八个方面的目标：[1] ①市场方面的目标：公司希望获得的市场份额，表明公司在竞争中应占据的地位；②技术改进和发展方面的目标：公司希望通过对旧产品、旧工艺、旧技术的改造和对新产品、新工艺、新技术的发展成果，表明公司应有的技术竞争能力；③提高生产力方面的目标：公司希望的产品数量、质量和原材料的有效利用程度，表明公司应有的生产效率；④物质和金融资源方面的目标：公司希望的物质和金融资源获取情况及有效利用程度，表明公司应有的资源获取能力和资源利用率；⑤利润方面的目标：用一个或几个经济指标表明公司希望达到的利润率；⑥人力资源方面的目标：公司希望的人力资源开发（人才的获得、培训和发展）成果；⑦发挥职工积极性方面的目标：公司希望的对职工的激励和报酬情况；⑧社会责任方面的目标：公司对社会的贡献（纳税、环保、创造就业机会等）。

B. M. 格罗斯在《组织及其管理》一书中提供了一个适合于所有组织的、更一般的目标模型：[2] ①利益的满足：组织的存在以满足各种人的利益为目的；②产品的产出：供顾客使用的劳务或商品（公共部门是公共服务和公共产品）；③效率或获利的可能性：投入—产出目标和获利目标；④组织生存能力的投资：人、财、物的投入及其转换过程决定的发展能力；⑤资源的调动：组织从环境中获取稀缺资源的能力；⑥对法规的遵守：对广义法规（包括国家法律和法规、社会道德及职业伦理、组织的规章制度等）的适应性；⑦合理性：令人满意的行为方式，包括技术合理性和管理合理性。

目标多样化反映了组织追求发展与成长的全面性，但它并不排斥组织在特定的发展阶段有其中心目标。

（二）目标的可检验性：目标定额的具体化

目标是组织活动的终点，是管理目的之所在。组织追求成就和管理追求绩效内在地要求目标必须是可检验的或可衡量的，这涉及目标的具体程度（或抽象程度）。与"目标"相关的语词还有"目的"和"指标"等，如果这三个词在管理活动中可以作出区分的话，那么"目的"最为抽象，"指标"最为具体，"目标"居中。如司法机关的目的是正确地解释法律和公正地适用法律；企业的目的是为顾客提供高质量产品和优质服务；大学的目的是发现和传播知识、为社会培养人才；医院的目的是研究医学知识、为患者提供高水平的医疗服务，

---

〔1〕 ［美］彼得·F. 德鲁克：《管理实践》，帅鹏等译，工人出版社1989年版，第74～100页。

〔2〕 ［美］弗里蒙特·E. 卡斯特、詹姆斯·E. 罗森茨韦克：《组织与管理》，李柱流等译，中国社会科学出版社1985年版，第184页。

这类目的实际上是社会对不同组织提出的一种定性的价值要求，它高度抽象，无法直接衡量。目的的实现必须借助于可检验的目标的达成，目标是目的的具体化。如要求平均每人每年审结40个案件和上级法院对本院的上诉案件直接改判或裁定发回重审的占总案件的比率小于2%，就是司法机关的两个目标；资金利润率达到20%和消费者对产品质量或服务水平的投诉率低于1%，就是企业的两个目标。指标则是目标的进一步细化，它是在目标引导下对每个部门、每个工作人员和每种产品提出的更为具体的数量化要求，也可以说指标就是组织基层部门的目标和员工的工作目标。但不幸的是，在日常管理中，组织经常确定一些难以检验的目标，如将提高产品质量、改善医疗服务水平、建设民主政府、公正地审理案件、提高教学水平、提高管理能力等作为目标，"像这样美好的声音，是一个缺乏实际意义的目标，因为谁都不知道这样的目标能否达成。"[1]

通常采用以下三种手段保证目标的可检验性：①直接量化目标，如年度创利1亿元，年度行政职位增加小于1%；②间接量化目标，如可将"提高产品质量"间接量化为：保证政府技术质量监督部门的质检合格率达到100%，废品率低于0.2%，产品质量的顾客投诉率低于1%等；③日程性的计划安排，如可将"建设民主政府"的目标具体化为民主制度建设的日程安排。

（三）目标的承诺期：目标的时间跨度

目标、决策、计划等管理手段都是对未来行动作出的承诺。目标承诺期是管理者许诺实现目标定额的时间跨度。由于目标对象的多样化和管理者预测能力的差异，使得目标无统一的承诺期。在管理实践中，一般将目标划分为远期目标、中期目标和短期目标三类，对应的承诺期通常为5年以上、1年~5年和1年以内。目标的时间跨度不可太短或太长。太短，使目标经常变化，缺乏稳定性；太长，由于不确定性使人们对目标的价值发生怀疑。良好的规划要求三类目标协调配合，前后一致。时间跨度短的目标要支持时间跨度长的目标，时间跨度长的目标要规范时间跨度短的目标，并且，中长期目标要与战略规划相匹配，短期目标要与当前策略和行动计划相匹配。

目标对组织的利益相关机构及其成员有着广泛的影响。它可以产生一种凝聚力和激励力，把组织成员的努力和相关利益群体的注意力都集中在组织的行动上；它为检验组织成就和管理绩效提供了衡量标准，成为管理控制的一个基准；它明确了人们行动的方向，有助于有效地配置各种资源；目标体系构成组织的重要组成部分，为结构关系、权威形式、活动专业化、信息沟通等奠定了基础；目标还可以有效地规范各种管理决策。

第五章

---

[1] 李忠凡等：《管理学精髓》，经济科学出版社1992年版，第66页。

二、目标的制订

（一）目标制订是个政治过程

"组织目标"一词在现代组织中已经用得很普遍了，人们不会轻易提出什么疑问，但要深究起来，仍有问题。组织是系统，目标是价值观念，人们自然会问：组织有目标吗？如果回答是肯定的，那么我们是将组织人格化了。接下来的问题是：组织的目标是总理、经理、校长、院长等管理者的目标吗？如果回答是肯定的，那么我们就把组织与管理者混为一谈了；如果回答是否定的，那么组织目标又是哪些人价值观念的表现呢？

赛尔特（R. M. Selter）和马奇（J. G. March）在《公司的行为理论》一书中对这些问题作出了回答。他们认为，个人都有目标，人的总体则没有目标。但为了给组织的决策理论下定义，似乎应赋予组织类似于个人目标那样的东西。组织是由许多参与者联盟的协作系统，其目标就是众多利益相关者各自价值观念的综合体现。政府的参与者包括政务官、行政官（事务官）、委托人、立法者、法官、纳税人、公众、媒体、政治团体、社会团体等；企业的参与者包括股东、经理、员工、顾客、资源供应者、消费者、政府、媒体、社会和政治团体、工会、社区等；大学的参与者有行政领导、职员、教师、学生、校友、捐助者、政府、媒体、公众等。这些不同的参与者有着不同的利益期望和要求，而这些要求经常是相互冲突的。组织目标实际上产生于不同参与者之间不断地协调、磋商、适应、学习的过程之中，目标多样化也就是必然的了。"目标的制订过程基本上是个政治过程。各不同利益集团之间讨价还价的结果形成了目标。这样，股东要利润，雇员要工资与有利的工作条件，管理者则要权力和威望，顾客要高质量的产品。各参与者及其权力都是随着时间而变化的，因此组织的目标也不断变更以反映这些变化。因为各参与群体的要求经常是冲突的，要使某一个人或群体的目标达到最大限度是不可能的。更确切地说，组织力图'满足'所有参与者的目标要求，以使他们继续保留在组织中。"[1] 作为磋商——学习——适应过程的产物，组织目标就会不断地修改或变化。在此过程中，组织的管理者引导和概括不同成员的期望，最终代表组织对外宣布组织的公开目标，同时把握不宜对外宣称的目标。

政治过程还表现在目标制订和环境影响的互动过程中。一般环境和特定环境与组织之间始终处于相互作用之中，这种作用对目标制订产生着重要影响。

---

[1] ［美］弗里蒙特·E. 卡斯特、詹姆斯·E. 罗森茨韦克：《组织与管理》，李柱流等译，中国社会科学出版社 1985 年版，第 186 页。

在目标制订过程中，组织一般采用竞争、磋商、合作和联盟等形式对环境影响作出反应。两个或多个组织争取第三者的支持时，竞争关系就产生了，政府之间为税收而竞争，企业之间为市场而竞争，学校之间为生源而竞争等。面对竞争环境，组织需采取有力的竞争手段确保自己的发展。竞争的剧烈程度和竞争策略等都直接影响着目标制订。谈判和磋商是不同利益集团之间的讨价还价，组织和工会就职工的工作条件进行谈判，企业与政府就某些环保问题进行交涉，学校和捐助人就善款的使用进行磋商，从而使双方目标得以调整。合作是吸收相关群体的成员进入组织决策机构以应对环境不确定性的重要形式，如分销商和银行对企业进行投资，企业吸收它们作为董事进入组织的决策层；又如企业对教育投资，与大学合作建校。合作加强了双方的了解，限制了目标制订的个人主观性。联盟是两个或更多组织为达到共同目标的联合，如欧盟就是欧洲国家为共同的经济利益而形成的一种共同体，企业联合开发新技术和大学联合办学都是不同的联盟形式。联盟的形成必然要求组织修改自己的目标以"符合"对方的要求。这些形式在应对环境不确定性的同时，也极大地制约着目标的选择。

（二）有效目标结构

从组织结构角度来看，目标制订是分层次和分部门的，结果就形成了目的—手段链。某一层级目标的实现依赖于某些支持手段，而这些手段就构成了下一层级各部门的目标，按层级顺推下去，就产生了更为直接、更为具体的工作指标。西蒙曾在《管理行为》一书中举例说明这种目的—手段链：消防部门的目标是减少火灾损失，达到这一目标的手段是防火和灭火。这两个手段就成为下一个层级的两个目标，由此引出了防火和灭火两项基本职能。而实现这两个目标的手段又有宣传防火知识、设置防火设备和通道、制定防火制度、按地区设置消防站、培训消防人员等。这些手段就成为基层部门和工作人员的目标。

目的—手段链概念可以帮助人们分析和认识组织的目标结构（或称为目标网络），有益于管理者制订组织目标。有效的目标结构要求组织各层的横向目标和层间的纵向目标有机联系和相互支持，以便整合组织行为。"行为的整合性和一致性，就是通过这种目的层级系统而获得的。因为只要有了这种层级系统，我们就能用一个综合的价值尺度去衡量一系列行为的每一个部分。这里所说的价值尺度，就是最终目的。"[1]

从理论上讲，组织应该在层级范围内通过各部门的专业化把目的—手段链

---

〔1〕 ［美］赫伯特·A. 西蒙：《管理行为》，杨砺、韩春立译，北京经济学院出版社 1988 年版，第 62 页。

完美地结合起来，通过目标结构将组织高度整合起来，形成有机整体。但从实际情况来看，却很遗憾，由于种种原因，目标结构的元素之间的关联性很弱，有些目标之间的联系是模糊不清的，有些目标之间甚至存在着严重冲突。"手段—目的的层级结构很少是整合的、完全连接起来的链。这个事实对个人行为和组织行为同样适用。组织活动与最终目标之间的联系通常是模糊不清的。原因可能包括：或者是最终目标制订的不完整，或者是最终目标之间有着内在的矛盾和冲突，或者是为达标而选择的手段之间有矛盾和冲突。"[1]　这样就降低了目标结构的有效性，在目标制订过程中对此类问题应给予高度重视。

三、目标置换

为了保证目标的实现，组织通常要建立起一套程序或规章制度，要求组织成员在日常工作中遵守这些程序和规章制度，久而久之，他们就把这些程序或规章制度当成了组织目标本身，而不看做是实现目标的手段，这就是目标置换（Objective Replacement）。目标置换的结果是使组织成员忘却了针对基本目标去组织活动，而是僵死地遵守程序或规章制度，组织的实际活动变成了围绕组织程序而非组织目标的某些特有活动，程序和规章制度等工具性价值变成了组织的最终价值。由此可能使组织变成僵死的官僚机器，失去活力。如政府部门为遵守某些程序和规章制度而使企事业单位申报的某种审批项目在手续上作"长途旅行"，有时长达数年，使这些单位失去了某些发展机会，归根结底，是因为这些政府部门忘记了"政府是为各类社会组织服务的"这一基本目的。

目标置换是产生官僚主义的一个基本根源，在庞大的集权型官僚组织中更是如此。这些组织的成员被规定得僵死的职能和用于指导行动的程序和规章制度紧紧地束缚着，并有强有力的制裁规则保证其遵守。他们不清楚或没有必要弄清楚组织目标是什么，只知道"规定"是什么，每日只是"照章办事"。在这种情况下，目标置换现象的产生就是必然的了。官僚主义行为由某些个人行为所构成，这些人按控制系统的方式行为。更可怕的是，在组织目标和战略发生变化后，用于支持目标的程序和规章制度严重滞后，组织成员仍严格执行原有程序和规章制度，严重阻碍了目标的实现。鉴于此，为保证目标的实现，有必要每隔一段时间"清理一下"组织现行的规则，以修改或废除与目标相悖的程序和规章制度。

要想彻底消除组织中的目标置换现象是很难的。程序和规章制度是管理控

---

〔1〕　〔美〕赫伯特·A. 西蒙：《管理行为》，杨砺、韩春立译，北京经济学院出版社 1988 年版，第 62～63 页。

制系统的组成部分，目的在于规范组织成员的工作行为，限制组织成员的活动自由度和个性的伸张，结果使组织成员重视"规则"，漠视目标；反之，如果强化组织成员的目标观念，淡化规则，充分调动组织成员在实现目标过程中的积极性，给其更多的活动自由，那么组织的控制系统就可能失去机能。这是一种矛盾。制定更清晰、更合理的目的—手段链，并将个人行动与组织目标有机联系起来，尽力将抽象的、"与己无关"的、"高高在上"的组织目标转化为具体的、与己有关的、有意义的、丰富多彩的工作指标，使目标最大程度地个人内在化，将有助于问题的解决。下一节讲述的目标管理方法就是在这方面作出的一种尝试。

第二节　目标管理与标杆管理

一、组织目标与个人目标

在组织目标的制定和执行中，真正的困难在于如何使组织成员对组织目标作出承诺，使每个人感到有责任去承担实现组织目标的义务。这个问题在本质上是组织目标与个人目标和谐一致的问题。个人怀着不同的目的或期望加入组织，他们的目标也呈现多样化——有经济方面的，也有技术、社会、心理等方面的。虽然组织成员会不断调整个人目标以适应组织，但个人目标有其最低期望值，如果组织目标的实现对个人目标最低期望的达成没有帮助，那么个人目标就与组织目标处于一种高度分离状态，成员就不会以一种积极态度对组织目标的实现做出贡献，甚至可能对组织目标的实现形成障碍。而组织目标是组织利益相关者相互"讨价还价"的结果，是一个平衡的产物，并不是个人目标的"集合"，二者之间存在着"落差"，有时直接表现为冲突与矛盾。如组织目标追求高度的工作专业化以提高效率，但却给成员带来了厌烦和冷漠的情绪；组织追求更多的资本积累以拓展业务，但个人却追求更多的经济收入；组织追求工作程序的标准化，但个人却追求工作自主权。必须承认，组织目标与个人目标之间存在着不一致是一种客观现象。

管理者的任务就在于努力减少组织目标与个人目标之间的"落差"，提高二者之间的和谐程度。不能一味地强调个人目标对组织目标的"服从"，而应该强调二者之间的互补性，即个人与组织之间的互惠，由此形成组织与个人之间的一种心理契约（Psychological Contract），以帮助完成各自的目标。正如 H. 莱文森在《非凡的管理者》一书中所言："在个人与其工作的组织之间完成共同的期望和满足共同需要的过程被概念化为一种互惠的过程。互惠是实现个人和公司或其他工作机构之间心理契约的过程。这是一种个人与组织似乎变成彼此互为一部分的补充的过程。个人觉得他是公司或机构的一部分，同时，他也是整个组织人格化的象征。"[1]

二、目标管理

(一) 目标管理概念

为了消除个人目标与组织目标之间的潜在冲突，管理者在实现组织目标的同时，努力促进成员实现个人目标，保证组织与个人之间相互的强有力的承诺，从而使组织目标高度地个人内在化，目标管理就是将上述思想具体化的一种管理方法。[2]

目标管理（Management By Objectives or MBO）就是组织中的上级和下级管理者，以及职工一起制订组织目标，使组织目标同每个人的责任和预期成果相互密切联系，明确规定每人的主要职责范围，并用这些衡量尺度作为单位经营的指导方针和评定各个成员所做贡献的主要标准，主要通过个人的自我控制达到组织目标的一种管理方法。"目标管理的目的在于让组织内的每个人对目标的制订和实现都有发言权，使每个人都了解自己在规定的时间内应完成的工作任务及可能得到的相应报酬和奖励。"[3] 目标管理方法既适用于营利性组织，又适用于非营利性组织。长期实行目标管理的组织就会形成一种制度或一套方案，分别被称为目标管理制度和目标管理方案。

(二) 目标管理程序

目标管理不仅仅涉及组织目标制订问题，它包括了组织目标制订、实施和评价三个阶段，是一个完整的管理过程。

1. 第一个阶段：目标制订。在传统管理中，目标由高层管理者制订，然后自上而下层层分配，直至最基层，即上级为下级"分配"目标，层层"灌输"下去，直到一线员工。这种强制推行目标的做法使目标制订与目标执行"绝缘"，下级只能无条件地接受上级为自己规定的目标。这种做法很难提高执行者

---

〔1〕　转引自〔美〕弗里蒙特·E. 卡斯特、詹姆斯·E. 罗森茨韦克：《组织与管理》，李柱流等译，中国社会科学出版社 1985 年版，第 192 页。

〔2〕　这种方法是由德鲁克于 1954 年在《管理实践》一书中首先提出的，后经其他管理学家的补充、完善和发展，逐步成为许多西方国家所普遍采用的一种系统地制订目标、进行管理的有效方法。美国通用电气公司就是第一批实行目标管理的组织。我国于 20 世纪 80 年代作为 18 种现代管理方法之一推荐给各类工商组织。这种管理方法是融古典管理理论的以工作为中心的管理方法和行为科学理论的以人为中心的管理方法于一体的现代管理方法。

〔3〕　〔美〕里基·W. 格里芬：《实用管理学》，杨洪兰、康芳仪编译，复旦大学出版社 1989 年版，第 102 页。

对目标的承诺。目标管理强调目标制订是一个自上而下和自下而上的相互协商和沟通的过程，目标执行者充分参与目标制订过程。高层管理者提出试验性的组织目标，经由各级管理者（必要时可以是全体组织成员）反复讨论、修改后确定下来；各部门的职能目标是在总目标的规范下，由高层、中层、基层管理者和部门成员共同协商讨论决定的；基层单位的目标是在上级目标的规范下，由中层、基层管理者和一线员工共同协商决定的；个人工作任务和工作指标是在上级目标规范下，由基层管理者与个人协商确定的。如惠普公司对其目标管理方法做的解释是：惠普公司各个职业层次的个人都要和他们的上司以及惠普其他部门的员工共同制订目标，从而对公司的目的作出贡献。这种双向沟通和协商的目标制订过程，虽然费时，但大大提高了各级人员对目标的承诺和认可程度。在形成目标结构的同时，协商确定目标达成的评价标准并制定奖惩规定。

上级管理者在这个阶段的任务有：参谋和顾问的作用，即指导下级确定目标，不扮演指挥员的角色；按组织目标三要素标准来检查和验收共同协商确定的目标；注意协调纵向和横向目标，以形成有效目标网络，同时考虑资源的合理配置问题；制作目标卡片，人手一份并公之于众；明确评价标准和奖惩制度，并公之于众。

2. 第二个阶段：目标实施。在传统管理中，目标实施是在上级的全程监督与控制下完成的，目标执行人员的工作自主性程度不高，目标实施是一个强制作用的过程。而目标管理的目标实施过程则是目标执行人员的自我管理和自我控制的过程。在目标制订阶段，目标执行人员高度参与了目标制订，对组织目标有了充分的理解和认识，对自己所负责实现的目标作出了承诺，自己利益的获得与组织目标的实现程度紧密地联系了起来，组织目标的个人内在化程度较高，目标已成为其努力工作的激励源泉。在目标实施过程中，组织成员就会积极主动地、想方设法地去实现目标。上级管理者在这个阶段所做的工作是：①支持和指导下级人员创造性地实现目标；②帮助下级人员解决问题，排除干扰，为组织成员实现目标创造条件；③坚持例外管理原则，只对重大问题和突发事件进行控制；④定期检查工作进展情况，采用与下级共同讨论的方式分析问题之所在，以便采取相应的措施，检查目的在于为下级实现目标解决问题。

3. 第三个阶段：目标考核。在传统管理中，考核是上级的特权，下级对考核工作无任何发言权，而目标管理则强调自我检查的目标绩效考核。在目标管理的一个周期结束时，每个人和每个部门都要对照评价标准对达标情况进行自我检查和评价，给出自评结论。在此基础上，上级与下级一起分析目标完成情况，并按评价标准作出组织评价，进而根据个人完成目标的情况依据奖惩规定给予奖励或惩罚。对未完成目标的情况，要具体情况具体分析，关键要分析原因，是个人主观不努力，还是外界有不可排除的客观因素的干扰。重点在于总结经验教训。这个阶段既是前一个目标管理周期的终点，又是下一个目标管理周期的起点。管理者的另一项重要任务就是要根据每个人、每个部门的达标情况，重新审视前一个周期的目标管理的利弊得失，为下一个周期的目标管理做好充分准备，使目标管理进入良性循环状态。

一套有效的目标管理方案需要几个目标管理周期的实践方可建立起来，"成功的 MBO 方案通常要求管理信息系统的性质有个基本的变化。很显然，MBO 方案不能在短时间内有效地制订出来。要学会制订一个有效的 MBO 方案，往往需组织花上几年的时间。许多公司反映，学会运用一个成功的 MBO 方案要有一个连续的过程。"[1] 事实上，组织的目标管理方案产生于一个不断磋商—学习—适应的过程，绝不是几个"首脑"在办公室里谋划出来的。

（三）有效目标管理的前提假设

经过近半个世纪的实践证明，具有成果导向意义的目标管理已成为一个被普遍接受的方法，被世界各地的各类组织所采用。这种方法清楚地阐明了组织的目标结构，并使组织的职位、部门和层级结构也清晰地"浮现"出来，它划定了组织成员的自主权范围，诱发了组织成员对目标的承诺，它为控制系统奠定了一个良好的基础。但要做到有效地应用目标管理并非一件容易的事情。据专家估计，采用目标管理的组织中，只有 20% ~ 40% 是真正成功的。[2] 权变观点告诉我们，任何管理方法都有其适用条件，都要与其环境和任务相匹配，目标管理也是如此。

有效地实施目标管理需要以下四个前提：其一，目标管理要求组织有稳定的外部环境和固定的工作业务。目标管理的最终结果是形成一套相对稳定的目标系统，而动荡不安的环境和灵活多样的工作业务都要求组织具有一种足够灵活的运行机制，以应付环境和工作的不确定性，因此处于动荡环境或工作业务不固定的组织中，应用目标管理可能不会有太好的效果。其二，目标管理要求管理者具有民主管理作风。目标管理的精髓在于组织成员在目标制订、实施、考核等阶段都有充分的发言权，这必然要求管理者有民主作风和民主观念。如果组织的管理是一种专断和独裁式的管理，缺乏群众观点，那么实施目标管理就会"变种"。其三，目标管理要求广大职工要有参与意识。目标管理是一种以现代文化为背景的管理方法，只有具有参与意识和文化修养的组织成员才能与

〔1〕　[美] 弗里蒙特·E. 卡斯特、詹姆斯·E. 罗森茨韦克：《组织与管理》，李柱流等译，中国社会科学出版社 1985 年版，第 197 ~ 198 页。

〔2〕　李忠凡等：《管理学精髓》，经济科学出版社 1992 年版，第 81 页。

这种方法保持"和谐"。如果组织成员缺乏参与意识和责任心，那么目标管理无疑是要失效的。其四，目标管理要求组织适当分权。目标管理强调发挥组织各层人员的工作积极性、主动性和创造性，组织成员在自己的职责范围内有高度的自主权，这就要求组织适当下放管理权，给组织成员以高度的工作自主权，而这些要求与独裁管理背道而驰。因此，专制组织不会使目标管理产生良好效果，倘若实施目标管理，也只会是一场"虚伪的演习"。

三、标杆管理

标杆管理（Benchmarking Management）是一项通过不断地将组织的标准、流程或结果与世界上居领导地位的组织相比较，以获得协助改善营运绩效资讯的系统的持续性评估和管理过程。"对手是最好的老师"就是标杆管理的最大价值。标杆管理由美国企业创造。在 20 世纪 80 年代初期，面对日本产品以其高品质、低成本的优势进入市场而丧失自身竞争力的挑战，美国公司因此想通过一套完整而有系统的学习过程，学习日本或世界级公司成功的经验并作为引导企业变革的基础，施乐公司（Xerox）即为其中最有代表性的公司。此种系统地学习卓越公司的过程即成为标杆管理的基础。标杆管理与企业再造（以工作流程为中心重新设计企业的经营、管理及运作方式）、战略联盟（企业为了实现自己的战略目标而与其他企业在利益共享的基础上形成一种优势互补、分工协作的松散式网络化联盟）一起并称为 20 世纪 90 年代三大管理方法。

标杆即基准，是一种特殊的目标，通常包括标准标杆（Standards Benchmarking）、流程标杆（Process Benchmarking）和结果标杆（Results Benchmarking）。标杆管理可以分为内部标杆管理、竞争标杆管理、职能标杆管理和流程标杆管理四类：

（1）内部标杆管理是以组织内部操作为基准的标杆管理。它是最简单且容易操作的标杆管理方式之一。辨识内部绩效标杆的标准，即确立内部标杆管理的主要目标，可以做到组织内信息共享。辨识组织内部最佳职能或流程及其实践，然后推广到组织的其他部门，不失为组织绩效提高最便捷的方法之一。除非用作外部标杆管理的基准，单独执行内部标杆管理的组织往往持有内向视野，容易产生封闭思维。因此在实践中内部标杆管理应该与外部标杆管理结合起来使用。

（2）竞争标杆管理是以竞争对象为基准的标杆管理。竞争标杆管理的目标是与有着相同市场的企业在产品、服务和工作流程等方面的绩效与实践进行比较，直接面对竞争者。这类标杆管理的实施较困难，原因在于除了公共领域的信息容易接近外，其他关于竞争企业的信息不易获得。

（3）职能标杆管理是以行业领先者或某些企业的优秀职能操作为基准进行的标杆管理。这类标杆管理的合作者常常能相互分享一些技术和市场信息，标杆的基准是外部企业（但非竞争者）及其职能或业务实践。由于没有直接的竞争者，因此合作者往往较愿意提供和分享技术与市场信息。

（4）流程标杆管理是以最佳工作流程为基准进行的标杆管理。标杆管理是类似的工作流程，而不是某项业务与操作职能或实践。这类标杆管理可以跨不同类组织进行。它一般要求组织对整个工作流程和操作有很详细的了解。

标杆管理活动划分为计划、分析、整合、行动、完成五个阶段，每阶段有两到三个步骤。计划阶段包括确认对哪个流程进行标杆管理、确定作为比较对象的公司、决定收集资料的方法并收集资料三个步骤；分析阶段包括确定自己目前的做法与最好的做法之间的绩效差异、拟定未来的绩效水准两个步骤；整合阶段包括就标杆管理过程中的发现进行交流并获得认同、确立部门目标两个步骤；行动阶段包括制订行动计划、实施明确的行动并监测进展情况两个步骤；完成阶段包括处于领先地位、全面整合各种活动、重新调校标杆三个步骤。

第三节　计　划

一、计划的概念

"计划"一词无论在管理理论中还是在管理实践中都会频繁地出现，但在不同的语境中，其内涵与外延差距甚大。本书将计划与战略、目标并列使用，同属于"规划"概念的外延。故本节使用的计划概念，不包括战略和目标内涵，只是指实现组织战略和目标的一种具体的事先规划，即确定"怎样做"就可以实现战略和目标。也就是说，计划（Plan or Program）就是在工作或行动以前预先拟定的实现组织战略和目标的具体规范、具体方案和具体步骤，故又称为运作计划（Operational Plan）。

根据计划所针对的行动是否重复出现，计划可以分为持续性计划和非持续性计划。针对重复出现的行动所制订的计划称为持续性计划，如政策和规则；而针对非重复出现的行动所制订的计划称为非持续性计划（一次性计划），如预算方案和日程安排等。无论何种计划，都有时间性、层次性和灵活性的特征。时间性是指计划承诺的时间跨度，这种跨度可以短到一天（如一日工作计划），也可以长达数年（如战略实施计划），短期计划是长期计划的阶段性安排。层次性是指计划与组织结构层次的匹配。高层、中层和基层分别对应着综合计划（主计划）、职能计划和作业计划。层次越高，管理者花在计划方面的时间就越多；反之，管理者花在行动方面的时间就越多。灵活性是指计划与环境之间的匹配。有时候计划就是画一张精确的行动路线图，然后按部就班地去执行。有时候计划就是指出行动的方向，然后，"睁大眼睛"，做好准备，应付未来的不确定性。"组织可以采用在比较灵活的较长期战略计划的保护伞下编制相对固定的短期作业计划的办法，来在僵死性与灵活性方面获得妥协。"[1]

二、持续性计划

持续性计划（Standing Plan）又称重复性计划，是为重复行动所确定的计划。这类计划是在战略和目标的指导下，针对组织所面临的各种反复出现的情况，为规范组织成员决策行为而制订的。对于任何已正式建立起来的组织来说，持续性计划是必需的且非常重要，它是连接组织各个部分和各个层次的一种形式，是实现组织战略和目标的有力保障，是组织面对重复行动时保证其成员行为一致性或模式化的一种力量，是减轻管理者的决策负担、提高组织行动效率的一种工具。在正式组织中，多数持续性计划都表现为组织的规章制度，载于组织手册中。持续性计划包括政策、规则和程序。

（一）政策

政策（Policies）是组织为实现一定历史时期的战略和目标而对重复行动所制定的准则。它是最广泛的持续性计划，是组织行为的一般指南。如公司为保证技术人员的知识水平，规定了"只能录用受过高等教育的工程师"的人事政策，该政策广泛地适用于公司的各个部门和各个层次，规范着公司人事部门和其他部门录用工程师时的行为。政策通常是成文的，但也有一些是非成文的或者隐含的。

政策在其涉及的范围内对任何单位和个人的决策思考和行动均有约束力。政策力求对组织的某些重复行动预先规定大前提和限制条件，以免再进行不必要的反复分析，并给其他形式的计划以统一的框架。政策确定了人们的决策范围，是人们决策思考和行动的指南。但政策的这种约束力是有弹性的，它给予人们在一定范围内的决策自主权，告诉人们按照政策即可行动，不必事事请示。如公司规定"只能录用受过高等教育的工程师"，人事部门或其他部门在这个政策的指导下，可以自行决定何时录用何人。在这个意义上讲，政策在限制人们决策的同时，也将某些决策职权授予了下级。政策不能规定得特别详细，否则就排除了人们决定某些事情的自主权，此时的政策就成为规则或成为霍布森选

〔1〕 ［美］弗里蒙特·E. 卡斯特、詹姆斯·E. 罗森茨韦克：《组织与管理》，李柱流等译，中国社会科学出版社 1985 年版，第 511 页。

择。如商场规定"可以在不超过10%的范围内酌情减价销售某种商品"是一项政策，它给予了售货员在10%范围内削价出售某种商品的自由处置权。但如规定"必须按九折出售某种商品"，就成为规则。

政策是组织为实现其战略和目标而作出的一种持久性的计划，所以在战略和目标没有发生变化时，政策应具有相对稳定性和连续性。稳定的政策深入人心，给人们带来持久稳定的预期，保持人们行为的持久性。倘若政策多变，就会导致人们产生只追求眼前利益的短期行为，或者使人们无所适从，即所谓的"政多变，民多惑"。政策多变，或者反映着组织战略和目标的不明确；或者反映着政策缺乏足够的弹性，不能适应新的情况；或者反映着政策执行的偏差（伴随着政策执行而自动生成的授权机制容易对政策作出不同解释）；或者反映着"上有政策，下有对策"的政策曲解等等。可见，有多种因素破坏着政策的连续性。当然，战略和目标的变化要求政策不能滞后，要及时作出修改或废止，否则，原有政策就会成为影响新战略和新目标实现的重大障碍。

（二）规则

规则（Rules），广义上讲是指各种规章制度，狭义上讲是指在具体场合下，允许或禁止采取某种行动的规定。本章在狭义上使用规则一词。它是一种最简单的持续性计划形式。如"公共场所禁止抽烟"、"超过一秒的按一分钟计算"、"教师在开学初要填写教学进度表"和"警察在执行公务时要着统一的警服，佩戴统一的标志"等都是规则。很明显，规则是用来指导十分具体的重复行动的，其本质就是反映必须采取或禁止采取某种确定行动的管理决定，这种管理决定是僵死的，旨在抑制思考，执行者无选择的自由。这是规则与政策的主要区别。

（三）程序

程序（Procedures）就是工作步骤，它规定了如何处理那些重复发生的例行问题的行动顺序。如公文处理程序、订货程序、预算审批程序、会议程序、工艺流程、行政诉讼程序等都规定了处理一件事情的工作步骤。制订程序的目的在于指出完成一件事情所采取行动的时间顺序，减少不必要的环节，抑制自行处理的要求，使用人们无数次验证过的或经过科学测定的最佳方法和步骤，使例行性工作取得最大效率。泰罗的"任务管理"就是给工人提供一种标准化的科学操作程序，以提高工作效率。程序规定了工作的执行步骤，抑制了执行者的灵活处置权，这是程序与政策的主要区别。程序往往被看做是规则的连续系列（规则规定个别行动，程序则规定系列行动），如公务员的录用程序为：①发布招考公告；②对报考人员进行资格审查；③对审查合格的人员公开进行考试；④对考试合格的人员进行品德和能力的考核；⑤根据考试和考核结果提出拟录用人员名单，报设区的市以上政府人事部门审批。这五项规则的连续系列构成

第五章

了公务员的录用程序。

持续性计划是官僚体制的特点，无论是政府、企业或其他类型的正规化组织都是一样的。制订持续性计划是组织的一项基础性工作，是衡量组织基础管理水平优劣的重要标志，完善有效的持续性计划有利于减轻各级管理人员的决策负担，有利于明确职位的职责规范和下放管理权，有利于规范整个组织的行为，提高组织一体化程度。"通过持续性计划和例外管理概念的使用，高层管理部门可将影响扩展到组织的各层次。一旦政策决定了，持续性计划就被用作整个组织决策的指导方针。持续性计划的另一好处是它可以建立整个组织作业上的一致性。一旦制订了持续性计划，并被人们所理解和接受，它即可为人们提供适应一定情况的相似行动。这对于大规模复杂的工商组织或政府机构是至关重要的。在既定政策下，组织的顾客对组织比较一贯的决策是放心的。"[1] 当然，持续性计划具有促使组织僵化的倾向性，可能会产生照章办事而忘记组织使命的官僚主义现象或者目标置换现象。

三、非持续性计划

非持续性计划又称一次性计划（Single – use Plans），顾名思义，它是为一次性行动所确定的计划。这类计划大量存在于组织规划之中，形式十分灵活，没有固定的模式可循。计划完成以后，即成为历史，不会重复使用，只能为以后的类似行动提供借鉴作用。在业已建立的正规化组织内，持续性计划日臻完善，管理者的日常规划职能主要集中于非持续性计划的制订。非持续性计划包括策略计划、工作计划、应急计划和预算。

（一）策略计划

策略和战略是人们经常使用的一对概念。如果说战略是对战争总的布局和规划，那么，策略则是关于一场场战斗的计划。从本质上看，战略反映着组织在一定时期的全局或远期利益，策略则反映着组织的局部或当前利益。战略为策略提供了大前提，规范着策略，策略则服从于、服务于战略，战略是靠一个个具体策略的完成来实现的。战略集中于组织的远期发展方向，而策略则集中于当前的行动所涉及的资源使用和时间安排。可以说，策略（Tactics）就是组织为实现其战略和目标，根据当前形势的发展所采取的阶段性行动方案。简言之，策略就是战略和目标的实现手段和方法。

策略是组织采取的系列行动，遵守"同等结果"原则，具有极大的灵活性。

---

[1] ［美］弗里蒙特·E. 卡斯特、詹姆斯·E. 罗森茨韦克：《组织与管理》，李柱流等译，中国社会科学出版社 1985 年版，第 504 页。

所谓"同等结果"原则，是指同一个战略或目标，在相同的初始条件下，可采用不同的策略手段来达成，这是由策略计划的权变特性决定的，就是说，管理者设计策略应与当前形势的发展和组织自身利益的情况相适应。策略是当前就要付诸实施的计划，在较短时间内就要完成，因而更为注重眼前利益或局部利益，但这种短期利益应符合战略要求和目标规范，否则就会出现"赢得了一场战斗，却输掉了整个战争"的结局。有些公司的"赔本销售"策略，从短期利益来看是损失，但它却符合公司战略利益要求。所以，设计策略同样需要有战略眼光，这种眼光要求将策略与战略、目标协调起来，将策略纳入到整体计划之中。另外，制订策略必须考虑现实可行性，即既要考虑人、财、物、时间等资源的保障，还要考虑政治、技术、组织等方面的可行性，缺乏现实可行性的策略是一种无效策略，如果强行实施，计划必然流产，甚至影响组织的战略发展和目标达成。

策略是体现管理者智谋的计划，其具有极大灵活性的特点决定了人们还不能完全逻辑地描述它，也就是说还不能理性地确定策略计划的制定规则。

（二）工作计划

工作计划具有普遍性，即无论是高层管理，还是中层或基层管理，都要有工作计划。工作计划（Working Program）就是在近期要达到符合组织战略和目标的短期成果的具体活动（项目、方案、日程）的安排。高层管理者的工作计划着重于了解环境信息，协调内外关系，掌握重点工作和事关全局的工作进展情况。另外，预算及其执行情况、资源和组织结构怎样与战略相匹配，也都在高层管理者的工作计划之内。中层管理者的工作计划主要是考虑采用什么样的方案来实现目标，如何供给和分配资源，如何协调上下左右的工作和如何监督检查业务工作。基层管理者的工作计划着重考虑工作如何分配，什么时间完成什么工作，何时对职工下达指令，如何激励职工完成任务。

工作计划的时间跨度可以短到一日，长到一年。根据经验，拟定工作计划有五个恰当时间：①每日之末。拟定一个要在明天达到的成果和进行活动的提纲，按重要程度顺序排列，编上号码。每日之末核查任务的完成情况，同时拟定明日计划。②每周之末。每周之末，花几分钟时间检查一下本周的主要活动，同计划的成果比较，找出可改进之处，同时拟定下周各项主要工作的提纲和各项工作完成的时间安排。③每月之末。月末首先要检查计划完成情况。对于未完成的工作，要分析是什么原因造成的，要确定是否需要向上级报告，是否需要取得上级或其他部门的支持，最终形成一份简要的工作总结。与此同时，确定下月要完成的工作，考虑怎样完成，需要什么资源，上月、本月、下月有哪些连续性工作，进展到什么程度。在此基础上，列出下月主要事情表和相应的方法、资源和时限。④每季之末。每季的工作计划应与年度目标结合起来，明确年度目标在本季的实现程度，保持季与季之间的工作计划和每季计划与年度目标之间的协调。有些组织的年度目标不是按自然年计算的，而是始终按四个季度制订目标，每到季末，组织就会检查上四个季度的年度目标完成情况，同时拟定下四个季度的年度目标，此时每季的工作计划更要紧密地与年度目标规划结合起来。季度工作计划中确定下季度各月要完成的工作任务要点，使用一些重要的比率或表明工作进度趋势的数字，并在一张图上表示出来，用实线表示迄今为止所取得的实际成果，用虚线表示计划情况，这样可以直观地表明哪些工作的进展需要给予特别注意，同时显示本季度工作与年度目标之间的联系。⑤每年之末。多数组织的短期目标都是以年度为时限的，所以年末都要分析本年度目标完成情况，总结成功的经验与失败的教训，制订下年度的工作计划。年度工作计划应在组织的中长期发展规划指导下制订，应与目标管理结合起来进行拟定。全年的主要事件和工作任务、每季和每月的主要工作指标、各项目标与任务的执行机构或负责人及相应的资源配置等，都应成为年度工作计划的主要内容。可见，时间跨度愈长，工作计划就要更多地考虑组织战略和目标；时间跨度愈短，工作计划就要更多地考虑当前的行动安排和工作布置。

有效的工作计划包括了有效地实施行动方案和有效地管理时间两个主要内容。有效地实施行动方案的要点有：把某项目标、任务和活动分成几个理想步骤；分析各个步骤之间的相互关系，注意步骤的运行和结果；根据各个步骤的需要调配资源；对各个步骤的起始和完成时间作出估计；建立并运行监控系统。工作计划的有效性与时间管理的有效性紧密相关。时间是一种稀缺资源，它对每个人都是公平的。有效地管理时间通常包括以下五个步骤：列出你在一定时期内的工作目标或指标，清楚自己在这段时间内要干什么，这是时间管理的前提；按照重要性和紧急性标准给你所列的目标排序，由于时间限制，要确保给最重要的目标以最高的优先级；列出实现你的目标所必须进行的活动；确定实现目标所必需活动的优先级（第二组优先级），在这个步骤里，你应当识别哪些活动是重要的，哪些是不重要的，哪些是紧急的，哪些是不紧急的，哪些是必须自己亲自完成的，哪些是可以授权或委托别人去做的；按照你分配的两组优先级安排活动日程，拟定出一日、一周、一月、一季或一年的工作计划。要记住：只有10%的活动是最重要的、最紧急的或需要你亲自处理的，学会授权或委托别人来完成你所需要的活动是十分有意义的。

（三）应急计划

中国人常说："计划赶不上变化"，这说明任何详细周密的计划都不会是完美无瑕的，都难以完全有效地应对环境的不确定性。在稳定的环境中，计划将引导人们到达目标的"彼岸"，但环境的急剧变化会使原计划的执行受阻，为适应这种情况，就有必要制订和执行应急计划（Contingency Plan）。按照管理者对正常计划的执行障碍是否有预见，可将应急计划分为事先应急计划和事中应急计划两种。

1. 事先应急计划是指管理者在制订正常计划的同时，预测到组织及其环境的某些变化可能会对正常计划的执行造成某种障碍而拟定的备用计划（即平时人们所说的备用方案）。在拟定正常计划的同时，应对正常计划依赖的前提条件给予质疑，提出一些假设问题："如果情况发生了变化怎么办"，"万一这些条件不存在，是否应该如此"等。针对这些质疑，管理者应当预测自己难以把握的某些情况的出现概率，据此制订相应的应急计划。

尽管事先应急计划提高了目标达成的保险系数，但完全出乎意料的变化还是经常存在的。如果组织没有学习和适应这种突发变化的机制，那么组织目标就很难实现。组织具有制订事中应急计划的能力就可以应对环境的突发变化。

2. 事中应急计划是指在环境条件的急剧变化完全出乎管理者的预料，并对正常计划的执行形成重大障碍的情况下，为实现组织目标而拟定的临时计划。如果说制订正常计划反映了管理者分析问题的能力和预测事物发展趋势的能力，那么制订事中应急计划则反映了管理者对突发事件的快速应变能力和解决问题的创新能力。事中应急计划都是在极短的时间内作出的。由于时间紧迫，管理者无法进行慢条斯理的逻辑化分析，只是依赖于自己的经验、直觉和智慧进行判断，快速作出并立即实施一项计划。卓越的管理者和优秀的组织都具有这种学习、适应和快速应变的能力。

（四）预算

预算（Budget）就是一种表示组织活动结果或资源分配给特定活动的数字性计划，是一种普遍使用的传统计划工具。

预算既可以按日、按周、按月、按季、按年来编制，也可以按项目、按活动方案、按工作任务来编制。常见的预算就是财务预算，如有关现金周转的计划称为现金预算，用于财产、建筑物、主要设备的投资计划称为资本支出预算，有关收入和费用的综合计划称为利润预算等。但预算概念的外延远远宽于财务预算范围，一般地说，凡可用数字表示的计划都可以称为预算，如产量的数字化计划、工时的数字化计划、原材料采购的数字化计划、劳动力调配的数字化计划、教学时数的数字化计划、商品销售量的数字化计划、接待顾客的数字化计划、运送旅客的数字化计划等。

预算作为一种计划，其主要好处之一就是使得计划准确和明晰。但这个好处是以丧失一定的灵活性、轻视非量化的活动、滋生本位主义、抑制创新、阻碍冒险活动等为代价的。预算的另一个主要好处就是为组织控制提供了一种有效的工具（参见本书第十四章第三节）。正是预算的"计划—控制"双重功能，才使得它在各类管理方法中成为"常青树"，经久不衰。

第四节　现代综合计划方法

在 20 世纪，随着管理学的迅速发展，人们创造出各种各样的计划方法。一些新的学科领域，如运筹学、决策学、预测学、投入产出分析、计量经济学等，都与计划方法有着紧密的联系。本节仅介绍三种最基本的现代综合计划方法。

一、滚动计划方法

滚动计划（Rolling Plan），又称连续性计划或滑动计划，就是按照"近细远粗"的原则制订一定时期内的计划，然后根据计划的执行情况和环境情况的变化，调整和修订未来的计划，并逐期向前移动，使计划不断向前延伸，形成一个连续过程，把短期计划与中长期计划有机结合起来的一种方法。以编制五年规划为例，传统的方法就是固定起止年限，每隔五年编制一次规划。如 2010 年编制 2011 年~2015 年的规划，之后再编制 2016 年~2020 年的规划。滚动计划则是将一年短期规划、三年中期规划和五年长期规划结合起来，形成"五年规划"，每完成一年计划，就再向前延伸一年计划，每年都编制或调整规划，始终是一个"新"的五年规划。如 2010 年编制 2011 年的短期规划、2011 年~2013 年的中期规划和 2011 年~2015 年的长期规划，形成一个"近细远粗"的五年规划，并且在 2011 年底，总结本年度计划的执行情况，根据新的情况修订和补充原计划，形成一个由 2012 年短期规划、2012 年~2014 年的中期规划和 2012~2016 年的长期规划三部分内容组成的新五年规划，依此类推。滚动计划方法可适用于任何类型的计划，如年度计划也可以用滚动计划方法来编制，滚动期可选一个月、一个季度或半年。根据经验，用滚动计划方法来拟定年度计划，选择一个季度或半年作为滚动期比较合适。

众所周知，计划依赖于预测，而环境的复杂多变和现有预测理论与技术的贫乏，使预测精度降低，计划所针对的未来工作的不确定性增大。而且随着计划期的延长，这种不确定性越来越大。如果人们硬性地执行几年以前制订的计划，可能会导致工作的重大失误。滚动计划方法就是要根据滚动期内计划的实际完成情况和环境条件的变化，重新审视、修改、变更原定计划，调节由于情况的变化而导致的某些工作的失衡，提高计划的时间连续性、工作灵活性、环境适应性和短、中、长期计划的协调性，尽量避免未来的不确定性可能带来的不良后果。

编制良好的滚动计划应该做到：①按"近细远粗"原则将短期计划、中期计划、长期计划有效地结合起来，长期计划重在把握发展方向，中期计划要有比较明晰的发展目标，短期计划必须有具体指标和确定的行动。综合计划中缺少了短期计划、中期计划、长期计划中的一项或两项，则滚动计划就会失衡，从而影响计划的有效性。②明确修正因素。包括三个方面的内容：一是检查滚动期内原计划与其执行结果之间的差异，并分析原因；二是了解组织环境发生了哪些变化及其对计划产生的影响；三是明确地把握组织自身的战略、目标、方针、资源、核心能力等因素有了什么变化。③在对修正因素全面分析的基础上按①的要求形成新一轮的滚动计划。一个良好的滚动计划反映着组织的较强学习能力和全面计划管理能力。

二、计划—规划—预算法

计划—规划—预算法（Planning Programming Budgeting System，PPBS）又称规划方案预算制，是一种将组织战略、目标、方案、项目和预算结合起来的一种综合计划方法。这种计划方法力争将在传统上趋向于分裂状态的不同层次的各种计划有机整合起来，使之成为一个相互支持的计划网络。[1]

PPBS 的主要内容包括三部分：①长期计划的制订，即组织战略和长期目标的确定。②方案或项目的实施计划的制订，即为完成上述长期计划，拟定所采取的具体方案或项目，并对实施阶段所需的资源数量进行测算和计划，编制投入和产出的详细实施纲要，确定各项方案和项目的优先顺序。③编制预算，即从战略与目标出发按优先顺序和实际需要分配资源，保证优先方案和项目的需要。根据各部门在方案或项目实施中的职责和承担的工作量将预算落实到部门。

总之，PPBS 将战略规划、多年度的计划实施和财政预算紧密结合起来，改变了传统计划中可能把高层战略规划、部门工作计划、预算三者分离的危险做法。PPBS 作为一般的计划方法，适用于各类计划，如年度计划就可以按年度目标——工作计划（行动方案）——预算相结合的形式来编制。一个组织长期坚

---

〔1〕　计划—规划—预算法是美国兰德公司为合理分配和利用资源而设计的一种计划方法。美国国防部在20 世纪 60 年代初期开始使用，取得了显著的经济效益，于是在 60 年代末期推广到联邦政府各个部门和大型民间企业，如波音公司成功进入商用喷气机领域和 IBM 公司成功转入计算机领域都是应用PPBS 的结果。但由于 PPBS 自身的弱点和它忽视了削弱其可用性和可信性的各种政治因素，使其后来应用于政府计划时受到了极大限制。但不管怎样，PPBS 仍是一种有用的计划方法。参见［美］T. C. 帕拉洛、R. C. 昌德勒编著：《行政管理学词典》，《行政管理学词典》翻译组译，四川人民出版社 1988 年版，第 413～415 页。

持 PPBS 就会像 MBO 一样形成一整套工作文书和管理信息系统。

三、计划评审技术

计划评审技术（Program Evaluation and Review Technique，PERT）是把网络理论用于工作计划和控制方面，以便根据对各个工序活动所需时间的估计，找出关键工序，以达到合理安排一切可以动用的人力、财力和物力，以谋求用最短的时间来完成计划的一种计划编制、评价和审核的方法。计划评审技术的起源可以追溯到泰罗的亲密合作者亨利·L. 甘特（Henry L. Gantt）于 1917 年发明的甘特图。[1]

PERT 的基本原理是用网络理论（Network Theory)[2] 对计划的制订和执行进行定量分析，把工作项目分解为各种作业，以点和线代表各工作项目和活动情况，以寻找完成工作的最优途径。事件和活动是 PERT 的两个主要概念，事件（Event）是指一项决策或成就，活动（Activity）是指完成一个事件所需要的身心努力。PERT 的具体步骤是：①将整个工程项目分解为各种独立的作业工序，形成网络事件；②根据这些作业活动的前后顺序编制网络图，用点或圆圈表示时间的开始和结束，用箭头线表示活动的方向；③估算完成每道作业工序所需时间，并标在箭头线上；④找出关键线路（Critical Path），即"从始点到终点之间花时间最长的线路"，由此确定总工期，编制初步方案；⑤以关键线路为管理重点，借用非关键线路多余的人力、物力和财力，以保证关键线路的工作安排，这样可以用最短时间和最低成本完成整个工作。由六个事件组成的 PERT 网络如图 5－1 所示（字母表示事件，箭头线表示活动，数字表示活动所需期望时间，A－B－C－D－F 为关键线路）。

---

〔1〕 甘特图又称为生产计划进度表，是一种表示工作计划和进度的线条平面图示方法。横轴表示时间，纵轴表示要安排的活动，图上的虚线条表示各项活动的计划时间，实线条表示各项活动的实际完成情况。甘特图简明易懂、直观形象地表明任务计划在什么时候进行，以及实际进展与计划要求的对比。它虽然简单但却是一种重要的计划工具，它使管理者很容易搞清楚一项任务或项目还剩下哪些工作要做，并且能够帮助管理者评估工作是提前还是拖后或是按计划进行。所以，甘特图至今仍是各类管理者广泛采用的一种行之有效的直观性计划方法。计划评审技术是美国海军特种计划局于 1958 年在研制"北极星"核潜艇导弹过程中在甘特图的基础上发展起来的。该方法使这项工程提前两年完成，后推广至全世界各个行业。我国于 20 世纪 60 年代初开始推广应用这个方法，称为统筹法。

〔2〕 网络是由连接起来的点和线构成的，表示研究对象的相互关系。点代表工程项目的事件、点站等任何一种流动的起点、运转点和终点；线代表物品流通或信息流通渠道，顺序排列的点和线就是路径，路径中的流量用数字表示。网络理论就是研究网络一般规律及其计算方法的理论，其起源同图论（Graph Theory）有着紧密联系。

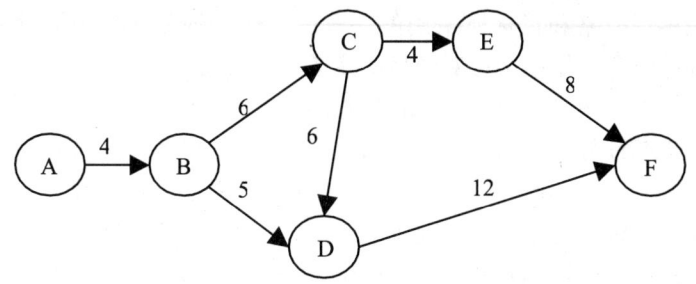

图 5-1　由六个事件组成的PERT网络示意图

　　计划评审方法的突出特点在于使管理工作条理分明，容易抓住重点，进行管理控制。关键线路就是关键的工作程序，可以使管理者把主要精力集中于关键线路，简化管理工作。这样可以突出重点，并在保证重点的前提下，缩短时间，节约资金，提高效率。计划评审技术还有一个优点，就是当工程极为复杂时，网络图也就十分复杂，这时的节点和箭头线数目十分庞大，虽然人脑难以胜任此时的计算工作，但借助于计算机技术就是一件十分简单的事情了。

本章小结

　　组织战略和使命的实现有赖于一系列目标的达成。目标就是组织期望在未来一段时间内要达到的结果，包括目标对象、定额、时限三个基本构成要素。从目标制订的角度看，目标是利益相关者"讨价还价"的结果；从组织结构的角度看，目标是由手段—目的链形成的网络，有效的目标结构就是相互支持的目标所形成的网络；从目标执行的角度看，目标被手段置换的现象时有发生，目标的个人内在化将有助于减少目标置换现象。

　　组织目标与个人目标不是一回事，目标管理方法力争使二者紧密联系起来，相互促进。目标管理强调目标制订的个人参与、目标执行的个人自我管理以及目标考核的个人利益满足。实现真正的目标管理需要稳定的环境、民主的管理风格、高度的参与管理意识和适当分权的组织结构。

　　计划是在行动之前拟定的具体规范、具体方案和具体步骤，是保证组织战略和目标实现的手段。按重复性特征可将计划分为持续性计划和非持续性计划两类。持续性计划是为重复行动确立的计划，包括政策、规则和程序。这类计划是战略和目标的实现规范，用来限制人们的决策思考或具体行动。有效的持续性计划有利于减轻管理者的决策负担，并保证组织行为的一致性。非持续性计划是为一次性行动确定的计划，包括策略计划、工作计划、应急计划和预算。

策略计划是实现战略和目标所采用的手段，工作计划是对各项活动所需资源和时间的安排，应急计划用来应对环境的变动，预算是各种活动的数字化计划。

滚动计划方法改变了传统的固定时限的计划方法，是一种综合短期计划、中期计划、长期计划的连续性计划方法，它尽量适应环境，以避免未来的不确定性可能带来的不良后果。计划—规划—预算方法是一种将战略、方案、预算紧密结合起来的综合计划方法，这种方法力争改变传统计划中将这三类计划分离开来的危险做法。计划评审技术是用网络分析技术对工作进度所进行的一种系统安排，谋求用最少的资源在最短的时间内完成一项工作。

自我测试 5

你对下列行为的态度是什么，请在合适的位置上做记号（A：正在做，B：马上做，C：以后做，D：不适合我）

	A	B	C	D
1. 使用活动执行表，按优先顺序排列活动	—	—	—	—
2. 在最佳工作时间只做高优先级的事情（重要的而非紧急的）	—	—	—	—
3. 安排一些时间处理真正紧急的事情	—	—	—	—
4. 安排一段时间做那些例行性活动或处理杂事	—	—	—	—
5. 行动之前要做计划	—	—	—	—
6. 为高优先级的事情安排足够的时间	—	—	—	—
7. 将大项目（长时间）分成部分进行（时间段）	—	—	—	—
8. 保持清洁、有序的工作环境	—	—	—	—
9. 一次只做一件事情	—	—	—	—
10. 收到文件立马作批示或决定	—	—	—	—
11. 若合适的话就打电话而非写信或者去拜访	—	—	—	—
12. 会前计划好会议议题并对议事日程做出安排	—	—	—	—
13. 明确下属的责任目标，对结果进行评价并反馈	—	—	—	—
14. 不要浪费别人的时间，如让下属无谓地等待决定或指示	—	—	—	—
15. 将那些不用自己亲自动手的事情（特别是非管理职能的事）授权下去	—	—	—	—
16. 尽量采用各方成果，不要处处从头再做	—	—	—	—
17. 不追求十全十美，定义一个满意度，达到即可	—	—	—	—
18. 保持冷静，情绪化只会引出更多问题	—	—	—	—
19. 保持良好的沟通，不让下属产生困惑	—	—	—	—
20. 在防止社交厌恶感产生的前提下，减少社交活动	—	—	—	—

第五章

第六章

管理决策

> 提示：
>
> 　　决策是一个过程？—决策类型像光谱一样—决策正确是什么意思？—管理是微分决策的积分—群体决策优点多？—决策中的直觉和计算—"管理人"—决策环节—CVP、NPV、LP—决策树—决策五准则

　　各项管理职能的履行在本质上都是由决策活动支配的，"管理过程是决策的过程"，[1] 西蒙的这句话说明了决策与管理的关系。管理是一个动态过程，一方面，它要密切注视着环境不断发生的变化；另一方面，又要详察组织内部各种情况的演变趋势，这两种变化给组织带来新的问题、新的矛盾和新的冲突。对组织中不断涌现出的这些新问题、新矛盾、新冲突进行分析、判断，并提出对策，使之得以缓解或解决，这就是决策。在这个意义上讲，随着时间的演进，决策贯穿于整个管理过程，无论规划和组织，还是激励和控制，都有决策的"身影"穿梭其中。决策的质量影响着组织的活力和绩效。本章介绍决策理论的基本知识，阐述决策模式和决策制订的系统分析方法，提供基本决策技术。

第一节　决策的基本问题

一、决策

（一）决策的概念

通俗地讲，决策就是作决定。但人们可以在"抉择"的意义上来理解作决

---

〔1〕 ［美］赫伯特·A. 西蒙：《管理行为》，杨砾、韩春立译，北京经济学院出版社1988年版，第10页。

定（狭义），也可以在"过程"的意义上来理解作决定（广义）。本书对决策概念作广义理解，认为决策（Decision Making）就是对组织未来实践的方向、目标、原则和方法所作决定的过程，包括认识现状、识别问题、分析问题、拟订方案、选择方案、使方案生效等一系列环节。完整地理解决策概念，还要把握决策的目的性、未来性、择优性、责任性和有效性特征。

（二）决策的五个特征

1. 目的性：指决策活动的最终指向。思考、决策、解决问题是人类行为的根本，而人类行为总是有目标指向的。决策的任务就在于解决组织的问题，实现组织的使命。决策，大到决定组织的发展方向，小到解决组织的日常问题，都应有明确的目标。每当决策时，决策者都应回答"为什么要作这个决定"的问题，否则，决策就会陷入就事论事的泥潭中。从组织的层次结构来看，高层次的决策目标规范并支配着低层次的决策目标，具体决策目标应与组织的目标结构相协调。

2. 未来性：指决策结果的未来不确定性，又称风险性。决策是现在决定的未来行动，包含着风险和失败的可能性。信息的不完备性和决策者的有限理性决定着决策的风险性。但管理者的基本任务就是作决策，缺少了决策，组织就不会进步。优秀的管理者都勇于接受自己作出的决定所带来的可能风险，乐于在此起彼伏的"决策风浪"中享受成功的喜悦。

3. 择优性：指在多个方案中作出最优的或满意的抉择。决策是在目标的引导下，对现有的多个行动方案进行评价和筛选，最后优选出特定方案的过程。从理论上讲，供选择的解决办法的数目是无限的，但从实用上讲，只有有限数目的办法是独立的并可以用语言清晰地表达出来的。择优性排斥只有一个备选方案的"决策"。

4. 责任性：指决策者对决策后果负责。根据权责一致原则，行使决策权的管理者理应对决策后果承担责任。这种责任可能是道义上的或政治上的，也可能是行政上的和法律上的，决策过程应有明确的责任机制，以便确保"择优"的实现和决策目标的达成。在现实生活中，个体决策的责任主体是明确的，但群体决策的责任主体往往含糊不清，决策主体的明确是落实责任的前提。

5. 有效性：指所选方案得以有效地执行。这里的有效性不是指目的性，也不是指决断方案的质量（择优性），而是指方案的有效实施。君不见，许多管理者制订的决策不起任何作用，不产生任何效果，人们常说的"雷声大，雨点小"和"只打雷，不下雨"就是对这种现象的形象描述。决策是为了解决问题，不生效的决策没有任何实际意义。

二、决策类型

决策活动有各种各样的特性，以这些特性为标准，可以对决策进行划分，得到不同的决策类型。特性的多样性决定着决策划分的多样性，本书只介绍两种常用分类。

（一）确定型决策、风险型决策及不确定型决策

按照决策问题提供信息的完备程度，可将决策分为确定型决策、风险型决策和不确定型决策，这是管理科学学派对决策的分类。

1. 确定型决策是指每个备择方案都有唯一确定结果的决策。方案结果的确定性（Certainty）是此类决策的主要特征。货物运送方式的选择（运费最小为目标）、用一块铁皮制造容器涉及的容器形状的选择（容积最大为目标）、用几种稀缺资源制造单位利润不同的产品涉及产品数量组合的选择（利润最大为目标）等都是确定型决策的典型例证。

2. 风险型决策是指每个备择方案都有多个概率明确的可能结果的决策。方案结果的风险性（Risk）是此类决策的主要特征。在各种市场情况都有一定概率的条件下对新产品产量的选择、在各种司法判决结果都有一定概率的条件下是否提起诉讼、在观众人数具有一定概率的条件下是否举办音乐会等都是风险型决策的典型例证。

3. 不确定型决策是指每个备择方案都有多个概率不明确的可能结果的决策。方案结果的不确定性（Uncertainty）是此类决策的主要特征。用人决策、结果概率不明确的医疗手术方案的选择、在成功与失败概率不明确条件下的新技术开发方案的选择等都是不确定型决策的典型例证。

上述三类决策都属于经常性的管理决策。若信息完备，则风险程度降低，决策相对容易；若信息不完备，则风险程度增加，决策相对困难。

（二）程序化决策及非程序化决策

按照决策问题是否例行或重复出现，可将决策划分为程序化决策和非程序化决策，这是决策理论学派的创始人西蒙对决策所作出的划分。

1. 程序化决策意味着"决策可以程序化到呈现出重复和例行状态，可以程序化到制订出一套处理这些决策的固定程序，以致每当它出现时，不需再重复处理它们。为什么程序化决策趋向重复性和反复性？其道理很明显：假如某特定问题反复出现多次，那么人们就会制订出一套例行程序来解决它。你在组织中会遇到大量程序化决策的例子，比如为普通顾客的订货单标价，为患病雇员

核定工资，记录办公用品之供应情况等等。"[1] 可见，程序化决策（Programmed Decision）就是根据组织的规章制度（主要指程序性制度）解决或处理重复出现的问题或事件的决策。法院根据诉讼法规定的程序对案件进行裁决、行政机关根据行政程序法对公共问题的解决办法进行决策、财务部门根据财务制度的程序规定作出报销决定等，都是程序化决策的典型例证。很明显，程序化决策与持续性计划有着某种联系，经验在程序化决策中也具有重要地位。

2. 非程序化决策意味着"决策可以非程序化到使它们表现为新颖、无结构，具有不寻常影响的程度。处理这类问题没有灵丹妙药，因为这类问题在过去尚未发生过；或因为其确切的性质和结构尚捉摸不定或很复杂；或因为其十分重要而需要用现裁现做的方式加以处理。某家公司决定在以前没有经营过的国家里建立营业的决策，就是非程序化决策的一个极佳例证。"[2] 可见，非程序化决策（Unprogrammed Decision）是针对非重复出现问题且无固定解决程序可遵守的决策。由计划经济向市场经济转变的决策、采用最新技术的决策、制订首次发现的疾病的治疗方案的决策等，都是非程序化决策的典型例证。同样，非程序化决策与非持续性计划也有着某种联系，创新意识对非程序化决策十分重要。

西蒙对这两类决策所使用的不同决策技术进行了分析研究，其结论概括于表6–1。[3]

第六章

表6–1　程序化和非程序化决策使用的不同决策技术

决策类型	传统决策技术	现代决策技术
程序化：重复的、例行的决策，由组织制订决策程序。	①习惯。②事务性常规工作:标准操作规程。③组织结构:共同的期望,分目标系统,明确规定的信息通道。	①运筹学:数学分析,模型,电子计算机模拟。②电子数据处理。
非程序化：一次性的、非例行的、新的决策，用通用问题解决过程处理。	①判断、直觉、创造性。②经验。③经理的遴选和培训。	探索式解题技术的应用:①决策者的培训。②编制探索式计算机程序。

---

[1] ［美］赫伯特·A. 西蒙:《管理决策新科学》，李柱流等译，中国社会科学出版社1985年版，第39页。

[2] ［美］赫伯特·A. 西蒙:《管理决策新科学》，李柱流等译，中国社会科学出版社1985年版，第39页。

[3] ［美］赫伯特·A. 西蒙:《管理决策新科学》，李柱流等译，中国社会科学出版社1985年版，第39页。

分类研究是一种理论上区别事物的研究方法，对现实中的管理决策不能作非此即彼的僵死归类。一个决策可能包含着程序化和非程序化的双重成分，实际决策"并非真是截然不同的两类决策，而是像一个光谱一样的连续统一体：其一端为高度程序化的决策，而另一端为高度非程序化的决策。我们沿着这个光谱式的统一体可以找到不同灰色梯度的各种决策，而我采用程序化和非程序化两个词也只是用来作光谱的黑色频段和白色频段的标志而已"[1]

三、决策中的事实因素和价值因素

"决策不仅包括事实命题，当然，就其有关事物未来状态的说明而言，决策是描述性的，并且这种描述在严格的经验意义上也是有其真伪可言的。而且，决策还有某种规范性——它们都是选定一种未来状态作为最佳者，并让行为直接指向选好的方案。简言之，决策既有事实成分，又有伦理成分。"[2] 事实命题（Fact Proposition）是对可观察事物及其运动方式的陈述，有真伪之分，即人们可以通过检验来确定事物是否真像事实命题所描述的那样。价值命题（Value Proposition）是建立在价值观基础上的，反映的是人们的偏好或厌恶，而价值观是人们在经历的生命过程中逐渐地形成的，看不见摸不着，是一种很微妙的且永远存在的、可能还随时间而变化的东西。价值命题无真伪之分，无所谓正误。在决策中，决策问题的情况、环境条件、事件的未来状态、备择方案的未来结果等都属于事实因素；而决策目标、评价准则、方案优劣、满意程度都属于价值因素。事实因素是一种客观存在，不会因人而异，但管理者对事实因素的认识却存在着正误。不同的管理者对同一事实因素对决策的影响也有着不同的认识。价值因素取决于个人的价值系统，因人而异，某人十分满意的行动方案对另一个人来说可能完全不能接受，一个人的价值观强烈地影响着决策目标、方案评价和方案选择。

任何决策过程都充满着各种各样的事实因素和价值因素。例如，足球俱乐部在面对是否辞退主教练的决策中含有的事实因素有：本赛季前 13 场的战绩为 2 胜 2 平 9 负、主教练的合同期还有两年才期满、每年聘金为 20 万美金、队员士气低落以及公司对俱乐部施加压力等。价值因素有：对 2 胜 2 平 9 负战绩的评价、确保 5 胜的最初目标、应不应该支付主教练这么高的年薪、对这位主教练执教能力的评价以及对主教练与队员关系的评价等。事实因素用"是"或"不

〔1〕〔美〕赫伯特·A. 西蒙：《管理决策新科学》，李柱流等译，中国社会科学出版社 1985 年版，第 41 页。

〔2〕〔美〕赫伯特·A. 西蒙：《管理行为》，杨砺、韩春立译，北京经济学院出版社 1988 年版，第 45 页。

是"来描述，价值因素用"应该"和"不应该"、"满意"和"不满意"、"可取"和"不可取"、"优于"和"不优于"以及"好"和"不好"等词来说明。这两类因素相互交织，充满整个决策过程。管理者应该利用自己的经验和智慧，努力对这两类因素作出区分。明确辨认事实因素，构筑决策的事实前提；对于价值因素，需要通过沟通，"求大同，存小异"，取得共识，形成决策的价值前提。

由于决策中价值因素的存在，特别是方案选择中价值因素的主导作用，致使人们不能用科学方法评价决策，就是说，不能简单地说决策是否正确。然而，在现实生活中还是经常听到"这项决策正确"、"这项决策失误"的说法，这些说法的意思是指"优选的行动方案之执行结果实现了（或没有实现）预定目标"。应不应该采取某个行动方案是价值命题，但对结果的描述却是事实命题。"我们总是能够在这种相对意义上对决策作出评价：给定了决策意欲实现的目标，便可以确定其是否正确。不过，目标的变化就意味着评价的变化。严格来说，被评价的并不是决策本身，而是这里所讲的决策同其目标之间的纯粹事实关系。"[1]

第二节　决策行为

一、管理行为与决策行为

组织目标的达成是管理者和操作者共同努力的结果，但二者在组织中的作用是不同的。管理者主要履行决策职能，操作者主要执行决策。"组织中的非操作人员，乃是通过影响操作人员的决策——影响处于最低层次上的那些人的决策，参加到实现组织目标的行列里来的。长官之所以能影响战斗，是因为他的头脑能指挥战士们的手脚。他通过部署兵力和指派具体任务，给士兵们指定方位和目标。对非常小的组织来说，全体管理人员可能都会直接影响操作人员。但是，对有一定规模的单位来说，在最高主管和操作人员之间，存在着若干层次的中级管理者和监督人员。他们接受上层的影响，并对这些影响因素进行细化和改造，然后下达给操作人员。"[2]　就是说，管理者的管理行为（Administration Behavior）主要是由其一系列的决策行为（Decision Behavior）所构成的。

---

〔1〕　［美］赫伯特·A. 西蒙：《管理行为》，杨砾、韩春立译，北京经济学院出版社 1988 年版，第 47～48 页。

〔2〕　［美］赫伯特·A. 西蒙：《管理行为》，杨砾、韩春立译，北京经济学院出版社 1988 年版，第 4 页。

管理者通常有三类决策来源：上级命令、下级请求和本人主动决策。[1] 首先是上级要求的决策来源。这类来源是由手段—目的链决定的，上级确立的目标、作出的决策、发布的指示等都要求下级给以相应的支持，下级根据本部门、本单位的实际情况将上级的决定具体化，作出适合于本部门的决定。其次是下级请示的决策来源。有些事情超出了下级的管理权限范围，或下级在工作中遇到了权限范围内难以解决的麻烦或困难（如权限纠纷、相互矛盾的多头命令、平级部门干预、意外事故等），请求上级给予裁决或予以解决。最后是管理者本人主动提出决策。管理者在目标的引导下，在自己的职权范围内独立自主地、创造性地发现问题和解决问题。前两类决策来源是由组织规范所决定的，属于管理者的"分内事"，是工作义务；后一类决策来源往往是检验管理者真正才能的试金石，但此类主动决策反而常常被扣上"多管闲事"的帽子。久而久之，容易伤害管理人员的开拓创新精神，使管理者对一些问题熟视无睹，甚至采用欺上瞒下、隐藏矛盾、得过且过的做法应付组织。巴纳德在分析了管理决策来源后，又描述了管理决策的艺术。"决策的艺术在于：对现在还不适当的问题不作决策，时机不成熟时不作决策，对不能有效地实行的事不作决策，对应该由别人决定的事不作决策。"[2]

从管理实践来看，动态管理过程不是经一次决策所能完成的，而是一个连续决策过程。后续决策受先前决策和随时间而出现的环境变化的影响。"决策——执行（实践）——决策"形成一个不断循环的过程。管理与决策的关系可以用这样一个式子来表示：

$$管理 = \sum (决策)_i \approx \int_0^t 决策\, dt$$

这就是说，管理就是微分决策的积分。

二、个体决策与群体决策

在管理学中，对个体决策和群体决策有不同的理解。本书在组织意义上而非在个人意义上来理解个体决策和群体决策。个体决策（Individual Choice）的主要特征是管理者个人行使方案决断权，而不问在决策过程中是否有群体参与；群体决策（Collective Choice）的主要特征就是群体中的每个人都行使方案决断权，而不问个人在决策过程中的参与程度。

用哲学语言来说，决策就是决策主体意志的表现，同时反映了决策主体的

〔1〕　［美］C. J. 巴纳德：《经理人员的职能》，孙耀君等译，中国社会科学出版社 1997 年版，第 150页。

〔2〕　［美］C. J. 巴纳德：《经理人员的职能》，孙耀君等译，中国社会科学出版社 1997 年版，第 152页。

主观能力。[1] 个体决策表现个人意志，反映了个人的主观能力。但在组织中，管理者个人往往以组织利益代表者的身份出现，如封建社会皇帝的圣旨就代表了国家的意志，并用法律形式固定下来，违者问罪。个体决策并不排除在其决策过程中吸收一些"外脑"的主观能力，这些"外脑"的意志在一定程度上影响着决策者个人意志的形成，"外脑"的主观能力也大大促进了决策者个人主观能力的成长。此时的决策貌似群体决策，实质仍为个体决策。群体决策表现群体意志，反映群体的主观能力。群体中的领导人仅是代表组织对外宣布群体决定，并不是个体决策者。要使群体主观能力高于个体主观能力，必须符合两个基本条件：一是社会高度文明，即民主制度健全，法制完备；二是人类智慧的高度发展，即全民教育水平的提高。缺少第一个条件，就失去了群体决策的基础，缺少了第二个条件，就减弱了群体的主观能力，必然产生群体成员对某个人的崇拜现象。同时缺少了这两个条件，群体决策只会徒具形式，最终仍由个人操纵，"群体"就成了个人的"工具"。

个体决策与群体决策各有利弊。群体决策较个体决策的优势表现在三个方面。一是群体较个体能提供更完整的信息，产生更多的方案。这正如中国谚语所说"众人拾柴火焰高"。群体成员有不同的专业背景和价值观，多样化的知识构成和价值观使群体拥有比个体更丰富的信息并能够设计出更多的备择方案。二是群体决策较个体决策提高了成员对决策的认同程度。群体成员广泛参与决策拟定过程，对问题及方案有了充分的了解，自己的意见在决策过程中已被群体吸纳，这样不仅扩大了决策的接受范围和提高了决策的接受程度，而且有可能鼓励他人也接受这样的决策。否则，很低的决策认同度可能导致决策执行以失败告终。三是群体决策较个体决策提高了决策的合法性。群体决策与民主思想相一致，使人们觉得群体决策比个体决策更合法，个体决策更多地使人联想起独裁和武断，使合法性降低。群体决策较个体决策的劣势也表现在三个方面。一是群体决策较个体决策耗费时间，成本更高。群体的价值多元化和利益多元化使决策过程产生诸多冲突和斗争，难以达成共识，耗费时间，提高了决策成本，导致低效率。二是群体决策较个体决策缺少批判精神。群体成员地位和权威的差异以及外界的压力，容易产生"随大流"的群体思维，从而削弱了群体的批判精神，降低了决策质量。所罗门·阿希（Solomon Asch）对群体决策进行试验，结果表明"在一端，大约有 1/4 的受测试人是完全独立的，从不同意大多数人的错误判断；在另一端，有些人几乎所有时候都是'随大流'的。在这个试验中，个人的行动往往是很一致的。那些奋力走独立道路的人通常不屈服

---

[1]　姜圣阶等：《决策学基础》，中国社会科学出版社 1986 年版，第 25 页。

于大多数人，即使把试验延长也是如此，而那些选择顺从道路的人在考验延长时也不能使自己得到自由。"[1] 三是群体决策较个体决策更易责任不清。个体决策的责任是清楚明确的，而群体决策却冲淡了决策责任，谁对决策结果负责不明确。正如邓小平同志所言："在各地的企事业单位中，党和国家的各级机关中，一个很大的问题就是无人负责。名曰集体负责，实际上等于无人负责。一项工作布置之后，落实了没有，无人过问，结果好坏，谁也不管。所以急需建立严格的责任制。列宁说过：'借口集体领导，而无人负责，是最危险的祸害，这种祸害无论如何要不顾一切地尽量迅速地予以根除。'"[2]

基于上述认识，现代组织一般都采用群体决策与个体决策相结合的决策体制。重大问题一般采用群体决策方式，以确保决策的合法性和认同度，日常管理决策则采用个体决策方式，以确保重大决策的执行效率和执行责任。为适应现代社会的信息量大、环境变化快的发展趋势，增强个体的主观能力，现代个体决策实际上已演变为群体参与的个体决策，并创立了很多方法，如头脑风暴法、德尔菲技术、名义群体法和电子会议法等（参见本书第六章第三节）。管理者如何充分利用"外脑"提高个体决策水平，已构成管理艺术的重要组成部分。

三、决策中的定量分析与直觉判断

正如西蒙所说，决策从确定型到不确定型，从程序化到非程序化，从封闭式到开放式，呈现为一个连续的光谱。决策问题与频谱上的某一点对应，可能既需要定量分析（Quantitative Analysis），又依赖于直觉判断（Presentative Judgment）。"一次步兵进攻战是否成功，是一个纯粹的事实问题。但是，它又是一个包含判断在内的问题。因为成功取决于敌军部署情况、炮火支持的精确度和密集度、地形地势、攻守双方的士气，以及下令进行攻击的指挥无法完全知晓（或估价）的其他一大堆因素。"[3] 当然，并非每一个决策都含有定量计算与判断。"当只有少数变量需要考虑且价值问题有限时，对计算性的问题解决来说，量化和数学性方法是最有用的。在管理者面临包含更大区域、涉及众多变量并包括不能量化的方面的决策时，判断将起到更加重要的作用。明智的决策者知道不同的方法在什么时候将是适当的。一个问题可能由许多子问题组成，而这些子问题全都能用计算方法来解决。但是，总的问题需要把各子问题的'解决

---

〔1〕〔美〕弗里蒙特·E. 卡斯特、詹姆斯·E. 罗森茨韦克：《组织与管理》，李柱流等译，中国社会科学出版社1985年版，第475页。

〔2〕《邓小平文选》（1975～1982），人民出版社1983年版，第141页。

〔3〕〔美〕赫伯特·A. 西蒙：《管理行为》，杨砺、韩春立译，北京经济学院出版社1988年版，第50页。

办法'综合成一个总系统。较大的系统常常是比较开放的，因为它包括更多的环境投入，并有赖于管理决策者的判断。在后一情况下，个人和群体的价值系统就将发挥作用，这将使之具有更多的开放性和复杂性。"[1] 决策主要集中于经济和技术方面或者主要集中于政治和人的方面时，计算和判断会有所侧重。"当问题只涉及作业系统的单纯的经济和技术方面时，具体方法的应用可以是比较直接性的和计算性的。如果问题涉及人的方面，任务就变得比较困难和变成判断性的。而当分析包括大规模的社会技术系统时，问题就将更加复杂。"[2]

运筹学是定量分析的新工具，它在决策过程的某些阶段可以起很大的作用。"新工具可以从企业的行为和企业的环境中找出基本模式来，其中包括迄今为止在经理人眼界之外和想象力之外的模式。它们能够提出供选择的行动方针来。它们能够显示出，哪些因素是有用的（即事实），那些因素是不相干的（即仅仅是材料）。它们能够表明，现有材料的可靠程度有多大，要想作出正确判断还需要哪些材料。它们能够显示出，可供选择的行动方针需要哪些资源，要求每种成分或职能起什么作用，有多大的危险，它的概率如何。它们可以显示出某一行动对其他领域、其他成分和职能会产生什么影响，投入和产出之间的关系怎样，会在什么地方遇到困难，困难的性质怎样。它们可以把每种职能或成分所做的工作和所起的作用同其他所有的职能和作用连接起来，并显示出这对整个企业的行为和成果造成的全部影响怎样。"[3] 但是，运筹学及其全部技术"不能帮助人们找到问题的所在，不能确定什么是正确的问题。它们不能确定解决问题以达到的目标，也不能定出原则。同样，关于最佳方案，新工具也不能作出决定；单靠这些新工具本身不能使一项决定发生效力。然而这些过程还是决策的最重要阶段。"[4] 这些决策环节依赖于管理者的判断分析，说明直觉判断的重要性是不容置疑的。但重要的是，管理者需要清楚的是在什么情况下最有可能使用直觉判断的决策方法。有学者研究总结出八种情况下需要运用直觉判断：①存在高度不确定性时；②极少有先例存在时；③变化难以科学地预测时；④"事实"有限时；⑤事实不足以明确指明前进道路时；⑥分析性数据用途不大时；⑦当需要从存在的几个可行方案中选择一个，而每一个的评价都良好时；

---

〔1〕　[美] 弗里蒙特·E. 卡斯特、詹姆斯·E. 罗森茨韦克：《组织与管理》，李柱流等译，中国社会科学出版社 1985 年版，第 480 页。

〔2〕　[美] 弗里蒙特·E. 卡斯特、詹姆斯·E. 罗森茨韦克：《组织与管理》，李柱流等译，中国社会科学出版社 1985 年版，第 426 页。

〔3〕　[美] 彼得·F. 德鲁克：《管理实践》，帅鹏等译，工人出版社 1989 年版，第 437～439 页。

〔4〕　[美] 彼得·F. 德鲁克：《管理实践》，帅鹏等译，工人出版社 1989 年版，第 437～439 页。

⑧时间有限，并且存在提出正确决策的压力时。[1]

关于管理者对决策过程中定量分析技术的使用和对定性判断应持什么态度，德鲁克曾有十分精彩的劝告："经理人也许并非非得自己掌握这些工具不可（虽然在许多事情上，使用这些工具所要求的数学知识并不比看销售货物流程表所需要的数学知识多），但是，经理人必须懂得这些工具，知道什么时候该请专家来协助，知道对专家要求些什么。不过，至关重要的是经理人员必须懂得作决定的基本方法。不懂得这些基本方法，他就根本不会使用这些新的工具，再不然就是过分强调工具的作用，把这种工具看做是解决问题的关键，这只能导致用小门道来代替思维，以机械代替判断。经理人如果不懂得作决定是一个他必须确定问题、分析和判断问题、承担风险和走向采取有效行动的过程的话，他就不仅得不到新工具的帮助，而且会像魔术师的徒弟那样，自己耍的把戏自己遭殃。"[2]

四、认知决策模式

认知（Cognition）是一个与问题求解相关的心理学概念，[3] 模式是指一种理论概括和抽象。认知决策模式（Cognitive Decision Model）就是人们从理性思考的过程上解释决策的一种理论假设，是对决策活动过程的一种理论描述。这种模式就是西蒙在《管理行为》一书中提出的"管理人"模式，后被卡斯特和罗森茨韦克的系统与权变管理理论所吸收，称为开放系统决策模式。

（一）"管理人"假设

西蒙和马奇在《组织》一书中认为不同的管理理论对员工有不同的假设。古典管理理论是建立在"机器人"假设基础之上的，这种理论把员工看做是如同机器一样的工具，只能被动地接受命令和指挥。行为科学理论是建立在"动机人"假设基础之上的，这种理论认为员工不是"工具"，而是由动机决定其行为的人，工作就是为了满足其需要和目的。西蒙的决策理论是建立在"管理人"（Administrative man）假设基础之上的。它认为每个员工都是为实现一定目标而合理选择手段的决策者，员工的工作行为是其一系列决策的结果。"管理人"假设又称为"决策人"假设。

---

〔1〕　[美] 斯蒂芬·P. 罗宾斯：《管理学》，黄卫伟等译，中国人民大学出版社1997年版，第128页。

〔2〕　[美] 彼德·F. 德鲁克：《管理实践》，帅鹏等译，工人出版社1989年版，第437~439页。

〔3〕　认知概念在心理学界尚无一致的定义。我国学者归纳了该词的五种用法：认知是信息处理；认知是心理上的符号运算；认知是问题求解；认知是思维以及认知是知觉、记忆、思维、判断、推理、问题求解、学习、想象、概念形成、语言使用等相关的心理活动。参见朱智贤、林崇德：《思维发展心理学》，北京师范大学出版社1986年版，第90页。

学习、记忆和习惯构成了"管理人"的心理学基础。学习是指人们能够通过概括过去的经验，并借助于知识和理论，有时采用试验的方法，对特定抉择可能产生的后果作出估计。记忆是指人们能够将为解决某一问题所收集的信息以及由此导出的结论储存起来，以便在以后发生同类问题时作出新的决策。习惯是指当人们需要采取适当行动时，不必再有意识地进行决策，而是能对同样的刺激和同样的情况产生相同的反应。习惯有助于符合目的的行动方式持续下去，只要这种习惯对实现目的来说是合理的，它就能够对合乎目的的行动起有益的作用。[1]

（二）决策过程的三组要素和两个准则

1. 三组要素。西蒙认为，决策是一个从前提到结论的分析、判断过程，这一过程包含着三组要素：决策者的目标或价值观（决定着决策者的期望），决策者想到的可供选择的行动办法（决策者实现其期望的手段），以及决策者对备择方案可能结果的认识（决策者用自己的价值观评价行动方案）。

2. 两个准则。决策过程受有限理性准则和令人满意准则的指导。传统管理理论把人假设为"经济人"，而"经济人"具有完全理性（Complete Rationality），其决策过程的假设前提有：与决策问题相关的信息是已知的且完备的；可供选择的办法都能列举出来；有一套不随时间变化的"现成的"评价标准或价值体系，使备择方案能够获得准确评价，并排出优劣顺序；备择方案的后果均可准确地给予估计。西蒙认为，在现实生活中，由于管理者受有限的信息获取和处理能力、情感偏好、时间成本、外界压力等因素的限制，不具备完全理性的假设前提，于是提出了有限理性准则（Bounded Rational Criterion）：决策人很难准确地获得与决策问题相关的完备信息；不知道有多少可供选择的行动方案，并且备择方案需要管理者自己去寻找；没有一套明确一贯的价值偏好作为评价准则；方案结果不能完全给予预测。决策过程是在目标和价值观指引下的分析判断过程，决策是否合理，受管理者的目标、价值观、技能、智慧、知识、经验、情感以及信息完备程度、各种外界压力等因素的影响。所以，无论个体决策还是群体决策都是在有限理性条件下进行的。

"经济人"具有完全理性，他可以在一个详细说明和明确规定的环境中进行"最大化"或"最优化"选择，选定的方案就是依据评价标准而排在首位的、能使管理者获得"最大利益"的那个措施。这就是"经济人"决策遵守的"最大化准则（Maximizing Criterion）"。"决策人"是有限理性的人，他在决策过程中

---

〔1〕 ［美］赫伯特·A. 西蒙：《管理行为》，杨砺、韩春立译，北京经济学院出版社 1988 年版，第五章"管理决策心理学"。

并不是把所有的方案都找出来，再逐个地加以评价和比较，最后挑选一个最佳方案。而是在问题的刺激下，一边寻找方案，一边按自己的目标和价值观评价方案。如果评价结果低于期望水平，就会继续寻找方案，扩大方案来源；如果评价结果接近或高于期望水平，那么管理者也不会立即决定该方案，而可能会提高期望水平，等待问题的进一步刺激以触发下一个方案。直到方案不再容易寻找到，现有方案的评价已达到或超过期望水平，令人满意，那么管理者便不再继续找下去。这就是管理者在决策过程中遵守的"令人满意准则（Satisfying）"。方案是否令人满意取决于管理者的目标、价值观和欲望水平。决策问题简单、时间充足、成本较低时，决策者的欲望水平一般较高；决策问题复杂、时间紧迫、成本较高时，决策者的欲望水平一般就会降低。

（三）决策过程的四个阶段

"决策制订包括四个主要阶段：即找出制订决策的理由；找到可能的行动方案；在诸行动方案中进行抉择；对已进行的抉择进行评价。……决策制订过程的第一个阶段是探查环境，寻找要求决策的条件——我将称之为情报活动；第二个阶段是创造、制订和分析可能采取的行动方案——我将称之为设计活动；第三个阶段是从可资利用的方案中选出一条特别方案——我将称之为抉择活动；第四个阶段是对获取的抉择进行评价——我将称之为审查活动。"[1]　"一般来说，情报活动先于设计活动，而设计活动先于抉择活动。然而阶段循环较之所提示的序列要复杂得多。决策制订的每个阶段，其本身就是一个复杂的决策制订过程。例如，设计阶段可能需要新的情报活动，而任何阶段中的问题又会产生出若干次要问题，这些次要问题又有各自的情报、设计和抉择各个阶段。也就是大圈套小圈，小圈之中还有圈。"[2]　当然，这四个阶段在决策者的时间表上占有的区间是不同的。

认知决策模式是描述性理论，而非规范性理论，它只是概括地说明人们在理性思考的指导下进行决策的一般过程，描述了人们在受到问题刺激之后通常都做什么事情。它并没有告诉人们如何决策，系统分析方法将告诉我们如何有效地作出决策。

---

〔1〕　〔美〕赫伯特·A. 西蒙：《管理决策新科学》，李柱流等译，中国社会科学出版社 1982 年版，第 33～34 页。

〔2〕　〔美〕赫伯特·A. 西蒙：《管理决策新科学》，李柱流等译，中国社会科学出版社 1982 年版，第 36 页。

第三节 系统分析方法

一、系统分析概念

系统分析方法（Systems Analysis Method）就是综合运用定量分析和定性分析的相关技术，识别组织中的问题，确定解决问题的目标和评价标准，搜寻各种可行的备择方案，并加以详细地评价和比较，进而选择一个满意的方案，最后使方案生效的一套完整的决策分析方法。[1] 系统分析遵守的基本原则有：系统分析人员在整个系统分析过程中应深入地理解并始终把握系统的最终目的；一切以组织整体利益为最高利益，必要时必须牺牲局部最优方案来确保整体的最优方案；把当前利益与长远利益结合起来考虑，瞻前顾后；定量分析与定性分析相结合；始终要抓重点问题和关键因素。

二、系统分析程序

（一）第一个阶段：问题分析

决策活动是由问题对决策者产生刺激所引起的。如何界定问题呢？系统动力学认为"问题（Problem）是现有状态和期望状态的差距。"美国管理学家克普勒（Charles H. Kepner）和崔可（Benjamin B. Tregoe）认为"所谓问题，就是应有现象和实际现象的偏差。"[2] 管理工作中经常会发现这种偏差的存在，它产生于组织与环境之间的冲突和对抗以及组织内部各要素之间的不协调。"无论你面对的是问题还是机会，你都在区别当今的实际情况和将来期望的情况。你需要做的决策是如何改进——怎样将现在的状态转化成期望的状态。这就是诊断的工作——分析潜在因素。"[3] 问题是一种客观存在，其本身虽然不是决策活动，但它构成决策活动的发端和动力来源，也是系统分析的出发点。

环节1：识别问题，探究问题产生的根源

在管理实践中，经常出现这样的事情：一个问题刚"解决"不久，类似的

---

[1] 系统分析方法是建立于系统科学基础之上的一种决策分析方法。早在第二次世界大战期间，美国人在研究武器系统时使用的定量分析和定性分析相结合的方法就是系统分析方法的雏形。20 世纪 60 年代，美国政府将系统分析运用于国防工作中，有效地解决了一些问题。此后，系统分析方法就广泛地应用于各类组织的决策之中。

[2] 姜圣阶等：《决策学基础》，中国社会科学出版社 1986 年版，第 78 页。

[3] ［美］安吉罗·克尼基、布莱恩·威廉姆斯：《管理学基础》，梁巧转等译，中国财政经济出版社 2004 年版，第 169 页。

问题又重复出现了，于是管理者又忙着解决这个"新问题"。类似问题层出不穷，致使管理者忙得喘不过气来。实际上，这是由于管理者往往把"解决问题"作为决策出发点而导致的。这些管理者面对问题，没有认真分析事情的偏差、影响和根源，而是就事论事，立即着手解决问题，急于求成。但在客观上解决或消灭的只是问题的"症状"而非问题的根源，治标不治本。正如发烧时吃了几片退烧药一样，症状暂时缓解或消失了，但产生症状的原因并未消除，过一段时间仍会继续。所以，决策应从识别问题、探究问题产生的根源和确定问题性质开始。正如人们常说的认识问题就等于问题解决了一半。

在管理实践中，有些问题是明显的，有些问题则是潜在的。对管理者来说，问题往往产生于一种不满的感觉（觉得不应该如此，有些不理解或者不合情理，似乎有一种未经解决的事情的感觉）。这种不满通常会导致识别问题、分析偏差和寻找根源。此时，有必要作出如下判断：这是不是一个偏差？构不构成一个问题？如果是偏差并构成了问题，它的程度、发展趋势、重要性、紧急性和影响范围如何？问题产生的根本原因是什么？如何核实这些原因？问题能否明确地表述出来？经过分析并对这些问题作出明确回答后，可能产生两种情况：一是运用现有理论、知识、经验和方法就能够给予清晰地描述和解释，并加以解决的问题，不需要创造性的概念开发，这时，管理者往往"心中有数"；另一种情况是用现有理论、知识、经验和方法不能或部分不能给予清晰地描述和解释的问题，需要进行创造性的概念开发，这时，管理者往往"心中无数"，产生了一种不确定或不知道如何解决的感觉。通常，前者将导致经验性决策活动（多数能够转化为程序化决策），后者将导致创造性决策活动（非程序化决策）。

环节2：明确问题层次，形成决策问题

正如巴纳德所言，对应该由别人决定的事不作决策是决策艺术之一。明确问题层次就是要确定谁负责解决问题，作决定的人应该同谁商量，应该将决定告诉谁。只有明确问题层次，才能看出什么人应当做什么事，否则，决策能否起作用就很成问题。

一般来说，根据问题的性质来明确问题层次。问题分层有四个原则：[1]①决定的未来性质，即组织在多长时间内按照这个决定行事；②决定的影响面，即决定对其他领域、其他职能和整个组织有多大影响；③决定是否包含组织的价值观因素，即决定对组织的战略、目标、行为准则、政治信念等因素的影响；④决定的独特性和周期性，即决定针对的是否是重复性问题。问题分层解决可

---

[1] ［美］彼得·F. 德鲁克：《管理实践》，帅鹏等译，工人出版社1989年版，第十六章和第二十八章。

以确保管理者树立全局观念和长远观念，避免产生局部或眼前问题的解决使组织整体目标和长远目标付出了代价的情况，同时确保接近问题现场的管理者能有效地解决问题。

至此，管理者是否将问题列入其决策议程仍不清楚。决策问题是管理者准备采取行动予以解决的问题。一个问题是否形成决策问题，取决于管理者的判断。有两种因素影响着管理者的这种判断：一是管理者是否感受到了不得不采取行动以解决问题的压力（称为问题压力）。这种压力也许来自于目标要求、政策规范、财政危机、截止日期、上级期望、下级请示或即将来临的绩效评估等方面，一个没有对管理者形成压力的问题就是一个可推迟到未来某个时间加以解决的问题。二是管理者觉得有采取行动的资源（称为行动资源）。如果管理者觉得自己缺少采取行动的权力、资金、人手等资源，他们就不可能将问题列入决策问题，即使承受着问题压力，他们也会认为这是由于不适当的期望所造成的。问题压力和行动资源这两个条件同时具备，才能使管理者将问题列入其决策议程，缺少一个条件，问题仅是问题，而难以构成决策问题。

环节3：明确信息缺失，判断风险程度

管理者为了作出有效决策，必须了解与问题相关的事实和材料。但我们知道，管理者都是"有限理性人"，"他们决不会得到他们应该得到的全部事实。大多数决定不得不根据所了解到的不完全的材料来作出，这或者是因为有关材料收集不到，或者是因为要得到全部材料需要花费的时间和金钱太多。要作出一个完善的决定，并不一定要掌握全部事实。但是必须知道缺了一些什么材料，这样才能判断作出的决定有多大的风险，决定中所提供的解决问题的方针有多大的准确性。"[1] 在这个意义上讲，任何决策中都有猜测和判断的成分，从而有不同程度的风险。优秀的管理者没有一个是在等待掌握了完备信息之后才开始决策的，而是根据决策问题的紧急程度，当机立断地采取行动，然后追踪决策的执行，以便能够及早发现问题，并马上纠正自己的错误判断。因为他们十分清楚，哪些地方情况不明而不得不猜测行事，因而需要承担一定风险。

欲根据粗糙的和不完整的信息作出精确的决策是不可能的，也是靠不住的。但在现实生活中，这样做的人太多了。他们或以为掌握了全部信息，或被虚假材料所蒙蔽，或在执行决策过程中忘记了原先的未知数而不追踪决策，致使所作出的决定非但不能解决原有问题，反而引发了许多新的问题。

---

〔1〕　［美］彼得·F. 德鲁克：《管理实践》，帅鹏等译，工人出版社1989年版，第427~428页。

（二）第二个阶段：方案设计

环节 4：明确目标和准则

决策目标就是解决问题要达到的结果，它是在分析问题的过程中逐步确立起来的。对于经验性决策问题来说，决策目标可能是不言自明的。但对于创造性决策问题来说，决策目标往往需要进行开发。可以说，决策目标是对决策问题本质的概括和抽象，它规范着决策制订和决策执行工作。决策目标最终都要落实到组织的绩效上来，应该与组织目标保持一致，应该平衡眼前利益和长远利益，协调局部利益和全局利益。决策准则就是保证决策目标实现的价值准则，是从目标中延伸出来的、用于评价和规范决策的后续环节。准则也许是道德的（如不伤害他人），也许是政治的（如不动摇执政党的地位），也许是文化的（如民主手段），也许是经济的（如效益性），也许是社会的（如群众拥护），也许是技术的（如安全性）等。更可能的情况是，在具体决策中，决策准则是多重的而非单一的，此时需要确定准则的优先顺序。

从本质上讲，决策目标和决策准则与组织目标和组织价值体系紧密相关，决策目标和准则受组织目标和价值体系的规范和约束。但决策面临的都是现时状态的新问题，有时解决某些问题的决策目标和准则就会与组织的原有目标或价值体系发生激烈冲突，此时有效的决策往往要求改变人们已经接受的政策，否则，原有的框框就会限制可供选择办法的范围，使问题无法得到解决。此时的管理者往往会陷入两难困境：要么破坏既定规矩，改变现有局面以解决问题；要么遵守既定规矩，不突破现有局面，使问题不能得以解决。这时候，管理者就应该与高层进行沟通，取得支持和理解，不能蛮干。

环节 5：创制方案，寻找可供选择的行动办法

尽可能多地设计可供选择的行动方案是一条永恒不变的决策原则。对于高度程序化的决策问题来说，方案创制相对简单，但对于高度非程序化决策问题来说，方案创制相对困难，需要充分发挥决策者的想象力和创造力。但管理者由于受到与决策问题相关的专业知识和经验的限制，或者不掌握与决策相关的全部事实，经常会感到"脑力"不足，难以设计出更多的方案。为克服上述障碍，管理者应学会充分利用"外脑"，借助于"外脑"使办法源源不断地涌现出来。除传统的借助于谋士和顾问个人的"外脑"创制方案的方式外，现代社会还发明了不少利用专家团的"外脑"创制方案的方法，即利用团队的办法创制方案。

（1）头脑风暴法（Brainstorming Method）：又称脑力激荡法，是一种集体发

挥创造性，以抑制群体对新主意吹毛求疵的方案创制方法。[1] 它使人们在集体中相互启发，独立思考，产生连锁反应，引导出更多创造性意见。头脑风暴小组一般由 5 ~ 10 位专家组成，会议时长在 30 ~ 60 分钟之间。会议组织者首先向参与者阐明问题，鼓励大家破除等级尊卑观念，无拘无束地自由提出方案，严禁阻碍或批评他人主意，方案越新奇越好。用某种方法记录下所有方案，留待稍后进行讨论和分析。

（2）德尔菲技术（Delphi Technique）：一种采用信函方式经过数轮征求专家意见的决策预测方法。[2] 将载有决策问题相关信息、背景知识和对策设计要求的调查表寄给专家（人数可以多到上百人），每个专家独立完成调查表后匿名寄回，组织者将统计后的第一轮结果反馈给各位专家，请他们再次拟定对策。这个过程一般需要 3 ~ 4 轮，多数方案能够取得较为一致的意见。德尔菲技术有匿名性、反馈性和统计性三个特点，它将专家隔离开来，避免了在会议上专家之间相互影响的弊端，参加拟订方案的专家数量也可以大量增加。德尔菲技术在互联网时代将发挥更大的作用。

（3）名义群体法（Nominal Group Technique，NGT）：一种把个人想法和群体相互启发结合起来、吸取两者长处的方案创制方法。会议之前，组织者将决策问题和方案创制要求明确地告诉大家。每个人独立地拟订方案，并说明理由，书面提交给组织者。这是该方法的关键所在，此时的参加者仅仅是"名义群体"，即大家提方案时没有相互作用和相互影响的过程。稍后，专家们充分讨论每个不署名的方案，也可以综合出新方案，分析每个方案的有利因素和不利因素。最后，每个专家根据标准独立地把方案排出优劣顺序交给组织者，以期取得较为一致的意见。

（4）电子会议方法（Electronic Meeting Method）：专家与计算机技术相结合的一种现代决策方法，也可以说是头脑风暴法和名义群体法与现代科学技术相结合的产物。专家们可以围坐一桌，桌上每人配备一台计算机终端。组织者通过电脑将问题和要求显示给各位专家，他们把自己认为可行的答案及其理由和对他人所提方案的评论输入计算机，立即显示在会议室的屏幕上。电子会议方法既克服了头脑风暴法和名义群体法的人数太少、讨论可能离题、权威影响、浪费他人时间等弊端，又克服了德尔菲技术决策速度太慢的不足，具有匿名、诚实、快速的特点。决策参与者不透露姓名地打出自己所要表达的任何信息，

---

〔1〕 头脑风暴法是美国的奥斯本博士（Dr. Alex F. Osborn）发明的。参见〔美〕亚历克斯·F. 奥斯本：《适用的想象力》（第 3 版），查尔斯·斯克里布纳父子公司 1963 年版。

〔2〕 德尔菲技术是美国兰德公司于 20 世纪 40 年代发明的。这一名称与古希腊神庙中心的女祭司有关，她曾派出使者到全国各地去征求国内智者们对重大问题的意见。

不用顾忌他人怎么想，不必担心自己受到什么惩罚，可以完全按照自己的意愿充分地表达想法，而且他们的想法可以立即显示在屏幕上，使所有的人都能看到。

在管理实践中，多数管理者，尤其是中下层管理者不具备使用上述方法的条件，决策时主要靠自己来拟订方案。在这种情况下，管理者要避免陷入"非此即彼"的决策陷阱中。我们说"世界上的东西非红即绿"，大多数人都不会同意，但在决策中按"非红即绿"的思想拟订方案，并以此为据作出决定的却大有人在。如一家制造公司，由于设备落后，产品失去了竞争力，陷入了财政危机。经理认为企业的前途是要么进行设备更新，要么宣布破产。但由于企业缺乏财政信誉，筹资以更新设备的想法落空了，于是决定宣布破产。这就是典型的"非此即彼"的决策思想。其实，除上述两个可供选择的方法以外，还有其他措施，如把生产任务转包出去，或者为其他制造厂商揽生意，或者请设备供应商或投资公司入股，或者请求作为同行业大型企业的分厂等，结合实际情况可以设计其他对策。可见，在个人决策时，思维是受到很大限制的。

在一般情况下，"不采取行动"是不会作为一个方案的，但在特定情况下，不采取行动也许是一个好方案。如医生在对病人认真观察后，作出"不做手术"的决定，同样可以说明这位医生是高水平的外科医生。又如一所学校的一位副校长离任后，校董事会开始紧锣密鼓地寻找合适人选，以填充这个职位，但接连考评了5位候选人，均不理想，时间已过了1年。在一次董事会上又提起这事，大家突然认识到那位副校长离任后1年来，这个职位上的工作没有受到任何影响，于是决定"不再设立这个职位"。"在一切涉及到组织的问题上，考虑不采取任何行动，有特别重要的意义。因为在牵涉到组织的问题上，传统的行事方式和职位反映着过去的需要而不是目前需要，这种传统对管理机构看问题的角度和想象力影响极大。管理工作的层次和级别存在着一种几乎是自动增加的危险，这种增加还会继续下去，除非我们把不派人填补职位的决定看做是怎样去填补这个空缺职位的决定的一个组成部分。"[1]

环节6：评估方案

方案拟定之后，决策者应该批判性地分析每个方案，并用现代评估技术对每个备择方案进行定量分析和定性研究，确定各个方案的约束条件，研究这些条件对实现决策目标的制约程度，同时分析各种备择方案在政治、经济、社会和技术方面的现实可行性，并且分析每个备择方案在实施时可能存在的潜在问题和风险程度，制订应变措施。如果管理者可以透彻地分析研究上述各个方面，

---

〔1〕　〔美〕彼得·F. 德鲁克：《管理实践》，帅鹏等译，工人出版社1989年版，第431～432页。

那么每个备择方案的优缺点就会变得十分明显。

在评估方案过程中，人们经常要借助各种模型来分析研究方案的某个方面。特别是对方案的经济评估，通常会通过建立数学模型来完成。简单方案的评估模型可以在人脑中完成，但复杂方案的评估模型必须借助于现代科学技术构建系统模型，以便充分全面地对备择方案进行动态的深刻分析。建立模型需要一些专业技术，本书不再细述，读者可参阅有关仿真理论和仿真技术方面的著作。此处仅对一些常用评估分析方法作一些简单介绍。

（1）边际分析（Marginal Analysis）。一种数理评估方法，它强调情况的可变性，而不注重平均数和常量。它可以帮助人们分析如何达到最高利益和最好成绩。如当增加的收入和增加的成本相等时，方能实现最大利益；要达到生产的最高效率，只要变更投入和产出的比例，使它们的增量相等即可；要找出经理的最佳下属人数，可以相信，当人数增加一个单位时所带来的单位效益与它所产生的单位损失相等时，即可确定下属人员的理想人数等。

（2）成本—效益分析（Cost – Benefit Analysis）。用以衡量备择方案所产生的收益或损失的方法。其主要步骤有：①确定成本和效益的适当标准；②对各个备择方案进行描述，找出影响其成本和效益的主要因素；③把成本和效益表达为每个备择方案的上述因素的函数，并且构建一种数学模型来反映这种关系；④确定数学方程式中的参数的恰当值；⑤对每个备择方案的成本—效益进行计算、分析和比较，根据偏好作出选择。成本—效益分析法可广泛地应用于产品、设备、公共工程投资等方面的决策评估。

（3）可行性分析（Feasibility Analysis）。一般而言，对每个重大决策都应进行可行性研究，分析备择方案在实现决策目标过程中所依赖的诸多"可行"条件，形成可行性分析报告，作为抉择方案的依据。人们通常从技术、经济、政治三个方面进行可行性分析。技术可行性主要考虑方案在技术上的成熟性和先进性，若方案在技术上存在着不可攻克的难关或技术过于落后，则方案不可行；经济可行性主要考虑方案在经济上的合理性和有效性，分析方案的预期成本和效益；社会或政治可行性主要考虑方案的实施可能对组织产生的"震荡"大小、人们的接受程度、心理承受能力、对各类人员的经济利益和社会关系可能产生的影响。

（4）潜在问题分析（Potential Problem Analysis）。如果说可行性分析重在研究备择方案的实施所依赖的"可行"条件，那么潜在问题分析则重在研究备择方案实施过程中可能存在的障碍因素。由于环境的不确定性和组织因素的变化，备择方案可能隐藏着各种各样的问题，对这些问题进行深入地剖析，并制订防范对策，以应付这些问题在将来发生的可能性。如果对潜在问题不能做到预先

第六章

防范，或者需要很高代价才能防范，就必须准备应变措施，使问题在发生时可以得到适当的补救。这些就是潜在问题分析的主要内容。潜在问题分析的基本步骤有：①预测潜在问题。备择方案都有其实现的前提条件，倘若这些条件不具备或不完全具备，就会使决策存在问题。我们必须针对假设条件逐一地提出问题，并一一作出确切的回答，就会发现有许多潜在问题，然后一一列举出来。②评价威胁性。逐一地分析潜在问题的可能性和严重性，然后用高、中、低三种程度来衡量，可能性和严重性都高的问题对决策威胁性最大，应给予高度重视。③制订预防措施。根据对问题威胁性的评价，对重点问题的产生根源做进一步的研究，并制订相应的防范措施。④准备应变措施（应急计划）。有些潜在问题可事先预防，有些则很难做到事先预测和防范，有些可以事先预防但需付出极大的代价，所以，为了尽量减少损失，必须准备相应的应变措施，以便在问题发生时即可获得及时的补救。

有一些学科，如运筹学、风险分析、技术经济学、管理会计等，在本质上都是研究决策评估技术的，有兴趣的读者可参阅相关书籍。

（三）第三个阶段：方案抉择

环节7：选择方案

对个人而言，抉择只是下定决心作出选择的过程；对于群体决策而言，抉择就是群体成员按照预先制订的规则（如投票）进行表决的过程。一般而言，在正规化程度高的组织中，重大事情的抉择权通常由群体行使，以使决策能代表组织各方的利益和意志，而执行中的抉择权通常由个人负责的行政长官行使，以便提高执行工作的效率。如果组织中的任何抉择权都由个人行使，必然会导致专制和独裁；如果组织中的所有抉择权都由群体行使，又必然会导致低效率和决策责任模糊的后果。不论哪种抉择形式，决策者都应对自己的抉择负责。组织应该对个人抉择责任和群体抉择责任的各种责任形式有明文规定，以保证决策的质量。

在抉择环节中，决策者一般遵守经济准则、风险准则、时间准则和资源准则。①经济准则：比较各个方案，看哪个方案收效最大而费力最小，哪个方案能带来必要的变化而给组织带来的动乱或震荡最小，哪个方案能够圆满地解决问题而又引发的问题最少。不要忘记，在现实生活中，"大炮打蚂蚁"和"弹弓打坦克"式的决策相当多。②风险准则：就信息不完备而言，每个方案都有一定的风险，不冒风险的决策是没有的。管理者在抉择方案时必须对照每个方案可望带来的收获评估它的风险，就是说，管理者应根据环境条件和自身状况对每个方案的利弊得失作出全面的权衡。③时间准则：抉择的时机把握很重要，什么时候出台什么方案，什么情况下出台什么方案，这不能全靠理性的分析，管理者要根据当时的情况凭自己的理解力来选择时机。一般来说，如果情况十分紧急，或者感到解决问题的火候正好，那么管理者就要当机立断，作出抉择；相反，管理者就要放缓作出决定。抉择之前，决策者要问一下自己："是否现在必须采取行动？""何时作出抉择最为合适？"有时候，如果问题需要在短时期之内得以解决，那么管理者可取的方针就是要大张旗鼓地宣传这项决定，通告组织成员有重大事情就要来临；有时候问题的解决需要长期的不懈努力，那么管理者在开头最好是慢慢来，先迈出第一步，以便把势头建立起来；有时候，问题可以在习惯的范围内得以解决，那么管理者就可以雷厉风行、大刀阔斧地行动；有的问题的解决需要改变观念、习惯或制度，那么管理者起步就要稳而慢，一次只跨一步，慢慢地迈向最终目标。④资源准则：选择方案时要考虑行动资源的配置情况，尤其是要考虑是否有合适的执行决定的人。一个人的品质、性格、眼光、能力、技术、理解力和行动的敏捷程度等，决定了他能够做什么，不能做什么。人们常说："经"是好的，但"和尚"给念歪了，这是因为"和尚"根本就没有理解"经"。管理者在选择方案时，要问自己"有执行方案的资源吗？"特别要问"有执行这些决定的人选吗？"有些人不遵守这一准则，只管宣布决定，结果决策的指令信息层层"衰减"，最终不了了之。当然，管理者决不能因为缺乏合格的执行者就接受不合理的决定，唯一正确的做法是培训人员使之合格，或者聘请组织之外的其他人。

抉择方法是管理者在选择方案时所使用的技术。孔茨在《管理》一书中归纳了三种抉择方法，即经验、实验和研究与分析。卡斯特和罗森茨韦克在《组织与管理》一书中总结了人类的六种作决定的方法，即诉诸超自然物的方法、诉诸权威的方法、直觉方法、常识方法、逻辑方法以及管理科学方法。本书认为，常用的抉择方法有以下四种：①经验方法。人类的学习和记忆功能使人们养成了某些行为习惯，当管理者面对日常反复出现的问题时，一般是依赖于过去的经验选择方案。②逻辑方法。当管理者面对前提条件十分确定和目标单一的决策问题时，可以依靠人类的理性分析问题的能力，对方案进行优化选择。③试验方法。相应的备择方案的实施结果难以预料和把握，管理者可以在局部或小范围内进行试验，测试方案的可行性，比较优劣，作出选择。④直觉方法。与决策相关的信息复杂多变，不可捉摸，对方案实施以后的潜在问题难以预料，既无经验可循，又不可逻辑推理或进行试验，在这种情况下，管理者一般都是凭直觉选择方案。

（四）第四个阶段：方案生效

环节8：使执行者行动起来，实施方案

方案生效环节既重要又困难。一方面，决定不付诸实施，决策就无任何实际意义，所作的决定只是一种"想法"而已，问题也永远不会得到解决，从这个意义上讲，方案生效阶段极为重要；另一方面，要使决定生效，就必须使执行者行动起来，使其能够热情地、有责任心地、准确地去实施方案，这就要求决定内在化于执行者，从这个意义上讲，方案生效环节又极为困难。

在完全属于个人问题的决策中，个人一旦作出选择，决定就是自己的决定，目标就是自己的目标，执行就是自己执行，决定、目标和执行完全一体化于个人，作出决定之后立即就能付诸实施，使决定生效不存在任何困难，也不需花费任何时间，此阶段仅是个逻辑阶段。但在管理决策中，管理者一旦作出选择，这个决定及其执行就游离于决策主体之外，抉择职能与执行职能通常是分离开来的，管理者只能推动执行者行动起来使决定生效。这时就需要解决执行者对决定的认同和认知、责任心和工作热情、准确理解和创造性等问题。传统管理是将决定指令传达给执行者作为命令而强制实施，由于一体化程度不高，导致决策执行结果并不理想。或者是将决定束之高阁，久久不能起作用，或者是决定实施半途而废，或者是决定执行偏离目标，或者是严重浪费各种资源。现代管理是在民主管理思想的指导下，让执行者参与决策，特别是要参与确定问题层次、明确风险、拟定目标、创制方案、方案评估等环节，使他们有机会充分发表意见，并了解整个决策情况。这样的参与决策较好地解决了上述问题，提高了决定的个人内在化程度，一旦抉择之后，方案就可以立即生效。

在决策过程的时间表上，四个阶段各自的区间并不均等。分析问题阶段是非常耗时的，它在决策者的时间表上占据着较多的区间。如同病人住院初期的观察阶段，医生需要观察病情和检验各种指标，然后通过会诊确定病种和病因会耗时一样；也如同侦破案件过程中，搜集材料和证据，查明案情起因会耗费很多时间一样。但在实际工作中，要求快速通过这一阶段的大有人在，这些管理者只是起着"消防员"的作用。方案设计阶段的活动都是十分精细的工作，它在决策者的时间表上也占据着相当大的区间。但管理者由于各种各样的原因，如没有目标意识地、就事论事地工作而不去确立决策目标和准则，或强烈地倾向于某个方案，或因脑力所限而不去创制更多的方案，或因缺乏责任心而懒得去评估各种备择方案等，有加速通过这一阶段的倾向。选择方案阶段虽然极为重要，但不应该花费太多的时间。如果问题必须解决，方案设计又是合理的，那么久久不能决断则会坐失良机，或使问题长期搁置，这对组织的发展显然是极为不利的。方案生效阶段在理论上仅是逻辑阶段，而不应该是时间阶段，故在决策者的时间表上不占任何位置。但遗憾的是，有很多管理者在第一阶段和第二阶段不花费时间，草草而过，在第四阶段却花费了数倍于前几个阶段的时间，甚至久久不能使决定生效，最后只好不了了之，问题依旧存在。

第六章

在此需要提醒读者注意的是，由含有四个阶段八个环节、组成的决策程序只是为分析决策过程而作出的理论上的划分，不能将其刻板地理解为实际的决策过程就是如此。在实际决策中，它们都是"揉"在一起的，如分析问题的同时就会设想解决问题的办法，并考虑这个办法是否可行，能否起作用；评估方案时有可能真正认识到了决策风险；设计方案时有可能对问题有了新的认识和界定；方案生效时有可能更加深刻地评价了方案等。所以，这四个阶段在实际决策过程中是相互交织在一起的，是相互作用、相互渗透和相互影响的，决策在一定时间内是一个不可分割的整体。

第四节　决策技术

一、最优决策模式

如果说西蒙的认知决策模式是一种描述性决策模式，那么最优决策模式则是一种规范性决策模式。它产生于统计决策论和运筹学，是从严格的数学意义上去研究规范性的决策问题，也就是通常所说的如何作出最优决策的问题。

最优决策模式所遵循的一般程序为：①识别和确定问题。从纷繁复杂的现象中准确地识别出与目标相关的决策问题，进而确定影响问题的各种因素，特别是对决策目标、约束条件、上级要求等因素要给予详尽地分析，尽量将每个因素具体化或计量化。②建立模型。问题及其相关因素搞清楚了，就要建立一个能够代表所研究系统及其情境的模型。模型有图像模型、模拟模型、语言模型和数学模型等，数学模型是一种常用模型，其一般形式为：$Z_i = f(A_i, Q_i)$，其中 Z_i 是系统的目标函数，f 代表函数关系，A_i 代表决策者可以控制的变量集合，Q_i 代表环境条件集。数学模型是对复杂现实世界的高度简化和抽象。③求解模型。为使模型有效，可用"回溯检验法"进行检验，即用过去的资料代入模型中，求出数值，然后同过去的实际数值相比较，看模型是否符合实际情况，若不符合，就需要对模型作适当的修改，使它能恰当地反映所研究的问题，然后进行求解，得出最优方案。现实中已经过检验的诸多模型都设计了相应软件以帮助求解。④付诸实施。把最优方案转化为可行的作业步骤，有效地实施方案。

需要指出的是，由于模型是对现实世界的简化，故任何优化方法提供的答案都是一种试探性的近似合理的答案，且这种最优决策模式难以解决非程序化决策问题。另外，不能将最优决策模式等同于"经济人"假设。因为"经济人"不关心人的实际决策过程，他无论如何都能找到最经济的行动方案，而规范性的最优决策模式深切地关注着人的决策过程，它试图告诉人们，用这样或那样的方法去推理或计算就能找到最优行动方案。

二、确定型问题的决策技术

确定型问题的决策应具备以下条件：明确的单一目标（如收益最大或损失最小）、多个备择方案、每个备择方案对应着一个确定的自然状态（Natural State）、不同方案在确定状态下的益损值可以计算出来。不同类型的确定型问题对应着不同的决策技术，此处仅以 CVP 分析技术、NPV 分析技术和 LP 技术为例给予简单介绍。

（一）本量利分析技术（CVP Analysis Technique）

成本（Cost）、产量或销量（Volume）和利润（Profit）三者之间有依存关系，对这种关系的研究就称为本量利分析。其数学模型为：$L = px - (a + bx)$，其中 L 表示利润，p 表示产品单价，x 表示产量或销量，a 表示固定成本，b 表示单位变动成本。利用这个关系式可以进行相关的决策分析。我们来看下边的例子：

例：丽华公司本年度生产甲、乙、丙三种产品，其基本资料见表 6-2。请计算甲、乙、丙三种产品在本年度的益损值，并对亏损产品是否要停产进行决策分析。

表 6-2　丽华公司甲、乙、丙三种产品的基本资料

	甲	乙	丙
x	1 000 件	500 件	400 件
p	20 万元	60 万元	25 万元
b	9 万元	46 万元	15 万元
a	18 000 万元（按销量或销量分摊）		

解：利用本量利的关系式，可以计算甲、乙、丙三种产品各自的利润和总利润：$L_甲 = 5\ 000$ 万元，$L_乙 = -2\ 000$ 万元，$L_丙 = 1\ 000$ 万元，$L_总 = 4\ 000$ 万元。

由此可见，乙产品是亏损产品。假设将乙产品停产，甲和丙产品的产量保持不变，按照上述方法同样可以计算出来甲和丙产品的利润总和为：$L_总 = -3\ 000$ 万元。可见，亏损的乙产品不能停产，否则会造成整体亏损的局面。

本量利分析技术还可以用来预测保本点，也可以用来对不同方案的成本进行分析比较。

(二) 净现值分析技术 (NPV Analysis Technique)

净现值 (Net Present Value, NPV) 是指一项投资的未来报酬的总现值超过原投资额现值的金额。对于任何一项长期投资,投资人总希望未来能获得报酬的总金额大于原投资金额。但这两项金额发生在不同时期,货币又有时间价值,必须在统一于同一时间的基础上方可对比。所以,有必要把未来能获得报酬的总金额,按照资金成本折算成现值,然后再与该项投资的现值 (如期初一次性投入,即为原始投资额;如分期投入,则需要分别折算成现值并加总) 进行对比。若前者大于后者,即净现值为正数,说明该方案的投资报酬大于资金成本,方案就是可行的;若前者小于后者,即净现值为负数,说明该方案的投资报酬小于资金成本,方案不可行。这一决策分析的整个过程,就叫做净现值分析技术。其数学模型为:

复利现值: $P = S \cdot 1/(1+i)^n = S \cdot F_1$

普通年金现值: $P = R \cdot 1/i \cdot [1 - 1/(1+i)^n] = R \cdot F_2$

预付年金现值: $P = R \cdot \{1 + 1/i [1 - 1/(1+i)^n]\} = R \cdot F_3$

净现值: $NPV = \sum P_收 - \sum P_投$

其中,P 表示现值,S 表示收入和支付的金额 (或称终值),i 表示利率,n 表示期数,F_1 表示一元复利现值系数,R 表示年金 (即每隔一定相同时期收入或支出相同金额的款项。在每期期末收入或支付的,称为普通年金;在每期期初收入或支付的,称为预付年金),F_2 表示一元普通年金现值系数,F_3 表示一元预付年金现值系数,$P_收$ 表示每次收入金额的现值,$P_投$ 表示每次投入金额的现值。

例:国泰公司拟购置一台自动化设备,需款 100 000 元,可用 10 年,期满无残值。估计添置该项设备以后,每年可为公司增加收益 20 000 元。购入设备款项拟向银行借入,利率为 16%。试问该项购置方案是否可行? (10 年的利率为 16%,一元普通年金现值系数为 $F_2 = 4.833$)

解:利用普通年金现值公式,可以计算出 10 年收益的现值为:P = 96 660 元

因此,净现值为:NPV = 96 660 - 10 000 = -3 340 元

可见,此项购置方案不可行。

(三) 线性规划技术 (LP Technique)

线性规划 (Linear Programming or LP) 是指对于满足一定约束条件的系统进行规划,目的是使由系统诸要素构成的目标函数达到极值,从而求得系统最优参数的方法。线性规划技术产生于 20 世纪 40 年代,广泛应用于产品制造、原材料分配、人员配置计划、输送计划和投资决策等方面。这种方法在于寻求如何使有限资源获得最大效果,或用最小代价完成一项给定的任务。其数学模型由

目标函数、约束条件和非负值要求三部分组成。

（1）目标函数（用一个线性方程表示）

$L = b_1x_1 + b_2x_2 + \cdots + b_nx_n$

（2）约束条件（用一组线性方程或线性不等式表示）

$a_{11}x_1 + a_{12}x_2 + \cdots + a_{1n}x_n \leqslant$（或$\geqslant$）$C_1$

$a_{21}x_1 + a_{22}x_2 + \cdots + a_{2n}x_n \leqslant$（或$\geqslant$）$C_2$

……　　　　……　　　　……

$a_{m1}x_1 + a_{m2}x_2 + \cdots + a_{mn}x_n \leqslant$（或$\geqslant$）$C_m$

（3）非负值要求

x_1，x_2，$\cdots x_n \geqslant 0$

例：江南化工厂有两条生产线，分别生产甲、乙两种产品，都需要用到A、B、C三种原料。已知条件为：生产每吨甲产品分别需用A、B、C原料为4吨、4吨和10吨，生产每吨乙产品分别需用A、B、C原料为6吨、12吨和5吨。每年可供应的A、B、C原料分别为48吨、84吨和80吨。假如每吨甲、乙产品的利润分别为29万元和21万元，请决定甲、乙产品各生产多少吨，才能使工厂的利润最大？

解：设甲、乙产品各生产x_1、x_2吨，则

目标函数：$Z(x_1, x_2) = 29x_1 + 21x_2$

约束条件：$4x_1 + 6x_2 \leqslant 48$

$\qquad\qquad 4x_1 + 12x_2 \leqslant 84$

$\qquad\qquad 10x_1 + 5x_2 \leqslant 80$

非负值要求：x_1，$x_2 \geqslant 0$

用图解法进行求解，见图6-1。

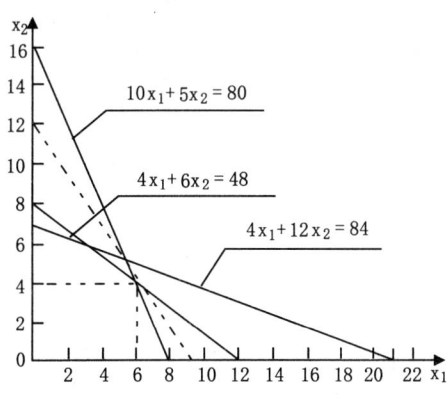

图6-1　江南化工厂的二元线性规划图解

由图可测得最优解为：$x_1 = 6$ 吨，$x_2 = 4$ 吨。

因此，最大利润为：Zmax（6，4）$= 29 \times 6 + 21 \times 4 = 258$（万元）。

线性规划的图解法简单、直观，适用于只有两个变量的线性规划问题。对于三个或三个以上变量的线性规划问题，图解法就无能为力了，必须用单纯形法（有兴趣的读者可参考有关"运筹学"的书籍）。对于较复杂的线性规划的实际问题，还得利用计算机进行计算。

三、风险型问题的决策技术

风险型问题的决策应具备以下条件：明确的单一目标、多个备择方案、每个方案对应着多个概率确定的自然状态、不同方案在不同自然状态下的益损值可以计算出来。风险型问题的决策一般都使用决策树技术和效用值技术，此处只介绍较为简单的决策树技术。

决策树技术（Decision Tree Analysis Technique）是一项为组织展示与预期决策有关事实的管理技术，它把一系列决策环节、各种备择方案、可能出现的多种自然状态、概率大小、益损值等要素简明地绘制在一张图上，使决策问题和决策过程形象化，便于思考和研究。这种图可以被想象为一棵无叶的数，故被形象地称为决策树。决策树分析技术的基本程序是：

1. 确定决策点、状态点和结果点，画出决策树。决策点表示主观抉择环节，用方框代表，由此引出的"树枝"表示备择方案，称为方案分支；状态点表示客观随机环节，用圆圈代表，由此引出的"树枝"表示自然状态，称为概率分支；结果点是"树梢"，表示决策的终点，用三角形代表。决策点、状态点和结果点之间按照人们的决策思路由决策分支或概率分支连接起来。在分支线上面标明备择方案名称或自然状态名称，形成完整的决策树。

2. 将各个行动方案的投入或收益计算或估计出来，标于对应的分支线下面；计算或估计各种自然状态的概率并与自然状态的名称并列标于分支线上面；计算各个结果点的益损值，即条件结果，填在后面的方括号内。

3. 计算各方案的期望值，标于状态点的上方。决策者可以据此进行比较，作出选择。期望值的计算方法为：$E(v) = \sum p_i \cdot v_i$，其中，$p$ 为自然状态的概率，v 为条件结果。

例：某建筑设计院对一项标的为 600 万元的公共工程招标进行决策。如果决定投标，就要花费 40 万元进行调研与论证，但中标的概率仅为 40%。如果中标，决策者有自行开发设计和老设备更新改造两套方案可供选择，但两个方案都有失败的风险。开发设计需花费 260 万元，成功的概率为 80%；更新改造需花费160万元，成功的概率为50%。按照合同，倘若失败，不论哪个方案，都须赔偿100万元。请用决策树技术分析此项决策。

解：按照决策树技术的基本程序，该项决策的完整的决策树如图6-2所示。

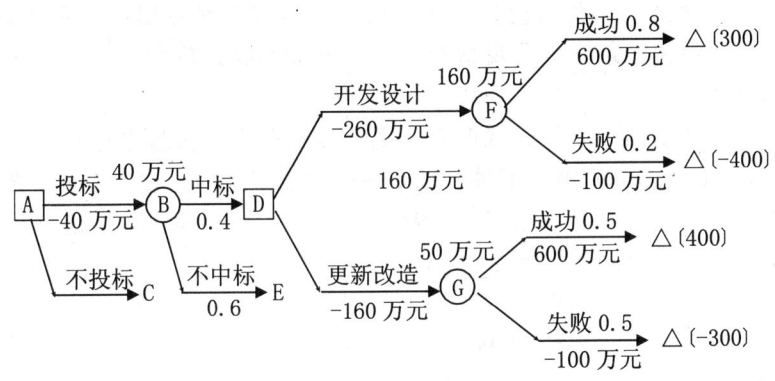

图6-2　某建筑设计院的决策树

由于B点的期望值为40万元，是正数，说明可以参与竞标。由于F点的期望值（160万元）大于G点的期望值（50万元），说明若竞标成功，开发设计方案是可选方案。

四、不确定型问题的决策技术

不确定型问题的决策应具备以下条件：明确的单一目标、多个备择方案、每个方案对应着多个概率不确定的自然状态、不同方案在不同自然状态下的益损值可以计算出来。不确定问题的决策更多地受决策者心理导向的作用，一般是依据不同的决策准则（乐观准则、悲观准则、乐观系数准则、等可能性准则和"后悔值"准则）进行选择的。下面结合例题说明这些决策准则的应用。

例：蓝天公司决定生产某种新产品，根据市场部的预测资料，提出产量不同的生产方案：2万件、2.5万件和3万件，益损值见表6-3。请进行决策分析。

表6-3　蓝天公司新产品的益损值表

	畅销（Q_1）	一般（Q_2）	滞销（Q_3）
A_1：2万件	4万元	3.6万元	1.2万元
A_2：2.5万件	5万元	3.4万元	1.6万元
A_3：3万件	5.6万元	3.3万元	0.9万元

（1）乐观准则：决策者认为自己处于一定的优势地位，有着极强的自信，对形势作乐观的估计，追求所有可能出现的益损值中的收益最大者，由此选择对应的方案。在该例中，最大收益值为5.6万元，故选 A_3 方案。

（2）悲观准则：决策者认为自己处于一种不利境地，对形势作悲观估计。为保险起见，总是从坏处着想，不担风险。选择方案时遵守小中取大的原则。在本例中，滞销情况是一种悲观估计，三个方案的收益值中的最大者是1.6万元，故选取 A_2 方案。

（3）乐观系数准则：决策者既不乐观，也不悲观，作折中考虑。常用一个乐观系数 α（$0 \leqslant \alpha \leqslant 1$）表示折中观念，悲观系数则为 $1 - \alpha$。将每个方案中的最大和最小收益值分别乘以乐观系数和悲观系数，并求和，然后选择最大值对应的方案。在本例中，假设为 $\alpha = 0.4$，则

A_1：$4 \times 0.4 + 1.2 \times 0.6 = 2.32$

A_2：$5 \times 0.4 + 1.6 \times 0.6 = 2.96$

A_3：$5.6 \times 0.4 + 0.9 \times 0.6 = 2.78$

故选最大值2.96对应的 A2 方案。

（4）等可能性准则：决策者认为各种自然状态有相等的出现机会，所以按期望值理论选择方案。在本例中，可以计算出三个方案的期望值的近似值分别为2.93、3.33和3.27，故选最大值3.33对应的 A_2 方案。

（5）"后悔值"准则：决策者为将自己的后悔感觉降至最低，故选取各个方案中的最大后悔值中的最小值对应的方案。后悔值定义为：把每个方案的最高收益值定为理想目标，最高值减去每个自然状态对应的益损值，即为后悔值。由此形成后悔值表，以便进行选择。表6-4是本例的后悔值表。

表6-4　后悔值表

	Q_1	Q_2	Q_3
A_1	1.6	0	0.4
A_2	0.6	0.2	0
A_3	0	0.3	0.7

由后悔值表可以看出，三个方案对应的最大后悔值分别为：1.6、0.6和0.7。所以，选取最小后悔值0.6对应的 A_2 方案。

第六章

本章小结

决策是对组织未来实践的方向、目标、原则和方法作决定的过程，它具有目的性、未来性、择优性、责任性和有效性五个特征。决策是事实因素和价值因素的混合体，将事实因素与价值因素区分开来，有助于人们正确地认识决策。决策可分为不同类型，根据信息的完备程度，可将决策分为确定型决策、风险型决策和不确定型决策三类；根据决策问题的重复性，可将决策分为程序化决策和非程序化决策两类。不同的决策问题对应着不同的决策技术。

决策活动贯穿于整个管理过程，管理在本质上是一系列决策的总和。决策来源于上级要求、下级请示和自我发现问题。在组织决策中，有些是个人行使决断权的个体决策，有些是群体行使决断权的群体决策。两类决策方式各有利弊，为扬长避短，现代组织一般都采用个体决策与群体决策相结合的决策体制。管理决策过程中既含有直觉判断的成分，又含有定量计算的成分，在不同的决策环节中，直觉和计算扮演着不同的角色。认知决策模式是对决策过程的一种理论概括，属于描述性理论，"管理人"假设、决策过程三要素、两个准则和四个阶段构成了该模式的基本理论框架。

系统分析方法是建立于系统科学基础之上的一种定量分析和定性分析相结合的决策分析方法。系统分析程序包括四个阶段和八个环节。第一个阶段就是识别问题，探求产生问题的根源，结果是要将问题明确地表达出来。在此基础上来确定问题的层次，使问题进入决策议程。同时决策者要明确信息的缺失，判断决策的风险程度。第二个阶段是设计方案。首先要明确决策目标和准则。决策目标是对决策问题的高度概括和抽象，决策准则是对目标的具体化。创制方案是最具创造性的活动，对复杂问题的决策需要借助于"外脑"。人们在实践中已发明了一些利用"外脑"的方法，如头脑风暴法、德尔菲技术、名义群体法和电子会议法等。方案创制过程中要摆脱"非此即彼"的二分法思维的束缚，否则会使人们陷入决策陷阱之中。评价方案是一种仔细的工作，可借助于边际分析、成本效益分析、可行性分析和潜在问题分析方法。第三个阶段是选择方案。此时决策者一般是从经济、风险、时间和资源等四个方面来考虑方案的，经验方法、逻辑方法、试验方法和直觉方法等通常是针对不同的决策问题使用的决断方法。第四个阶段是使方案生效，即使方案得以有效地实施。前两个阶段应该在决策者的时间表上占去较多的位置，后两个阶段不应该耗费太多的时间。

最优决策模式是一种规范性决策模式，它试图借助于数学模型为决策问题找出最优的管理解答。确定型问题多种多样,相应的决策技术也多种多样。人们经常使用 CVP 技术、NPV 分析技术、LP 技术等解决确定型问题。风险型问题的决策一般都使用决策树技术和效用值理论,本章介绍的决策树技术是将决策环节绘于图上的一种形象直观的分析方法,它是一种简单易学的有效决策技术。不确定型问题的决策受决策者的心理导向,通常采用乐观准则、悲观准则、乐观系数准则、等可能准则和"后悔值"准则等进行方案选择。

自我测试 6

回答以下问题,并在合适的位置上做记号

	从来没有	有时有	经常有
1. 你的决断是否会受到他人意见的影响	—	—	—
2. 如果已经到了做出决断的时间,你是否会拖延	—	—	—
3. 你是否会让别人为你做出决断	—	—	—
4. 你是否因为无法做出决断而错失良机	—	—	—
5. 如果已经做出决断,你是否还有第二种考虑	—	—	—
6. 你在回答这些问题时是否犹豫了	—	—	—

第六章

组 织 篇

第七章
组织结构与职务设计

提示：

　　部门和职位—组织结构模式—组织结构设计原则—组织结构设计步骤—部门化和一体化—组织三要素——体化技术—按专业化原则设计职务是最好的？—职务设计三步骤—职务设计技术。

　　组织是人们以合作的方式去实现共同目标的工具。任何管理都离不开组织，管理者只有把自身的组织工作做好，才能有效地实现管理的目标。组织工作能否做好，关键在于是否具有合理的组织结构和良好的组织设计。在当代社会中，组织结构和职务不是自发形成的，而是人们依一定准则按照管理的需要主动设计的。本章将通过分析组织结构的基本模式、组织结构的设计、组织的部门化和一体化以及职务设计，来揭示组织的基本原理。

第一节　组织结构模式

一、组织与结构

（一）组织与组织结构

　　组织（Organization）是指存在于环境之中，按一定目的、任务、形式编制组合而成的，成员分工与合作的工作系统，包括部门结构、职位系统和运作模式。组织是管理的一项重要职能。组织职能是根据一个组织的目标，将实现这个目标所必须进行的多项活动和工作加以划分和归类，设计出适合的组织结构，设置职务及其运作模式，分工授权并进行协调的一系列活动的总称。组织结构

第七章

设计是其中的一项内容。

组织结构（Organizational Structure）是指组织内部各构成部分及各部分之间确立的相互关系形式。从实现组织目标的过程来看，组织结构是组织将它的工作划分为具体的任务，并且在这些任务当中实现合作的方式。组织结构不仅静态地描述了而且也动态地描述了这个框架体系是如何在分工与合作的过程中把个体和群体结合起来去完成工作任务的。以图示形式表示的组织结构称为组织（结构）图（Organization Chart），它显示了管理等级、部门设计和职权关系等基本内容。

（二）组织结构三要素

组织结构的要素包括复杂性、规范性、集权化与分权化。

复杂性指组织分化的程度，包括组织内的专业分工程度，垂直领导的层级数以及组织内各部门及人员的地区分布情况等。一个组织专业分工愈细，纵向层级愈多，组织机构的地理分布愈广泛，则人员及其活动的协调就愈困难。因此，组织结构中的复杂性越高，管理者就越应重视组织中的沟通、协调和控制。

规范性指组织依靠规则和程序引导员工行为的程度，包括一个组织内的纪律、规章制度、工作程序、生产过程及产品的标准化程度等。规范性对提高组织效益、减少不确定因素、增强组织的协调性都有重要作用。规范性随着技术和专业的不同而产生差异，一些技能简单而又呈重复性的工作具有较高的规范性，而技能复杂且创造性较高的工作规范性程度就低。规范性亦随着管理层次的高低和职能的分工而有所差别。管理的层级与规范程度成反比。

集权化与分权化指决策制订权力的集中与分散程度。决策权力高度集中，问题自下而上传递给高层管理者，由其来选择如何行动的是集权化。相反，决策制订权力授予下层人员的称为分权化。集权化与复杂性成反比，高复杂性总是与低集权，即分权相伴随。在非专家、技术专业人员占绝大多数的组织内，往往采用高度规范性和集权性的组织结构方式，而一个组织内的成员是专家、技术型的话，就会呈现低规范性和分权性。

二、组织结构的基本模式

（一）直线制组织模式

直线制组织（Linear Organization）结构是最早、最简单的一种组织结构形式，它的特点是组织中各种职务按垂直系统直接排列，各级管理人员对所属下级拥有直接的一切职权，组织中每一个人只接受一个最近的直接上级指挥，仅对该上级负责和报告工作。即一个人一个上级，彻底贯彻统一指挥的原则。这是一种集权模式，其结构如图 7 - 1 所示。

第七章

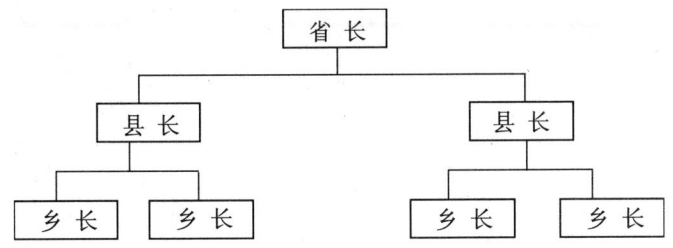

图 7-1　直线制组织模式

　　直线制组织结构的优点是结构比较简单，权力集中，责任分明，命令统一，联系便捷；其缺点是由于不设参谋或职能部门，所有的管理职能都集中由一人承担，这样管理者被要求是全能型的，他必须具有与直属下级一切工作有关的知识和经验才能应付工作。在组织规模较大的情况下，往往由于个人的知识、经验和能力的限制而难以为继，从而顾此失彼，发生失误。

　　在直线制层级节制的权力链条基础上，产生了"直线职权（Line Authority）"。直线人员享有直线职权。直线职权给予直线序列的各级管理者对管理事务进行决策和指挥其下属的权力。正是这种上级与下级的职权关系贯穿于组织的最高层与最低层，从而形成了权力的指挥链，来驱动和协调组织，保证组织意志和行动的统一。因此，按照直线（权力链）分为一定的等级层次是组织的一个基本特征。直线制组织模式所含的等级层次内涵对现代组织形式仍在发生影响，不过，单纯的直线制在当代适用范围较窄。

　　（二）直线参谋制组织模式
　　直线参谋制组织（Line－Staff Organization）是在直线制组织基础上发展起来的，其基本特点在于设置两套系统，在保留直线等级的基础上，建立与各级主管相对应的、为其出谋划策的参谋系统。既能保证命令统一，行动迅速，不破坏统一指挥的权力链条，又能改变管理人员疲于应付的状况。这样，就在直线职权的基础上产生了"参谋职权（Staff Authority）"。直线职权一般指直线的等级的职权关系，参谋职权则是顾问性质的职权关系。参谋人员享有参谋职权。参谋系统不属于直线序列，既没有对管理事务的决策权，也没有对直线人员的指挥权，他们只对直线职权的拥有者——各级主管提出建议，提供咨询，减轻其信息负担。直线参谋制如图 7－2 所示。

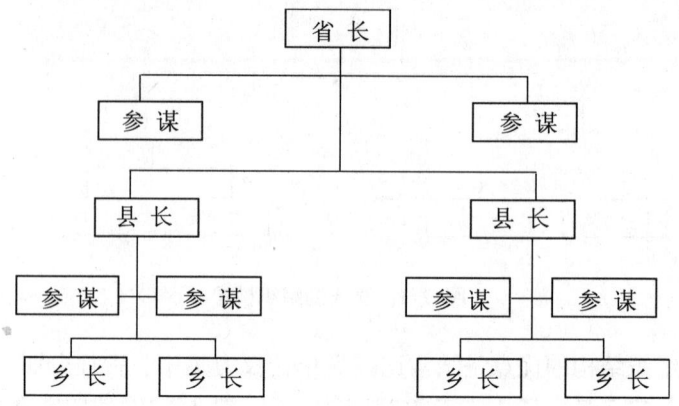

图 7-2　直线参谋制组织模式

直线参谋制的优点在于既保留了统一指挥的链条，又设立参谋系统对管理人员进行支持、帮助，使其不再感到孤立，并弥补其知识与经验的不足，增加了决策的可靠性；其缺点在于，由于管理的专业化发展，管理人员的负担仍然过重，仅以直线参谋制弥补尚不足以解决这个难题。

（三）直线职能制组织模式

直线职能制组织（Line – Function Organization）是直线参谋制组织的扩展和深化，其突出的特点在于吸收了直线制与直线参谋制的优点，在直线制的基础上，按专业化原则建立一套职能部门。职能部门由职能方面的专家组成，直接对直线主管负责。直线主管仍然具有对下属的全面指挥与领导权，对管理事务负有全权处理的责任，以保证命令统一。而职能部门一般情况下对下级直线组织没有行政上的领导关系，一方面他们对直线主管提出建议，履行其参谋职能；另一方面他们对下级直线组织按专业分工进行业务指导。实际上，职能部门的职责往往也可以超出上述范围。有些管理学家如孔茨等就认为，只有在纯粹形态下的职能部门才不拥有直线职权，当直线主管授予职能部门向直线组织发布指示等职权时，这个职权叫做"职能职权（Functional Authority）"。直线职能制如图 7 – 3 所示。

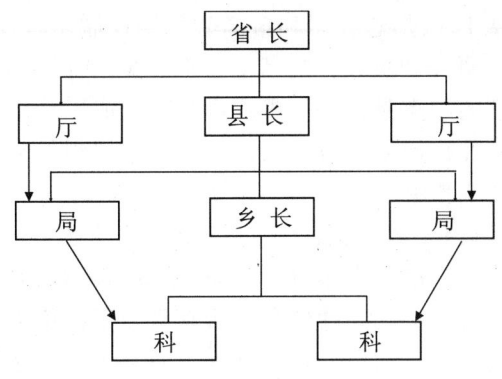

图 7-3　直线职能制模式

直线职能制的优点在于既保证了统一命令的效果，又发挥了各种专家的作用，直线主管能够腾出更多的时间从事重要的工作，而不必担心处理高度专门化的问题。所以它成为迄今为止应用最广泛的一种组织结构模式。其缺点主要在于容易产生部门矛盾，不易协调。

三、其他典型的组织结构模式

（一）事业部制组织结构模式

事业部制（Divisional Organization）又称"联邦分权制"，首创于 20 世纪 20 年代的美国通用汽车公司，它是在总公司领导下设立多个事业部，各事业部有独立的产品和市场，实行独立核算。事业部内部在经营管理上拥有自主性和独立性。它最突出的特点是集中决策、分散经营，即总公司集中决策，事业部独立经营。这是在组织领导方式上由集权制向分权制转化的一种改革。事业部制如图 7-4 所示。

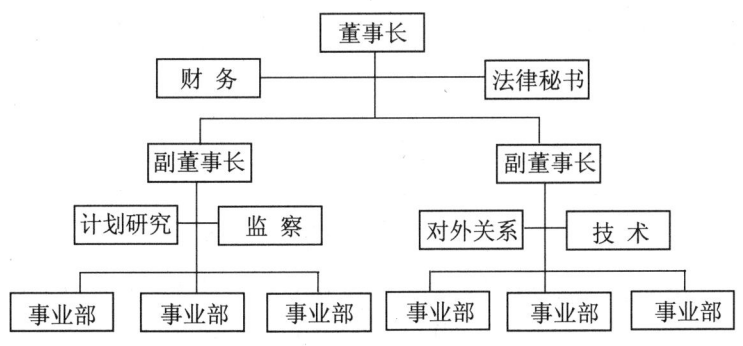

图 7-4　事业部制组织结构模式

事业部制的主要优点是总公司和最高领导层摆脱了具体的日常管理事务，得以从事重大问题的研究和决策，提高了管理的灵活性和适应性，有利于培养和训练管理人才；它的缺点是，由于机构重复，造成了管理人员的浪费，由于各事业部独立经营，往往产生本位主义，忽视整个组织的整体利益，对公司的全部资源不能很有效地利用。

在事业部制的基础上，20 世纪 70 年代美国和日本的一些大公司又推出了一种新的组织结构模式——超事业部制（Super Divisional Organization），它是在公司最高管理层和各个事业部之间增加了一级超事业部，负责统辖和协调所属各个事业部的活动，使领导方式在分权的基础上适当集中。这样就可以克服事业部制的缺点，协调各事业部的活动，增加组织管理的灵活性。

（二）矩阵组织结构模式

矩阵组织结构（Matrix Organization）又称规划—目标结构，它是在直线职能制垂直形态组织系统的基础上，再增加一种横向的按规划—目标划分的领导系统，组成一个以完成特定规划任务为目的的项目小组。参加该规划任务的成员，一般都要接受两方面的领导，即在工作业务方面接受原单位和部门的垂直领导，而又在执行该规划任务方面，接受规划任务负责人的领导。矩阵式组织如图 7 - 5 所示。

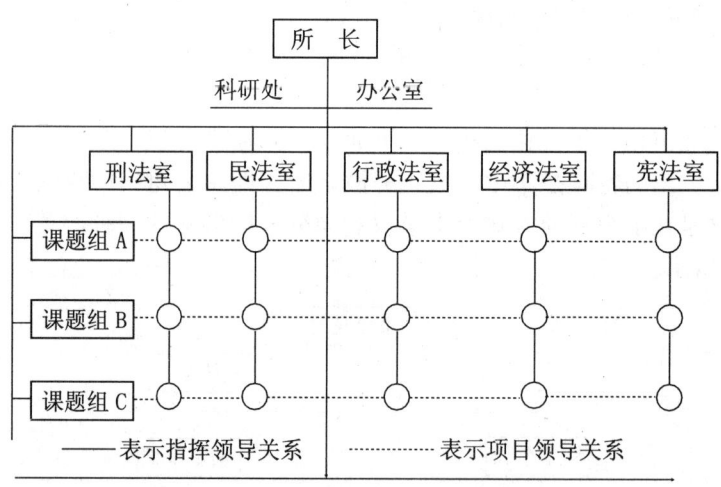

图 7-5 矩阵式组织结构模式

矩阵结构的优点在于既能保证完成任务又能加强各职能部门的横向联系，充分发挥其作用，具有较大的机动性和适应性，并能充分发挥专业人员的潜力，发掘各类专业人员才能的系统效应，避免重复劳动，节约时间和成本；其缺点是由于双向领导，容易发生扯皮现象和由于组织关系复杂，对项目负责人的要求较高，且因其往往具有临时性也会带来一些弊端。

（三）多维立体型组织结构

多维立体型组织（Multidimensional Organization）结构是由美国道—科宁化学公司（Dow Corning）于 1967 年首先建立的。它是矩阵组织结构和事业部制组织结构的综合发展，是适应组织超大型化发展而产生的组织结构。这种结构由三方面的管理系统构成：按产品划分的部门（事业部），是产品利润中心；按职能如市场研究、生产、技术、管理等划分的专业参谋机构是专业成本中心；按地区划分的管理机构，是地区利润中心。在这种组织结构形式下，每一系统均享有内部事务的处理权，但涉及与其他系统的关系时，都不能作出决定，而必须由三方代表组成的共同的委员会集体决定。共同的委员会通常由总裁主持，作出决定主要靠部门之间的对话和协调，而不是靠直线权威。多维立体型组织结构能促使多个部门都从整个组织的全局考虑，减少矛盾，增进协调。多维立体型组织结构如图 7-6 所示。

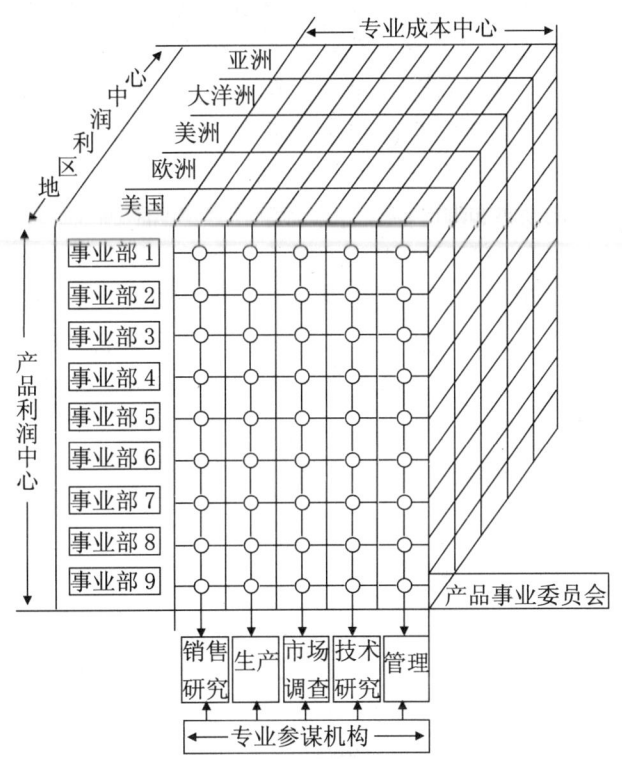

图 7-6　多维组织结构示意图

（四）委员会式组织结构

委员会（Committee）也是组织常用的一种结构模式。无论是公共组织，还是公司或大学、社团以及国际组织等也经常使用委员会模式来解决组织问题。委员会往往是由 3 人以上的单数组成一个平等的机构，集体决策，实行少数服从多数，以多数票来做出决定。在有的组织中，委员会仅用来做出决策，在有的组织中，委员会除了决策外，还同时对组织进行管理。一些组织本身就是委员会式的，而一些组织只是在高层建立委员会来进行集体决策。委员会模式是出于政治或管理上的需要，当决策机构必须具有多元代表性时，当决策必须由受决策影响的人推举代表来投票决定时，当组织中的决策需要集思广益，必须具有广泛的经验和背景时，当组织内不能一人管理时，或需要分散工作负担时，都有采用委员会模式的需要。委员会有助于解决以上政治或管理上的需要，但也有意见难于集中，决策迟缓，责任不够明确，有时效率过低等弊端。为了平衡委员会的优缺点及其价值，实践中有的组织规定委员会主席在均票时，其 1 票按 2 票计，其所投的一方获胜；而有的组织则规定如果支持与反对双方的票数相等，主席一票具有决定意义，即可以投出决定票；还有些组织为了公正，要求主席中立，没有投票权，只有在双方票数相等时，才可以投出决定票，等等。有的组织由委员会集体决策，设一个执行人进行管理；有的在委员会基础上，平行设立一位首长，委员会决定重要的事务，首长决定一般事务和进行管理。委员会和首长之间的权力分工在实践中有着多种模式，既解决了一些弊端，同时也引发了其他的一些问题。

以上只是基本的和主要的组织结构模式。现实的组织结构不仅丰富，而且很少是纯而又纯的一种类型，而大多是多种类型的综合体。因此，组织结构模式没有绝对的优劣，对组织来说，组织结构模式的优缺点是与生俱来的，不可能只选择优点，而绝对的拒绝其缺点。组织只能根据需要来做出选择。

第二节　组织结构设计

一、组织结构设计的影响因素

组织结构设计（Organizational Structure Design）就是规划或设计组织的各个要素和部门，并把这些要素和部门有机地结合起来，使组织中各个部门和单位协调运作，以有效地实现组织目标的活动及过程。组织结构的设计对组织的运行至关重要，许多的组织管理的弊端都是由于组织结构设计不当造成的。因此，在设计组织结构时必须了解能够影响组织结构的重要因素，才能合理地设计组织结构。影响组织结构的主要因素有外部环境、组织战略、技术和组织规模。

（一）外部环境

组织都处于特定的外部环境中，有效的组织结构是那些与外部环境相适应的结构。组织结构与外部环境的关系受到许多管理学家、组织学家的关注，也得出了许多著名的结论。

英国的伯恩斯和斯托克认为环境分为相对稳定环境和不稳定或动荡环境，并由此形成两种不同的组织结构模式——机械式组织结构与有机式组织结构。机械式组织结构又称刚性结构，是处于相对稳定环境中的组织采用的结构，它的特点是复杂程度很高，即高度专业分工；规范程度很高，即规章制度明确而严格；集权程度亦高，即决策权力高度集中于上层。有机式结构又称柔性结构，适用于处于不稳定或不可预测的动荡环境中的组织，特点是专业分工较灵活，即复杂程度低；强调横向信息交往及专家和知识的作用，不强调严格的规章制度和程序；多实行分权形式，不强调权力的集中，以便对环境作出快速有效的反应。机械式组织与有机式组织结构的对比见表7-1所示。

表7-1　刚性结构与柔性结构的对比

项　目	刚 性 结 构	柔 性 结 构
领导关系	有正式及明确的领导关系	领导关系不太明确，常有变动
职责分工	分工细，有明确的任务、权责规定	分工粗，任务和权责关系常作调整
规章程序	规范化的规章和程序	规范化的规章、程序较少
决策权限	决策权限集中于上层	决策权限下授
沟通方式	主要靠纵向沟通	主要靠横向沟通
结构模式	职能制	事业部制或矩阵结构

第七章

美国哈佛大学的劳伦斯和洛奇认为环境因素不但影响着一个单位的组织结构设置，就是在同一组织内，下属各个部门的组织结构也会随着各自面临的不同环境而有所区别。他们提出组织结构一般可分为差异化组织结构和一体化组织结构两类。差异化组织结构是指一个组织内横向的各个部门，由于有可能对应着环境中不同的一个或几个因素，因而其组织结构会有不同的形式。组织面临的环境越动荡，其内部各部门之间组织结构的差异化程度就越大。一体化组织结构是指一个组织内的各个部门有共同的目标，而且各个部门之间的相互依赖性很强，必须采用共同合作的组织结构形式。面对最动荡的环境，最有效的组织结构是一体化的组织结构，以此来协调内部的各种活动，形成统一的整体。

当然，一体化结构中组织的各部门还可因面临环境的不同而采用差异化的结构。如有的是机械式的，有的是有机式的。

每一个组织都会受到一般环境和具体环境的多方面影响。汤普森认为环境具有两个特性，即环境的变化程度和和谐程度（见本书第三章第一节），并据此分析了以下四种环境都有与其相对应的组织结构形式。相对稳定和简单的环境，组织往往采用高复杂性、高规范性和高集权性的结构；相对稳定而复杂的环境，组织往往采用高复杂性、高规范性和高分权性的结构；动荡而简单的环境，组织往往采用低复杂性、低规范性和高集权性的结构；动荡而复杂的环境，组织往往采用低复杂性、低规范性和高分权性的结构。

佛雷德·埃默里和埃里克·特里斯特把组织面临的环境分为四种类型：①平静而又随机式的环境。环境特点是相对稳定，环境因素是随机分布或分散的，变化不大，即使有些变化，也不构成多大的威胁；②平静而簇式的环境。环境特点是相对稳定，变化小，但有时的变化对组织的影响不是分散的，而是簇式的或一串式的，即环境中的一些因素可能发生连锁反应；③互相反应式动荡环境。环境特点是动荡且复杂，有一个或多个组织可能对自己的环境或别的组织施加影响，因而引起相互反应式的动荡变化；④全面动荡式环境。环境特点是最动荡、最复杂，环境中的各种因素交织在一起，经常发生快速的变化，其不稳定性也难于准确预测。经学者分析，一般来说，前两种环境宜采用机械式组织结构，而后两种环境下宜采用有机式组织结构。

可见，组织结构的复杂程度与其环境的不确定性成反比关系，即组织环境的不确定性越大，其组织结构的复杂程度就越低；而平稳的环境将导致高的规范化程度。

（二）组织战略

组织结构是实现组织目标的保证手段。目标产生于组织的总战略，结构应当服从战略。如果组织战略作出重大调整，那么就应修改或调整原有的组织结构，以适应新战略的需要。

美国哈佛大学的钱德勒是最早系统论述组织战略影响组织结构的学者。钱德勒的主要理论观点如下：①美国许多大公司的发展，经历了战略发展的四个阶段，即数量扩大战略阶段；地域扩散战略阶段；纵向一体化战略阶段；多种经营战略阶段。每一阶段都有与之相适应的组织结构。其中数量扩大战略阶段是企业创建初期，只在一个地区设立一个单独的工厂，生产单一的产品，开始时数量也不大，其战略只是在一个地区扩大产品数量，与此相适应，组织结构是简单型的，是简单且高度集权的，规范程度低和复杂性低的结构。企业战略的改变先行于并导致了组织结构的变化。如企业发展进入到地区扩散战略阶段，要求把产品扩散到其他地区，这样，设在不同地区的部门就需要协调化、标准化、专业化，就产生了新的组织结构，即将原来单一的办公室分解为带数个职能科室的组织形式。发展到第三阶段即纵向一体化战略阶段，就产生了中心办公机构和众多的职能部门，形成了集权的职能制结构。发展到第四阶段即多种经营战略阶段，企业实行了产品多样化和多种经营的战略，与此相适应实行了分权的事业部制组织结构。②他把组织战略划分为单一经营战略和多种经营战略。其中多种经营战略还可分为副产品型多种经营、相关型多种经营、非相关型多种经营、相连型多种经营。他认为单一经营与多种经营战略各有与自己相适应的组织结构，如表7-2所示。

表7-2　经营领域战略与组织结构的对应关系

经 营 战 略	组 织 结 构
单一经营	职能制
副产品型多种经营	附有单独核算单位的职能制
相关型多种经营	事业部制
相连型多种经营	混合结构
非相关型多种经营	子公司制

美国的迈尔斯和斯诺进行的研究最为著名，他们以改变产品和市场的程度为基础，把组织分为四种战略类型和与之相适应的四种组织结构类型。四种战略类型是防守型战略、进攻型战略、分析型战略和反应型战略（见本书第四章第三节）。前三种战略与组织结构的关系如表7-3所示。

表7-3　迈尔斯和斯诺的战略—结构类型示意图

战略类型	战略目标	面临环境	组织结构特征
防守型战略	稳定和效率	稳定的	高度的劳动分工，高度的规范化、集权化，严密的控制系统
分析型战略	稳定和灵活性	变化的	适度的集权控制，对一部分实行劳动分工，规范化程度高，对一部分实行分权制和低规范化
进攻型战略	灵活性	动荡的	低劳动分工，低规范化，部门化松散型结构，分权化

（三）技术

美国著名的女管理学家琼·伍德沃德最早对技术作为结构的一个决定因素进行了研究，提出组织的结构因技术而变化。她按照企业组织生产进行的规模，分为单件生产技术、大批量生产技术和连续生产技术三种类型。她认为技术复杂程度的增加导致其组织结构复杂程度的增加，如技术复杂程度越高，管理层次的数目、经理人员占全体员工的比例、高层管理者的管理幅度都会增加。当然并不是所有的关系都是线性的，如组织结构的形式与正规化程度就呈非线性发展，她提出这三种类型都有与其相关的组织结构形式，组织的效益是组织所采用的技术与其组织结构有机组合的函数。伍德沃德的研究如表7-4所示。

表7-4　技术类型与组织结构特征间的相互关系

组织结构特征	技　术　类　型		
	单件小批生产	大批量生产	连续生产
管理层次数目	3	4	6
高层领导的管理幅度	4	7	10
基层领导的管理幅度	23	48	15
基本工人与辅助工人的比例	9∶1	4∶1	1∶1
大学毕业的管理人员所占比重	低	中等	高
经理人员与全体职员的比例	低	中等	高
技术工人的数量	高	低	高
规范化的程序	少	多	少
集权程度	低	高	低
口头沟通的数量	高	低	高
书面沟通的数量	低	高	低
整体结构类型	柔性的	刚性的	柔性的

美国著名的组织学家查尔斯·佩罗将分析放在了知识技术而非生产技术上。他以工作的易变性与处理问题的难易程度两维方法对技术进行研究，将技术分为常规型、工程型、工艺型和非常规型四种类型。佩罗认为对于常规型的技术组织，应采取严格控制的机械式的组织结构，对于非常规型的技术组织，应采用有机式的组织结构，应采用分权方式，给员工决定自己工作的相对独立的决策权，规范性不应过分强调，下属单位应有相对独立性，可通过计划、信息反馈和各部门的协作来协调工作。而工程型、工艺型则偏向于采取有机式结构。许多研究都支持佩罗的观点：组织内技术越常规化，其规范化程度就越高，集权程度也越高；而非常规技术则正好相反。

美国组织管理学家詹姆斯·汤姆森从组织内各个部门技术间相互联系的角

度来分析技术，并揭示了技术与组织结构的相互关系。他把技术分为三类，即前后衔接式相互依赖技术、中介联系式工艺技术和互惠式工艺技术。他认为前后衔接式相互依赖技术的组织结构以高规范化（程序、规章制度、产品标准化）、高集权化结构形式来解决前后协调合作。而与中介联系式工艺技术相适应的组织结构是内部复杂性较弱，而规范性程度较高的形式。与互惠式工艺技术相适应的组织结构是复杂性程度高，而规范化程度低的形式。如表 7 - 5 所示。

表 7 - 5　汤姆森的工艺技术—组织结构示意图

组织结构特征 技术类型	复杂性程度	规范化程度	集权程度
前后衔接式相互依赖性工艺技术	低	高	高
中介联系式工艺技术	中	中	中
互惠式工艺技术	高	低	低

有必要注意的是，技术特别是高新技术对组织成员的影响。由于技术和高新技术的应用，带来员工受教育程度的提高，个人的素质提高，就必然促进员工内在的社会行为规范标准提高，从不成熟走向成熟，自我控制能力提高，组织就无须用传统的规章制度来约束、控制其行为，给员工更大的灵活自主权。高新技术的应用将组织的分权程度扩大，这样才能适应高技能、高素质员工的要求，感情沟通和信息传递的需要，以及应付快速变化的环境。

（四）组织规模

组织规模对组织结构也有明显的影响作用。组织学家彼得·布劳认为组织规模的扩大促进了组织结构差异化程度的增加，但在组织初期，组织规模对其结构的影响要大于当组织规模达到一定程度后再扩大时对组织结构的影响程度。英国阿斯顿大学（Aston）的研究表明：组织规模越大，工作专业化程度越高，水平的部门和垂直的管理层也会越多；组织规模越大，其标准化程度和规章制度的健全程度就越高；组织规模越大，其分权化程度就越大。组织学家马歇尔·W. 迈耶认为组织规模和专业化、规范化成正比关系，而与集权成反比关系。

二、结构设计的基本原则

进行组织结构设计应遵循以下基本原则：

1. 适应职能和目标需要原则。结构设计是保证组织职能目标得以实现的方法、手段，因此，组织结构必须根据组织战略以及职能目标的需要来设计和选择。不同的战略和职能目标往往具有不同的结构形式。具体说来，对职能目标进行逐级分解并确定实现这些职能目标所需要进行的工作项目及工作项目之间的关系，也是组织部门和职务设计的依据。组织职能目标实现的好坏是衡量组织设计是否合理有效的最终标准。

2. 分工与协作相结合原则。这一原则首先要求组织进行专业化分工，既包括对员工的工作进行劳动分工，又包括按照职能等标准将员工的工作活动归并到不同的部门，形成专业化分工的部门单位。不同的专业须用不同的专门知识来处理，而员工从事一种职务工作，只需要具备自己专业领域的专门知识即可，不可能也不必要具有各种不同的专门知识。为使员工多样化的技能做到专才专用，不浪费人力，必须实行专业分工，以提高工作效率。其次，这一原则要求在专业分工的基础上实现合作，使专业化的部门和实行劳动分工的员工的活动得以协调，从而克服矛盾冲突，实现组织的整体目标。

3. 统一指挥原则。统一指挥（Unity of Command）是指每个下属应当而且只能向一个上级主管直接负责。一般情况下不能允许一个下属同时向两个以上的多个主管汇报工作，否则，对于来自多个主管的冲突要求或优先处理要求，下属将无所适从。统一指挥可以避免指挥的分散化或多元化，避免管理的混乱。因此，结构设计必须明确层级之间的权力关系，建立统一的指挥链条，明确直线、参谋、职能部门之间的权力和关系。不论实行何种结构形式，都不能使权力链条发生混乱。

4. 职务、职权、职责相统一原则。职务（Post）是符合一定条件的组织成员所担负的工作岗位，职责（Responsibility）是职务所确定的必须完成一定工作的责任和义务，职权（Authority）是职务赋予的为保证履行职责而发布命令和追求命令得到执行的一种权力。职务、职责、职权是三位一体的，职务和职责、职权不能分离，占有什么样的职务就承担什么样的职责，享有什么样的职权。职权和职责必须明确，必须相称，不能分离，既不能有责无权或责大权小，又不能有权无责或权大责小。职务是非人格化的，职权只与职务有关，而与担任该职务的人员特性无关，无论是谁占有职务都享有职权，离开职务都将失去职权。职务、职权、职责体现了人和事、人和人之间的关系，因此在设计结构时只能因事设职，因才授职，而不是因人设事，因人设职。职务是结构中纵横联系的中介，因此职务之间的关系包括职责分工和职权关系模式反映了结构的基本格局，在运作中对占有职务的人的活动进行协调和控制就可以有效实现组织目标。

5. 管理幅度适度原则。管理幅度（Span of Management）也称管理跨度，是指一个管理者能够有效地指挥下属的数目。管理下属过少会造成管理者能力的浪费，管理下属过多，会难以应付工作，造成管理灾难。管理幅度在很大程度上决定了组织的层次和管理人员的数目。在任务和规模都不变的情况下，管理幅度与组织的层次成反比关系，管理幅度小则层次多，管理幅度大则层次少。因此增大管理幅度就可以减少组织层次和管理人员，缩短管理周期和人际内耗，节约成本，提高组织效率。目前越来越多的组织正努力扩大管理幅度，已从古典时期的5人~6人拓宽到10人~12人。由于扩大管理幅度意味着增加下级的数目并导致工作复杂化，因此，必须予以适当设计。影响管理幅度的权变因素有很多，管理幅度正随着权变因素的变化而向上调整。

6. 集权分权适度原则。这一原则要求在设计结构时必须根据需要适度处理集权（Centralization）与分权（Decentralization）的关系，把重要权力的集中和恰当的分散结合起来，两者不可偏废。既不能过度集权造成下级不能适应工作，失去灵活的快速反应能力，又不能过度分权造成分散而难以协调和控制。重要的决策、组织的协调与控制需要适度的集权。在决定集权与分权问题时，应考虑组织战略、环境、技术、规模等因素的影响。

7. 稳定与弹性相结合原则。组织结构的设计，首先要求有一定的稳定性，即相对稳定的结构、权责关系和规章制度，以利于经营管理的有序进行和提高效率；同时，组织结构又必须具有一定的适应性，保持一定的弹性，以克服僵化状态，适应快速发展的环境要求。

三、组织结构设计的基本步骤

基本步骤是指组织结构设计时遵守的必要程序，包括职能和目标分解、结构框架设计、权力模式设计和管理规范设计等。

1. 进行职能和目标分析。这一步骤包括分析组织的职能和目标是什么，其中关键性的职能和目标是什么，实现组织职能目标应进行哪些活动以及活动之间的关系，从而分解和确定工作任务。同时，还应进行初步的管理流程总体设计，为确定工作任务之间的分工合作关系、权力关系模式、信息沟通渠道、协调控制途径设定基本流程。

2. 组织结构的框架设计。即设计承担这些被分解的工作任务的各个管理层次、部门、职务及其权责。这是设计的主体工作。

结构框架的设计可以有两种方法：①自下而上的归纳设计方法。即先根据具体作业，确定组织运营所需的各个岗位即职务；然后按一定的要求，将这些职务组合成多个相应独立的管理部门；再根据部门的多少和设计的管理幅度的要求，划分出各个管理层次。②自上而下的演绎设计程序。即先根据实现组织职能目标、分解后的工作任务以及组织集权程度和管理幅度的需要，设定管理

第七章

层次；再进一步确定各管理层次应设置的部门，最后，将每一个部门应承担的工作任务再分解成作业和设定各个职务。实践中，由于职务、部门、层次相互联系、相互制约，在设计中往往结合使用这两种方法。

3. 权力模式的设计。即设计上下管理层次之间、左右管理部门之间的权力关系模式，以及直线职权与参谋职权、职能职权的关系，还有信息沟通渠道、协调控制方法等，以达到在分化的基础上整合的目的。

4. 管理规范设计。即用政策、程序、规章制度、标准、组织图、职务说明书等方式来规范组织结构的框架及联系方式，使组织结构设计细化，以巩固和稳定组织结构。

第三节　组织一体化

一、部门化与一体化

（一）部门化

1. 部门化概念。部门化（Departmentalization）是指组织的横向分化，是将一个组织划分为一系列机构部门的行为。部门化是组织的一种水平扩张和专业分工，它依职能目标或工作性质等标准，将组织的多种活动分别归类到不同的部门。这些水平的部门各有自己的明确的工作范围和适当的权责划分。部门化界定了组织的基本部门，其目的在于藉分工获得更大的组织效益。

2. 部门划分的原则。指导部门化的原则主要有：组织的各个职能都须有部门承担；任何事权决不归到两个及两个以上部门执掌；明确的责任和权责相符；确切的从属关系，单一指挥、分层负责；适当的管理幅度；业务部门和辅助部门相配合；阶层结构单位设置一致等。

3. 部门化方法。部门化依据的标准通常有职能、行业和产品、地区和顾客等，根据这些标准对部门进行划分的方法即部门化方法。①职能部门化。根据不同的职能划分部门是一种最常见的方法，可以在各类组织中应用。职能还可以多次分解，从而形成不同层次的部门划分。其优点是职能一致，权力集中，指挥灵便，专业化强，职责明确，易于考评。缺点是权责过分集中，易导致集权，难以适应环境变迁；职能单位划分过多，会导致部门主义和协调困难。②行业和产品部门化。根据行业和产品以及产品系列划分部门是许多机关、企事业单位经常采用的部门划分方法。其优点是将某一行业和产品或产品系列有关的业务集中于一个部门管理，使有关部门享有广泛的开展业务的权力，有利于同类型、同系列产品的协调发展，有利于发挥专业技术力量的业务特长，符合专业化分工原则。缺点是容易造成条块分割，部门与部门之间协调困难。③地区部门化，即根据地区或处所划分部门。这是组织活动分散在不同地区的情况下所采用的划分方法。其优点是便于组织在不同地区开展业务，便于地区业务的协调控制，可以提高时效，因地制宜。缺点是容易导致分散的地方主义和各自为政。④顾客（服务对象）部门化。即根据服务对象的不同来划分部门。其优点是便于为服务对象服务，便于对顾客需要的变化作出反应。缺点是这种部门常与职能部门发生业务冲突，以及由于服务对象的变动性大而导致不够稳定。在竞争加剧的情况下，目前这种方法已受到许多公司的高度重视。除以上划分方法以外，还有按工作时间、按工艺流程与设备等标准来划分部门。在部门划分中这些方法往往会被综合运用。

（二）一体化

部门化是组织结构分工的体现，导致了组织职能和职务任务的差异和分离。部门化产生了专业化的效率，又带来了不利于整体化的缺陷。因此，有分工就需要合作，有分化就需要整合。组织的一体化（Integration）就是对组织的分化进行整合，要协调各个职能分离的活动和任务，创造一个有机的组织整体，最大程度地发挥组织的功能。

二、一体化的理论基础

组织是一个合作系统，一体化是人们主观追求的结果。即使人人都了解组织协作的必要性，也不能必然地产生一体化的结果。实现一体化的程度和组织成员是否具有强烈的协作愿望有关。怎样使组织成员产生强烈的协作愿望呢？巴纳德的协作系统组织理论圆满地解决了这一难题。巴纳德认为组织是一个人与人之间协作的系统，作为协作系统的组织有三个要素或称三个条件，即协作愿望、共同目标和信息沟通。这三个要素是组织生存和实现协作的必要条件。

1. 协作愿望。协作愿望是指个人愿为组织目标的实现贡献力量的希望。具有协作愿望就意味着作出诸如将自己对某些方面自由的支配权交给组织等牺牲，即是要付出代价的。组织管理就是要激发组织成员强烈的协作愿望。巴纳德认为，组织成员首先是社会成员，然后才是组织成员，具有双重身份。作为社会成员，他有个人生活目的，因此组织不能把成员当成工具，仅从组织人角度单纯地要求成员为组织作牺牲，而是必须以一定的诱因，如工资、奖金、荣誉、权力、友情、成就感等来对成员的牺牲予以满足，诱因（满足）最好要大于、最少要等于牺牲（贡献），并配合说服教育的方法，才能调动成员的协作积极性，让其产生和保持强烈的协作愿望，长期为组织提供忠诚、贡献和服务。

2. 共同目标。共同目标指组织制订的并为组织成员接受认可的目标。个人目标往往和组织目标不一致，所以对组织目标往往会产生协作理解与主观理解。协作理解是接受和认同组织目标的理解，而主观理解是从个人立场出发所作的理解。"目标是把组织凝成一个整体的重要力量"，组织管理就是要消除成员对目标理解的不一致，协调组织目标和个人目标的关系，让成员相信组织目标是实现个人目标的途径，使成员诚心接受和认同组织目标，产生为之贡献力量的强烈愿望。

3. 信息沟通。信息沟通即信息在组织中的传递。信息是共同的目标与协作愿望之间沟通的途径。组织的目标不是自然而然地传达给组织成员的，如果想让成员具有协作愿望，就必须设法使人们了解组织目标。信息的传递过程就是实现沟通的过程。组织管理就是要建立和维持信息系统来确保这个沟通，了解和影响成员的态度，培养其责任感和忠诚心，增强人们的协作愿望。

巴纳德的协作系统组织理论为组织一体化奠定了理论基础，是组织一体化的基础所在。

三、一体化技术

一体化技术（Integration Technology）就是指组织用以实现一体化的各种协调方式。根据协调的核心要素不同，一体化技术可以分为目标协调、规范协调和信息沟通；根据协调的形式不同，一体化技术可以分为纵向协调和横向协调。

（一）目标协调、规范协调和信息沟通

1. 目标协调。组织目标是组织所期望达成的最后结果，是对组织行为的规划，是对整个组织提出的要求，是整个组织的行为目的。目标不但规定了组织活动的方向和任务指标，而且规划了一个组织完成自身功能的分工合作方式。目标是有层次的，通过多次分解形成了目标体系，即组织行为和任务的分工网络，以目标体系为依据产生了承担和实现目标任务的部门体系。由于组织目标的整体一致性，所以各部门的活动都是一个朝目标趋同的过程。因此，目标是形成和维系组织的灵魂，可以协调组织活动、引导和整合组织行为、考评和调节组织行为。而且目标也是组织成员奋斗的方向，可以激发其奋斗精神、工作热情和合作意识。在目标体系中还包括计划，计划是实现组织目标的方案，调节着组织行为的顺序和过程。总之，目标与计划可以增强组织的协调能力与整合能力。

2. 规范协调。规范协调指用组织的规章制度、纪律、程序、组织行为的标准化等方式来协调。组织的规章制度和纪律可以用来规范和稳定组织结构、权责关系，以及结构中的分工和合作的方式。标准化是组织用事前规定的各项工作的标准（该做什么，不该做什么，做到什么程度）来协调各部门和职位的工

第七章

作。标准化包括了工作过程的标准化即工作内容和操作过程的标准化，产出的标准化即产出和工作结果的标准化，以及工作技能的标准化，甚至还包括价值观和组织文化的标准化。实现标准化的过程就是组织合理化、一体化的过程。程序是对组织行为在空间和时间排列方式以及优先顺序方面的规定，它确定了组织行为的步骤、方式、顺序和时限，对于消除组织活动的随意性，实现组织工作的标准化，协调和控制组织的行为都有重要的作用。总之，规范化是现代组织运营的基本保证，是实行科学管理、提高组织活动合理性与有效性的重要手段。

3. 信息沟通。信息沟通指管理信息在组织各部分之间的传递和交流。信息是组织联系的血液和灵魂，信息不但是组织管理的前提和内容，而且是组织活动一体化的保证。信息沟通的过程就是管理和协调的过程。如果一个部门不了解组织的信息，只是盲目地推进本部门的工作，那么对组织整体效益并不能形成良好的促进作用。只有了解了信息，才能了解其他部门的工作状况和协作需求及组织的整体状况和要求，才能进一步搞好本部门的工作并以最佳的方式与其他部门达成合作，实现组织的整体效益。管理者只有了解和掌握了信息，才能作出适宜的决策和指挥，调节和整合整个组织的工作。因此，建立和维持一个运转良好的管理信息系统，保障信息在组织中的有效沟通对组织的一体化非常重要。

（二）纵向协调和横向协调

1. 纵向协调。纵向协调也称层级协调，指管理者利用领导的职权在上下级的组织层次中，以指挥、监督、视察、报告等方式进行协调。依靠权力在上下级之间进行整合，是组织及其成员进行合作的最直接、最有效的途径。在组织设计时必须建立上下级关系的指挥与服从的权力链条。在各层级中，指挥与服从关系必须十分清晰明确，上级指挥下级，下级服从上级，逐层指挥和报告，指挥和报告都不能越级。管理理论和实践表明，在纵向协调中，坚持统一领导和统一指挥尤为关键。统一领导是指对于具有共同目的的一组活动或一项计划只能由一个领导人来负责完成；而统一指挥指的是一个下属只能接受一个上级的指挥并向其负责和报告工作。统一领导强调的是整个组织工作的统一性，而统一指挥强调的是权力链中上级的唯一性。做到统一领导和统一指挥，可以协调控制组织活动，克服"多头领导"与"多重指挥"带来的混乱现象。总之，实施领导和指挥，并对下级进行监督和指导，可以集中组织成员的意志和行动，并使之得以协调和扩大。

2. 横向协调。横向协调指的是在平行的部门之间的协调。由于平行的部门互不统属，因此其相互之间的协调难度较大。横向协调主要有以下方式：相互调整；会议协商；设立联络员或联络机构；建立综合部门；联合办公和现场调度等。其中相互调整是双方直接协商协调，是最简便的协调方式。会议协商包括委员会协商和临时会议协商，是最常见的协调方式。设立联络员或联络机构是以设立中间人（调查员、联络员、协调人、计划员等）的方式来协调。建立综合部门是以将需要协调的各专门工作归并到一个综合部门的方法来实现协调。联合办公和现场调度是在处理一些需要多部门合作，需要协商一致、共同行动的例外性工作时的省时、有效的协调方式。总之，横向协调对实现部门合作和组织一体化极为重要。

第四节　职务设计

一、职务设计的三个时代

职务设计（Job Design）指将任务组合起来构成一项完整职务的方式。职务因任务组合的方式不同而各异，而这些不同的组合则创造了多种职务设计选择。职务设计既要考虑组织目标的要求，又要考虑组织成员的需求，只有这样，才能人得其事、事得其人，充分发挥组织成员的潜能。不同的时代有不同的职务设计，职务设计理论经历了古典时期、行为科学时期和社会技术时期三个时代。

1. 古典时期的职务设计理论。泰罗、法约尔、韦伯等人创立的古典管理理论，在职务设计和管理上，强调以目标为中心，注重人的经济利益方面，即对人的假设为"经济人"，并且强调劳动分工、专业化对生产效率的作用，追求经济和技术的合理性。坚持技术（工作）第一、人员第二的原则，把人看成是组织这个机器的一部分，人的需要和目标应该明确地从属于确定的工作目标和要求。

2. 行为科学时期的职务设计理论。梅奥等人推出的行为科学管理理论从"社会人"的假定出发，认为影响生产率的关键因素是职工的"满意度"，而非技术方法。因此，行为科学的职务设计理论认为应从人的需要和个人目标出发，统筹兼顾技术因素和心理因素，使个人从心理上得到满足而产生激励力量，从而提高工作效率。

3. 社会技术设计——一种系统的职务设计理论。进入20世纪80年代以来，职务设计开始转向这种新型的设计方法。这种方法也叫工作团队设计或者工作组设计，包括综合性工作团队与自我管理式工作团队。目前这种职务设计理论日益盛行。这种新型设计理论认为，前两个时代的职务设计理论重心在于个人，或者按技术要求，或者按个人需求来设计职务。由于工作的连续性和技术特点，

第七章

大量的工作很难完全分解到个人头上，围绕个人形成一定的工作单元有很多困难，这种理论提出应把设计重心放在群体，围绕一个工作集成一个工作小组来设计工作内容。这种职务设计既考虑技术因素，又考虑社会因素，是系统思想的体现。

二、职务设计步骤

职务设计包括设计一个新的职务和改造原有职务的设计，其设计步骤大体一致。一般来说，职务设计遵循工作分析、归并工作和设定职务、规范职务内容和运行模式三个步骤。

1. 工作分析。工作分析（Job Analysis）就是对组织内完成组织目标的所有作业活动进行分析、描述和记载。工作分析是职务设计的前提和依据。工作分析不仅应对所有工作及其相互关系予以完整、准确的说明，而且应对每一项工作所包含的全部内容予以完整、准确的说明。它应完整、准确地确定每一项工作的性质、任务、责任、工作的前后连贯性、工作量以及工作的难易程度、责任大小、所需任职资格高低等事项，为设定职务服务。

2. 归并工作并设定职务。对完成组织目标的各种工作，按管理的需要，将其归并组合成一个个的职务，以便罗致适当人员担任。在归并组合中应注意将性质相同的作业活动尽量组合为一个职务，以便配合专业分工的发展和罗致专业人才任职；将程度相当的工作（难易程度、责任大小、所需任职资格条件相当）尽可能组合为一个职务，以便罗致某种资格水平的人任职以及使人力在职务上获得充分的应用；应将职位保持适当的工作量，以免产生闲员、冗员。一般应根据工作量确定职位的职数；职位的设定应体现工作之间的关系。

3. 规范职务内容和运行模式。建立职务规范即职务说明书（Position Description），以规范和确定职务内容和运行模式，包括职务名称、职责、职权、工资报酬、所需任职资格条件、职务的纵向领导和横向协作关系等内容。这样，既确定了职务的职责、职权，又确定了工作在职务之间的流程。

三、职务设计技术

职务设计技术即职务设计的方法。常用的职务设计技术有职务专业化、职务轮换、职务扩大化、职务丰富化、工作团队和工作时间选择。

（一）职务专业化（Job Specialization）

在古典管理理论流行的时期，职务设计与劳动分工或职务专业化是同一意义的。遵循亚当·斯密和泰罗等人提出的指导思想，管理者都在设法将组织中的职务设计得尽可能精细、简单。这就意味着把职务设计成细小的、专业化的任务，不懈地追求一种越来越精细的、理想化的工作专业化分工。这种设计把专业化与单一化（每个人只完成一件工作的部分工序，且工作具有重复性）最紧密地结合起来，并且实行标准化的工序、操作规程和方法，大大地促进了工作专业化和管理专业化的发展，提高了劳动生产率并降低了生产成本。所以，在劳动分工尚不发达、专业化未得到普遍推广的时代，其意义十分突出。当然其在当代也有着一定的影响。这种设计的不足是只强调工作任务的完成，而不考虑员工对这种方法的反应，人的社会需求和情感需求在工作中得不到满足，所以发展到某一点上，专业化的高效率被员工对重复单一工作的不满和厌烦情绪导致的缺勤和离职所抵消。

（二）职务轮换（Job Rotation）

职务轮换是避免专业化缺陷的一种早期努力，是把组织员工定期地从一个工作岗位轮换到另一个工作岗位，使员工的工作得以多样化，从而避免产生厌倦。职务轮换可以有计划实施，也可以视情况需要进行。它拓宽了员工的工作领域，给予了他们更多的工作体验。在一个人取得有效完成工作所需的技能而胜任工作以后，工作不再具有新鲜感与挑战性，往往会产生厌倦和单调感，所以职务轮换可使这种状况得到缓解。另外，职务轮换对培养高层职务的人选也很有意义。不足之处在于职务轮换在短期内让缺乏经验的新手完成新的任务，也会导致生产效率下降。另外，还会增加培训成本和让想在选定专业发展职业生涯的员工失望。

（三）职务扩大化（Job Enlargement）

职务扩大化是增加员工任务横向多样性的另一种早期努力，这一方法使职务范围增大，也就是通过增加职务所完成的任务的数目，并减少职务工作循环重复的频率，来横向扩大工作的多样性。如员工除了担负原来自己所做的工作外，还扩大担负他的上、下工序中原来由其他人所做的工作，这种设计期望以增加员工应掌握的技术种类和扩大操作工序的数量，来降低员工对原工作的单调感和厌烦情绪，提高其工作满意度。实际上，像职务轮换一样，职务扩大化的效果也不尽如人意，它们都不能有效克服过度专业化带来的弊端。从本质上说，如果工作是单一和简单重复的，那么，职务轮换只是使员工面对不同种类的令人感到单调和厌烦的工作，而职务的扩大也没有改变工作的性质，只是使每个员工从只做一份烦人的工作到做多份烦人的工作而已。另外，这也是管理当局裁减员工的一种方法。

（四）职务丰富化（Job Enrichment）

职务丰富化是增加职务深度，即纵向地扩大职务工作范围的职务设计方法。职务丰富化允许员工对他们的工作施加更大的控制。员工被获准做一些通常由其管理人员完成的任务——尤其是计划和评价他们自身的工作。丰富化后的职务任务给员工以更大的自主权、独立性、责任感去完成一项完整的工作。这种工作还能通过反馈，使员工可以评价和改进自己的工作。这种设计的理论基础是赫茨伯格的双因素理论。实践中这种设计对减少旷工、降低离职流动率，提高员工积极性和满足感确有成效。但在提高劳动生产率方面，并无有说服力的证据予以证明。

（五）工作团队（Work Team）

工作团队设计方法不是围绕个人而是围绕小组来设计职务，这是一种日益盛行的职务设计方法。工作团队大致有两种：综合性的和自我管理式的。在综合性工作团队中，一系列的任务被分派给一个小组。然后小组决定给每个成员分派什么具体的任务，并在任务需要时负责在成员之间轮换工作。而自我管理式的工作团队具有更强的纵向一体化特征，拥有更大的自主权。给自我管理工作团队确定了要完成的目标后，它就有权自主地决定工作分派、工作计划、工作进度、质量检验方法、对外交往等。这些团队甚至常常可以挑选自己的成员，并让成员相互评价工作成果。其结果是这些团队在进行自我管理，相互协调更为重要，团队主管的职务变得很不重要，有时可能被取消。另外那些明显区分地位高低的标志也要尽可能取消。

（六）职务特征设计

这一设计方法是建立在工作特性模型基础上的。（参见本书第十一章第三节）

（七）工作时间选择

职务设计技术的最后一项内容涉及工作时间的安排。传统的时间安排采用固定的时刻表和总工时要求。在当代管理者可以在固定时间工作制的基础上，根据劳动力市场的状况、所从事工作的种类以及员工的偏好，考虑采取4天的短工作周、弹性工作时间、或者职务分担、使用应急工或临时工、或者让员工通过电子通讯手段在家里工作等方案，来对工作时间作出安排和选择。（参见本书第十一章第三节）

本章小结

组织结构是对组织的复杂性、规范化、集权或分权化程度的一种量度，这三种组织结构要素的组合方式不同，组织结构就具有不同的模式。组织结构主要有直线制、直线参谋制、直线职能制、事业部制、矩阵式、多维立体结构等模式。

第七章

组织结构设计对组织目标的实现非常重要，大多数组织管理弊端都是由组织结构设计不当造成的。组织结构的设计和选择要适应外部环境，组织战略、技术，组织规模的要求。组织结构的复杂性、规范化、集分权程度都要受到组织环境，组织战略、技术，组织的规模，成员的受教育程度、素质、技术水平的影响。组织结构设计主要有适应职能目标需要，专业分工与整体协作和谐，统一指挥，职务、职权、职责统一，管理幅度适度，集权与分权适度，稳定与适应相结合等原则。组织结构设计大致分为组织职能和目标分析、设计组织结构的框架、设计联系方式、设计管理规范等步骤。

有分化就有整合。部门化界定了组织的职能分工和基本部门，一体化则使组织在分工的基础上实现合作。部门化主要按职能、产品、地区、服务对象来划分。现实中大多数组织混合使用这些划分方法。巴纳德的协作系统组织理论是组织一体化的理论基础。一体化方法包括目标协调、规范协调、信息沟通、纵向协调、横向协调等。

职务设计经历了三个时代，古典时期强调专业分工，行为科学时期强调对组织成员的满足，系统时期则强调兼顾技术因素与社会因素，以工作团队的方式来设计职务。职务设计大致分为工作分析，归并工作、设定职务，规范职务内容和运行模式等三个步骤。职务设计主要有职务专业化、职务轮换、职务扩大化、职务丰富化、工作团队、职务特征设计、工作时间选择等设计方法。

自我测试 7

是否同意下列观点，请在合适的位置上做记号

	不同意	中立	同意
1. 我生活中的大部分满足来自于工作	—	—	—
2. 工作只是消磨人生的途径之一	—	—	—
3. 对我最重要的事情包含在工作中	—	—	—
4. 我经常专心于工作，以至于不知道周围发生了什么事情	—	—	—
5. 若继承了足够财富，我会将余生花在度假上，周游世界	—	—	—
6. 对待工作，我是完美主义者	—	—	—
7. 我的很多私人时间都花在工作上	—	—	—
8. 生活中有很多事情都比工作重要	—	—	—
9. 全职工作很烦人	—	—	—
10. 工作常常让我兴奋	—	—	—

第七章

第八章

人员配备

提示：

　　人员配备系统方法—人力资源是最重要的资源—如何规划人力资源—劳动力市场—如何选拔员工—两个渠道—配备主管—特质考评还是绩效考评—培训开发人力资源。

　　人员配备是组织职能的重要内容之一。组织中各项管理活动、各项任务或工作的实施都是依靠人来进行的，人是组织目标得以实现的直接推动力。在知识经济时代，越来越多的社会管理者和企业经营管理者已经充分认识到人力资源对组织生存发展的重要作用，人力资源的运用与开发已成为组织发挥管理效能的关键所在，因而管理者应更重视人员的配备和人力资源的管理。本章将简要介绍人员配备的有关内容及其方法。

第一节 人员配备

一、人员配备的含义

　　人员配备（Personnel Allocation）是根据组织结构规定的职位要求与数量，对所需各类人员进行恰当有效的选择、安置、考评和培养，将合适的人员配置到组织的各个职位中去，来保证组织活动正常进行和既定目标顺利实现的职能活动。

　　人员配备是为组织结构的各个职位配备称职的人员。它所配备的人员包括管理人员（管理者）和非管理人员（操作者），其中管理人员的配备最为关键。这是由管理人员在管理活动中的地位和作用决定的。一般而言，管理人员在组织的各个管理层次和管理部门中担负着计划、组织、激励和控制等职能，从不

第八章

同角度负责或参与对各类普通职员的选择、使用和培养工作，在组织活动中居于主导地位，是实现组织目标的关键要素。组织的有效活动很大程度上取决于管理人员的配备与配备的质量。因此，能否获得并保有一支高质量的管理人员队伍，是关系到组织活动成功与否的一项重要任务。

二、人员配备的系统方法

人员配备是一个复杂的、系统的逻辑过程，图 8 - 1 描述了这一活动过程的系统逻辑步骤，同时也显示出人员配备的管理职能与整个管理系统的关系。

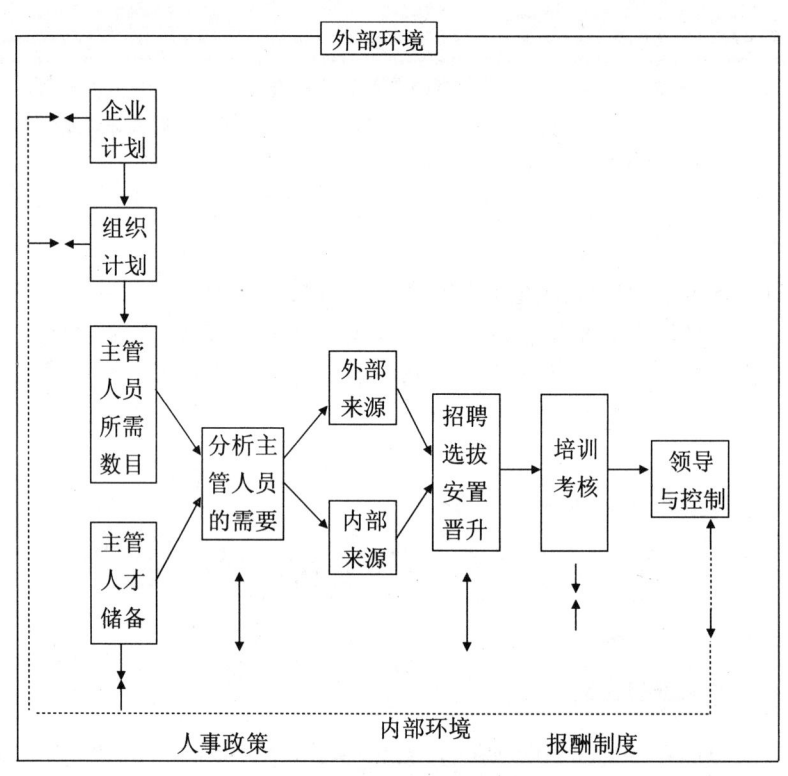

图 8-1　人员配备的系统方法

（一）人员需要量分析

组织中未来人员的需要量，基本上取决于组织的计划、组织结构的规模与复杂程度，以及组织的扩充发展计划、人员流动和自然减员的情况等。在规划确定了组织目标及实现目标的大致安排后，就要建立与之相应的组织结构，以创立一个有利于实现组织目标的工作环境。现有的计划和组织结构决定了人员

所需数目及人员种类与结构，但这仅仅是静态的人员配备，即只从静态方面来考察对人员的需要，事实上，还有许多必须加以考虑的动态因素。现实中，由于组织是随着所处环境的不断变化而调整的，组织环境的变化要求组织随时调整其目标和计划，人员需求与之相适应，其数目及种类结构也不是一成不变的，而是要随着组织结构的变化，适时、适量地予以增减变化。此外，人员的流动（如降职、调出）及自然减员（如退休、病退、死亡）等原因，也会造成组织职位空缺，从而需要进行人员补充，这也是影响人员需要量的一个重要的动态因素。

明确人员需要量只解决了一个方面的问题，要充分满足组织对人员的需求，还必须以每一个职位所明确规定的任职资格条件为依据，选拔最能胜任的人员。有关这方面的内容是人员选聘所要深入讨论的问题。

（二）所需人员的开发

人员需要量确定之后，就要进一步明确所需人员的来源，即从哪里可以获得这些人员。这就涉及所需人员的开发问题。一般地说，所需人员来源可分为组织内部来源和组织外部来源，组织在补充职位空缺时，可以视其需要及人员供求状况来决定采用内部挖潜或外部吸纳。从调动人员积极性及控制人力资源成本费用支出的角度出发，组织一般会尽可能选择内部来源，但在最终意义上，任何组织的职位空缺都将由外部来源予以填补。

组织对内部人员的开发，其目的主要是通过对内部来源的考察研究，发现并确定内选候选人名单。组织中一旦出现职位空缺，内部供给一般有三种方式，即工作晋升、职务轮换以及建立内部招聘系统。内部挖潜是组织在出现职位空缺时经常采用的办法。组织首先考虑内部员工，可以使人们感到工作有"奔头"，从而有利于鼓舞士气，调动人员的积极性，同时也有利于被提升上来的人员更快地熟悉和胜任工作。内部人员开发的最主要形式是工作晋升。也就是说，组织的人员需求由内部供给时，主要表现为组织内部的一种晋升活动形式。内部人员的开发主要是借助人才储备图的形式来进行的。根据组织的人才储备图，可以提出内选候选人名单。下图8－2是一张人才储备图。

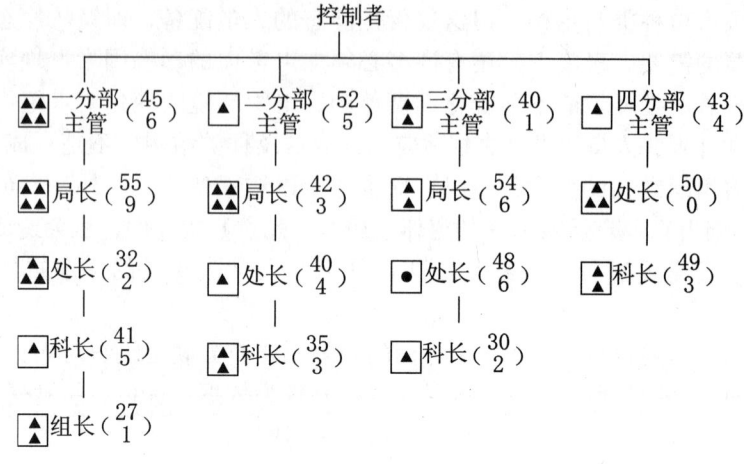

图中：▲▲ 表示现在可以提升　　▲ 令人满意但不能提升

　　　▲▲ 表示近期内可以提升　　● 不胜任

　　　▲ 表示将来有希望提升　　(45) 年龄
　　　　　　　　　　　　　　　(6) 在该职位上的工作年限

图 8-2　人才储备图

　　人才储备图应标明人员的具体职务、年龄、任职年限、能否提升以及何时可提升。据此，控制者可以对每个职员及其所处的职位状况一目了然。从图 8-2 中可看出，目前具备条件的控制者的接班人，可能是第一分部的主管，而第一分部主管下面也有可以立即得到提升的局长作为接班人，依次往下，又有一个近期内就可以提升的下属，即处长，再往下是没有可能提升的科长，以及一个刚被聘用不久但将来有希望得到提升的组长。第二分部主管代表一种常见的情况，属于能够胜任工作但不宜被提升的人，可他却妨碍了一名可以立即提升的下属。类似这样的人员配备状况有待改进。其余两个分部的情况大致可依此类推。

　　上述人才储备图可以为组织的管理人员提供在一定时间内有可能被提升的人员数量，并明确地显示出这些人员的基本情况。此外，人才储备图还可以发挥一些其他的作用。例如，促使人们关注人员的配备工作。通过人才储备图来拟订人员计划的益处有：替换不能令人满意的管理人员；培训接班人，为更高的职位准备人才；调换管理人员以拓宽他们的业务领域，积累未来更高职位所需的不同职务类型的知识和经验；把一些不仅现在不可能被提升，而且将来也不大可能被提升的下属，疏导到别的部门中去，令他们一方面可以通过体验新的工作增加满意度，另一方面可在新的部门等待机会提升，从而不致使他们因感到前途无望而选择离开组织。再如，人才储备图中人员的年龄分布，也提醒管理人员注重人员配备中的年龄因素，避免可能出现的麻烦。比如相同层次的几个管理人员同时退休，或同一部门相邻级别的管理人员同时退休等，就可能会使组织出现人员断档现象，给组织的继续发展造成障碍。

组织外部的人才开发，多是借助于一些就业服务机构、各种专业的管理协会及人才交流活动来进行的，通过有目的的联系与接触，可了解组织所要求的人员状况。

（三）人员的选拔与安置

组织通过分析未来人员的需求，以及在组织内外所进行的人力资源的开发，基本上就可以把握组织现在及未来人员供需的大体状况。接下来就需要选拔适当的人员以充实组织的职位。选拔（Selection）就是从候选人中选择最符合职位要求的人员的过程。选拔工作可能是为填补某一职位的空缺，也可能是为将来对管理人员的需要做准备。选拔的途径既可以根据组织内部的人才储备图进行人员的内部晋升与调整，也可在组织外部进行招聘，这要视组织的不同需要以及未来人员的供需状况而定。正如上文所言，在一般情况下，当出现职位空缺时，大多数组织都会采用内部晋升的做法，但是当组织中未来供给人员数量不足以满足人员需求，或不能满足职务要求时，或者当组织为避免停滞、僵化，希望能通过补充新鲜血液以保持充分的竞争实力和富有开拓创新精神时，组织往往也需要进行外部招聘工作。

不论是从内部还是从外部选拔出来的人员和后备人员，组织都要尽量将他们安置（Installing）在适当的岗位上。特别是对那些合格的未来管理人员的安置，更要根据其能力与特点将其安排在某一主管位置上，以充分发挥他们的才能。至于后备管理人员，则需要使他们获得未来担任更高职务所需要的相关实际工作经验，或者实施有目的的培训以提高他们的理论水平和相关技能，使其尽快成为经验丰富、能力过硬的合格管理人员。

（四）人员的考评

人员考评（Appraisal）与人员的选拔、安置、晋升及培训等都有着密切的关系。通过考评，组织可掌握所有员工的基本状况，为其各项人事决策提供信息。简要而言，考评的作用主要表现在以下几点：①考评及考评结果是组织最终确定内部提升人选的基础与依据。②对于来自组织外部的人员，组织在对他们进行招聘和安置之后，也需要考核与评价其表现及工作绩效。通过考评，上级可随时了解和掌握下属的工作能力和执行任务的情况，下属也可知道上级对自己工作的认可或满意程度。这样可为员工个人改进工作及组织进行相应的人事决策提供必要的依据。③人员考评及其结果既是进行人员培训的基础，同时也是检验培训效果的有效手段。除此之外，人员考评还为组织的管理活动提供其他的依据，如考评结果可作为确定报酬与激励的依据，也可作为员工个人自我设计、自我发展的参考。人员考评不仅是人员配备工作的一项重要内容，也是组织进行其他管理活动所必不可少的环节。

（五）人员的培训

人员培训（Training）包括普通职员的培训及各级管理人员的培训。对于普通职员，培训能够提高他们的业务能力和对自己本职工作意义的认识，使之能更加积极高效地完成组织的任务。对于管理人员，培训能使他们不断积累知识、强化技能，更好地适应以多变性、策划性、应变性和协调性为特征的管理工作。管理人员的培训分为两类：①选拔出来的后备管理人员的培训，即对新选聘的和将要被提升的管理人员进行培训，使他们得到锻炼与提高，达到合格的管理人员的要求。②现任管理人员的培训。为了适应社会经济与科学技术的不断发展变化，提高员工队伍素质，满足员工自我发展的需要，调动其积极性，确保组织的生存与发展，现代组织都十分重视人员的培训和继续教育问题，而且在培训观念、内容、方法、模式等方面也作出相应的变革，以适应时代的发展。人员培训，尤其是管理人员的培训是人员配备工作中一项长期的日常任务。

上述是对人员配备的系统方法的简要阐述。需要说明的是，人员的选拔、考评与培训三者之间的逻辑顺序，并非只是如上所述。实际工作中，其先后顺序要视组织的具体情况而定。如人员有时也可以从考评开始，经培训再进行选拔；有时也可以从培训开始，考评后再进行选拔等。

鉴于非管理人员的配备内容，特别是有关培训与考评的内容，在一些人力资源管理的书籍中都有详细的论述，这里不作详细的介绍。在本章下面的讨论中，我们将着重讨论人员配备计划、人员招聘及管理人员的配备。

三、人员配备的重要性

人力资源是组织中最重要的资源，组织活动的进行和组织目标的实现，都离不开组织中人的主导作用。人员配备的主要任务是为组织结构的各个职位配备称职的人员，其重要性显而易见。

人员配备是组织进行有效活动的重要保证。组织目标的确立为组织明确工作方向，组织结构的建立为组织提供实现目标的条件。但是，要真正实现组织目标，仅有良好合理的组织结构是不够的，人员安排不合理，会影响组织结构发挥正常的功能。人员配备不当不仅会导致组织结构不能成为实现组织目标的保证，而且还会妨碍组织的有效活动，阻碍和破坏目标的实现。因此，做好人员配备是组织进行有效活动的重要保证。

　　人员配备是各项管理职能得以有效实施的基础和关键。管理活动是一个系统过程，各管理职能之间有着密切的联系。人员配备职能不是孤立的，它要以规划和组织职能的履行为前提，同时又为激励和控制职能的实施提供基础。例如，配备的管理人员不符合要求，便很难发挥出色的领导才能，创造良好的组织环境和气氛，调动组织成员的积极性、主动性与创造性。同样，下属工作人员配备得不合理，也势必会给控制工作带来难度和复杂性，最终影响组织任务与目标的达成。

　　人员配备是组织发展的准备。对于任何一个组织来说，只有不断地创造机会寻求发展，才能保持充分的活力，以适应组织内外环境的不断变化。组织发展的能动因素是人，因而，人员配备与组织的发展有着极为密切的关系。它不仅要对组织目前所需要的各种人员进行配备，同时也要发挥其动态的职能作用，着眼于组织未来发展的需要，预先为组织准备各个发展阶段所需要的各类人员。从这个意义上说，人员配备是组织发展的准备。

第二节　人力资源规划

　　在人员配置过程中，为使组织的人力资源得到充分开发、利用和及时补充，使人员的选配、使用和培训符合组织有效运行的要求，需要拟订完备的人员配置计划。这种计划必须在对组织中工作系统及组织状况分析的基础上作出，方能保证组织人员配置的质量。

一、规划概述

（一）人力资源规划及其必要性

　　人力资源规划（Human Resource Planning，HRP）是组织为实现特定目标，在对未来一定时期所需人员数量、类型以及获得所需人员的可能性进行分析预测的基础上，制订确保组织适时获得所需各类人员计划的过程。通过人力资源规划，可将组织目标转化为需要哪些人员来实现。组织通过拟订一整套的措施，从而使人员需要量和拥有量之间在组织未来发展过程中互相协调，相互匹配。因此，人力资源规划是一个动态的过程。

　　有效的人力资源规划可以保证组织在当前和未来发展中稳定地拥有一定质量和必要数量的人员，以便实现组织战略和目标。人力资源规划的必要性表现在以下四个方面：①组织环境变化和战略调整需要人力资源在数量、质量上作出相应的调整。受环境变化和战略调整的影响，组织在其发展的不同阶段，对

人力资源的结构、质量、数量的要求是不同的。在通常的情况下，组织没有预先准备适合其各个发展阶段的人力资源，在其发展过程中，就会经常出现合乎质量要求的人员的短缺现象，妨碍组织的正常扩张和预计目标的实现。这一点对规模较大的组织影响尤其重大。规模较大的组织，当其发展较为迅速时，可能出现的人员短缺量往往很大，而这些大组织的工作专业化程度往往较高，分工明细，新进员工适应期相对较长。因此，应该事先进行预测，制订人力规划。②组织从认识到需要某方面人才到真正获得这方面人才，以及人力资源从补充到适应工作要求，往往都需要一段时间，需要经历一个过程，为此，有必要预先对人力资源供求状况作出预测和规划，以保证组织及时获得所需各类人员，尤其是专业和管理人才，并使人员很快地适应工作。③组织内部的员工队伍自身也在不断发生着变动，人员流动及自然减员也会造成组织的人力空缺，管理者对此应当预先采取相应的措施，通过人力资源规划等手段来适时引导和恰当调整。如果组织缺乏人力资源规划，在流动率比较高的情况下，人事部门就必须在很短的时间内匆忙招聘大量的新雇员，这很容易导致录用标准的下降。新进员工素质低下会妨碍工作效率，同时可能会造成以后的流动率的上升。人力规划可使组织尽可能避免这些盲目现象与失误情况的发生。④组织现有的人力资源分布不合理的状况，例如年龄结构、资历结构等，需要组织有计划地进行调整。

总之，人力资源规划对组织具有重要的作用，在大型和复杂的组织系统中，人力资源规划更具重要意义，因为无论是确定人员需要量还是确定人员拥有量，合理地安排补充人员、组织开发培训或进行内部人员调整，都必须有根据、有计划地进行。

（二）人力资源规划的内容

人力资源规划与组织整体战略有着密切的联系。它的应用范围比较广，其本身可以是战略性的，也可以是策略性的；可以是整个组织范围的，也可以是某一个具体部门的；可以是周期性地制定，也可以是在需要时单独地制定。人力资源规划通常包含的具体内容有总体规划和各项业务规划。总体规划即战略规划，各项业务规划即策略规划。

总体规划或战略规划着重于人力资源方面总的、概括性的谋划与安排，以及相关的重要的方针、政策和原则。其主要内容包括以下三个方面：①阐述在战略计划期内组织对各种人力资源的需求和各种人力资源配置的总框架。②阐明人力资源的重要方针、政策和原则。如涉及人员的选聘、晋升、辞退、培训与发展、工作调动、工资福利等方面的重大方针和政策。③确定人力资源投资预算。人力资源预算是计划的强有力的工具，它表明在未来计划期内，各种人事活动的财务花费数额，既可用来指导人事管理行为，又可作为与实际费用相比较的基础。因此，人力资源预算不仅有利于人力资源规划工作，也有利于人力资源的组织和控制工作。

业务规划或策略规划是实现战略规划所采取的手段，是具体的行动方案。业务规划主要包括以下五个方面：①根据本组织发展目标和人员需求状况，拟订人员招聘计划。主要涉及确定所需补充人员的数量、类型、层次、来源，拟订人员任职资格、招聘地区及形式和甄选方法；②制订组织自身可能提供的专业人员、管理人员及其他各类人员的安排和使用计划。当预测到本组织人员过剩时，还应拟订及采取相应的措施，如解雇员工、鼓励提前退休等，以减少多余人员；③对组织新进员工、即将调动工作及准备提升的人员分别拟订系统的培训规划，包括长远的人才培养规划和具体详细的短期培训工作安排；④制定员工职业发展规划。这是人力资源开发的新课题，也是人力资源规划中重要的一环。它指导员工谨慎合理地规划个人的职业生涯，并提供充分发挥其潜能的机会，使他们在工作中得到成长和发展，实现自我发展的愿望。这是挽留人才，特别是挽留那些有发展前途，对组织有重要贡献的员工的有效方法之一。通过职业发展规划，组织可以把满足个人成长发展的需求与组织发展对员工的要求紧密结合起来，确保共同利益的实现；⑤劳动力的维护计划。目的是维护劳动者有效的工作能力，使之以旺盛的精力和饱满的热情从事工作，主要包括劳动保护、员工福利等方面确定的目标、采取的措施以及所需经费预算。这些业务规划的执行结果应能保证人力资源总体规划目标的实现。

（三）人力资源规划的期限

从规划的时间跨度这个角度来考虑，人力资源规划可分为长期规划、中期规划和短期规划。一般地讲，1 年内的规划为短期规划，1 年至 5 年内的规划为中期规划，5 年以上的为长期规划。短期规划即是各项业务规划，其要求明确，任务具体，易操作落实。中期规划的总体要求和方针政策明确，但不如短期规划那样具体。长期规划时间跨度大，对总目标、总原则和方针政策有概括的说明，是指导性的，但没有前两种规划具体，在实施过程中会因环境的变化而发生改变，它指导中短期规划的制定和实施，又借助中短期规划的实施得以实现。组织人力资源规划期限的长短，一般要与组织的总体战略相一致。

（四）人力资源规划的程序

人力资源规划大体上分为以下五个步骤：①分析组织的战略决策及环境，这是人力资源规划的前提。例如企业，不同战略决策之下的不同产品组合、生产技术、生产规模，会对人员提出不同的要求。而诸如人口、交通、文化教育、法律、竞争、择业期望等则构成外部人力供给的多种制约因素。②分析组织现

第八章

有人力资源状况，这是制订人力资源规划的基础。实现组织目标，首先要立足于开发现有人力资源，因此，须对本组织各类人力数量、分布、利用及潜力状况、流动比率进行统计。③预测人力资源需求及供给状况。这是人力资源规划的核心，也是人力资源规划中技术性较强的关键工作。全部人力资源的开发、管理、计划都必须以预测为基础。预测结果要指出计划期各类人员的余缺状况。④在对人力资源需求预测和供给预测进行比较的基础上，组织即可制订人力资源的总规划及各项业务规划，这是人力资源规划中较具体细致的工作，它要求组织根据人力供求预测提出各项要求和具体措施，以便有关部门据此执行。⑤对人力资源规划进行评价。通过对人力资源规划的审核评价，找出不足，并适当调整，以保证组织总体目标的实现。

二、人力资源供求预测

制订人力资源规划，首先需要做好人力资源预测。人力资源预测是人力资源规划的核心，包括组织对人员需求的预测和对人力资源供给的预测。

（一）人员需求预测

人员需求预测是组织为实现既定目标而对未来某一时期所需员工数量和种类的估算。对需求的预测要受许多因素的影响，特别是企业组织的人员需求预测，必须在社会经济发展预测、科技进步预测、企业发展预测、人力合理结构预测的基础上，运用科学的数学模型等方法，才能得到正确的预测结果。

（二）人力资源供给预测

人力资源的供给预测主要是对目标年度组织可能拥有的人员数量和结构的预测，包括组织内部可提供的和外部劳动力市场可能获得的两种人力资源的预测。

1. 组织内部人力资源供给预测。人力资源供给分析首先要从内部开始，先考察组织现有人力资源的存量，搞清楚计划期内现有人力资源能够对组织战略目标、任务需要的满足程度。在预测过程中，需要考虑计划期内组织内部人员的流动状况。首先是对组织现有人力资源的拥有状况进行测算。这是人力资源拥有量预测的初始状态。组织现有人力资源拥有量，可通过人力现状调查而获得，它包括组织现有人员总数，各种人员的学历、专业、职称、年龄、性别、工种等的比例构成状况。这些基本情况主要是借助于本组织内的人力资源数据库或资料而获得，从中即可计算出本组织内现有的人员存量状况。其次是对组织人力流动量进行预测。在考察组织现有的人力资源的存量后，下一步的工作就是估计在未来计划期内每个职位留存的员工数量。这需要估计有多少员工将会调离原来的岗位甚至离开组织。组织人员的流动不外乎以下几个方面：组织内岗位之间的平行调动；组织内的提升或降职变动；人员向组织外的流动，如调出（含辞职）或被开除；组织的自然减员，如退休、工伤、死亡。通过预测，可推断未来的自然减员量、晋升量、调出量等。在这里，应该强调指出的是，正确的内部供给预测得到的结果不应该仅仅是一个员工数量的简单统计图表，而应是对员工的规模、经验、能力、多元化及员工成本等各个方面的综合反映。

2. 组织外部人力资源供给预测。当组织内部的人力供给无法满足未来需要时，就需要了解外部的人力供给状况。这主要包括三个方面：①社会总体经济形势及社会人力供给总量。人力供给总量一般可从国家有关的统计数据资料中获得。通过了解劳动力市场的供给状况，判断预期失业率，从而了解组织招聘工作的难易程度。②组织所在地劳动力市场的供给状况，包括当地的失业率，因为它有可能与全国总体失业率水平有一定的差距。③所在地劳动力市场内部结构状况，据此可了解招聘某种专业人员的潜在可能性。外部供给分析预测也要研究潜在员工的数量、能力、经验、成本等因素。虽然外部供给预测不可能十分精确，但它可为组织研究新员工的来源，以及预计可能在组织中获得成功的员工类型提供帮助。

三、人力资源规划的评价

人力资源规划的评价，是对组织人力资源规划所涉及的内容方面及实施结果、效益进行综合的审查和评估。组织通过对人力资源规划的审核与评价，能促使组织中高层管理者及相关管理者高度重视这项工作，使有关的政策和措施得以及时改进并加以落实，有利于提高人力资源管理工作的效果，促进组织目标的实现。

在对人力资源规划进行评价时，首先需要考虑人力资源规划目标的合理性问题。对目标本身的评价是非常困难的，至少需要认真分析与研究下面几个问题：①人力资源规划者对人事问题的熟悉与重视程度；②人力资源规划者与相关部门进行交流的难易程度；③管理者对人力资源规划过程中提出的预测结果、具体行动方案及建议的重视和利用程度；④人力资源规划在管理者心目中的地位和价值。

对人力资源规划的评价，还需将行动方案的实施结果与人力资源规划进行对比，目的是通过发现计划与现实之间的差距，指导组织以后的人力资源规划活动。这方面的对比主要包括以下几点：①实际的人员招聘数量与预测的人员需求供给量；②实际的和预测的人员流动率；③实际执行的行动方案与计划的行动方案；④计划的行动方案实施的实际结果与预期结果；⑤人力费用的实际成本与人力费用预算；⑥行动方案的成本与收益。上述六个方面两相对照，差距越小，人力资源规划也就越符合。

第三节　人员招聘与选拔

一、人员招聘与选拔概述

（一）招聘与选拔的重要性

招聘与选拔（Recruitment and Selection）是组织为了发展的需要，寻找、吸收有能力且适宜的人员，加以录用的过程。人力资源是组织最为重要的资源，人员质量是组织不断取得成功的一个至关重要的因素，人员招聘与选拔又是影响人员质量的关键环节，因此，这项工作对组织管理活动来说是十分重要的。

招聘与选拔关系到员工队伍的质量。招聘与选拔所面临的问题是，如何在众多的应聘者中挑选出合格而有工作热情的适宜人选，它就像是一个过滤器，决定着什么样的员工能成为组织的一员。重视并谨慎地对待招聘与选拔工作，严把质量关，可以确保录用人员的能力与素质达到较高水平。招聘来的人员素质好，其后培训和使用的效果也会较为理想；反之，效果往往会不甚理想。不仅如此，素质较差的人员一旦上岗，会带来众多的问题，如影响周围员工的工作态度和积极性，从而影响整个组织员工的整体素质。

招聘与选拔是一项复杂且困难的工作。这种复杂性主要表现在甄别优劣和法律限制两个方面。一方面，求职者提供自己在教育、经历、才能、兴趣、需要、价值偏好等方面的资料，如何综合评估这些资料所反映的应聘人员的素质，并对这种评估与所需职位之间的适应程度作出判断，实际上是一项非常复杂的工作。另一方面，招聘与选拔会受到国家相关的法律、政策的制约，这些法律、政策旨在保护劳动者就业与安全的权益。这使得招聘成为一项困难的工作，优秀人才在竞争激烈的劳动力市场中是很难招聘得到的。此外，人才的识别不可能一蹴而就，它需要一个过程，特别是高级管理人员履行其职务的能力，大约需要 1 年或更长的时间才会表现出来，对他们的错误选择，可能会造成极为严重的恶果，这无疑加大了招聘的困难程度。

（二）招聘与选拔的要求

招聘与选拔必须符合以下要求：①高素质要求。组织要以组织人力资源规划和职务分析规定的任职资格要求为基础，运用科学的方法和程序开展招聘工作，以确保录用高质量的人员。②公正性要求。对所有应聘人员一视同仁，使应聘人员具有平等的竞争机会。③高效率要求。招聘效率主要体现在被录用人员的质量状况、被录用人员数额与招聘计划数额的相符程度以及招聘花费的成本费用高低等三个方面。④内部优先要求。组织出现职务空缺，尤其是职位较高或较有发展前途的职务，应优先考虑内部招聘，这会调动员工的积极性，成本相对也较低。美国一项调查表明，76%的组织的职位空缺大多是由组织内部人员补充的。

（三）招聘与选拔的基本程序

招聘与选拔的基本程序包括招聘决策、发布信息、招聘测试、人事决策四大步骤。

1. 招聘决策。招聘决策是指组织中的最高管理层对于那些管理或操作工作岗位的人选实施招聘及其具体要求的决定过程。招聘决策至关重要，它对后面的招聘步骤会产生直接的影响。决策应遵循少而精、宁缺毋滥和公平竞争三项原则。少而精是指可招可不招时尽量不招，可少招可多招时尽量少招。宁缺毋滥是指一个职位宁可暂时空缺，也不要让不合适的人占据。公平竞争是指保证招聘与选拔过程的公正性，使真正优秀的人才脱颖而出。招聘决策的主要内容包括招聘的职位和数量、职位的具体要求、发布招聘信息的时间和渠道、具体操作招聘的部门、招聘预算、招聘结束的时间及新员工到岗的时间等。

2. 发布招聘信息。招聘决策制定后，应迅速发布招聘信息。发布招聘信息关系到招聘的质量，应遵循面广、及时和层次原则。面广原则是指发布信息的范围要广，因为接收信息的人越多，应聘的人越多，可能招聘到合适人选的概率就会越大。及时原则是指应尽早发布招聘信息，这样有利于缩短招聘进程，同时也有利于更多的人获得信息。层次原则是指要根据招聘职位的特点，向特定层次的人员发布招聘信息。信息发布可采用的渠道有报纸、杂志、电视台、电台、网站、布告和新闻发布会等。除此之外，还可利用随意传播的发布形式，即有关部门或有关人员用口头的、非正式的方式发布招聘信息。

3. 招聘测试。招聘测试是指运用各种科学方法和经验方法对应聘者进行客观鉴定的过程。主要是对应聘者的人格、认知能力、工作能力、人际关系能力和体格等方面进行测试。招聘测试的方法很多，常用的有以下几种：①智力测试，用来测量被测试者的智力水平，即解决问题和学习新事物的潜在能力（天赋）。它可以检测特殊的天赋，如语言推理能力、数字推理能力和空间思维能力等。②个性测试，用来检测被测试者可能与工作绩效相关的个性特征。如认真负责的性格可能是职业成功的先兆，情绪不稳定者将会对其未来报酬和晋级很不利等。③兴趣测试，用来检测被测试者从事某种工作的倾向性，即用于检测一个人是否喜欢某项特定活动或特定职业，并非检测其在这项活动或者职业上的天赋。④知识考试，是指主要通过纸笔测验的形式，来了解被测试者的知识广度、深度以及知识结构的一种方法。⑤情景模拟，是指将被测试者安排在模

第八章

拟的、逼真的工作环境中，要求被测试者处理可能遇见的各种问题，用多种方式来测评其心理素质、潜在能力的一系列方法。⑥面试，就是通过正式的深入交谈，来了解被测试者的心理素质和潜在能力，以确定应聘者是否能被录用。面试要达到两个目的：了解被测试者可否担任某职以及与其他应聘者相比其是否更优秀。另外还有证明人核查和背景调查、体格检查和药物检测等。

4. 人事决策。广义的人事决策指有关人力资源开发与管理各方面的决策，狭义的人事决策是指人事任免决策。这里所讲的是狭义的人事决策，是指组织最终决定由某人从事某项工作。人事决策是员工招聘的最后也是最重要的一环，即使之前每个步骤都准确无误，而最终的人事决策失误，组织就仍无法招聘到理想适宜的人员。

二、人员招聘的渠道

组织进行招聘时，往往有多种招聘渠道可以选择，其根本出发点在于所选择的招聘渠道能够确保组织以合理的成本吸引到足够数量的高质量人员。熟悉和掌握人员来源及招聘渠道，是人力资源管理者的一项重要任务。

（一）内部来源渠道

实际上，组织的绝大多数职位空缺都是由组织内部人员来补充的，因此内部员工是主要的招聘来源，其主要方式有提升和调用等。采用内部补充的做法有很多优势：①作为一种激励机制可以提高内部员工的积极性与工作绩效；②内部员工较了解组织情况，新职务所需的指导训练相对来说较少，可减少适应和培训费用；③可减少员工的离职率。内部补充机制也有缺点。一方面，如果内部补充形成惯例，一旦组织需要外部补充时，员工不仅会抵制，也会因受挫使积极性受到影响。另一方面，长期的内部补充会导致"近亲繁殖"，自我封闭，缺乏活力，有降低竞争实力的危险。

（二）外部来源渠道

1. 广告招聘。广告招聘是补充各种职位都可使用的方法，应用最为普遍。这一渠道的优点有：①信息发布迅速，扩散面大，能及时地吸引大量的求职者，备选比率大；②可同时发布多种类别工作岗位的招聘信息；③相对来讲成本比较低；④应聘者事先对组织有所了解，可减少盲目应聘。招聘广告可刊登在报纸上、专业期刊杂志上或公开张贴，也可利用现代科学技术在网络上发布。

2. 在线招聘（Online Recruitment）。在线招聘可以说是广告招聘的扩展，它包括在公司网页、机关网页、工作版和冲浪版里为求职者列出空缺职位。在线招聘可以把职位空缺公布给那些递交了学历证明和相关证件的求职者，付费雇主可以在线对求职者进行检验，二者直接互动，另外通过网络博览会还可以把来自特定地区或者特定行业的招聘者和求职者聚在一起。目前，规模较小的专业招聘网站正在兴起，招聘的针对性和成功率都有所提高。

3. 职业介绍机构招聘。适合采用这一渠道的原因主要有以下几点：①用人单位根据以往的经验发现其他形式的招聘难以吸引到足够数量的合格应聘者；②只需招聘数量较少的人员；③急需填充某一职位的空缺；④试图招聘到那些正在寻找就业机会的人员；⑤用人单位在目标劳动力市场上缺乏招聘的经验。

4. 内部员工引荐与应聘者自荐。通过员工引荐的方法，可雇用到现有员工的亲朋好友，这样既可节省广告招聘的费用，又可得到比较忠诚可靠的员工，被雇用者碍于熟人的面子，一般不会表现太差。对组织来说，应聘者毛遂自荐是一种"愿者上钩"式的被动招聘形式，有时也能招聘到合适甚至个别优秀的人员，因此应予以适当的重视。

5. 其他渠道。如同业相互推荐适用人员、校园招聘大学生活动、举办形式多样的人才交流活动等。对大多数组织来说，集中招聘一批员工通常采用广告、校园活动、人才交流活动等渠道，员工举荐、职业介绍机构推荐、同业推荐往往作为补充渠道或补充特殊人才渠道。

第四节　管理人员的配备

在组织各类人员的配备中，管理人员的配备最为关键。管理人员分布在组织中各管理层的不同部门中，不仅担负着计划、组织、激励、控制等各项管理职能，而且还从不同角度负责或参与各类操作者的选拔、使用与培训工作。特别是高层管理人员还负有对人员配置进行全面规划和对重要人事安排作出决策的责任。因此，管理人员的配备直接影响着组织人员配备的整体水平，关系到组织人力资源的有效使用与开发。

一、管理人员选聘的依据

选聘管理人员，首先需要明确选聘的依据（标准）。就具体的管理职位来说，管理人员的选聘依据可概括为两个方面：职位的要求和作为管理人员应具备的素质条件。

（一）管理人员的职位要求分析

要有效地选拔管理人员，就要求选拔者对该职位的性质和目的有一个清楚的了解，这就需要客观地分析职位的要求，需要明确职位的职责与职权范围，人员任职资格条件，即应具备的技术、人事、分析与策划方面的技能，以及评价和比较各个职位的相对重要程度。

1. 明确职务要求。明确职务要求，需要分析几项主要内容：这一职务所担负的职责范围，所享有的职权，所需要的任职资格条件，即在这一职位上应该做些什么？怎样做？需要怎样的知识背景、态度与技能？另外，还需考虑几个附加问题：是否可以用不同的方法履行该职位要求？如果可以，那么新的要求又是什么？这就需要在职位或职务分析的基础上作出相应的回答。确定某一主管职位的具体要求时，应遵循职务范围适当、工作量饱满和反映工作技能三项原则。一个职位范围的规定，既不能过于狭窄，也不能过于宽泛。如果过窄就会缺乏挑战性，缺乏成长机会和完成工作的成就感，优秀的管理人员会因此感到厌烦和不满。如果过宽，会使管理人员无法有效地进行工作。另外，如果工作量不饱和，工作同样不具挑战性，会使他们感到自己的才能没有得到充分的利用。结果就可能会导致过多地干预下属人员的工作，从而妨碍下属执行任务及其积极性与主动性的发挥。职位还应当反映所需要的主管工作技能。一般要以所要完成的各项任务为出发点来规定。因此，职位的具体要求除了在工作方面作出清楚的规定外，在方法上还要容许有某些灵活性以发挥个人的特长。

2. 分析评价管理人员职位的相对重要程度。这是管理工作中最为困难的任务之一。不同的职位，其相对重要性是不同的。判断一个主管职位的相对重要程度，不仅可以明确对管理人员的不同要求，更重要的是可由此明确与该职位相对应的报酬和待遇状况。判断职位的相对重要程度，可通过对主管职位的比较和评价来进行。实践中经常采用的较科学的评价方法有以下几种：①比较法。对各个职位进行比较或确定它们在各类职务中所占的位置。具体做法是，先确定几个关键职位，如企业中的总经理、财务经理、部门经理的薪金标准和地位，然后将其他职位与之进行比较，并作出评价判断，以此确定组织机构中各个职位的等级高低及薪金级别。这是评价主管职位最简单、最普遍的方法。②职位要素法。首先是选择几个职位要素，如技术要求、受教育程度、经验与智力、责任大小、工作条件等，规定它们的权数与分值，然后用数字来表示每个要素，在加总各要素分值的基础上，以分值大小来确定职位系列等级。最后参考社会上同行业的工资水平来制订本组织职位等级的工资水平。这种评分定级法可用于确定许多专业性职务，也可以用来确定管理人员职位等级。采用比较普遍的主管职务评分法是美国管理学家爱德华·N. 海及其同事已提出多年的图表指示个人能力分析法。它从三个方面对职务进行评价：要求的技术知识；所要解决的问题；所负责任的大小和范围。在每一个方面都要分析和权衡一些要素，给予一定的分值，然后汇总得分作为对职位比较评价的依据。③时距判断法。这是英国著名管理学家埃利奥特·贾克斯（Elliott Jaques）提出的。他认为任何一个职位的价值都可以用时距判断法来衡量，即用该职位在斟酌决定问题时所耗费的时间多少来衡量。具体做法是，分析某个职位在分析判断问题时所必须消耗的最长时间。一般情况下，正确作出判断所消耗的时间越长，则说明担负该职务付出的时间越多，该职务的重要程度也就越高。这是一种具有一定科学性和创见性的方法，为客观地评价主管职位提供了一种较好的方法。

（二）管理人员应具备的素质条件

1. 从事管理的愿望。管理工作是一项组织、引导和影响他人为实现组织目标而共同努力的活动过程，这要求成功的管理人员应具有强烈的管理欲望，这是管理人员所应具备的基本素质要求。一个管理人员的工作绩效与他是否具有强烈的管理愿望有着密切的关系。希望从事管理的主观要求，会产生管理的动力，使管理人员主动自觉地探索管理活动的规律和方法，不仅在管理活动中获得了乐趣，而且可获得一定的成就感，管理人员因此可能成为一个优秀的管理者。

2. 基本管理技能。即从事和有效完成管理活动的各种本领。国内外管理学家认为管理人员应具备的管理技能包括三方面：①技术能力。它是指处理专门业务技术问题的能力，包括掌握必要的专业知识，能够从事专业问题的分析研究，能熟练运用专用工具和方法等。②人事能力。这是从事管理工作必须具备的基本能力。在组织中，各级管理人员通常担负着带领和推动某一部门和环节共同实现组织目标的重要职责，因此，需要管理人员具有较强的组织能力、协调能力，创造和谐融洽的组织气氛，鼓励员工与群体发挥合作精神，妥善处理组织与各种社会集团及个人的关系，最大限度地争取理解、支持、信任与合作，为组织的生存与发展创造良好的内部和外部环境。③观念能力。这是指管理者必须具备的包括认识问题、分析问题、解决问题，以及规划决策等能力在内的综合能力。在一定意义上，管理过程就是不断发现问题、解决问题的过程。这就需要管理人员具备较强的综合能力，能够及时敏锐地发现问题，进行深入细致的分析与研究，迅速提出解决问题的措施和方法。在解决问题的过程中，决策能力具有重要的作用。

3. 良好的个人品质修养。管理人员只有具有高尚的品质和良好的个人修养，才能赢得被管理者的尊敬和信赖，建立起威信与威望。对于出色的管理人员来说，公正、诚实、正直是极为重要的品质。

二、管理人员的考评

管理人员的考评是对管理人员的工作能力和工作成绩进行的考核与评价。对管理人员考评的必要性主要表现在以下几方面：①考评是了解管理人员工作绩效的主要途径；②考评是管理人员配备与调整的前提和依据；③考评可为管理人员的培训提供依据；④考评是完善组织结构和职位设计的需要；⑤考评是

第八章

发放报酬和给予奖励的合理依据。

传统上，管理人员考评是以品质特性考评为主的。品质特性考评是以个人品质特性，其中也包括一些工作特征为标准，来评价管理人员。具体做法是列出诸多项目，如反映个人品质特性的与人共事的能力、领导能力、分析能力、勤奋程度、判断力及创造力等，以及反映工作方面特征的业务知识、工作的清晰与条理情况、执行任务的可靠性、工作的准确性、工作的指挥督导情况等，然后按照一定的标准将这些项目划分为若干等级，来考评管理人员。品质特性评价法有以下几方面缺点：①对品质特性考评法的基本假设还有待证实，即一个管理人员的工作成效与他所具有的特殊品质之间是否存在必然的联系、程度如何，值得探讨。②考评很大程度上凭借考评者的主观印象，难免有失客观公正。③某些考评标准含糊不清，考评者操作时难以具体把握。

在当代，管理人员考评已经由品质特性考评转向工作绩效考评。管理人员在组织中的特殊地位，使得他们对组织目标的实现具有决定性作用。根据管理人员的职能要求，以及既定的可核实的目标及其完成情况来评价管理人员的工作绩效，是促进管理人员真正进行有效管理，实现组织目标的重要手段与方法。考评管理人员的工作绩效，包括两个方面：①通过对实际目标达成情况与预定目标的比较来评价管理人员，也即按照既定的可核实的目标及其完成情况来评价管理人员；②考查管理人员在实际工作中是否有效地履行各种管理职能。前者称为达标绩效评价，后者称为管理绩效评价。

管理人员考评是一项较为困难的工作。为确保质量，考评应该符合以下基本要求：①考评指标要客观，这种客观性表现在指标含义要准确、具体和指标尽可能定量化两个方面；②考评方法要可行；③考评的时间要适当；④考评的结果要反馈。

三、管理人员的培训

管理人员作为组织人力资源最重要的组成部分，其素质和管理水平的高低，直接决定着组织活动的实施及组织目标的实现。因此，组织不仅必须依照严格的素质要求和最佳结构模式对其加以选拔和组合，而且需要系统地对其进行培养和训练，以便不断提高管理人员的素质，使他们具有较高的科学文化知识和管理科学知识，具有较强的管理工作能力，熟悉现代管理的技术和方法，以适应现代管理的需要。

1. 管理人员培训对象的分类。管理人员作为培训对象，根据培训特点的不同，可分为现任的主管和新聘或提升的主管两大类。组织中各个层级的管理人员，无论是上层、中层还是基层的现任主管，为了更好地履行管理职责，做好工作，都有提高自身素质和能力的必要。培训不能仅仅局限于中下层，上层管理人员应当首先进行培训，这是由他们所处的重要的地位决定的。对新选拔（新聘或者提升）的管理人员，其培训的目的和重点是使他们尽快地了解和熟悉新的环境，以便能够尽快地胜任新工作。对于即将被提升但目前还不具备提升条件的管理人员来说，主要是针对其弱点与不足进行培训，使其尽快达到拟提升的主管职务的要求。

2. 管理人员培训的方法。培训管理人员是一项系统性工作，为达到预期的培养目标，除了要结合组织发展状况预先制订人才培养的长远规划，拟订各个时期和阶段的具体培训计划，明确培训对象、内容和要求，同时，还必须采用科学的培训方法和手段。培训管理人员的途径主要有实践锻炼和系统教育两类。

在管理活动中锻炼和培养是从技能和艺术方面培养管理人员的基本途径。组织可为管理人员提供更多的实践机会和良好的成长环境，使他们在管理实践过程中得到锻炼，通过不断地总结经验教训，学习并提高管理技能，增长管理才干，成长为优秀的管理人员。具体方法有以下几种：①有计划的提升。即对将被提升的管理人员制订分步骤的提升计划，按计划由低到高相继经过若干管理职位的锻炼来培养管理人员的方法。②职务轮换。这是有计划地安排管理人员担任同一层次的不同管理职务，或不同层次的相应职务，全面培养管理人员能力的方法。③委以助手职务。这是培养管理人员常用的一种方法。即安排有培养前途的人员担任部门或组织领导者的助手，使其在较高的管理层次上，全面接触和了解各项管理工作，得到锻炼和培养。④临时提升。当因某种原因出现主管职位暂时空缺时，临时指定某个有前途的下级管理人员代理相应职务，也是培养管理人员的方法之一。

系统的教育和训练则是从知识方面培养管理人员的基本途径。通过各种形式、内容的教育，对管理人员进行不同程度的系统知识训练，可帮助管理人员巩固和不断更新知识体系和结构，提高自身素质和管理水平。经常采用的具体形式有：开办短期培训、举办知识讲座、定期脱产轮训、选送高等院校接受正规教育、组织专题研讨会等。

总之，各级各类组织在具体培训工作中，要根据组织自身及所培训的管理人员的特点选择适合的方法，使培训工作真正取得预期的成效。

本章小结

人员配备作为组织的一项重要管理职能，其主要任务是为组织结构中的所有职位配备称职的人员。人员配备是一个复杂的活动过程。它主要是根据组织结构规定的职位数量、职位要求，对所需各类人员进行恰当而有效的选拔、聘任、安置、考评和培养。人员配备作为一种特殊的管理活动，对保证组织活动的正常进行，实现组织既定目标具有重要作用。

在人员配备过程中，为使组织的人力资源得到充分开发、利用和及时补充，使人员的选拔、使用和培训符合组织有效运行的要求，需要拟订完备的计划。人力资源规划是组织为实现特定目标，在对未来一定时期所需人员数量、类型以及获得所需人员的可能性进行分析预测的基础上，制订确保组织适时获得所需各类人员计划的过程。较正规的组织一般都需要通过人力资源规划，使其人员需求与供给之间经常处于相对平衡的状态。

任何完善的规划都需要通过具体的行动才能落实。对组织来说，在规划的基础上，按部就班地招聘和选拔人员是其实现人员纳新的主要途径。当组织出现职位空缺时，不论是采取内部选拔还是外部招聘的方式加以解决，都必须采取科学的方法，遵守通行的规则。

管理人员在组织中发挥的作用远非一般人员可比，组织对这类人员的选拔和招聘应加倍慎重，必须在准确的职位要求分析的基础上，测算出该主管职位所需人员应具备的综合素质要求，然后根据职位和组织的具体情况采取相应的选聘办法。对选聘后的管理人员进行定期考评，是组织必须采取的人力资源管理手段之一，而为提高管理人员的素质，也需要经常有计划、有组织地对他们实施培训。

自我测试 8

回答下列问题，并在合适的位置上做记号

	是	否
1. 当资源和工具短缺时，我愿意创造性地解决问题吗？	—	—
2. 我是否有喜欢数字的天赋？	—	—
3. 看到别人的薪酬高于自己的，自己心里舒服吗？	—	—
4. 我是否有很强的与他人沟通的能力？	—	—
5. 我是否喜欢整天在计算机上工作呢？	—	—
6. 我待人是否很细心？	—	—
7. 我是否喜欢不断地重复已经做过的工作？	—	—
8. 我是否善于理解复杂观点并且也能够让普通人理解？	—	—
9. 我是否善于表达自己的思想并且能够使别人按照这种想法办事？	—	—
10. 在观众面前我很坦然吗？	—	—
11. 我是否热心向别人学习并能够教授别人？	—	—

12. 我是否能够应对变化并能够很好地处理它？　　　　—　　　—
13. 我是否喜欢玩积木？　　　　—　　　—
14. 压力较大时，我在工作中是否能够不分心？　　　　—　　　—

第八章

第九章

组织变革

第九章

提示：

　　稳定、适应—变革推动力—投入费用—力场分析—何时变革结构—如何变革技术—组织发展—渐进、突变—三阶段变革模式—循环学说—冲突—激发创新力。

　　美国未来学家托夫勒在《未来的震荡》一书中研究了人类在未来生活中的各种可能性变化，其主要观点莫过于强调人类生活要"随事变"，不要墨守成规。组织亦是如此，因为组织是一个不断与其环境发生作用的开放系统，而且组织内部各要素之间也始终相互影响着。组织惟有通过变革，使其自身适应于变化着的环境，才能保持其旺盛的生命力，从而实现其使命。本章主要阐述组织的变革问题，分析变革力场，研究变革形式，概括变革模型，描述变革过程，分析变革与创新的关系。

第一节　组织变革的相关力量

一、组织的稳定性和适应性

　　组织为实现其战略和目标，保证管理者有效地履行其各项职能，就必须保持足够的稳定性。稳定性（Stability）是组织生存和发展的基础之一，缺乏稳定性而始终处于动荡状态甚至是混乱状态的组织，不仅难以完成自己的使命，甚至生存也会受到威胁。当然，稳定性并不意味着刻板、僵死和教条，而是建立在持续性基础之上的。持续性意味着秩序，这种秩序维持着组织的生存和发展，它是组织在长期适应环境的过程中逐渐形成的，以使组织与其环境保持和谐一致。正如有机体一样，新陈代谢的持续性维护着有机体成长的稳定性。组织的稳定性和持续性都是组织长期演进的一种自然结果，而非人为的在某种"高压政策"下形成的一种脆弱且虚假的稳定性和持续性。除稳定性以外，适应性（Adaptability）是组织生存和发展的又一基础，它反映着组织的学习能力，即组织对变化着的条件的快速反应能力。缺乏适应性而始终处于凝固不变状态的组织很难生存下去。当然，适应性并不意味着飘忽不定或无根据地变来变去，而是通过审慎的变革对变化着的环境作出反应，组织正是通过不断的变革逐渐建立起自己对环境的适应性。在知识社会中，管理者需要不断地建设和变革组织，方能使其更加符合人们的期望。

现代组织发展理论认为，稳定性和适应性、持续性和变革性对于组织的生存和发展来说同样都是必不可少的。区别只在于组织在发展的不同阶段里，对稳定性和适应性有着不同的要求。在组织初建时期、快速成长时期和衰落时期，适应和革新对组织生存和发展来说是至关重要的，但对于处于成熟期的组织来说，稳定和持续则变得更为重要。不论组织处于什么发展阶段，变革更具基础性。只要我们承认组织是个开放系统且环境是变化着的这个前提，那么组织惟有通过变革才能适应环境。变革—适应—持续—稳定的逻辑关系普遍存在于各类组织的不同发展阶段。仅仅强调某个特性而忽视其他特性，必然会对组织的生存和发展产生重大障碍。可见，良好的管理就是维持组织的一种动态平衡，使其具有足够的变革性（组织在条件适宜时能够主动变革）、适应性（组织对环境和内部的变化能够快速地作出反应）、持续性（组织保持着秩序）和稳定性（组织保持平稳的发展）。

二、变革动力

组织变革总是在某种刺激下发动的。推动变革的力量各种各样，本书将其归结为外部力量和内部力量两类。

（一）外部力量

外部环境变化带来的压力常常给管理者以刺激，引发组织变革。环境包括一般环境和特定环境两部分，本书在第三章中分析了这两类环境的构成要素，一般环境由政治、经济、社会、技术和国际等环境要素构成，特定环境由竞争对手、资源供应者、服务对象、管理部门和利益集团等环境要素构成。每个环境要素的变化都可能构成组织变革的外部动力源。如经济体制改革促使国有企业改变组织结构，重组产品业务；加入世界贸易组织给中国金融企业带来巨大冲击，迫使企业在质量、服务和管理等方面进行变革；社会保障制度的建立迫使企事业单位变革自己的人事政策；先进技术的采用迫使企业改变生产工艺和装配线；教师的短缺迫使学校对职位进行重新设计并改变其奖酬制度和福利方案；环境保护组织的抗议迫使污染环境的企业改变工艺流程，以减少污水或烟雾排放等。

不可忽视外部力量对组织产生的巨大影响，组织应该有一种对外部变化的预测与回应机制。一般来讲，战略管理部门具有组织的边界功能，保持着与环境的紧密联系，同时试图监视环境的每个变化，力图预测其变化趋势，并使组织作出相应的调整。对于无法预测的变化，要求跨越组织边界的部门有灵活的回应机制，以便能够迅速地调整行动，消除变化带来的混乱和不利影响，适时变革，迅速适应新情况。

（二）内部力量

变革的另一类动力则来源于组织内部的各种变化。这些内部力量可能最初产生于组织的内部运营，也可能产生于外部变化的影响。组织的战略转移或目标修正是一种变革力量，因为它导致组织结构的调整、人员配置的变更和控制系统的变化。新技术、新产品的发明或对原有技术、原有产品的改进是又一支变革力量，因为随之而来的工艺流程可能会被重新设计，员工的工作可能会被重新调整，同时还可能要对员工进行培训，以掌握新技术和新方法，并且可能要求形成新的协作方式。组织规模或结构的变化也是一种强大的内部变革的动力源，因为组织成长中的兼并扩张、组织衰退中的规模缩减、内部部门分立或合并、等级层次的增加或减少、特别委员会或任务小组的设立、组织之间的联盟或合作引发的组织结构的变动等，都会为组织的变革提供推动力。新的管理方法的实施也是一种重要的变革力量，如全面质量管理和目标管理的实施可以推动组织对结构、技术、人员等做全方位的变革。新领导人的出现或原有领导人采用新的管理方式或其价值观的转变都会给变革提供动力源。

总的来说，变革的内部动力源十分丰富。相对于外部力量来说，内部力量为组织变革提供了更为直接的动力。但在多数情况下，内部变化所形成的推动力往往不易为组织成员所察觉，尤其在渐进式变革中更是如此。

（三）变革的推动者

外部力量和内部力量只是描述了组织变革的各种刺激源，但仅有这些刺激源的存在并不能直接推动组织发生真正的变革。只有当这些变革力量刺激管理者，并且这种刺激达到某种程度，管理者就有可能转变为变革推动者（Change Agents）。

管理者是组织变革的中心人物，任何管理者，尤其是高层管理者，都可能成为变革的推动者。作为组织的管理者，无论是全部介入还是协调组织的各种活动，只有他们才能发起、推动并组织实施各种变革。变革的发起可能来源于管理者自身对变革力量的认识和管理风格的调整，也可能来源于响应非管理人员（通常是内部参谋人员或外部咨询人员）的变革建议。广义上讲，这些专家和顾问也是变革的推动者，但从作出变革决定的角度来看，将这些专家和顾问看做是对组织变革负有责任的管理者的延伸也许更为合适、更有意义。

三、变革的阻力

从本质上讲，变革（Change）就是改变现状和破坏原有的东西。变革过程或结果对某些管理者、操作者，甚至组织之外的人或组织可能构成某种威胁，这些人或组织自然就会抵制变革，加之组织的"运动惯性"，合起来形成变革阻力。

（一）惯性阻力

组织的稳定性和持续性使组织形成一种"运动惯性"，使组织成员养成一种行为习惯，而变革和适应就是要改变组织的现有状态，组织运行惯性自然地（非人为地）形成了变革的阻力。就像泰坦尼克号撞上冰山一样，不是因为舵手没有发现冰山，也非因为舵手没有改变船体运行方向，而是因为泰坦尼克号的强大运动惯性。

决定惯性阻力大小的主要变量包括环境稳定性、组织规模和正规化程度三项。长期处于一种稳定环境中的组织，其"运动惯性"就会很大。组织规模愈大，其惯性就愈大；反之亦然，正如人们常说的"船小好调头"。组织的正规化（Normalization）是指组织行为的规范化和组织技术的规范化。正规化程度愈高，组织的惯性就愈大。一般地说，消除或者减弱组织运行惯性对变革的影响需要时间，惯性的强弱和变革的力度共同决定着这种时间的长短。变革推动者应充分认识到组织的惯性阻力，适宜地推动变革，以免变革受到惯性阻力"包围"而被吞噬。

（二）人为阻力

人为阻力是指人在思想上或行动上抵制变革的力量。人为阻力产生的原因各种各样，大致可分为四类：变革结果的不确定性、投入的费用、误解变革和变革的不合目的性。

人为阻力Ⅰ：变革结果的不确定性。组织的稳定性和持续性给人以一种确定的和可预期的感觉，而组织的适应性和变革性使已知的东西变得模糊不清，使未来的东西不可预期，从而使人们产生一种不确定的感觉。我们知道，大多数人是厌恶不确定性（即风险性）的，人们自然就会抵制这种不确定性的变革行动。如教师长年累月地使用传统的讲授式教学方法，已经掌握并习惯了这种教学方法，对教学工作驾轻就熟，后来学校进行教学方法改革，推广以计算机技术为基础的全真模拟的案例教学新方法，新方法的推行使教师产生了诸如能学会电脑吗、到哪儿去寻找案例教学软件、自己会编写这种软件吗、原有教案被否定后怎样准备新教案、教学效果会怎样等一系列不确定性问题，由此可能对新教学方法的推行产生敌视态度，并在要求他们采用这种新方法时表现出无效行为，最后可能会使教学方法的改革中途夭折。类似的事例在管理变革中屡见不鲜。

人为阻力Ⅱ：投入的费用。广义讲，投入的费用（包括既得利益）可以理解为人们为达到现状而付出的时间、精力和金钱（或由过去的投入已转换为现在的收益）。变革会威胁到人们为取得现状所作的投资，可能会剥夺人们的既得利益，因此投入的费用自然会成为人为阻力产生的一个重要原因。的确，不管一项变革有多少优点，叫人忘掉花在现存系统中的血汗和泪水是十分困难的。人们对现有体制投入得越多，反对变革的力量就越大，因为他们担心过去的投入付之东流，担心失去现有的地位、权势、收入、福利和方便的工作等。投入费用这个概念可以解释为什么政府由权力行政向服务行政的转变来得这么慢。它还有助于说明不同年龄的人对变革所持有的不同倾向，即老年人对现存系统投入的时间长，投入的费用多，调整到变革后的状态时失去的就会更多，因而老年人一般较年轻人更加强烈地反对变革。这个概念同样可以说明为什么参谋人员（尤其是组织外部的咨询人员）将更多地成为变革的主力人物，因为他们在变革时所承担的风险要比那些在现存系统中已投入大量费用的直线管理人员小。

人为阻力Ⅲ：对变革产生误解。这种误解产生于变革推动者与参与者的交往过程，一是因为沟通中存在着各种各样的障碍，使得变革参与者未能准确地理解变革推动者所倡导的变革，以致形成变革的人为阻力。"当个人还不清楚地了解一项变革的目的、机制和潜在的结果时，他很可能反对变革。如果在实施一项变革的过程中要涉及人，那么使他们了解为什么要进行变革是非常重要的。当一项变革的机制未能被人们所清楚地了解时，即使实施者愿意进行变革，这项变革也不能完成。"[1] 二是因为变革结果的不确定性常导致高度混乱和不安，在变革过程中必然会出现有关不良后果的推测和谣传，造成对变革的严重误解，形成变革阻力。

人为阻力Ⅳ：变革的不合目的性。当有人认为变革不符合组织的目标和组织的最佳利益时，他就有可能极力反对变革。如员工认识到变更原有产品的配方会失去大批老顾客，从而影响组织收益时，他就可能会阻止变革的推行。但

第九章

---

〔1〕　［美］弗里蒙特·E. 卡斯特、詹姆斯·E. 罗森茨韦克：《组织与管理》，李柱流等译，中国社会科学出版社 1985 年版，第 678 页。

如果反对者能正确地表达他的反对意见，并提出论证，那么这种阻力形式就可能对组织有益。

四、力场分析

前面分析了变革的动力来源和变革的阻力成因，为研究变革的相关力量提供了一个分析框架。这一部分内容将为变革推动者提出一个一般性的力场分析（Force – Field Analysis）方法，用于分析具体变革中的相关力量的对比情况，以便有效地推进变革。

组织的发展是从一个平衡态过渡到另一个平衡态的动态过程。无论在何种形势下，组织总是受着两种力量的作用：变革的推动力量（驱动力）和变革的阻碍力量（制约力）。当上述两种力量相互抵消时，组织将维持原有的平衡态；当上述两种力量之和为负数（驱动力小于制约力）时，组织将退回到原始状态；当上述两种力量之和为正数（驱动力大于制约力）时，组织将发生变革至新的平衡状态。因此，理论上可以通过增强驱动力或减少制约力的办法来诱使变革的发生。不过，经验告诉我们，减少制约力的办法常常较增强驱动力的办法更为奏效。只注意增强变革驱动力而忽视制约力的影响，常会增加组织的紧张气氛和个人压力，不能积极地解决问题。而多注意减少制约力的作用，即使在不增加驱动力的情况下，变革也可能会取得意想不到的进展。预料各种变革阻力，特别是变革中所形成的人为阻力，并想方设法减少或降低这些阻碍力量的作用程度，具有特别重要的意义。这就是力场分析的基本原理。力场分析要求变革推动者明确回答下列问题：组织的现有状态是什么？组织的期望状态是什么？变革的驱动力量有哪些？制约力量有哪些？如何有效地增强驱动力量？如何有效地减少制约力量？

例如，经理人员经常感到自己忙于日常的事务管理，没有时间来认真规划组织的未来发展，每当参谋人员提及此事，他常说"过一段时间再说"。我们使用力场分析方法研究这个问题。问题：缺乏规划组织未来发展的时间。状态：现有状态——忙于处理日常事务，应付各种突发事件或危急情况，没有时间研究关于未来的发展规划。期望状态——有充裕的时间规划组织的未来，定期对组织的各项计划进行审定。制约力量（保持现有状态）：需要处理大量的日常事务，危急情况更需亲自处理；目前没有浪费时间资源，日程安排得满满的；人们都在满意地工作着，组织生存下来了；对组织未来进行规划并不能确定地告诉我们有助于组织发展；改变现有计划系统会引起"骚乱"。驱动力量（推向期望状态）：使自己"闲"下来，考虑大事；激烈的竞争迫使组织制订近期和远期相结合的计划；来自于同行的计划促进管理成功的报道；参谋人员有帮助作规划的能力；组织需要以计划方式协调，以防止各个部门的短视行为。

这种分析可以根据问题的需要作详尽的列举和阐述，尤其对复杂问题，作深入广泛的力场分析可能是值得的。在此基础上，努力转化力量的对比（特别是通过减少或降低制约力量的作用），促进变革，使形势向着期望方向发展。

第二节　变革内容

组织变革的内容包括结构变革、技术变革和人事变革三类。[1]

一、结构变革

结构变革（Structural Change）是对组织的构成要素、整体布局及运作方式作出适宜的调整。结构变革所涉及的内容极为广泛，主要包括权力分配、结构调整、工作设计、绩效评估、报酬制度和控制系统设计等方面。

结构变革首先碰到的就是集权与分权问题。环境稳定、正规化程度高、结构单一以及处于成熟期的组织，适宜集权管理；反之适宜分权管理。绝对集权和绝对分权的组织是不存在的。组织集权和分权程度像一个连续光谱，光谱的黑白两极分别是集权和分权，每一个组织的集权分权状况与光谱上的某点对应。管理者可以根据形势的变化和自己的哲学思想适时地重新配置组织的权力，变革集权与分权状况。他可以通过授权或收权来扩大或缩小下级部门的权力范围，可以通过调整管理幅度或部门之间的协作方式改变权力关系，还可以通过部门重组来收权或放权，更为普遍的做法是通过改变岗位内容而进行权力调整。结构的重新排列或设计是结构变革的又一常见内容。结构要素调整属于微观变革，如合并或增设部门、精简或增加管理层次、增减各种临时机构或委员会等，而整个结构的重新设计则是宏观变革，如从直线型到职能型、从职能型到分部型、从分部型到矩阵型等。组织整体的结构扩张（通过兼并、收买、控股、设立分公司或子公司等形式）或缩减（通过卖出或取消分支机构、撤出股份等形式）更是具有战略意义的结构调整。结构变革的第三项内容就是重新设计工作。管理者可以通过重新设计职位体系、工作程序、修订职务说明书、丰富职务内容、实行弹性工作日制等方式来变革组织结构。修改绩效评估制度和奖酬制度是结构变革的第四项内容。在组织发展的不同历史阶段其对工作的要求有很大区别，对员工的需求也会发生变化，及时变革评价和奖酬制度，以适应变化的情况，是非常必要的。有时，这项变革是激励理论的产物，如业绩奖励计划、利润分

第
九
章

---

〔1〕〔美〕里奇·格里芬：《管理学》（第8版），刘伟译，中国市场出版社2007年版，第213页。

成方案、团队工作激励计划等都是在 20 世纪后半叶出现的新方法。控制系统是结构系统的重要组成部分，因而，适时地变革控制系统就构成了结构变革的另一项内容。举凡财务体制、投资计划、预算方案等都属于控制范畴，另外，涉及人力、设备、技术等方面的安全问题也可以纳入到控制系统，这些方面的变革也都属于结构变革范畴。

结构是组织的基础。特定结构总是与一定的环境、组织战略和特定任务相匹配、相适应的。环境、战略、任务的实质性变化方要求结构调整，反之，便要求结构保持稳定性。所以，变革的推动者一般对结构变革持谨慎态度，通常是在反复论证后才作出变革决策。

二、技术变革

组织的技术水平标志着组织将投入转换为产出的能力，与效率紧密相关。技术变革（Technological Change）通常涉及设备、工艺流程、计算机化、自动化和管理方法等方面的变革。

设备更新是技术变革中的最简单形式。产业竞争或发明创造，常常要求管理当局引入或研制更先进的设备，以增强组织的竞争力。由于科学技术的迅猛发展，设备更新呈现某种周期性，使得管理当局必须经常关注此类变革，以保证组织在设备方面的领先地位。与设备更新紧密相关的另一项技术变革就是工艺流程的改变。但在设备相对稳定期，工艺流程也会由于其他方面的原因单独发生变革，如原材料的改变、人员技术水平的提高、质检办法的改变、产品技术参数的变化等原因都可引发工艺流程的变革。近年来，最明显的技术变革莫过于计算机的广泛应用。当代组织都设计了以计算机为基础的管理信息系统，管理人员不出办公室就可以了解整个组织的即时运行状况。当今的办公室概念由于电脑的普及已发生了革命性变革，最典型的体现就是电脑可以运行上千件的商业软件包，实现了办公室自动化。而互联网系统则使电脑如虎添翼，实现了计算机之间的相互通讯联络，大大地扩展了管理者的视野。可以预言，由计算机引发的技术变革方兴未艾。自动化是以机械取代人力的一种技术变革。这种技术变革就是设计用机器自动地完成一个单元内的所有工作，它已经在邮政服务领域的邮件自动分拣系统和制造业领域的全自动装配线上得到了应用。机器人是自动化的一个重要领域，它已经能够从事以下几个方面的工作：负责检查人们难以检查的内部管道，晚上负责洗刷并养护设备，在医院护理病人，在艰苦条件下挖煤等。自动化是令人兴奋的技术变革领域之一，管理者应该随时接受并推进这种变革。技术变革中常被人们忽视的一个方面就是管理方法的变革。在 20 世纪被广泛采用的目标管理方法和全面质量管理方法就是管理方法变革的优秀典范，改进传统的管理方法或采用新的管理技术所提高的效率和产生的效益也是巨大的。所以，在技术变革中，变革推动者不应忽视管理方法这一"柔性"的技术变革。

技术变革不同于结构变革，最大区别在于技术变革通常需要大量的资金投入。一般而言，技术变革应与工作任务和人员素质相协调。适时地推进技术变革，保持技术上的领先地位，对组织的生存和发展具有十分重要的意义。

三、人事变革

人事变革（Personnel Change）是围绕人力资源进行的变革，包括组织变动和组织发展两部分内容。

组织变动涉及人员流动、人员选择和人员培训等。人员流动是组织中经常发生的事情，有些是个人请求的，有些是组织安排的，作为人事变革范畴中的人员流动概念主要指后者，如以培养能力为目的的跨部门调动，以丰富工作内容为目的的职位轮换，以发挥才能为目的的个别安排等。但无论什么形式的人员流动，着眼点都在于人尽其才，才尽其用。人事变革的另一项内容是改变人员的招聘和选拔制度，它涉及选择标准、选择方式、选择来源等方面的变革。人员选择标准已经从"特质和能力"标准转向"绩效"标准，选择来源已经从重视内部来源转向内部与外部来源并重，选择方式已经从伯乐相马式的个人选择转向依赖于科学测评的专业机构选择。人员选择变革之目的在于建立起一支有活力的队伍。人员培训是在 20 世纪后半叶才逐渐受到重视并发展起来的一项人事变革内容，其着眼点在于培养员工的工作技能，最大限度地开发人力资源。

"组织发展"（Organizational Development or OD）一词，虽然有时用于泛指组织的各类变革，但作为学科概念通常是指改变组织成员的态度、行为、价值观、需求和人际关系的各种方法。组织发展的目的在于努力创造一种良好的组织气氛，设法带来组织成员之间相互关系的改变，促进组织中的个人和群体更加有效地工作。常见的组织方法包括敏感性训练、调查反馈、团队建设和组际发展等。[1]

敏感性训练（Sensitivity Training）是通过非结构化的群体互动来改变人们行为的一种方法。群体由一位职业行为学家和若干参与者共同组成，互动则是通过自由而奔放的会谈来实现的。但职业行为学家并非群体领导，他的作用是为参与者创造表达自己思想和情感的机会。会谈并不对群体规定某种议事日程，而是自由且随便，参与者可以探讨他们喜欢的任何议题，讨论中唯一注重的是

第九章

---

〔1〕　[美]斯蒂芬·P. 罗宾斯：《管理学》，孙健敏译，中国人民大学出版社1997年版，第323～325页。

个人的积极参与及其互动的过程。实证研究已经表明，作为变革方法的敏感性训练，其效果是多种多样的。从正面效果来看，它表现出群体沟通技能的迅速改善、个人认知准确性的提高和促进个人参与意愿等多种作用，但对工作绩效的影响还没有结论。

调查反馈（Survey Feedback）是通过调查表的形式对组织成员的态度和认识进行评价，确定差距，并使用反馈的调查信息帮助消除态度和认知差距的一种方法。调查问卷会发给全体组织成员，问题包括成员对诸如制订决策、政策影响、沟通效果、部门协调、工作满意度、同事关系、上级工作等广泛议题的认识与看法。将回收的问卷进行统计处理，并把得到的数据制成表格反映出来，分发给有关人员，使所提供的信息作为他们确定问题和处理问题的参考。

过程咨询（Process Consultation）是管理者借助于外部咨询专家对其必须处理的过程事件形成认知、理解和行动能力的一种方法。这些过程事件可能包括工作流程、正式沟通渠道、成员间的非正式关系等。咨询专家并不负责解决管理者的问题，只是帮助管理者正确地认识他周围发生了什么事情，存在什么样的问题，诊断哪些过程需要改进，并提出改进建议。

团队建设（Team Building）是使团队成员在互动中了解他人的观念、想法和行为方式，从而加强合作的一种方法。团队建设方案中可能包括团队目标确定、团队人际关系开发、团队成员的任务和职责角色分析以及团队过程分析等，通过高强度的互动，使团队形成开诚布公和相互信任的气氛，从而将团队建设成为具有高度协作意愿的群体。

组际发展（Intergroup Development）是一种试图改变不同工作小组的成员之间相互看法、认知和成见的方法。两个部门或单位可以在会议上或会谈中澄清彼此的看法，增进彼此的了解，组织中有争议的群体也可以要求其他有关部门或单位对他们的看法作出反馈，这些努力往往可导致组际关系的改进。

综上所述，人事变革包括组织改变和组织发展，前者在本质上是开发人力资源，后者在本质上是组织文化建设。与结构变革和技术变革相比，人事变革往往更多地涉及人的因素，变革进展相当缓慢，且变革成效往往不如前两类那么明显。在处于转型时期的中国，管理者更多地注重结构变革和技术变革，漠视人事变革。但从世界范围来看，人事变革已处于组织变革的主导地位，因为结构变革和技术变革的成果需要通过人力资源开发和组织文化建设予以巩固。

第九章

第三节　变革过程

一、变革过程的两种观点

如同战略发展观点一样，对组织变革的看法也有渐进式变革过程和突变式变革过程两种观点。

（一）渐进式变革

渐进式变革（Progressive Change）是在变革目标指引下，遵守先易后难的变革准则，循序渐进地完成变革过程。组织中的大多数变革都是渐进式变革。"一般认为，渐进式变革对组织是有益的，因为这样的变革会以组织中的技术、能力、日常惯例以及信仰为基础。在组织的这些原有基础之上进行变革所受阻力会少些，同时组织承受的风险也小些，并且，变革会提高效率并使组织平稳地过渡，同时也非常可能得到组织内各方面的认可。"[1] 渐进式变革是以下列假设为前提的：①变革阻力分布的不均衡性。有些阻力较小，容易消除，有些阻力较大，短期内不易消除或减小，变革就从阻力小且条件成熟的环节做起，一步一个脚印地进行，在变革过程中，逐步地消除较大的阻力障碍，完成最后的变革。②承认现状的部分合理性。现状是历史发展的结果，其存在有着一定的合理性，尤其是在大多数组织成员对现状满足的情况下更是如此。如果采用突变式方法改变现状，可能会骤然增加变革阻力，阻止变革的完成。③组织及其成员的适应性较弱。组织及其成员虽有一定学习能力和适应性，但安于现状却是人性使然，渐进式变革符合人们的这种本性。渐进式虽然有降低阻力、减小风险、平稳过渡、人们认可等优点，但其弊端也是明显的：①渐进式变革有可能使组织丧失大好的发展机会。环境变化提供给组织的发展机会是有限的，变革推动者应抓住机会，迅速地发起变革，务必在短期内取得实效。在管理工作中，渐进发展而贻误战机是一件十分令人痛心的事情。②渐进式变革可能半途而废。原因有两个：一是渐进式需要变革推动者有坚强的耐力意志，耐力意志薄弱者难以完成变革；二是渐进式将重大变革阻力后移，一旦无法突破核心阻力，变革必然失败。

（二）突变式变革

突变式变革（Mutational Change）是在变革目标指引下，遵守速战速决的准

---

〔1〕 ［美］格里·约翰逊、凯万·斯科尔斯：《公司战略教程》，金占明等译，华夏出版社1998年版，第248页。

则，在短期内快速完成变革过程。在特定的情况下，突变式变革具有重大意义。它快速地破坏原有结构和规则，经过短暂的时间，迅速地建立起新的结构和规则，使组织经历了一场革命洗礼。突变式变革的前提假设有：①组织承受着巨大的变革压力，也可以说是变革的动力极为强大，远远大于变革阻力。这种压力可能来源于组织外部重大事件的变化，也可能来源于管理者认识到了某种重大事件即将出现，也可能来源于管理滞后的积累效应而导致组织业绩的急速下滑，如果不进行快速变革，组织必将衰亡。②变革的推动者具有一定威望和冒险精神。一般来说，突变式变革涉及结构、技术、人事等方面的全方位变革或重大的局部变革，只有具有驾驭混乱形势的能力并具有一定威望的变革推动者，才能给人以一种变革能够成功和变革可以带来更大利益的感觉，以便减小人为阻力。冒险精神是变革型人物的共同特征，但突变式变革的推动者承担着更大的责任。③变革方向代表了变革参与者的共同利益和愿望。任何变革都有反对力量予以抵制，但只要多数人或潜在的多数人认同变革，即变革可以给多数人带来不同的利益，变革推动者就可以发起突变式变革。突变式变革是一种休克疗法（Shock Therapy），具有利用大好形势、缩短混乱时间、快速改变现状等优点，但也存在着弊端：①风险较大。突变式变革由于时间的限制，一般采用的是"先行动，后思考"的行为模式，并且，这类变革遵循先难后易方针（行动时先消除最大的变革阻力，迎难而上），导致风险骤增。②连续性较差。突变式变革是在迅速地破坏现状后立即建立起期望状态，使两种状态在结构、技术、人事等方面存在着不连续性，导致组织的稳定性和持续性降低。

渐进式变革和突变式变革的划分仅仅是在变革过程性质上作出的划分。实际变革是两种情况的混合，渐进式变革过程中有关键因素的突变式发展，突变式变革过程中存在着局部的渐进式步伐，非此即彼的思维在管理实践中总是有害的。

二、变革模型

变革模型是对变革过程的另一种描述形式，此处仅介绍卢因模型和沙恩模型。

（一）卢因模型

卢因模型提出了组织变革的解冻、变革和冻结的三步骤学说。[1]

第一步：解冻。解冻就是要打破现有的平衡状态，使用的方法就是增加驱动力或减弱制约力，使系统脱离现有状态。变革会影响到组织的利益相关者，

---

[1] 卢因模型是由美国著名的组织理论家库特·卢因（Kurt Lewin）提出的，故该模型以其名字命名。

常常使人发生迷乱、震惊、畏缩或骚动，产生一定的人为阻力。为不引起组织更大的震荡，减少制约力，解冻期要做一定的宣传解释工作，如用证据说明现状不能令人满意，专家论证变革的必要性和可行性，说明变革符合组织目标和利益并会给利益相关者带来更大的好处等，使人们对现状及变革产生一种新的认知。如有必要，应同时建立变革的组织领导机构，将有影响的人员吸收进来，并赋予领导机构相应的权力。

第二步：变革。为减少组织从原有平衡态向新平衡态转移过程中的阻力，使变革顺利进行，针对不同的变革过程，可选用以下一些方法以推动变革：①教育与交流。变革期间谣传四起，及时沟通信息是十分必要的。组织成员之间应该相互尊重、相互信任，通过教育与交流重建群体准则，使新准则简明易懂，并鼓励成员遵守新准则。群体决策是一种强大力量，可以利用群体准则来改变个人或组织行为的有效性。②鼓励个人或群体参与变革，给他们提供参与机会，用协商和谈判方式解决变革中的冲突与矛盾，使他们产生一种变革的主人翁意识和责任感。特别要注意获得群体中有影响成员的支持，并要积极支持在变革阶段表现出新行为的人，用各种奖励手段强化新的行为。有证据表明，这些简单方法在实践中是行之有效的。③操纵或干涉。变革机构保持控制和协调的权力，对变革过程给予指导和进行控制，变革推动者采用某种手段，始终干预变革过程，其极端形式有：有意歪曲事实使变革显得更有吸引力；隐瞒具有破坏性的消息；制造谣言使员工接受变革；收买反对派领袖人物等。当然，使用这些极端形式也使变革推进者冒着某种程度的信誉风险。④强制与法令。在危急或混乱的情况下，通过施加强制和法令来推进变革，"显然，它是应用权力才能做到的。除非时间很短，或者组织出现危急或混乱状况，使人们将强制与法令作为一种处理现有混乱、理清组织状况的方法来欢迎它。否则，在一般情况下，都是最不受欢迎也是最无效的一种管理变革风格。"[1] 上述四种方法可以适当应用于不同的变革过程。教育、交流和参与等方式最适合于渐进式变革，也适合于那些经历较长时间才能实现的突变式变革。强制与法令适合于应付危急或混乱状态，也适合于需要快速完成的突变式变革，在独裁文化环境中，用这种方法也是有效的。操纵和干涉是介于中间的一种方法，它既适合于渐进式变革，也适合于风险不大时的突变式变革。

第三步：冻结。冻结就是尽快使变革成果稳定下来，使之成为新的组织构成要素，以巩固变革成果。冻结的结果就是重新平衡驱动力和制约力两种力量，

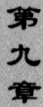

第
九
章

---

〔1〕　〔英〕格里·约翰逊、凯万·斯科尔斯：《公司战略教程》，金占明等译，华夏出版社1998年版，第255页。

使组织保持在一种新平衡态。如果不冻结成果，变革就可能是短命的，组织及其成员就会重新返回到原有的平衡态中去。常用的冻结方法就是制度冻结，即对已经取得的变革成果用新的法律、政策、程序、规则等制度凝结下来，同时废除与此相冲突的原有制度，用新制度指导组织及其成员的行为。

（二）沙恩模型

沙恩模型提出了组织变革的感知差距、拟订方案、推进变革、稳定成果、输出成果和检查反馈六个步骤的适应循环学说。[1] ①感知差距，即利用市场调查、心理分析、民意测验、预测技术等手段对组织环境及其本身进行调查研究，确定其变化。明确目前状态和期望状态，感知差距，认识到变革的必要性。②拟订变革方案，即将调查结果及差距分析形成客观的、有说服力的资料，提供给组织的决策者，由变革推动者、调查部门、参谋部门、变革的参与者共同研究讨论，拟订变革方案。③推进变革，即全面发动和宣传，减少变革阻力，采取行动，实施革新，尽量少用行政命令与强制，多用参与管理手段推进变革。一项变革最好从领导部门先推行，改变高层状态，则容易扩展到基层。④稳定成果，即为防止变革退回到原始状态，并防止产生副作用，对变革已经取得的成果立即固定下来，推进一步，稳定一步，成功一项，冻结一项，为下一步变革提供良好的起飞平台。⑤输出成果，即采用多种方法输出变革的新成果、新产品、新制度，使组织和外界接受和认可，拓展影响范围，造就有利的变革气氛。⑥检查反馈，即回到起点，"感知差距"，进一步分析环境与内部的情况，评价变革结果，分析改进措施，然后进入下一循环。

三、冲突的处理

有人说，理智的人顺从于世界，没有理智的人希望世界顺从于他。因而，所有的进步都依赖于不理智的人。在组织变革过程中，无论是理智者还是不理智者，其言行总会与变革的要求形成某些差异，这种差异（Difference）可能会表现为观念差异、方法差异、利益差异、合作差异等多种形式。如果组织意味着合作，变革同样需要稳定性和持续性，那么应该如何对待差异就显得十分重要。

组织一般有三种对待"差异"的态度：禁止与消灭、接受与容忍以及理解与尊重。具有专制作风的变革推动者可能会采取第一种态度，具有民主作风的变革推动者可能会采取后两种态度。多数差异来自于价值观的区别，变革推动者只要清楚"管理一批具有各种不同价值观的成员要比协调一组按照自己的价

---

〔1〕　沙恩模型是美国行为科学家 H. 沙恩（H. Sohein）提出的，故以其名字命名该模型。

值观挑选出来的人员更为困难"的道理，那么最可取的态度就是理解与尊重。但是，理解与尊重差异，就会排斥统一，难以形成一致，这就要求变革推动者的协调工作更具灵活性。

差异的不断积累会在群体间和个人间产生冲突（Conflict），冲突的直接后果是影响变革的进行。人们对差异可以不采取任何措施，但冲突则必须获得适当的解决，以便使变革顺利地进行下去。组织处理冲突的常见办法有：①放任自流；②息事宁人；③折中妥协；④政治协商；⑤强制处理。这些解决办法构成一个连续统一体，它的两极——放任自流和强制处理——描述了相当数量的管理行为。强制处理就是通过直接对冲突的另一方使用威胁力和控制力以解决冲突。强制意味着征服，方法虽简单易行，但它通常是不合法的，即便合法，也容易被看做是一种暴力行为，从而有损于变革推动者的威信，不到不得已，一般不会使用这种方法解决冲突。放任自流（听其自然）的方法可以作为一种暂时性的策略，适用于解决特定场合的冲突，但不能适用于各种场合。息事宁人的办法比放任自流的办法多了一点"解决冲突"的意思，但它仍停留在表面上的一致而掩盖冲突的本质。如果在使用这种办法之后紧跟着在合适时机采取从根本上解决冲突的其他措施，那么通过调解而息事宁人可作为一种有益的暂时性策略。折中妥协和政治协商两种办法都有积极解决冲突的意图。折中妥协办法意味着双方都降低自己的利益要求和目标，结果会令双方都不满意，因而，这种办法仍具有某种消极因素。尽管如此，折中妥协是生活中的现实，只要生活中存在着差异、冲突、派别和权力之争，组织就离不开这种解决办法。政治协商办法最具积极解决冲突的意图，它追求双赢结果，最大程度地满足双方利益。这种办法最大的好处就是双方将牌全部摊到桌面上来，具有解决冲突的良好愿望，并且积极寻求双方都能满意的解决方案。即使不能取得暂时的或长远的解决方案，公开地正视冲突也有治疗性作用。潜伏于表层之下的紧张情绪和敌对感将消耗掉很多无形的精神力量。若能正视冲突，公开协商，则有助于组织资源的集中利用，有助于推进变革。

从组织变革的角度看，放任自流与息事宁人的办法倾向于维护现状，不利于推进变革。折中妥协和政治协商的办法为积极地解决冲突提供了机会，有利于推动变革。强制办法在于压服对方，消灭冲突，促进变革的完整推行。处理冲突的不同办法适用于条件不同的变革过程，或适用于同一变革过程的不同阶段。变革推动者可以根据冲突的性质、变革条件、自身状况等因素灵活地决定选用何种办法解决冲突。

第九章

第四节　创　新

一、创造、创新与变革

传统文化造就了中国人四平八稳的国民素质和行为取向，这种缺乏创新精神、四平八稳的行为模式适合于缓慢发展的社会，适合于科学技术不发达的时代，适合于人们期望一成不变的社会，适合于缺乏激烈竞争的社会，而在当代，这些条件都不复存在了。当今社会是在快速多变环境中一日千里地发展着的社会，是以网络为工具的知识经济社会，是价值观不断变化且多元化的社会，是全球一体化的激烈竞争的社会，处于这样的社会环境中的组织惟有通过变革才能生存和发展下去，惟有通过创新才能使变革取得更大的成效。可以说，创新是组织发展的灵魂，创新是管理中唯一不变的东西。有学者认为，创新与质量、速度、成本竞争力一起构成组织竞争优势的四大要素。[1]

创造、创新和变革三个概念紧密联系。创造（Creativity）是指以独特的方式综合各种思想或在各种思想之间建立起独特的联系这样一种能力，具有创造力的组织或能够激发创造力的组织可以不断地开发做事的新方式和解决问题的新办法。创新（Innovation）是指形成一种创造性思想并将其转换为有价值的产品、服务或方法的过程，具有创新力或善于激发创新力的组织能够把某种创造性思想转换为有价值的结果。变革（Change）是指通过创新改变组织的结构、技术和人员，使之更符合管理者期望的过程，具有变革力的组织或善于激发变革力的组织能够革除旧的东西，迅速地将有价值的东西应用于组织，以利于目标的实现。可见，创新构成变革的实质内容。

创新历来被管理学家和管理者所重视。德鲁克把创新看做是企业的一项重要职能。"企业的第二个职能就是创新，就是说，提供更好的更经济的产品和服务。企业只是提供经济的产品和服务还不够，它必须提供更好的更经济的产品与服务。一个企业并不一定要扩张得更大，但是它必须不断地变得更好。"[2]创新并不局限于技术设计和科学研究，而是涉及组织的各个部分、各种职能和各种活动。"创新贯穿于企业的一切阶段。可以是设计的创新，也可以是产品或推销技术的创新，还可以是保险政策上的创新，使得企业能够承担新的

〔1〕　[美] 托马斯·S. 贝特曼、斯考特·A. 斯奈尔：《管理学：新竞争格局》，王雪莉译，北京大学出版社 2007 年版，第 12 ~ 14 页。

〔2〕　[美] 彼得·F. 德鲁克：《管理实践》，帅鹏等译，工人出版社 1989 年版，第 47 页。

风险。"[1]

二、激发组织的创新力

从上述分析可以看出，要想使组织变革更有成效，组织就必须有强大的创新力，而组织创新力来自于组织的自我激发。组织的结构、文化和人力资源是激发组织创新力的三个重要因素。[2]

（一）结构因素

大量研究证明，合理的结构十分有利于激发创新。①有机式结构对创新有正面影响。有机式结构与机械式结构相对立，机械式结构是一种以规章制度为主要控制手段的严格的等级结构，如职能结构和分部结构等；有机式结构是一种建立在各单位自治基础上的相互合作的结构形式，如简单结构、矩阵结构、网络结构、任务小组、委员会等。有机式结构的纵向变异、正规化、集权化程度低，因此可以提高组织的灵活性、应变力和跨职能工作能力，从而使创新易于获得采纳。②充足的资源能为创新提供基石。充足的组织资源可以使管理当局有能力购买新成果，敢于投入巨资推行创新并承受失败带来的损失。③良好的沟通机制有利于克服创新的潜在障碍。各类思想的相互沟通可以碰撞出新的思想，正如人们常说的，一个物的东西不能同时被多人享用，但一种思想可以被多人同时享有或吸收。类似于任务小组、项目小组等跨部门的小型组织就可以促进部门之间的相互交流，这类组织已被成功创新的组织广泛采用。

（二）文化因素

创新工作，不论成功还是失败都要给予奖励，组织的这种鼓励试验、赞赏失败的做法暗含着一种创新文化。有的单位设立了创新奖或科技贡献奖，有的单位以个人名字命名他的某项发明，有的单位评选科技标兵或创新标兵等，这些活动中都含有浓郁的创新文化。充满创新精神的组织文化通常有如下特征：①接受模棱两可的态度，因为过于强调目的性和专一性会限制人的创造性。②容忍不切实际的想法，因为不切实际甚至听起来愚蠢的话中可能蕴涵着创新。③尽量减少控制，组织应将通过各种规章制度和权力命令的控制降低至最低程度，这样有利于创新。④接受风险，组织鼓励员工大胆地试验，不用担心失败的后果，因为失败是成功之母。⑤容忍冲突，组织鼓励自由发表不同意见，以激发创新。⑥注重结果甚于手段，确定目标之后，组织不规定手段，鼓励个人积极探索各种解决问题的办法和达标手段。

〔1〕 ［美］彼得·F. 德鲁克：《管理实践》，帅鹏等译，工人出版社 1989 年版，第 47～48 页。
〔2〕 ［美］斯蒂芬·P. 罗宾斯：《管理学》，孙健敏译，中国人民大学出版社 1997 年版，第 332～334 页。

第九章

（三）人力资源因素

组织积极地开展员工的培训工作，使其知识得以不断地更新；培养员工的自信心、持久力和敢于冒风险的精神；组织提供工作保障，以减少员工担心因工作创新而犯错误后遭解雇的顾虑；组织鼓励员工成为革新能手，员工一旦产生新思想，组织就立即克服阻力，提供支持，确保创新的推行；在设置职位时，给创新能手们提供更大的决策自由权。

本章小结

变革是组织的永恒话题。组织为实现其目标，应该具有稳定性和持续性；组织为适应环境，又应该具有适应性和变革性。适应性来自于变革，持续性来自于适应性，稳定性来自于持续性，所以，组织变革是永恒的。变革是在某种力量的推动下形成的，这种变革动力源可能来自于组织外部，也可能来自于组织内部。变革推动者利用变革力量发起和推进变革，但在变革过程中会遇到各种变革阻力，包括客观的惯性阻力和主观的人为阻力两类。人为阻力的产生原因有变革的不确定性、投入费用（包括既得利益）、误解变革和不合目的性。要使变革取得成效，应该详细地对力场进行分析。增强驱动力或减少制约力都可以诱发变革，但减小制约力的方法往往更奏效。

变革内容大体上可以分为三个方面：结构变革、技术变革和人事变革。结构变革就是对组织的构成要素、整体布局或运行方法作出适宜的调整，它主要涉及集权与分权、部门重组、结构扩张或缩减、工作设计、绩效制度等。技术变革就是改变组织投入转换为产出的能力，主要涉及设备更新、工艺程序、计算机化、自动化和管理方法等。人事变革是围绕人力资源所进行的变革，包括组织变动和组织发展两个方面，对人员流动、人员选择、人员培训等方面作出的变革属于前者，而涉及改变人员态度、观念、行为和关系等方面的变革属于后者，敏感性训练、调查反馈、过程咨询、团队建设和组际发展等都是组织发展的有效方法。

对变革过程的看法有渐进式和突变式两种观点。渐进式变革的前提有：变革阻力分布不均衡、承认现状的部分合理性和组织的适应性很弱。突变式变革的前提有：组织承受着巨大的变革压力、变革推动者具有极高威望和变革方向代表了参与者的共同愿望。卢因模型和沙恩模型是对变革工作所作的另一种形式的描述。卢因认为变革由解冻、变革、冻结三个步骤组成，沙恩认为变革是由感知差距、拟订方案、推进变革、稳定成果、突出成果、检查反馈等六个步骤组成的循环回路。在任何变革过程中，都存在着差异，差异的不断积累可能会形成冲突。变革的推动者必须认真对待和解决冲突，通常有五种处理冲突的办法：放任自流、息事宁人、折中协调、政治协商和强制手段。两极的办法被人们用得最多，因为用起来简单易行。

　　创新是变革的实质内容。要使组织保持良好的适应性，就必须具有强大的创新能力。激发组织创新力的因素包括结构因素（建立有利于创新的组织结构）、文化因素（形成有利于创新的组织文化）和人力资源因素（进行有利于创新的人力资源开发）。

自我测试 9

下列陈述是否适合你，请在合适的位置上做记号

	适合	不适合
1. 在朋友圈中，我出的主意或想出的办法最多	—	—
2. 选择度假地点时，我倾向于去那些曾经去过但很喜欢的地方	—	—
3. 我喜欢经常改变自己的外形，如服饰、发型等	—	—
4. 每次外出吃饭，我都希望去未曾去过的饭馆，吃新的食物	—	—
5. 我希望在很多不同的公司或机关供职	—	—
6. 当面对那些确信自己可以解决的问题时，我很开心	—	—
7. 对那些总是建议我改进工作方法的人，我感觉很烦他们	—	—
8. 对于那些我认为愚蠢或无效的规则，我通常不会遵守	—	—
9. 我认为冒不必要的风险是不负责任的表现	—	—
10. 我倾向于做那些自己能够主宰的工作并成为专家	—	—
11. 我大多数朋友的兴趣和背景都跟我相似	—	—
12. 五年后，我可能做一些非常不同的事情，甚至今天都无法想象	—	—
13. 当遇到一些麻烦的时候，我倾向于自己解决而非向他人求助	—	—

激 励 篇

第十章

行为基础

提示:

　　个性—工作相适应—工作满意度—员工皆因直觉而作出行动决策—
管理者对员工压力负有责任? —操作学习和社会学习—群体和组织—身
心距—角色要求—高内聚力群体更有效率—团队建设为了什么?

　　从运用资源的角度看，管理就是对人、财、物、时间、信息等资源的有效
利用，但其中对人力资源的有效开发和利用是管理的中心，因为对其他资源的
管理都离不开人的因素。组织包含了个体的人和群体的人，所以，管理者有必
要对个体和群体的行为及其基础进行分析和研究，以便对人的行为作出预测和
解释并进行控制，在此基础上，作出与员工行为有关的管理决策，并采取相应
的管理行动，就可以做到有的放矢。本章主要阐述组织中个人行为基础和群体
行为基础及其在管理中的意义。

第一节　个体行为

　　凡是人的活动都可以纳入到人的行为（Behavior）这一概念的外延之中。但
本书主要关注人在组织中的行为，即关注人在工作中的活动，其重点是员工的
生产率、出勤率和流动率。为更好地预测、解释和控制员工行为，就必须了解
和把握员工的个性、态度、认知、压力和学习等要素，正是这些要素构成了员
工行为之基础。

一、个性

(一) 个性—工作适应理论

个性（Personality）是影响人们与环境相互作用的一组相对稳定的心理特性。①个性是一组心理特性，如可用内向、认真、雄心、果断等词来描述某个人的个性；②个性具有相对稳定性，这是因为个性既有遗传因素的影响，又是后天习得的结果；③个性与环境的相互作用决定个人行为，即行为 = f（个性，环境）。

人的个性各不相同，个性与职业或工作的融合性愈好，工作满意度就愈高，这是个性—工作适应理论（Personality – job Fit Theory)[1] 研究得出的结论。该理论认为，员工对工作的满意度和离职的倾向性，取决于其个性与职业环境的匹配程度，人们一般寻找和选择的职业都是与他们的个性特征相容的。这种理论划分了六类基本的职业类型，并列举了对应的各类个性的特点以及与之匹配的职业范例（见表10-1）。

表 10 - 1 　个性类型和职业范例

类型	擅长领域	个性特点	职业范例
务实型	擅长需要技能、力量和协调性的体力活动	害羞、真诚、持久、稳定、顺从、实际	机械师、钻井操作工、装配线工人、农场主
研究型	擅长需要认知的（思考、组织和理解）而非情感的活动	分析、创造、好奇、独立	生物学家、经济学家、数学家、新闻记者
艺术型	擅长自我表现、艺术创作、情绪表现等无规则可循的活动	富于想象、无序、杂乱、理想、情绪化、不实际	画家、音乐家、作家、室内装饰家
社交型	擅长人际的而非体力或智力的活动	协调、友好、合理、理解	社会工作者、教师、议员、临床心理学家
政治型	擅长那些能够影响他人并获得权力的活动	自信、进取、精力充沛、盛气凌人	法官、房地产经纪人、公共关系专家、小企业主
传统型	擅长规范、有序、清楚明确的活动	顺从、高效、实际、缺乏想象力、缺乏灵活性	会计、业务经理、银行出纳员、档案管理员

---

[1] 个性—工作适应理论是由美国心理学家约翰·霍兰德（John Holland）于 1959 年提出的，故又称霍兰德职业兴趣理论。

这种理论还可以用六角形来表示上述六种类型之间的关系。按照表 10 – 1 上的顺序，将六种类型依次分布于六角形的六个角上并相互连接起来，一般来说，相毗邻的职业在它们所吸引的个性类型方面最为相似，相对的职业最不相似。

个性—工作适应理论的基本假设为：个体在个性上存在着本质差异，工作具有不同类型，以及当工作环境与个性类型协调一致时则会产生更高的满意度和更低的离职可能性。一系列的研究结果也支持了这些假设。但引入权变观点之后，可以使这种理论更为完善。权变观点认为：①许多人表现出的个性类型很难与某种个性类型完全吻合，更多的是几种类型的组合，如务实—传统型，社交—艺术—研究型，但无论如何在六角形上相对的组合类型很难存在，如很难发现传统—艺术型的组合。②该理论强调个性适应于职业，但忽视了职业可以塑造个性的事实，即长期从事某种工作会使个人改变个性以适应职业，特别是在那些缺乏劳动力市场的社会中更是如此。

（二）个性与组织行为

有些个性与组织行为的关系十分密切，对这些个性进行分析和研究，在管理学上具有十分重要的意义。这些个性主要包括官僚定向、控制点、马基雅维里主义、权变等。

官僚定向（Bureaucratic Orientation）是与德国社会学家马克斯·韦伯（Max Weber）所描述的理想官僚组织的特性紧密相关的一种个性描述。它包括：①等级观念——组织内部关系以等级职位而非个人尊敬为基础；②服从命令——绝对听命于上级，工作中完全遵守上级指令；③遵从章程——个人应严格遵守组织的规章制度；④非人格化——工作不受任何情感因素的支配，个人首先是一名组织成员，其次才是一个人；⑤技术主义——崇尚技术。有许多组织，如军队、政府、大型企业等都是官僚体制，具有官僚定向个性的人适合于在官僚组织中工作。

控制点（Locus of Control）概括的是个体对于控制自己行为的因素所持有的信念，即个人对自己的行为方式和行为结果的责任的认识和定向。[1] 它分为外控型控制点和内控型控制点。外控型的人认为自己的行为取决于命运、机会、运气和有权力的人等因素，他们相信外部世界是无法预见的，而自己的生活就受着外部力量的支配。内控型的人则认为自己的行为取决于自己的主动性、个人行动和自由意志，他们相信自己掌握着自己的命运。控制点是对组织行为有重要影响的一种个性。研究表明，外控分值高的人对工作投入更少并设法钻营，

[1]　控制点理论由美国社会学习理论家罗特（J. Rotter）提出，亦称控制观。

他将自己不良的工作绩效常常归结为上级的偏见、同事的嫉妒或其他外界因素；内控分值高的人更努力地投入工作，从各方面提高自己的水平，他在努力、绩效与报酬之间建立起联系，一旦绩效不高，他会从自我方面寻找原因。另外，内控型的人较外控型的人能更好地克服各种压力。可见，内控型的个性更有利于组织行为。

马基雅维里[1]主义（Machiavellianism）也称权术主义，其个性特征被描述为：①自利，即完全按照自己的利益行动，甚至不惜牺牲他人和社会的利益；②冷静，即冷静并工于心计，特别是在别人情绪激动的时候；③结盟，即同有权力的人结盟，以达到自己的目的。具有这些特性的人就是具有较高的马基雅维里主义个性的人。这种人具有说谎、欺骗、实用、操纵、结盟、冷静和理智等特点，一切手段都是为了自己目的的实现。管理者应该十分留心具有马基雅维里主义个性的人，这种人是否是好员工，取决于工作任务和绩效评估中的道德内涵。对那些需要谈判技能的工作（结盟或合作谈判）和具有明确标准的工作（如销售工作）等，具有较高的马基雅维里主义个性者可能会十分出色，其他工作则难有良好绩效。

权变（Contingency）是根据外部环境因素的变化而调整自己行为的一种个性特征。权变即灵活，权变力强的人在根据外部环境因素调整自己的行为方面表现出相当的适应性，他们对环境的变化十分敏感，能根据不同情况采取不同的行动，能使公开的角色与自我表现角色之间表现出相当大的差异。而权变力弱的人不能根据不同情况从自我中分离出不同的行为，倾向在各种情境中都表现出自我的真实个性，这些人在行为与个性之间存在着高度的一致性。研究结果表明，权变力强的人较权变力弱的人更关注他人的活动，行为能更好地与情境融合在一起，能更好地扮演多重角色甚至相互冲突的角色，在不同的人面前显露出不同的面孔。因此，权变力强的人在管理岗位上可能会取得更大的成功。

另外，研究表明，外向性、易相处性、责任心、情绪稳定性、对知识的开放性、自我效能感、自尊感、自我控制等性格品质，都与职业和组织行为相关性较高。

（三）个性与管理

掌握员工的个性及员工之间的个性差异是管理者的一项重要的人事技能，其主要价值在于人员选拔、人员安排、人员激励和工作预期。如果管理者能对

---

[1]　尼科洛·马基雅维里（Niccolo Machiavelli）是16世纪意大利政治家和思想家，著有《君主论》一书。他在该书中深入地研究了如何获得权力和操弄权术，如何影响他人，并且认为目的会证明手段的正当性。

员工个性类型与工作匹配给予考虑，那么他将拥有更高绩效和更满意的员工。可以预期具有官僚定向个性的人可以更好地执行命令和遵守规章制度，内控型的个体更情愿对自己的活动结果承担责任，高马基雅维里主义者的行为更多地是围绕自己的利益进行，权变力强的人能更好地适应不同情境下的工作。

二、态度

（一）认知不和谐理论

态度（Attitudes）是人对物体、人、事件、情境等作出固定反应的相对稳定的情绪倾向。它由三种成分构成：①态度的认知成分，由一个人所持有的信念、价值观、知识和信息组成；②态度的情感成分，反映了一个人对人或事物的主观感受；③态度的行为成分，人在情感的支配下以某种方式对人或事物作出反应的倾向。但态度一词通常仅指情感成分。管理者主要对员工的工作态度而非其他态度感兴趣。工作态度包括三个方面：①工作投入，即员工认可自己的工作，并积极主动地参与工作，认为干好工作是实现个人价值的重要途径；②组织承诺，即员工认可并忠诚于组织，积极参与组织的工作；③工作满意，即员工对自己工作的整体感觉。

研究表明，人们为了减少自己的不舒服感和使自己看起来更为理性，就努力协调不同的态度和行为，寻求态度的一致性和态度与行为之间的一致性。倘若出现不一致，人们就会通过改变态度或行为，或者藉提出合理借口的办法加以解决。认知不和谐（Cognitive dissonance）理论[1]就是用来描述这种不一致的。这种理论认为，任何形式的不一致都会令人不舒服，人们会自动地采取措施努力减少或消除这种不和谐，寻求最小不和谐的稳定状态。当然，没有任何人能够完全避免认知失调。

有三种因素决定着人们减少不和谐愿望的强度：

（1）造成不和谐因素的重要性。如果造成不和谐的因素很重要，那么就会对个人产生一种努力纠正这种不和谐的压力。如某经理作出偷漏税的决定与国家要求依法纳税之间产生了高度的不和谐感觉。如果他认为偷漏税决定很重要，那么他就会努力减少这种不和谐。他可以改变自己的决定（决定依法纳税），或者改变自己的态度（偷漏税没有什么不对），或者降低对不和谐因素重要性的认识（公司利益比社会责任更重要，况且其他公司也这样做），或者寻找更重要的因素来抵消这种不协调因素（公司制造的产品和创造的就业机会已经给社会带

---

[1] 认知不和谐理论，或称认知失调理论，是由美国心理学家列昂·费斯廷格（Leon Festinger）于20世纪50年代提出来的。

来了很大效益）。

（2）个人对这些因素的影响程度。如果个人认为这些因素自己不能控制，那么他消除不和谐的压力就小得多。在前例中，如偷漏税决定是由董事会作出的，经理无法改变这个决定，经理的压力就小得多。

（3）不和谐的结果。如果不和谐给个人带来很大的利益，个人就会很容易地降低不和谐带来的紧张程度。在前例中，如果偷漏税决定不会给每位董事带来利益，那么他们每个人都可能会投反对票，以消除不和谐带来的紧张。

（二）态度调查和改变态度

管理者可以借助于态度调查来了解员工的各种态度。态度调查（Attitude Surveys）是管理当局通过专门设计的调查问卷，向员工提出一系列的陈述或问题，让其回答是否、打分或者划分等级，从而了解员工态度的一种方式。调查者根据员工在问卷上的回答可以统计出有关个体态度的总分，在此基础上还可以统计出群体、部门、甚至整个组织的态度总分。管理者据此作出各种对策，以改变员工态度或解决问题。如某公司在调查之后发现多数员工对公司信息不畅感到不满，管理层就采取了定期召开信息发布会、印制公司宣传刊物、邀请专家回答问题等措施。一年之后再次调查，结果表明员工对此项内容不满意的人数为零，从而改变了员工对公司的态度。

态度虽然具有相对稳定性，但它是可以改变的。管理者总是期望员工有良好的工作态度，但员工态度并不总是符合管理者的期望，所以，管理者应该采取各种方式来改变员工的态度。一般来说，可以从认知、情感、行为三个方面来改变态度。如让专家作专题报告的方式或让专家与大家共同讨论的方式就可以引导人们改变对某项新技术的看法，这就是通过认知来改变态度的方法。如果对某个问题在认知上不存在障碍，那么就需要从情感上来解决问题。如公司在不景气时，解雇一位忠心耿耿地为公司工作了20余年的老员工，这位员工在理性上认为解雇员工是公司的正常管理行为，但他热爱公司，从情感上接受不了被解雇的事实，于是作出了强烈的反应，这就需要管理者认真做好思想教育工作，从情感方面改变他的态度。有时需要通过行为来改变态度，仅靠说服教育不行，角色扮演就是一种通过行为来改变态度的好方法。另外，组织中经常使用的蹲点方法（管理层人员到生产一线参加劳动）和一日经理方法（生产一线人员担任一日经理）都是改变态度的方法。

（三）工作满意

工作是否满意是一种非常重要的态度。提高员工对工作的满意程度曾经是梅奥所倡导的一种管理模式。满意可以分为要素满意和总体满意两种。前者是对工作的某一方面的态度倾向，后者则是对工作全面或综合的态度。影响工作满意程度的主要因素有：工作本身（取决于工作本身与员工的性格、兴趣和技术是否相吻合）、工资（取决于员工将自己的贡献和收入之比与组织内外的其他人进行比较的结果）、晋升（取决于员工对组织晋升政策及其运作的公正性的判断）以及人际关系（取决于员工与同事的关系和上级的关怀程度）等。

　　早期的人际关系理论认为良好的人际关系导致工作满意，工作满意导致工作绩效，于是以人际关系为中心的管理模式风行一时。但后来一系列的研究结果表明"满意产生绩效"的假设是不正确的，因为追求满意度和快乐感使员工将精力更多地用于社会交往，而非工作。[1] 但在考虑了由上述四个因素而非仅是人际关系一项因素导致的工作满意度，并引入权变观点后，则提高了两者之间的相关性。当员工行为不受外部因素限制或控制时，两者的相关程度更高。员工的水平越高，满意度与绩效之间的关联性就越强。不过，大量的研究仍无法证实两者之间的因果关系。更为站得住脚的结论却是绩效导致满意度，就是说如果你的工作干得好，你就会从内心里获得满足。可见，如果组织对于高绩效给予奖励（口头表扬、加薪和晋升等），那么这些奖励反过来又进一步提高了满意度。

　　（四）态度与管理

　　管理者期望员工行为是高绩效、高出勤率和低流动率的，并且他们同时关注员工的工作投入、组织承诺和工作满意等态度，因为态度与行为之间存在着某种联系。通常，人们追求认知和谐，而认知和谐则会导致承诺和满意，从而降低缺勤率和流动率。管理人员应该记住，员工态度是可以改变的，员工的认知不和谐可以减少。当组织要求员工从事的活动与其态度发生矛盾时，如果员工感到这种不和谐来自于外部且无法控制，或者奖励足以抵消不和谐时，员工减少不和谐的压力就会降低。有关满意度和绩效之间关系的研究结果，对管理工作具有一定意义。管理者试图通过提高员工满意度来提高生产率的做法，可能不会带来好效果；反之，管理者把注意力放在帮助员工提高工作绩效上，则效果可能会更佳，会有效地提高职工的满意度。

　　三、知觉

　　（一）归因理论

　　知觉（Perception）是解释个体感觉到的信息，给环境规定次序并赋予意义的过程。人们时刻处在一个复杂的场所中，知觉帮助我们整理和组织视觉、嗅觉、听觉、触觉和味觉所接受到的输入信号，然后给对象以解释。知觉活动由

---

〔1〕〔美〕加里·约翰斯：《组织行为学》，彭和平译，求实出版社1989年版，第117页。

感知者、感知对象和情境三种要素构成。感知者的经验、动机和情绪影响着个体的知觉。另外，知觉还受到感知对象的模棱两可程度和社会地位的影响，感知者和感知对象所处的背景情况同样影响着个体的知觉。

知觉的对象可以是任何东西，但管理者更关注的是人。当我们知觉人们的行为时，总是要察觉人们的动机，这就是"归因"。归因理论（Attribution Theory）就是人们对个体的不同判断取决于对给定行为归因于何种意义的解释之理论。在管理工作中，奖惩是以判断引起员工行为的原因为基础的，在法律工作中亦是如此。

归因理论告诉我们，当人们观察个体的行为时，总是试图判断它是由内因还是外因造成的。内因行为是个体自己控制范围内的行为，外因行为则是迫于情境因素的行为。有两种因素影响我们作出判断，即一贯性和一致性。一贯性指员工是在各种场合下一贯表现出这种行为，还是在特定场合下表现出这一行为。通常将一贯持之以恒的行为归因于内部，将违反自己规律的反常行为归因于外部。如对从未缺过勤的人偶尔一次缺勤可能归因于患病或有重要事情，而对每次约会都迟到的行为归因于这个人不可靠。一致性指每个人面对相似情境都有相同的反应。通常将一致性的行为归因于外部，反之归因于内部。如可以把多数员工对组织的（不）满意归因于外部，将少数的反例归因于内部。另外，需要引起管理者注意的是，人们通常会将别人的行为归因于内部，将自己的行为归因于外部。

（二）知觉偏见

由于知觉过程中的主观性、对象信息的多样化和背景的干扰等方面的作用，使知觉经常出现偏差。下列知觉方式虽简单易行，但容易出现偏差：①首效偏差，即依赖于早期印象形成的在短期内难以消除的一种知觉。②投射偏差，即把感知者自身的某种特性强加于感知对象所造成的偏差。③晕轮效应，即根据个体的某种特征构造对个体的总体印象。④内隐个性，即由已知特性推知其他特性。⑤定型偏差，即根据某人属于某种类型就简单地推定他具有某种特性。⑥对比效应，即将此个体与彼个体对比而形成的认知。⑦预知偏差，即基于对个体发展的某种预见而形成的认知。在管理工作中，应该尽量避免这些知觉偏见的形成。

（三）知觉与管理

"人们常常以他们的知觉系统提供的对现实的解释而不是以现实本身作为行为的根据。"[1]　因此，不论管理者是否宣称其管理风格民主，对员工的评价是

---

〔1〕［美］加里·约翰斯：《组织行为学》，彭和平译，求实出版社 1989 年版，第 63 页。

否客观，对员工的奖励是否公正，本组织的管理制度是否最好，都比不上员工在这些方面的知觉。员工的知觉是什么样的，他的行为就是什么样的。管理者应该密切注意员工对管理工作的知觉。

记住，员工因知觉而作出行动的决策，而不论这种知觉正确与否。并且可以由此引申出来皮格马利翁效应（Pgymalion Effect），[1] 即人们相信自己能够或者在别人指导下能够实现他们的期望。皮格马利翁效应也称自我实现预言，它给管理带来的启示是：管理者期望员工的工作怎么样，可能结果就真的是那样。

四、压力

（一）压力与压力因素

压力（Stress）是个体在特定的情境中，面临着与其愿望的实现密切相关的机会、限制和要求，但动态的条件使其愿望的实现具有不确定性所造成的一种心理反应。压力未必都是坏事情，有时压力可以转变为行动的动力源泉。但当压力造成高度忧虑和紧张时，就会成为严重问题，人们就不得不认真对待它。

压力总是伴随着机会、限制或要求出现。当机会与个体利用机会的能力之间出现差距时，当限制与个体排除限制的能力之间存在差异时，当要求与个体满足要求的能力之间出现不平衡时，或当个体对机会、限制或要求本身厌恶时，都会对个体产生一种潜在压力。由潜在压力转换为现实压力需要具备两个前提条件，即愿望结果的重要性和不确定性。就是说，对个体来说，不重要的结果或确定性的结果都不会有多大的心理压力。从压力产生的根源来看，有个人和组织两方面的原因。如家庭的财力问题、婚姻问题、代沟问题等都是造成压力的个人因素，但管理者更为关注个体的组织压力和工作压力因素，如工作负担过重、与机器同步的工作速度、单调厌倦的工作等都是工作压力产生的原因。而角色冲突、任务模糊、对多个上级报告工作、责任追究、规则约束力、工作得不到客观公正地评价、不良人际关系等都是组织压力产生的根源。

组织中不同的人产生压力的因素会有所不同。管理者的压力因素主要有日常工作负担和决策职责。沉重且无休止的日常工作负担，如管理者每天要处理

---

〔1〕 音乐剧"窈窕淑女"（My Fair Lady）改编自乔治·伯纳德·肖的剧本 Pgymalion（源于古希腊罗马神话，一位国王的名字）。故事发生于爱德华七世时的伦敦，女主人公伊莉莎·杜利特原是一位普通的卖花女郎，男主人公亨利·希金斯是一位演讲及语音学教授。希金斯向朋友皮克林上校夸口道，他能通过教授朗读和行为规范使伊莉莎成为淑女，皮克林上校欣然接受挑战，两人订立赌约。在经历为期六个月的极其艰苦的特训后，伊莉莎突然能够发出标准的元音，并逐渐改变了她原先的伦敦口音。加之行为规范特训，伊利莎成为一位灵敏且有品味的女性，由此一举成为女公爵，跨入高阶层。

大量的邮件和电话，并且要参加各种各样的会议、接待来访者、批复各种请示、汇报工作等，一分钟都不闲着，就会产生压力。另外，决策的风险性和责任性会给管理者带来巨大的心理压力。专业人员的压力因素主要有角色冲突和缺乏权威。专业与组织要求的矛盾导致专业人员角色冲突而造成压力，专业人员常常缺少执行决策和影响组织决策的正式权力而带来压力。操作者的压力因素主要有恶劣的工作条件和不受重视。恶劣的工作条件，如高温、低温、噪音、污染和发生事故等会造成压力，工作常常得不到组织的认可也会造成压力。边界角色（典型的是资源管理者、公共关系人员、营销人员等）的压力因素主要是多重角色的扮演。当然，各类人员都面临着工作无保障、任务模棱两可和人际关系不相容等一般性因素可能造成的压力。

（二）压力反应

压力反应是压力造成的行为的、心理的和生理的结果。行为反应常常是克服压力的主动尝试，而心理和生理的压力反应却常常是个体几乎不能直接控制的消极反应。

行为反应是受到压力的个体为有意图地克服压力而进行的公开活动。它包括直接消除压力因素、退缩和自我麻醉。直接消除压力因素就是要消除压力产生的根源，积极地解决问题。一般是通过调整工作、重排时间、积极沟通、请求帮助、另作选择等方法予以解决。退缩就是回避压力因素，在组织中，这种反应往往采用缺勤和离职的方式。自我麻醉的方式是吸烟、喝酒和服药等。后两种行为反应对组织和个人都是不利的。

心理反应是指情感和思想的过程，防御机制的作用是最普遍的心理反应形式。防御机制只是从心理上减少忧虑，并且是无意识的，而不是主动对抗和消除压力因素。防御机制包括文饰、投射、转移、反向、补偿、抑制等方面。文饰就是把行动归因于社会认可的某种动机，投射则是把自己不合需要的思想归因于他人，转移即把愤怒的情感发泄到一个"安全"对象上，反向是指以与自己的真实感觉相反的方式表示自己的意向，补偿是指堤内损失堤外补，抑制就是防止自觉意识到可能发生的威胁。在组织中，心理反应往往导致个体对组织的不满（文饰和投射），有时直接妨碍组织的目标实现（转移、反向和抑制）。

生理反应是指压力可能导致的新陈代谢发生变化、心率加快、血压升高、心痛和心脏病发作等。

（三）压力与管理

任何组织中的员工都会受到各种各样的压力。在各种压力中，组织压力和工作压力往往对组织和工作产生一种不利的结果。管理者有必要帮助员工消除压力根源，使压力因素降至最少。成功的做法有工作调整或工作再设计、休假计划、健身计划、团队建设和传授压力解除办法等。

五、学习

学习不仅仅是指学生在学校里从事的活动，更多的是人们从经验中理解事理的过程。学习（Learning）是由于经验而发生的相对长久的行为改变，也是一种无法直接观察的心理速记的过程。

（一）操作学习

操作学习理论[1]认为，操作学习（Operation Learning）受到其结果的控制，或者说行为是其结果的函数，学习得到的是行为与结果之间的联系。人们学习趋向他们想要的东西而逃避他们不想要的东西。与反射行为或先天行为不同，操作性行为是习得的行为。该行为是否得到强化，影响着这一行为的重复性倾向（参见第十一章第二节）。

（二）社会学习

个体不仅通过直接经验进行学习，还通过观察榜样或听取发生在他人身上的事情进行学习，这就是社会学习（Social Learning）理论。榜样的影响是社会学习的核心。有四个过程——发现、记忆、复制、强化——决定着榜样对个体的影响。发现过程，只有当个体认识并注意到榜样身上那种对自己有吸引力的重要特点时，才会去模仿和学习榜样的这些特点；记忆过程，榜样的影响取决于对榜样行为的记忆程度，当榜样不再出现时，思想中能够时刻闪现出榜样的行为特征；复制过程，将记忆转化为行为，执行榜样的活动；强化过程，如果提供了积极的诱因，将使复制活动得以继续。

（三）学习与管理

员工在工作中不断地进行学习，有通过组织的奖惩制度和晋升制度的操作学习，也有通过他人行为特别是管理者行为的社会学习。管理者采取什么样的激励政策，树立什么样的工作典型，就会促使员工形成什么样的行为。记住，组织的风气、组织的行为和组织的文化是组织的各种管理制度长期运行的结果，是管理者一手造成的。

---

[1] 在 20 世纪 30 年代，美国心理学家 B. F. 斯金纳（B. F. Skinner）研究了在特制笼子中的老鼠的行为，创立了操作学习理论。

<h1 style="text-align:center">第二节　群体行为</h1>

一、正式群体和非正式群体

群体（Group）就是两个或两个以上相互作用和相互依赖的个体，为达到共同目标而组成的集合体。群体可以分为正式群体和非正式群体两类。

正式群体（Formal Group）是组织创立的、有着明确的工作任务和工作分工的、其中的个体行为受到组织规范指导的工作群体。正式群体又可分为以下四类：①指挥群体。由正式权力关系决定的工作群体，典型的指挥群体就是由一名上级和听命于他的下级组成。所以，科层制的组织就是由一系列相互衔接的指挥群体所构成的。②委员会。处理指挥群体范围外的经常性任务的群体，通常是永久性群体。③自我管理团队。以完成特定任务为目的的独立工作群体，在完成本职工作的同时，还承担着雇佣、计划、评估和奖惩等一些管理职能。④特殊任务组。临时组织起来的实现特定目标或解决特定问题的工作群体。

非正式群体（Informal Group）是组织成员在工作过程中，为满足其社会交往的需要和共同利益，在友谊和共同爱好的基础上自然形成的群体。自我防御、工作帮助、发展友谊、共同爱好和社会交往等都是非正式群体产生的基础。非正式群体是一个以工作为目的的正式组织发展的自然结果，就此而论，这类群体在本质上无所谓好坏。以自我防御为目的的非正式群体会在工作条件、权利义务、公正平等等方面时刻给组织敲响警钟。以其他方面为目的而形成的非正式群体对组织来说，利大于弊。

二、群体形成和维持因素

（一）相互作用和相互依赖的机会

对于非正式群体而言，它的自然形成特性必然要求个体之间有相互作用和相互依赖的机会，这种机会是非正式群体产生和维持下去的必要条件。相互作用意味着某种联系，相互依赖意味着某种需求。身体距离和心理距离影响着个体之间的相互联系和相互依赖，一般而言，这两种距离越小，个体之间的相互作用和相互依赖的机会就越多，就很容易形成群体。当然，有着某种特定联系的远距离也可以构成群体，如太空中的宇航员和地面控制人员由于通讯关系就构成了一个群体，性格相悖且心理并不贴近的两个人为了共同的某一目标也会形成一个群体。

对于正式群体来说，群体成员之间的相互联系和相互依赖产生于工作要求，而非个人需要之中。正式群体虽然会缩短身体距离，但心理距离也可能很远。为增加正式群体的凝聚力，管理者经常要创造一些相互作用和相互依赖的手段，如班前班后召开会议，开展各种竞赛或文体活动，以缩小身体特别是心理距离。

（二）目标达成的可能性

即使相互作用和相互依赖的机会很多，但如果缺少目标实现的可能性，群体关系也不会持久地存在。群体目标有物理目标、智力目标和社会情感目标。

（1）物理目标就是利用群体成员的身体合力才能实现的目标，如合力推动大石块，合力建造一座大厦，合力生产大量的产品等，都需要群体来完成。物理目标揭示了群体形成和维持的最明显的动机。群体完成物理目标还能产生一种社会助长效应，即成员在完成群体物理目标的过程中较之同样的个体活动更能焕发出百倍的干劲。

（2）智力目标就是利用群体成员的共同智慧才能实现的目标，如复杂的技术设计，重大的政治决策，上市公司的资格审核等都需要群体作出共同的努力。社会常常需要群体来完成重大的技术难题或解决重大的决策问题。即使有些智力目标个体也可以单独完成，但群体的努力可以碰撞出思想火花，创造出更完善的目标实现方案。

（3）社会情感目标就是群体给个人带来的安全感、归属感和自我尊重。自然灾害威胁人类安全时，人们就能够有效地组成救援群体；迅速发展的工会能够对付组织给予的各种压力；战争期间军事人员之间形成密切的且发自内心的友好群体；这些都是群体提供给成员安全感的有力例证。群体为成员提供了友谊和社交需要，使成员有了归属感，借助于群体力量和声望提高自己的地位就是群体提供给成员的自我尊重感。

（三）成员个人特性

研究结果表明，个体的态度和个性也是群体形成和维持的因素。在非正式群体中，态度相近的人很容易走到一起，但个性相同或相异的人都容易走到一起，这依赖于情境因素。在正式群体中，管理者经常利用成员的态度和个性进行组织分配，可以形成一致性程度较高的群体，也可以形成矛盾冲突的群体。

三、群体结构

简言之，群体结构就是群体的结合方式。结构特性包括规模、规范、角色和地位。

（一）群体规模

规模（Size）指群体中成员的数目。最小群体就是由两人组成的二分体，至于群体规模的最大限度可能需要从理论上作出许多论证。就现实组织来看，各国议会（200 人~400 人）是最大群体。大多数正式群体的成员数目都在 3 人~20 人之间。研究中一般以 7 人和 12 人为界，分为小群体、中群体和大群体。

群体规模影响群体行为，研究结论如下：①小群体较大群体更容易实现平等参与，因为当规模增大时，对参与的限制也随之增加。②小群体较大群体更容易使成员感到满足，因为当规模增大时，成员的参与机会减少，冲突或纠纷增多，成员个人的工作努力与群体成就之间联系的紧密程度降低。③小群体较大群体在行为方面更为有效，因为小群体更容易达成一致意见，并且个体努力与群体成就之间联系紧密。④大群体较小群体在搜寻信息、提供事实、出主意和提建议方面更为有效。⑤当任务是加合任务和析取任务时，大群体较小群体的潜在绩效更高；当任务是合取任务时，小群体较大群体的潜在绩效更高。[1]但无论是什么任务，个人对群体的贡献率随着群体规模的增大而下降。这主要是由于过程损失和责任扩散之缘故。[2] 所以，管理者在采用团队工作方式时，应提供能够清晰明确地衡量成员工作绩效的手段。

综上所述，大群体利少弊多，但社会发展的高度专业化和高度综合化又离不开大群体。为使大群体更为有效，人们就对其进行了精心设计：①容忍了领导人的出现，以协调群体成员的行为；②随着群体规模的扩大衍生出许多小群体，于是形成了组织，此时就趋向于发展出明确的规范、角色和地位。

（二）群体规范

规范（Norms）是指群体成员共同接受的办事或行为准则。它阐明了群体成员对他人行为的期望和对自己行为的约束，以及群体对其成员行为进行评价的标准。对个体来说，有些规范是有意识的，有些规范是无意识的；对群体来说，有些规范是明文规定的，有些规范是无明文规定的。各类群体都有自己的规范，大到受全社会成员支持的社会规范，小到约束两个人的二分群体规范。规范虽然产生于群体中多数成员的共同态度，但它约束群体中所有成员的行为。所以，群体成员承受着遵从规范的压力，且对规范十分敏感。如果一个人希望被其所属的群体接纳，就必须遵从群体规范，即便规范与他们个人的态度和观念相对立，也是如此。如不喜欢打领带的人在成为税务官后也能够自觉地系上领带，

---

[1] 加合任务是指加总个体绩效就是群体绩效的任务，析取任务是指群体绩效取决于其最好成员的绩效的任务，合取任务是指群体绩效取决于其最差成员的绩效的任务。

[2] 过程损失是指管理成本，群体越大，协调工作越困难，管理时付出的成本就越高。责任扩散是指随着群体规模的增加，成员的责任心就随之下降。当整个群体的生产成果并不归功于任何单独的个人时，个人的投入与整体的产出之间的联系就不那么清晰明朗了。这种情况下，个体可能成为一个搭便车者，而以群体的成果自我夸耀。换句话说，当成员认为自己的贡献无法衡量时，往往会伴随着效率的降低。

平时高效率工作的员工一旦进入具有"磨洋工"规范的群体后就会主动地降低工作效率。总之，群体成员是通过屈从、认同或一体化等方式被群体社会化的。群体规范千差万别，但经过仔细分析，可以归纳出以下四类一般规范。

1. 绩效规范。是指群体对其成员的工作努力程度和工作成就的要求，这是群体成员最为关心的规范之一。他们借此判断自己的工作应该达到何种努力程度，产量应该是多少，什么时候应该显得忙一些，什么时候可以偷懒。正式群体一般都规定有利于组织目标实现的绩效规范，非正式群体则规定有利于群体目标的绩效规范。当单个组织成员对组织产生不满意态度时，往往利用自己的态度和行为抵触正式群体的绩效规范；当多个组织成员都不满意时，就会自发地形成非正式群体，并形成群体绩效规范，以对抗正式群体的绩效规范，如罢工、罢市、罢课等就是这种情况的极端形式。

2. 报酬分配规范。是指支持各种利益在群体中进行分配的准则，通常包括公平、平等、互惠和社会责任四项内容。公平是指按照努力、绩效和资历等方面的投入分配报酬，平等是指人人都有接受报酬的平等权利，互惠是指以各种方式来报答你接受过他们好处的人，社会责任是指给那些确实需要报酬的人以报酬。非正式群体和正式群体在报酬分配规范方面存在着一致性，有时前者比后者做得更好。

3. 忠诚规范。是指要求成员承担义务的规范。国家要求国民忠于国家，军队要求士兵忠于军队，公司、政党、学校和医院等各类组织都是如此。不管是正式群体还是非正式群体，都有忠诚规范。在多数情况下，忠诚规范都不是明文规定的。有些群体在吸收新成员时，还要进行宣誓并接受忠诚规范教育。领导人不喜欢成员贬低他所在的群体，跳槽的人寻找新职位的活动进行得十分隐蔽、自愿加班和告发同事违反规范等都是忠诚规范在起作用的例子。

4. 服饰规范。是指工作时的着装和佩戴要求。军队、警察、法官和医生等都有社会所支持的传统服饰规范，在银行、航空公司、商场和学校等企事业单位都有自己的服饰规范。正式组织中统一的服饰规范给人一种稳定、有序、统一和整齐的感觉，并使组织成员边界十分清楚。即使群体没有明文规定服饰规范，群体规范也能使人认识到工作时应该如何着装。如政府官员在正式场合常常着深色西装，公司管理人员工作时常常穿一身剪裁得体和外表讲究的服装，大学生求职时的衣着就不会像在校园里那样随便。

（三）角色

角色（Roles）是群体中被赋予一组预期行为的职务。在群体中，有指定和自显两类基本角色。指定角色是组织工作设计的自然结果，是作为划分职责的手段正式规定的角色，如处长、科长、科员和办事员等都属于指定角色。自显角色是为满足群体成员的情感需要或其他需要而自然形成的角色，如爱说笑话且讨人喜欢的办公室职员扮演了一个情感角色，只要他在，办公室里的气氛总是轻松愉快的，又如虽没有职务但有一定影响力的职员扮演了一个领导人角色，人们愿意听他指挥并向他讨教问题。

承担某种角色可能十分容易，也可能十分困难。这取决于个体的角色经验和角色准备。人们的生活经历或工作经历为日后承担角色作了准备；人们具有为未来理想角色从观念、能力和规范等方面进行角色准备的能力；组织也经常选拔一些有前途的年轻人进行一系列的角色培养。有准备地承担某种角色可能就会比较容易，无准备的就比较困难。我们常说，某人像电影演员似的，演什么像什么。其实，在生活或工作中承担新角色要比演戏困难得多。首要原因是现实世界的复杂性要求人们必须同时满足多个角色的需要，如中层管理者既是上级又是下级，而演员在某个时段一般只扮演一个角色。次要原因是演员担任的角色由剧本和导演给予指导，而工作中的角色却无剧本和导演。再次是现实中的人们无角色选择之自由，但演员可以拒绝不符合其个性或职业计划的角色。

一个人可以担任多种角色，但每一种角色都有不同的行为模式要求。随着情境的变化，个体需要不断地转变角色。当个体面临着两种相互分歧的角色期望时，他就经历着一种角色冲突，如推销员面对完成销售指标和不对顾客隐瞒产品质量缺陷时，就经历着一种角色冲突。经理希望员工每周至少处理 30 份信贷申请，而非正式群体却要求他每周只能完成 20 份申请，以使人人有事干而防止有人被解雇的事情出现，这时的职员也面临着角色冲突。产生角色冲突的原因有很多，如上级给予的角色分配有矛盾，指定角色和边界角色之间不一致（内部和外部期望所产生的差异），正式群体与非正式群体规范不一致，在群体中的角色和在社会或家庭中的角色期望不一致，群体规范与个体态度不一样等，都可以产生角色冲突。角色冲突往往导致压力增加和工作不满意的结果，又与工作低效和离职倾向联系在一起。尽管不能完全消除角色冲突的根源，但管理者应尽量减少由于组织和管理的原因产生的冲突。

（四）地位

地位（Status）是群体赋予其成员的等级和阶层，它包括了威望的含义，不幸也包括了善恶和强弱的含义。地位的序列构成地位系统，成为群体或组织结构的重要因素之一，也是理解组织成员行为的重要因素。任何组织都含有正式地位系统和非正式地位系统。

正式地位系统是人为设计的或历史形成的，与组织的职位系统相一致，由高到低形成一个金字塔式的等级系统，它包括等级地位（直线人员所处的地位）和职能地位（职能人员所处的地位）两类。个体的正式地位来源于继承、选举、任命或抢夺。正式地位系统的地位象征往往是十分明显的，主要有：①称号。如总统、市长、局长、处长、科长和科员等，什么地位就用什么称号，不能混用，以保证组织的权威。②工资及待遇。工资级别、个人开支项目、自由旅行机会、专用停车场、组织付款的轿车和专用盥洗室等。③工作场所。宽敞的办公室、高靠背椅、大写字台、低噪音和配备秘书等。④工作日程安排。白天工作而非晚上或倒班工作、按个人意愿选择上下班时间和工作时间自由等。⑤服饰。有些组织用服饰区别正式地位系统。非正式地位系统是人们在工作中自然形成的、没有严格结构的松散系统。

个体的非正式地位主要来源于：①出身。出身名门群体的人较其他人的地位要高；②个人品德。在具有良好文化的群体中，品德高尚的人，地位较高；③成就。个人取得很大成绩或帮助群体取得很大成就，就能获得较高的非正式地位，这是非正式地位的主要来源；④财产。雄厚的财力有助于提高非正式地位。非正式地位系统，除财产因素外，一般都没有明显的地位象征，但其具有的潜移默化的影响力却是不可忽视的。

群体中形成地位系统的结果多种多样：①能够形成强大的激励力量，当个体认识到自己的现实地位与期望地位不一致时，地位就会成为他采取一系列行动的动力来源；②能够形成特定的沟通方式，但地位系统使沟通呈现上移趋势，即大多数人愿意积极地与上级沟通，不太愿意与下级沟通，管理者应该充分地认识到这一点；③能够产生影响，即处于较高地位的人对处于较低地位的人的思想和行为产生强大影响；④能够形成规范称呼。

四、群体内聚力

（一）群体内聚力及其影响因素

群体内聚力（Group Cohesiveness）是指群体对其成员及成员之间相互的吸引力，这种吸引力越大，群体内聚力就越强。凭直觉，人们一般认为高内聚力群体较低内聚力群体办事更有效率，群体目标更易达成，研究结果也证实了这种直觉的正确性。所以，管理者一般都追求群体的高内聚力。

群体内聚力没有绝对标准，只是程度问题，它依赖于成员的主观感受和判断。群体内聚力的形成受众多因素的影响，是个自然发生的过程。尽管如此，如果管理者了解影响内聚力形成的因素，就有可能对本单位的内聚力施加影响。影响群体内聚力的主要因素有：①威胁和竞争。任何对群体生存构成的外部威胁都可增强其内聚力，因为此时安全成为群体的中心目标，如处于战争条件下的军队、海上遇到恶劣环境条件时的全体船员或乘客、争吵不休的公司董事会面临着想吞并该公司的竞争者很快形成的一个联合阵线等群体都有极强的内聚力。公开平等的竞争也能提高群体内聚力，因为此时自我尊重成为群体的中心目标，如角逐世界杯的国家足球队和车间定期公布其产量的各个班组等也会产生较强的内聚力。当然，如果威胁和竞争超过一定限度，群体的内聚力就会减弱。②群体目标。群体若能形成代表全体成员共同利益的目标，并得到全体成员的认可，那么这个目标就会激励大家增强内聚力。③成功。实现目标、解除威胁、击败对手、获得奖金等方面的成就感，无疑会增强群体内聚力。④加入群体的高门槛。吸收群体成员的严格性会使成员产生自豪感，从而增强内聚力。⑤规模。一般来说，大群体较小群体内聚力要弱，主要是因为大群体在沟通和协调等方面存在着更大阻力。

（二）增强群体内聚力的结果

随着群体内聚力的增强，群体成员的稳定性（涉及流动率）、合作性（涉及沟通量）和工作积极性（涉及出勤率）等随之增强的结果是可以预期的，但工作绩效需要具体分析。一个关键的中间变量就是群体规范与组织规范、群体目标与组织目标的一致性程度。高内聚力且高一致性时，群体的工作绩效增强；低内聚力且低一致性时，群体工作绩效无明显变化；高内聚力但低一致性时，群体工作绩效降低；低内聚力但高一致性时，群体工作绩效稍有变化。[1]

五、工作团队

（一）工作团队及其建设理由

工作团队（Work Teams）是指为了某一目标出相互协作的个体所组成的正式群体。在 20 世纪中后期，工作团队建设是管理理论和管理实践的一个热点。在现实生活中，团队建设也取得了一些成效。最常见的就是自我管理工作团队，这种团队属于自行招聘成员、获得授权、自我计划和控制工作进度、对产品和服务负完全责任、充满合作精神、管理者扮演领导者角色的一种长期的正式组织。另外还有项目团队（为完成特定项目而建立的临时团队）、高层管理团队（中高层经理组成的管理团队）、虚拟团队（通过电子通讯而非面对面会议合作完成工作的网络团队）等团队形式。

一般认为，建设工作团队有如下几个方面的理由：①创造集体精神。传统工作方式是个人完成固定职位上的固定工作，现代工作方式要求以团队形式开展工作，共同完成一项工作任务，故团队建设可以促进员工之间的合作并满足其社会情感需求，提高群体士气和员工满意度。②有利于管理者进行战略思考。传统工作以个体为基础进行设计，管理者需要扮演"消防员"、"警察"和"法

---

[1] ［美］斯蒂芬·P. 罗宾斯：《管理学》，孙健敏译，中国人民大学出版社 1997 年版，第 375 页。

官"等角色，无时间考虑战略问题。团队建设就是要"解放"管理者，要求其将主要精力用于研究重大问题。③提高决策速度。团队处于生产一线，离工作面最近，更了解问题的根源及本质，决策起来具有快速灵活的特点。④员工队伍多元化。团队工作既有技术层面的，又有管理层面的；既需要计划，又需要实干，所以，团队建设必然导致员工队伍的多元化和员工才能的多元化。⑤提高绩效。团队建设有利于减少官僚作风、提高决策速度、减少浪费和提高内聚力，从而有利于提高工作效率。

（二）团队成功的保障

工作团队是一种工作方式。经验证明，要想使团队建设取得成功，需要具备目标、资源、信任和支持等条件。目标指群体共同目标，团队有清晰的、代表大家利益的且其成员一致承诺的群体目标，是建设成功团队的必要条件。资源指员工资源，即团队成员需要具有完成工作的技术、能力和合作品质。信任指群体成员间的相互信任，这是成功团队的又一必要条件。我们知道，信任不仅难以建立起来，而且容易受到破坏。管理者应该建立日常性的团队沟通机制，支持和尊重下属，处事公正无私，行为一贯且明确，以此建立起相互的信任。支持指获得外部支持，即组织必须保障资源供给，排除外部障碍，给团队提供环境支持。

文化在建设成功团队中起着纽带作用。成员相互合作和信任、根据成员的努力程度给予报酬、管理者更平易近人、协商的而非命令的工作作风、共享专业技能、愿意承担责任、服从团队目标、能够以大局为重、分享荣誉、乐于提出和接受批评、不打击其他成员等都是团队文化的构成要素。

在这里，让我们以对 V 型雁阵的思考来结束本节讨论。科学家们对大雁以 V 型阵势作长途飞行的奥秘进行的研究发现：①当鸟拍打翅膀飞行时会为后面的鸟创造一种上升力，V 型雁阵的雁群比一只雁单独飞行可以提高 70% 的飞行距离；②若大雁脱离了阵群，因突然感到一种下坠力而不愿单独飞行，它因此会迅速返回阵群以利用雁群带来的优势；③若领头大雁累了，则退回到阵群中，会由另一只大雁领飞；④大雁从头至尾不断发出叫声，以鼓励大家努力赶上雁阵的飞行速度；⑤若有一只大雁因生病或受伤而掉队时，就会有两只大雁留下来跟随、帮助和保护它，直至康复，然后它们再另行编阵起飞前行，追赶队伍。V 型雁阵的奥秘带给我们什么启示呢？

本章小结

个体的组织行为表现在生产率、出勤率和流动率等方面。为了更好地预测、解释和控制个体的组织行为，有必要理解个体的个性、态度、认知、压力和学习等要素。

个性是一组相对稳定的个体心理特征，它与环境的相互作用决定着个体的行为。个性—工作适应理论认为，与个性相匹配的工作才能有高满意度。务实型、研究型、艺术型、社交型、政治型和传统型等不同的个性适应于不同的活动，官僚定向、控制点、马基雅维里主义和权变等不同的个性适应于不同的工作。

态度是个体对事物作出反应的相对稳定的情绪倾向，它往往引导着行为的方向。认知不和谐理论认为，人们在态度之间或在态度与行为之间经常出现不一致情况，这种不一致使人感到不舒服或紧张，但个体可以通过改变态度或行为来寻求最小不和谐的稳定状态，以消除紧张。管理者可以通过态度调查发现问题，以便采取措施改变员工的工作态度。工作满意是一种重要的态度，人际关系理论认为满意导致高工作绩效，但研究结果没有支持这种结论，反而却证明了相反的逻辑：高工作绩效导致满意。

知觉是对感觉到的东西给予解释的过程。归因理论认为，个体知觉总是从内因或外因方面寻求行为的根据。个体的一贯性行为将归因于内因，偶然性行为则归因于外因；群体一致性行为将归因于外因，而个别性行为则归因于内因。知觉也有偏见，常见形式有首效、投射、定型、预知、晕轮、对比和内隐个性等。管理者应该清楚，员工皆因知觉作出决策。

压力是由于机会、限制和要求的出现而形成的不确定性造成的。工作中会产生各种各样的压力，这些压力会产生行为的、心理的和生理的反应，由此会对个体和组织带来损失。管理者应采取措施减少员工的组织和工作压力。

学习是个体从经验中理解事理的过程，操作学习和社会学习是人们的两类常用学习方式。管理者应该记住，组织风气和组织文化是员工长期对组织制度和管理者学习的结果。

群体的组织行为并非个体组织行为的简单加总，而是有其独特之处。从组织机构角度讲，群体可分为正式群体和非正式群体，正式群体是组织创设的工作群体，非正式群体是在工作中自然形成的群体，这两种群体都对组织产生直接影响。群体形成和维持的主要因素有三个：群体成员之间相互作用和相互依赖的机会，群体成员目标达成的可能性和群体成员的个人特性。

群体结构影响着群体行为。群体的结构特性包括群体规模、群体规范、角色和地位。规模就是成员人数。小群体较大群体更容易实现平等参与、更容易感到工作满意、行动更迅速和平均绩效更高，但更不容易有效地收集信息和提供方案。规范指群体行为准则，它有力地约束着个体行为。各类群体规范的基本内容有：绩效规范、报酬分配规范、忠诚规范和服饰规范。角色是群体中被赋予一组预期行为的职务，角色准备可以使个体承担角色更为容易，一般人对自己的理想角色有一定的角色准备，尽管如此，角色冲突仍是经常发生的。角色冲突给人带来一种压力，管理者应尽量减少由组织和管理的原因造成的角色冲突。地位是成员的等级和阶层，有正式地位系统和非正式地位系统。正式地位系统有称号、报酬、工作场所、日程安排和服饰等一系列明显的象征，非正式地位系统则无明显的象征。

群体内聚力指群体对其成员及成员之间相互的吸引力，环境威胁与竞争、群体目标、成功、成员资格的高标准和规模等因素都影响着群体内聚力。工作团队是一种现代工作方式，它在创造集体精神、管理者作战略思考、提高决策速度、员工队伍多元化和提高效率等方面都是有所帮助的，成功的团队有赖于共同目标、员工资源、相互信任和外部支持等保障条件。

自我测试 10

回答下列问题，请在合适的位置上做记号

	同意	不同意
1. 我很看重工作的稳定性	——	——
2. 我喜欢有预见性的组织	——	——
3. 我喜欢那种没有制定详细职务描述的工作	——	——
4. 我希望由高层领导来决定员工的职务晋升	——	——
5. 法律、政策和办事程序会束缚手脚，我不喜欢	——	——
6. 我喜欢在大公司或者政府机关中工作	——	——
7. 我不喜欢自主创业，因为那样风险太大	——	——
8. 第一天上班时，我希望看到一份详尽的职务说明书	——	——
9. 我喜欢当一名自由摄影师而非部门管理者	——	——
10. 在加薪晋级中，我认为资历和绩效一样重要	——	——
11. 我为在所属领域内最大最成功的公司工作而感到自豪	——	——
12. 我选择年薪9万元的小公司副总裁职位而非10万元的大公司部门经理职位	——	——
13. 我不愿意佩戴记载员工编号的公司徽章	——	——
14. 我认为单位的停车位应该按照职务的高低来分配	——	——
15. 我喜欢专做一项工作，不喜欢同时执行多项任务	——	——
16. 求职时，我希望了解公司是否有很好的福利待遇	——	——
17. 只有制定了明确规章制度的公司，才有可能获得成功	——	——
18. 我愿意在有主管的部门中而非没有主管的团队中工作	——	——
19. 人的等级地位决定着人们尊重他们的程度	——	——
20. 规章制度迟早会被打破的	——	——

第十一章

激励理论

提示：

　　人是懒惰的？—"成熟人"是什么样？—动机多样化—人最关心他自己？—激励导致高绩效？—人到底需要什么？—工具性和效价—正强化和负强化—两类激励—金钱因子—目标因子—工作设计因子—员工可以决定自己的上班时间？

　　任何管理者都十分关注组织成员的工作积极性和创造性，这是因为组织目标的达成依赖于组织成员全身心地投入工作。但不幸的是，在组织目标达成的过程中，组织成员的工作积极性和创造性是不会自发存在的。正如巴纳德所说，"若要将那些组织内认为有潜能的组织成员按其服务的自愿程度来排列，从最高的自愿渐渐减至中间或零，然后渐渐地到最高的不自愿或反对或厌恶，那么在现代组织中，大多数人都落在负的那一边"。[1] 所以，管理者的一项重要任务就是要最大限度地激发组织成员的工作潜能，并将其行为引导向实现组织目标之途，这就是激励。"在组织中负有管理责任的人，必须以整个系统的因素来引导人们尽可能有效地工作。管理者所应做的，是在各种组织环境中，加入能指引人们行动的事情。"[2] 管理者应该记住拿破仑的一句名言：只有糟糕的将军，没有糟糕的士兵。本章将引导读者了解人们的工作动机和人性假设，阐明各种激励理论，考察各种激励技术。

第一节　人性假设

　　凡研究内容与人的行为有关的学科都有自己的人性假设，并以此作为构造

---

〔1〕 李忠凡等：《管理学精髓》，经济科学出版社 1992 年版，第 277 页。

〔2〕 李忠凡等：《管理学精髓》，经济科学出版社 1992 年版，第 277 页。

其理论体系的逻辑前提。最典型的莫过于经济学，它认为"趋利避害"是人的本性，西蒙的决策理论则是以"有限理性"作为它对人性的假设等。简单来说，人性（Human Nature）就是人的本性。人的本性有先天形成和后天形成两种观点。前者认为，人性是人与生俱来的且固定不变的本性；后者则认为，人性是在一定社会制度和一定历史条件下形成的。中国古代思想家提出的"人性善"和"人性恶"两种基本的人性假设，分别构成了不同思想学派的前提。管理学的研究内容涉及人在组织中的行为，自然对人性假设感兴趣。但时至今日，管理学并不像经济学一样有一个公认的人性假设作为其理论前提。追究起来，可能是因为经济学仅关心人的单一的经济行为，而管理学则关心人的各种各样的行为或综合行为。所以，在管理学中形成了人性假设多元化的事实。基本的人性假设可由善良、勤奋、负责、机敏、理性一直排到邪恶、懒惰、不负责、呆笨、情绪化，形成一个连续频谱，个人的不同行为可以在这个统一体中找到它的对应位置。总之，在管理学中，对不同行为的解释和预测，需要不同的人性假设。人性假设对管理有着重大影响，因为不同假设会导致不同的管理理念和管理手段。

一、X 理论—Y 理论

在管理学界，流行最为广泛的人性假设就是 X 理论—Y 理论，[1] 这种假设为管理者提供了两种可供选择的人性观。

"X 理论：普通人具有一种对工作的天生厌恶，并想尽可能地避免工作。鉴于人的厌恶工作的特性，对多数人来说，必须给予强制、控制、命令，或以惩罚相威胁，他们才能为达到组织目标付出足够的努力。普通人宁肯接受命令，希望逃避责任，没有什么抱负，要求安全胜过一切。

Y 理论：在工作中花费体力和精力就像在游戏或休息中一样自然，外界的控制和惩罚的威胁并不是促使人向组织目标努力的唯一手段。人们在为自己所委身的目标而进行的工作中，是愿意进行自我指导和自我控制的。献身于目标是与达到目标相联系的奖酬的功能。普通人在适当的条件下，不仅是接受责任，而且是寻求责任。多数人而非少数在解决组织的问题中能够发挥高度的想象、智慧与创造性。在现代工业生活的环境里，一般人的智力潜能只是部分地得以利用。"[2]

---

〔1〕　X 理论—Y 理论是美国行为科学家道格拉斯·麦格雷戈（Douglas McGregor）提出来的。他于 1957 年在美国《管理评论》杂志上发表了"企业的人性面"一文，提出了这一观点，后于 1960 年出版了与论文同名的著作，进一步阐明这一观点。

〔2〕　［美］道格拉斯·麦格雷戈：《企业的人性面》，韩卉译，纽约麦格劳—希尔图书公司 1960 年版。

第十一章

　　这种理论指出，传统组织的结构、政策、规划设计和管理方式都是以 X 理论为依据的。管理者为保证员工完成工作任务，或者采用强迫和威胁、严格监督和控制的"强硬"管理办法，或者采用随和态度，多给予奖励的"松弛"管理办法，或者采用将上述办法结合起来的"胡萝卜加大棒"的管理办法，其实质都是以 X 理论为依据的。基于 X 理论的激励理论认为，人的行为主要是人的外部因素作用的结果。但随着社会的进步，社会科学涌现出了许多新观点，对 X 理论提出了挑战。许多研究表明，人们对工作的消极和敌对行为不是先天固有的，而是传统的管理思想和管理实践造成的。传统管理只重视人的生理和安全等低级需求，而忽视人们的社会、尊重和自我实现等高级需求，因而产生了病态的管理行为。为了矫正传统的管理思想和管理行为，于是出现了 Y 理论。这种假设认为，如果把组织目标同个人目标紧密结合起来，在组织目标实现的同时，个人目标也得以实现，那么员工就会主动地去工作。因此，管理者要从指导思想上作彻底转变，将视员工为懒汉的思想改变为视员工为喜欢工作的人。在管理实践上，管理者要由员工的"审判者"和"监督者"转变为员工的指导者和参谋者。Y 理论有力地推动了管理创新，已有的创新实践有：扩大工作范围，参与式管理，鼓励员工自我评价工作成就，授权管理等。可见，基于 Y 理论的激励理论认为，人的行为主要是由人的内在因素作用的结果。

　　X 理论—Y 理论的二分法人性假设清晰明了，简单易懂，便于管理者理解和掌握。但"遗憾的是，并无证据证实某一假设更为有效，也无证据表明采用 Y 理论的假设并相应改变个体行为的做法，更有效地调动了员工的积极性。在现实生活中，确实也有采用 X 理论而卓有成效的管理者案例。"[1]

　　权变管理学者认为，X 理论和 Y 理论各有其适用条件，都不是普遍有效的，于是提出了"超 Y 理论"，[2] 其要点为：①人们怀着不同需要加入组织，有人需要规章制度的约束，有人需要高度的自主权，共同需要均为胜任感（Feeling of Competence）。②不同的人对管理方式的要求不同。③组织目标、工作性质、员工素质等因素对组织结构和管理方式有很大影响。④当一个目标达到后，胜任感满足，使之为达到新的更高目标而努力。

---

〔1〕　［美］斯蒂芬・P. 罗宾斯：《管理学》，孙健敏译，中国人民大学出版社 1997 年版，第 390 页。
〔2〕　美国的约翰・莫尔斯（John Morse）和杰伊・洛希（Jay W. Lorsch）于 1970 年在《哈佛商业评论》5～6 月号上发表了"超 Y 理论"一文，提出了此种观点。

二、不成熟—成熟理论

不成熟—成熟理论（Immature – Mature Theory）[1] 认为，人的发展如同人从婴儿到成人的生理发展过程一样，在特定的组织环境中，也有一个从不成熟到成熟的连续发展过程，但并不是每个人都能完成这个过程的。由于"成熟人"在工作中能产生强大的自我激励力量，有利于推动组织目标的实现，所以，组织有义务促进员工向"成熟人"发展。这种理论归纳出 7 组特征，用于描述人在发展过程中表现出来的"成熟度"，见表 11 – 1。

第十一章

表 11 – 1　由不成熟到成熟

	不成熟特征	成熟特征
1	完全被动状态	完全主动状态
2	完全依赖别人状态	完全独立状态
3	以多数方式行事	以少数方式行事
4	飘忽不定的兴趣	拥有专注的兴趣
5	短期观念	长期观念
6	处于从属地位	渴望有与同伴平等或更高的地位
7	不明白自我	明白自我并能控制自我

这种理论认为，正式组织中的劳动分工、等级体系、统一指挥和控制幅度等要求限制了人的发展，使员工保持在不成熟状态。因为：①劳动分工减少挑战机会，减少各种才能的发挥机会，窒息自我表现，抑制兴趣发展；②等级系统则强化对上级的依附，减少对工作环境的控制权，减少决策机会，难以了解发展前景；③统一指挥使个人缺乏表现机会，抑制不同的行为方式，强化被动行为状态；④控制幅度强化部门观念，抑制长远思考，减少合作机会。

正式组织在上述四个方面限制了员工的发展，他们则可能采取下列措施来适应组织或对组织作出反应：①离开组织；②设法爬到组织的最高层，以增大活动的自由度；③采取攻击态度，努力表现自我；④采取冷漠和不介入态度；⑤创建非正式群体，使自己对正式组织的攻击和冷漠行为得到同情和鼓励。

该理论认为，管理当局应承担起消除员工与组织之间由此产生的紧张和不协调关系的责任，努力使员工在组织中"成熟"起来，倡导组织采取如下管理办法：①扩大工作范围，给员工运用自己能力的机会；②采取参与式管理的方

---

[1] 不成熟—成熟理论是由美国的克里斯·阿吉里斯（Chris Arggris）提出的。他于 1957 年发表了"个人与组织：相互调节的若干问题"一文，文中提出了不成熟人和成熟人假设。

法和以员工为中心的领导方式；③组织员工进行职务轮换，扩大其技术领域和知识面；④加重员工责任，激发起责任心和创新力；⑤工作中更多地依靠员工的自我管理和自我控制。

三、复杂人假设理论

复杂人假设[1]是在分析前人三种人性假设的基础之上提出的一种假设，它与权变管理紧密相关。

1. 理性—经济人（Rational – Economic Man）假设。这是古典经济学家和古典管理学家关于人性的假设，它起源于享乐主义。理性—经济人对组织采用一种精打细算的方式，力图用最少的付出获得满意报酬。该假设可以归纳为四点：①经济诱因引发人的工作动机，因为人追求最大经济利益；②人被动地在组织操纵和控制下工作，因为经济诱因由组织控制；③人以一种合乎理性的和精打细算的方式行事；④非理性的情感会干预人对经济利益的合理追求，因此，组织必须设法控制个人的情感。

2. 社会人（Social Man）假设。这是人际关系学说的倡导者梅奥等人关于人性的假设，它起源于人的社会性。人是社会的人，只有在群体交往中，人才能获得心理上的满足，社会人希望靠近组织，以便从组织那儿获得更多的精神关怀。可以将社会人假设概括为以下四点：①社会需要引发人的工作动机，认同感来自与同事的关系；②工业革命使工作变得单调而无意义，需要从社会关系中寻找工作的意义；③非正式组织的社会影响比正式组织的经济诱因对人有更大的影响力；④人们期望领导者承认并满足其社会需求。

3. 自我实现人（Self – actualizing Man）假设。自我实现的需求是马斯洛需求层次的最高一级需求，它起源于人的成就意识。自我实现人希望组织能给他提供独立工作的机会，努力在达成组织目标的同时实现自我价值。这种假设也有四个要点：①工作意义和动机在于自我实现的需要；②人们追求工作上的成就，发展能力和技术，实现自治和独立；③人们能够自我激励和自我控制；④个人的自我实现同组织目标的实现不是冲突的而是一致的。

4. 复杂人（Complex Man）假设。该假设认为，人的工作动机不仅表现在生理的、心理的、社会的和经济的方面，而且还要受不同情境和时间因素的影响。复杂人假设共有五个要点：①人的工作动机复杂且变动性大，因人、因地、因时而异，各种动机之间交互作用，从而形成复杂的动机模式；②人在组织中

---

〔1〕 复杂人假设理论是美国麻省理工学院斯隆管理学院管理学名誉教授埃德加·沙因（Edgar H. Schein）在 1965 年出版的《组织行为学》一书中提出来的。

可以学得新的需求和动机，因此，人在组织中表现出的动机模式是其原有动机与组织经验交互作用的结果；③人在不同的组织或不同的部门中可能有不同的动机模式，各组织和各部门可以利用员工的不同动机来达到其目标；④一个人是否感到心满意足，肯为组织出力，决定于他本人的动机构造和他同组织之间的相互关系；⑤人可以依自己的动机、能力和工作性质对不同管理方式作出不同的反应。

该理论认为，相比之下，复杂人假设更为合理，因为它可以广泛地解释个人在不同情境中的不同行为。因此，没有哪一种激励方式可以普遍地适用于任何组织的管理之中。复杂人假设理论提出后，很快获得管理学界的认可，并且成为 20 世纪 70 年代产生的权变管理的理论基础。

四、孔茨假设

孔茨假设[1]认为，人的智慧和理性可以成功地改变人的天生本性。人的才智和逻辑思维能力，使他们能看到问题和解决问题，克服其本性上的要求，实现其理想，以追求更美好的理想而得到满足。孔茨假设对管理者具有十分重要的意义，其基本内容有以下七个方面：

1. 人最关心的是他"自己"。无论是在生死存亡的关键时刻，还是在欢乐幸福的和平时代，人首先关心的是他自己的事务。他渴望金钱，或要求地位，或希望博得别人的尊敬，或期望展现自己的才华等。总之，他想在一切方面比别人过得好，他会为此付出努力去获取成功，只有在自己取得成功之后，才会带着一种嫉妒和怀疑的眼光去欣赏别人的成功。当然，不能否认，有为了子女而作出牺牲的父母，有为了拯救战友、同事或他人而牺牲自己的人，也有为了他人利益而自愿奉献的人，但为别人利益而牺牲自己利益的人终究是少数。所以，管理者的政策制定、目标规划和组织设计等都应以此为出发点，使组织成员在自己取得成功的同时自然地为他人、为组织和为社会做出自己的贡献。当然，我们也经常强调集体利益，通过开展一些活动或宣传教育工作以培养人们为他人服务的观念和奉献精神，这是无可非议的并且应该大力提倡。但如果我们将管理工作建立在"人最关心别人"的假设基础之上，那就大错特错了。

2. 人是乐于工作的。如果获得的利益超出了为此所付出的代价，如果努力可以满足他的本性要求时，人是愿意努力工作的，即便是无效果的瞎忙，也具有相当的热忱，但当他获得满足后，就不会以同样的理由再付出努力了。人参加工作，或者认为这是最佳的谋生之道，或者是为了有所成就，或者是为了获

---

〔1〕 孔茨假设是美国当代管理学家哈洛尔德·孔茨（Harld Koontz）在《管理》一书中提出来的。

得地位，或者是为了表现自己，或者是为了与人交往。所以，管理工作要顾及人性，注意按照组织成员的贡献价值来提供支持或提供某种利益，如给予赞扬、改善工作环境、给予革新的自由、予以晋升、鼓励取得个人成就和提供表现自我的机会等。实际上，非经济的利益激励手段往往更为有效。

3. 人是可以被领导的。人的自尊、成就感、荣誉感、权力欲望和地位野心等因素构成了人可以"容忍"被领导的基础。但领导者必须选择合适的策略和适宜的时机，通过满足人在本性上的需要，将人们引入领导者所期望的轨道。组织成员十分希望得到有效的领导，有效的领导能使组织成员创造出奇迹，取得巨大的成就。

4. 群居和独处都是人的天性。在大多数情况下，人们都希望在社会环境中生活和工作，这是人的社会性的必然产物。但是，有时希望能离群独处，不受别人的干扰，干自己或组织的事情。管理者既要采取措施满足人的交往和沟通等社会需要，又要创造条件满足那些愿意单独工作的人的要求。

5. 人对组织有依赖性。人有许多需要和利益不能以单独的力量获得，必须借助于人们的共同努力才能得到，所以人们愿意帮助社会建立团体，以满足自身的需要。如果预期利益超过将付出的代价，人会接受组织加在他身上的种种限制。但管理者需要注意的是，人都希望在组织中掌握主权，而不想成为组织的奴隶。

6. 不存在"平均的人"。人各不相同，性格特征和个人需要又随时在变，如果在管理工作中假设所有的人都类似，取需求的平均值，用一种管理模式对待所有的人，那么管理者注定是要失败的。但在现实生活中，为了提高效率或简化工作，常常采用标准化的工作方法和管理制度，实际上这是否定了员工在个性、态度、技能和需求等方面的多样化。面对矛盾，需要管理者表现出管理手段的灵活性。

7. 人能尽全力接受挑战。人通常总是迫不及待地想发挥他们的能力，对例行的程序化业务感到厌烦，认为这些业务只需花费他们的一半精力就可以完成，他们埋怨缺少让他们发挥其知识和技能的机会。有时他们非常想了解一下他们最大能力的极限，并渴望以此水平来从事今后的工作。管理者可能已经感觉到这个假设好像与现实不尽相符。现实中我们看到员工缺乏工作热情，纪律松懈，不能全力投入工作，对结果不负责任等。实际上，这种状况正是个人在恶劣的组织环境中长期学习的结果，由于组织对个人能力和成就的漠视，使得他们在工作时有所保留，不愿意尽全力接受艰苦的工作，不愿意对工作结果负责任。

第二节　激励理论

激励理论是要探明那种促使人们以某种方式行动或至少建立某种特定行为倾向性的东西，它要说明行为背后的驱动力，即一种趋向行为的推力和拉力，涉及需求、动机、紧张、不安和期待。古典管理理论认为，经济因素和物质条件是重要的激励因素，相应的管理办法是严格奖惩。人际关系理论认为，社会因素和心理因素是首要激励因素，隐含着"心情舒畅能提高生产率"的假设，相应的管理办法是"好好地对待员工"。现代管理理论将基本观点转移到"利用和开发人力资源"上，认为人的贡献本身就是极有价值的东西，相应的管理办法是内心激励法，使组织目标和任务高度个人内在化，以求得最大程度的认知和认同。

一、激励与激励机制

（一）激励概念

从字面意思来看，激励就是激发鼓励的意思，但这个解释并未使我们理解激励作为一个科学概念的含义。从组织和管理的角度来看，当我们谈到一个人受到激励的时候，通常有如下三个方面的含义：①这个人"努力"工作；②这个人"坚持不懈"地工作；③这个人的工作"指向特定目标"。"努力"是指人们在工作中表现出来的工作行为的强度，这是激励的第一特性，努力的程度取决于个人动机的强度和需要与预期的行为结果之间联系的紧密性。"坚持不懈"即持久性，是激励的第二特性，指个人在努力完成工作任务时表现出来的行为的稳定性和长期性。激励的第三特性是"指向特定目标"，即对个人工作行为的指导，就是说，将人们的持久努力引导到有利于组织的方向上。"行为源于心理需要，动机是促使个人动作的内在因素，目标是外在诱因，亦是动机所指向的标的。设法运用外在诱因，促使个人心理的变化而产生某种期望的方法，称为激励。动机与激励是一体两面，有动机的行为，工作会加倍努力，效率容易提高。一个人的行为动机，是可以用某种方法刺激引起的，激励即刺激引起动机的一种方法。"[1]

本书将激励看做一个过程，给出如下定义：激励（Motivation）是指针对人的各种需要而给予适当满足，从而激发、加强和维持人的行为并指导或引导行为指向目标的一个过程。

---

[1]　陈庚金：《人群关系与管理》（第3版），五南图书公司1983年版，第263页。

（二）激励机制与绩效

激励过程涉及个人需求、行动成效、报酬、满足和个人努力、组织评价等因素，这些构成要素及其相互作用形成激励机制，如图 11-1。

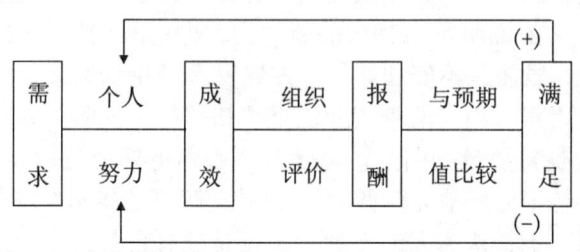

图 11-1　激励机制模型

由图 11-1 可以看出，如果组织成员获得的报酬与期望值相符，就会产生正的影响，个人努力就会得以强化，把组织目标与个人期望联系在一起的行为就会得以巩固。如果努力不见成效，或有成效却得不到正确评价，或评价与报酬脱节，或期望值不适当，都会对组织成员的激励产生负的影响。从组织角度看，组织可凭借本身掌握的各种资源，通过评价与报酬环节，积极地干涉和影响其成员的激励过程，使每个成员在致力于达成个人期望的同时，帮助组织实现目标。请注意，如果将组织评价和报酬两个环节隐去，则该图就变成纯粹的自我激励示意图，读者可自行分析。

我们可以观察到的一个明显的事实是，有些人是受到高激励的，即他们长时间地工作，并且很努力，但往往工作做得并不符合要求。同样可以观察到相反的事实是，有些人并没有受到多大的激励，即他们并没有长时间地工作，而且没有付出多大努力，但往往工作做得非常好。这就涉及激励与绩效的关系问题。

前述的激励机制模型是个高度简化的模型，我们可以在其中添加许多因素，使其复杂但更逼近实际。激励与绩效之间关系的解释并不困难。我们只要在"努力"与"成效"这两个环节之间加入下列因素即可：个人的 THC 技能水平、对任务的理解、时机的把握、工作的自然环境和组织环境、甚至运气等，因为这些因素都影响着个人努力的结果。"无论如何，我们不能孤立地考虑激励问题。如果个人缺乏基本的能力和技能，不了解他们的工作，或者遇到他们无法控制的因素，高激励也不会导致高绩效。"[1]　当然，我们不能就此否定激励的

---

〔1〕　［美］加里·约翰斯：《组织行为学》，彭和平译，求实出版社 1989 年版，第 175 页。

意义，只要使组织成员的持续性努力行为指向组织的目标就有重大意义。

（三）三类激励理论

在什么引起行为的研究中，存在着可认识性解释和非认识性解释的主要差异。认识性方法集中了解内在方面，这种激励观点通过如下两方面加以研究：是什么推动人们行为（内容）和如何产生行为（过程）。内容理论集中研究行为的一些特定变量，包括内在需求和外界条件，由此确定在工作环境中推动个人行为的那些特定需要和使行为持久的那些特定奖酬。过程理论也力图测定那些解释行为的主要变量，但集中点置于动态上，即说明力量的方向、程度和持久等多方面变量的相关情况。其主要变量是鼓励、推动、强化和期望。非认识性方法强调一种不试图了解内在状况和过程的观点，它把个人看做一只黑箱，"箱内"的感觉和思维过程是不可知的，行为发生，通过加强性制约效果对其给予指导，并使之持久，跟在行为后面的结果导致行为的形成。若行为得到报酬的积极后果，则往往使行为得以加强和持久；若行为受到冷漠或惩罚，则往往就减少或停止类似行为。所以，欲了解和预测行为，并不需要注意个人的内在状况或过程，只要集中注意曾公开的行动和由外界环境为这些行动所提供的结果就足够了。

与上述解释相对应的激励理论有三类，即激励的需要论、认知论和强化论。激励的需要论以西方人本主义心理学（Humanistic Psychology）的动机说为理论基础，侧重说明需要是产生行为动机的根源，将需要同激励联系起来，提出一系列激励因素。激励的认知论以美国当代心理学的主要流派认知心理学（Cognitive Psychology）关于认识过程对行为作用的观点为理论基础，结合人们对自身特点和工作环境特点的感知和再认，侧重说明激励过程是怎样进行的。激励的强化论以西方新行为主义心理学（Neo‑Behaviorism Psychology）的操作性条件反射模式为理论基础，侧重说明形成行为的学习方法，提出一系列行为修正的技术措施。这些激励理论研究的侧重点有所不同，但它们之间并非相互对立，而是相互补充的关系。

二、需要激励理论

需要激励理论是从"需要产生动机，动机支配行为"的角度讨论激励问题的，其中心观点是：只有着眼于满足人们最重视的需要才能激励人们努力工作。需要（Needs）是个体在生理和心理等方面的要求和欲望，需要激励理论试图阐明个人所具有的各种需要类型。

（一）需要层次论

最著名的需要激励理论要数需要层次论（Hierarchy of Needs Theory）[1] 了，该理论由两个基本假设构成。

假设1：个人的全部需要可以分别纳入由低到高排列的五个需要层次中。①生理需要：食物、水、住所、性满足和其他方面的生理需要。②安全需要：保护自己免受身体和情感伤害的需要。③社会需要：包括友谊、爱情、归属和社会交往方面的需要。④尊重需要：包括自主、胜任、力量和信心等内部尊重因素和地位、认可和关注等外部因素。⑤自我实现需要：发挥自身潜能、成长与发展、实现理想的需要。这五种需要还可划分为高低两级，生理和安全需要为低级需要，而社会、尊重和自我实现需要为高级需要。

假设2：个体的需要是逐层上升的，即当某一需要得到满足后，相邻的较高层次的需要就会占据主导地位。

需要层次论的提出开创了激励理论的先河，该学说广为传播，影响甚大。西方学者认为，"马斯洛这一理论的主要贡献在于直接或间接地引起人们对人的需要的三个方面的兴趣和注意：①马斯洛提出已经满足了的需要不再起推动作用，要进行继续的推动就必须注意目前起作用的需要方面。②马斯洛提出人类的需要会随着经济情况的改变而改变。③有越来越多的人，特别是管理与知识阶层的人，对自我实现的需要和期望增加了。但是，其中的某些需要在目前条件下无法实现。"[2] 在管理实践中，这一理论也得到了普遍认可，这主要归功于该理论简单明了，易于理解，具有内在的逻辑性。

但是，"众多的研究并未对这一理论提供验证性的支持。也就是说，这一理论缺乏实证基础，仅有的几项支持理论观点的研究也缺少说服力。"[3] 需要层次论的主要不足之处有：①该理论未能提出衡量各层次需要的满意程度的具体标准；②当生理需要满足之后，没有一种方法可以预测哪种需要将成为下一个必须满足的需要；③没有一种公认的方法可以预测前一需要得到满足时到后一需要发展起来以前的时间间隔。[4]

---

〔1〕　需要层次论是由美国的亚伯拉罕·马斯洛（Abraham Maslow）提出的，他在1943年出版的《人类动机理论》一书中详细地论述了这一理论。

〔2〕　[美] 里基·W. 格里芬：《实用管理学》，杨洪兰、康芳仪编译，复旦大学出版社1989年版，第329页。

〔3〕　[美] 斯蒂芬·P. 罗宾斯：《管理学》，孙健敏译，中国人民大学出版社1997年版，第390页。

〔4〕　孙耀君：《西方管理思想史》，山西人民出版社1987年版。

（二）双因素理论

双因素理论[1]认为，影响职工满意或不满意的因素有不同的两类：使职工感到满意的因素都是涉及工作本身和工作内容方面的因素，而使职工不满意的因素都是有关工作环境或工作关系方面的因素。前者被称为激励因素，后者被称为保健因素，由此形成了著名的双因素理论（Two - factor Theory），也称为激励—保健理论（Motivation - hygiene Theory）。

激励因素包括成就、赏识、工作本身、责任、晋升和成长等，保健因素包括监督、公司政策、与监督者的关系、工作条件、工资、同事关系、个人成长、与下级的关系、地位和保障等。该理论否定了满意包含双极概念的传统观点，即否定了"满意的对立面是不满意"的观点，创立了满意包含四极概念的现代观点，即满意的对立面是没有满意，而不是不满意；不满意的对立面是没有不满意，而不是满意。该理论据此认为，激励因素的存在能够促进满意，但缺少了它只会使满意消失，而不会引起不满意；保健因素的存在能够减少不满意，但不会促进满意，但倘若缺少了它，就会产生不满意。通俗地讲，只有激励因素才能促进职工努力工作，增加职工的工作满意感。而保健因素对职工产生的效果类似于卫生保健对身体健康所起的作用，卫生保健虽不能直接提高健康水平，但有预防疾病的作用。如果保健因素低于职工的可接受程度，就会引起职工对组织的不满；当保健因素改善时，职工的不满就会消除。但即使保健因素十分完善，对职工也不具有激励作用，至多使职工处于一种既非满意又非不满意的中性状态。

这种二分法的需求理论，具有十分明确的管理上的意义。①提供充分的保健因素以消除不满情绪，但不能认为这样就可以提高职工的工作积极性；②提供充分的激励因素才是激发职工积极性和创造性的有效途径。基于这一理论，人们进行了某些管理变革，影响最大的就是"工作丰富化"的管理变革。

双因素理论在学术界同样存在着争议。①该理论在逻辑上的错误，这一理论倾向于把满意、激励和绩效同等看待，但正如本书在第十章第一节及本章第二节中所做的分析一样，满意与绩效、激励与绩效之间缺乏必然联系，即满意不一定导致激励和绩效，激励也不一定导致绩效。另外，按照这一理论，所有

---

[1]　双因素理论是弗雷德里克·赫茨伯格（Frederick Herzberg）提出的一种需要理论。赫茨伯格是美国心理学家，犹他大学管理学教授。他在20世纪50年代中期与他的两名同事就组织的激励因素进行了大量的调查访问和分析研究，并将研究成果概括于1959年出版的著作《工作的激励因素》（与人合著）一书中，形成了双因素理论。此后，赫茨伯格专注于这一课题的深入研究。在1968年出版的《哈佛商业评论》1~2月号上发表了"再论如何激励员工"一文。他几十年如一日，坚持对激励理论进行研究，影响很大。

人都有同样的需要结构，都会以同样的方式受到激励，因而该理论不能很好地处理个体差异的问题。②有关激励—保健理论的试验，没有支持某些因素只有助于满意，而某些因素只有助于不满意的观点。③该理论的研究方法的可靠性问题还有待解决。[1]

（三）成就激励理论

成就激励理论（Achievement Motivation Theory）[2]认为，人可分为两类，少数人愿意接受挑战，艰苦奋斗，以有所成就；多数人对取得成就的愿望并不十分强烈。社会进步和经济发展，很大程度上要归功于成就需要。在各国经济增长中，往往需要成就激励。在西方文化中，新教伦理（Protestant Ethic）和社会达尔文主义（Social Darwinism）无疑培育了很高的成就激励，自由企业制度提供了一种环境，使成就激励这样一种方法得以发展。

成就激励理论认为，个人在工作情境中有三种主要需要：①成就需要，即达到标准，追求卓越，争取成功的需要。②权力需要，即影响和控制他人且不受他人控制的欲望。③归属需要，即建立友爱密切的人际关系的愿望。

该理论认为，有一些人有强烈的内驱力要将事情做得更为完美，使工作更有效率，以获得更大的成功，但这些人追求的不是成功之后带来的奖赏，而是个人的成就感，这种内驱力就是成就需要（Achievement Need）。高度的成就需要对推动个人和组织的发展和成长都有着重要作用，但高成就需要的人为数较少。通过投射测验进行研究发现，高成就需要的人有三点与众不同的品质：①喜欢以个人负责为基础的可以独立解决问题的环境。这些人自律性强，愿意承担责任，不受别人批评和社会压力的影响，寻求那种能发挥其独立处理问题能力的工作环境，不愿借助于别人的帮助和偶然的机会取得成功。②喜欢设立具有适度挑战性的目标。这些人在接受挑战工作以前，有一番盘算，确定一个冒一定风险可以达到的目标，对那些成败机会各半的工作表现得尤为突出。他们不喜欢那些成功可能性很高的工作，因为这种工作对他们自身的能力不具有挑战性；他们也不喜欢风险性太大的工作，因为这种工作碰运气的成分非常大，无法满足他们的成就需要。③希望获得有关工作绩效的及时明确的连续反馈。他们需要了解自己是否有所进步，对持续成功的感觉有兴趣，希望自己取得的成就得到组织和他人的认可。

权力需要（Power Need）是指影响和控制他人的一种驱动力，高权力需要者

---

[1]　[美]加里·约翰斯：《组织行为学》，孙健敏译，求实出版社 1989 年版，第 184 页。

[2]　成就激励理论是由美国哈佛大学心理学家戴卫·麦克莱兰（David C. Mclelland）于 1961 年在《获得成就的社会》一书中提出的。

喜欢承担责任，喜欢竞争性和地位取向的工作环境。归属需要（Belonging Need）是指寻求被他人喜爱和接纳的一种愿望，高归属需要者渴望友谊，希望与别人沟通和获得理解，喜欢合作而非竞争的环境。成就需要理论侧重于研究成就需要，对权力需要和归属需要的研究相对较少。但该理论对三种需要与工作绩效之间的关系都作出了有说服力的推断。结论如下：①高成就需要者喜欢独立负责、中度冒险和可以获得反馈的工作环境。高成就需要者在自己独立经营企业时，或工作于大公司的一个独立部门时，或在独立处理销售业务时，或者独立地进行科学研究时，都会有所建树；②高成就需要者与优秀管理者不具有对应关系；③权力需要和归属需要与管理的成功密切相关。最优秀的管理者是权力需要很高而归属需要很低的人；④可以通过训练来激发和提高员工的成就需要。

（四）生存—交往—发展理论

生存—交往—发展理论[1]将需要层次论压缩为生存、交往和发展三个层次。生存需要（Need for Existence）是指个人在衣、食、住和安全等方面的基本需要。交往需要（Need for Relatedness）是指个人与其周围的人交往的需要。发展需要（Need for Growth）是指个人在能力的发展和事业的成就等方面的需要。

该理论认为，得到满足越少的需要就越被人所渴望；个人得到低层次需要的满足越多，对高层次需要的渴望就越大；个人得到高层次需要的满足越少，对低层次需要的渴望就越大。这就是生存—交往—发展理论（ERG Theory）。

ERG 理论与需要层次论的区别点是：①前者认为三种需要可以同时存在，而后者却认为在某一时期只有一种需要；②前者认为三种需要之间都是可以双向变化的，即满足—上升和挫折—倒退，而后者却认为各种需要之间是严格单向的阶梯式的满足—上升路线；③前者认为三种需要可以相互替代，我们经常听到的"得不到发展，多挣点钱也可以啊"和"虽然少挣了点钱但心里舒畅啊"等话语就是这种替代的真实写照，这种替代是个人对各种需要权衡的结果，而非真正的替代，而后者则不这样认为。许多研究表明正是这些区别点使得 ERG 理论变得更加符合实际。

以上四种激励学说的共同点是关注人的需要，强调管理者要从人的需要和动机出发来设计有效的激励方法。尽管需要激励理论很少获得实证研究的支持，且需要和满意的强度很难给予测定，但由于这些理论简明易懂，仍深受管理者的欢迎。

---

[1]　生存—交往—发展理论是由美国耶鲁大学著名学者克莱顿·奥尔德弗（Clayton Alderfer）提出来的。他在《生存、交往以及发展：人在组织环境中的需要》（1972）和《关于组织中需要满足的三项研究》（1973，与本杰明·施奈德合著）等著作中提出了 ERG 理论。

三、过程激励理论

（一）期望理论

期望理论（Expectancy Theory）[1] 是将期望几率理论引入激励研究而创立的一种过程激励理论。它以下列假设为前提：①人们的行为是由其本身因素和环境因素决定的；②不同的人有不同的目标、期望和需要；③每个人都会对自己在组织中的行为作出选择；④人们将根据对自己付出的努力而导致的结果的评价来作出自己的有关行为选择。期望理论的基本构成如图 11-2。

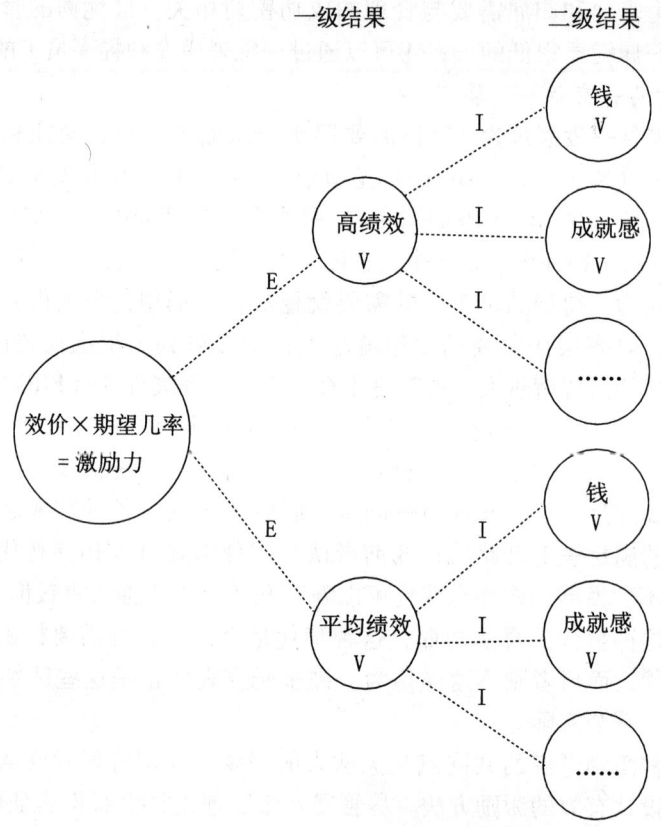

图 11-2　假设的期望理论模型

注：E：期望，V：效价，I：工具性。

---

〔1〕　期望理论是由美国心理学家维克多·弗鲁姆（Victor Vroom）提出的，其主要观点概括于 1964 年出版的著作《工作与激励》一书中。

其中，结果表示某种工作行为的后果，工具性（I）表示二级结果伴随一级结果出现的可能性，效价（V）表示结果的期望值，期望（E）表示人们取得一级结果的可能性，激励力表示一级结果的效价与对应期望的乘积。

期望理论说明，对个人而言，激励过程是一个自觉或不自觉的思考过程，或者说是决策思维过程。在此过程中，要作出三种基本决定：

（1）决定效价。决定效价需要回答两个问题。第一个问题是这项工作能提供什么样的二级结果？这些结果可以是积极的，如工资、奖励、成就感和提升等，也可能是消极的，如疲劳、挫折和辞退等；可能是内在的，如成就感和疲劳等，也可能是外在的，如工资和辞退等。注意，这些判断是以个人的知觉透视为基础的。第二个问题是这些二级结果对个人的吸引力有多大？这些评价可以是积极的（非常有吸引力——效价最高）、消极的（没有吸引力——效价最低）或中性的（一般吸引力——效价中等）。这些判断显然与职工的态度、个性和需要有关。

（2）决定工具性，即在一级结果基础之上产生二级结果的可能性有多大？这种可能性最大为1（必然出现），最小为0（必然不出现）。显然，多数可能性的判断是由个人的知觉和学习（经验）决定的。

（3）决定期望。决定期望需要回答两个问题，即欲达到一级结果需要采取什么行动？以及行动对实现一级结果的可能性有多大？由于行动的结果受个人能力和外界因素的限制，所以，最大期望为1（必然实现），最小期望为0（必然不实现）。在作出上述三个基本决定之后，个人对待这次工作机会的态度就明确了，从而对工作的投入程度就可以作出选择。

期望理论可以用两句话给予概括：个人将受到激励去从事那些他们发现有吸引力的和他们感到能够完成的活动，而各种工作活动的吸引力取决于个人对工作结果的判断。

尽管期望理论的复杂性使其存在这样或那样的技术问题，但激励方面的专家基本肯定了期望理论，并且各种试验也不同程度地支持了期望理论。由于这一理论立足于个人知觉透视，并受个人态度、个性和需要的影响，故在将该理论运用于管理实践时，管理者只能从两个方面作外在的努力。一方面，创造良好条件，提高职工对一级结果的期望，如保证良好的设备，说明正确的工作程序，仔细解释评价绩效的标准，倾听职工有关绩效的问题等。另一方面，力求保证二级结果的明确性，并保证一级和二级结果之间的联系十分清晰，以提高工具性。

（二）公平理论

人们不是生活在真空中，他们常常会自觉或不自觉地把自己取得的报酬与付出的代价之比值同他人的这个比值进行比较，要求自己在与他人付出同样代价的前提下，也能获得与他人一样的报酬，这就是公平理论（Equity Theory）[1]的基本内容。该理论是"每个人都应该公平地获得报酬"这一古老原则在当代的体现。

在公平理论中，职工选择的参照物一般是本组织中的其他人、外组织中的人或过去的自己。比较结果有如下三种情况：①比率相等，此时感到自己受到了公平待遇，因而心情舒畅，努力工作，这种情况能起到激励作用；②比率高于他人，此时会产生优越感，管理者若给其加大工作量，让其付出更大的代价，一般是会愉快地接受的，这种情况也能起到激励作用；③比率低于他人，此时感到自己受到了不公平待遇，怨愤不平或强烈不满，影响工作情绪。研究表明，职工在感到不公平时，通常采取以下做法：①歪曲对自己的付出和报酬的知觉；②歪曲对他人的付出或报酬的知觉；③转移参照物；④采取某种行为改变自己的付出或报酬；⑤采取某种行为改变他人的付出或报酬；⑥要求调换工作、辞职等。

有关公平理论的试验都局限于经济结果，研究结果通常是支持这个理论的。在管理实践中，管理者应该对职工的公平感觉十分敏感，如生产率的降低、工作质量的降低、缺勤率的增加和离职率的提高等，一般都是职工的不公平感产生的结果，此时，管理者应该有所作为，改变这种情况。

四、强化激励理论

（一）强化理论的基本原理

操作学习在第十章第一节中已经作过介绍，强化理论和操作学习是密切相关的。强化理论（Reinforcement Theory）就是以操作学习的强化原则为基础的理解和修正人们行为的一种激励理论。它来源于操作条件反射理论：人们为了达到某种目的，会采取某种行为作用于环境，当环境与这种行为相互作用的后果对他有利时，同类行为在以后就会重复出现；当后果对他不利时，同类行为在以后就会减弱或消失。可见，强化理论试图避免涉及人的心理过程而只关注人的行为及对行为的控制因素，认为行为是其结果的函数。按照这种理论，管理者可以借助于组织资源通过强化他们认为有利的行为来影响职工的活动。

强化理论认为，人的行为是由外部因素控制的，这种控制行为的因素称为强化物（Reinforcer）。有些强化物是通过运用某种情境发生作用的，有些强化物则是通过从某种情境中排除出去发生作用的。

---

[1]　公平理论是由美国管理学家斯达西·亚当斯（J. Stacey Adams）于 20 世纪 60 年代提出来的。

（二）增强或维持行为的强化

在实际管理工作中，常常需要增强或维持那些对组织运行有利的行为，有两种行为修正策略可供选择：正强化和负强化。

正强化（Positive Reinforcement）是通过把某一种刺激物加入有关情境中以增强或维持某种行为的过程。如认真工作的行为被由此带来的表扬予以正强化，有选择地阅读报刊的行为被其后的成功决策予以正强化。负强化（Negative Reinforcement）是通过把一种刺激物从有关情境中排除出去，以增强或维持某种行为的过程。如良好工作行为被提前结束试用期予以负强化，遵纪守法的行为被解除惩戒予以负强化，高效工作行为被排除工作障碍予以负强化。一般而言，正强化大多数是由使人愉快的刺激物引起的，负强化大多是由消除使人有不良感觉的刺激物引起的。一种事物能否成为强化物仅仅取决于将其加入或消除于某种情境时是否增强或维持了某种行为。

强化物的运用策略影响着正、负强化的效果。强化策略一般可以分为连续和即时强化与间断和延迟强化两类。在管理者所期望的行为每次出现之后立即运用强化物的策略为连续和即时强化，而在管理者所期望的行为数次出现后才运用强化物的策略为间断和延迟强化。一般来说，前者可以使职工迅速形成某种行为，但同时增强了职工行为的某种依赖性，一旦强化停止或减少次数，期望行为就难以持续下去，后者可以使职工缓慢建立起某种行为，并可以促进行为的持续性。在不同情境中，管理者可以使用不同的强化策略，或综合应用各种策略。如对新兵进行合格的军事行为训练时，前3个月可以采用连续和即时强化方法，以后则可以采用间断和延迟强化方法。

在管理工作中，经常出现强化失败的情况。原因可能在于奖励不针对行为、忽视个体需要的差异性和忽视反馈的强化作用三个方面。如普遍增加工资、年终发奖金和集体休假等，都可能是不针对行为的奖励。欲获得金钱的人得到的却是休假，欲求发展的人获得的却是一个奖励证书等，都是忽视个体需要差异性的例子。及时反馈对工作绩效的评估结果可以大大地提高生产效率，改善某种行为的质量，这是已被实践证明了的一种十分有效的强化方法而无须支付更多的东西，但却很少被管理者采用。

（三）减少或抑制行为的强化

在实际管理工作中，常常需要减少或抑制那些对组织运行不利的行为，有两种行为修正策略可供选择：消退和惩罚。

消退（Extinction）就是排除某种强化物以减少或抑制某种相关行为的过程。如在正式会议上常有人乱开玩笑而获得其他人的喝彩，但却破坏了会议的严肃性，可以通过谋求其他人的合作（说服他们对开玩笑的行为置之不理），抑制那人开玩笑的行为。惩罚（Punishment）就是给予令人反感的刺激而减少或抑制某种行为的过程。如对某种不良行为给予批评，就可能会抑制该行为的重复发生。

在管理中，惩罚作为一种工具经常被使用，但有时的惩罚似乎无效。原因可能在于：①惩罚只能告诉人们不能做什么，其本身却不能告诉人们什么行为可以替代这种行为；②惩罚存在一种激起人们作出强烈情绪反应的倾向，被惩罚者从此怀有防御心理，易怒并渴望寻求报复的机会，尤其在惩罚不公正时更是这样。有效惩罚的准则有：①选择的惩罚方式与行为相对称，恰如其分；②直接且认真地实施惩罚；③惩罚前后不要给被惩罚行为以任何补偿；④不要无意中惩罚合乎要求的行为。总之，"惩罚能够成为一种制止不合需要的行为的有效手段。但是，运用惩罚必须非常认真，仔细推敲，以期真正收到实效。一般对于从事实际工作的管理者来说，强化正确行为和消退不合需要的反应可能是比经常运用惩罚更妥当的策略。管理者应在任何情况下，善于发现控制行为的最好策略"[1]

大量的研究结果有力地支持了强化理论，因此，强化理论被广泛地应用于管理实践中。人们从经验中总结出有效运用强化理论的六个指导方针，即不要平均奖励所有人、没有回应也可以改变行为、告诉人们通过做什么来接受强化、告诉人们做错了哪些事情以及不要在其他人面前惩罚一个人[2]。但是，强化理论并不能全面合理地解释职工积极性存在着的差异，因为它忽视了目标、成就、期望和需要等因素的影响。

五、综合激励模型

前面已经分析满意与绩效、激励与绩效之间的关系并阐述需要理论、过程理论和强化理论，在此可以从整体上考察所有这些概念，将它们纳入一个综合激励模型[3]中。如图 11-3。

---

〔1〕 ［美］加里·约翰斯：《组织行为学》，彭和平译，求实出版社 1989 年版，第 60 页。
〔2〕 ［美］唐·黑尔里格尔：《管理学》（第 9 版），汪芸译，中信出版社 2005 年版，第 431 页。
〔3〕 综合激励模型又称为波特—劳勒模型。它是由美国心理学家莱曼·波特（Lyman Porter）和爱德华·劳勒（Edward Lawler）共同设计完成的，其主要内容概括于 1967 年两人合作发表的"成绩对工作满足的影响"一文中和 1968 年两人合著的《管理态度和成就》一书中。本书的模型对原模型略有修改。

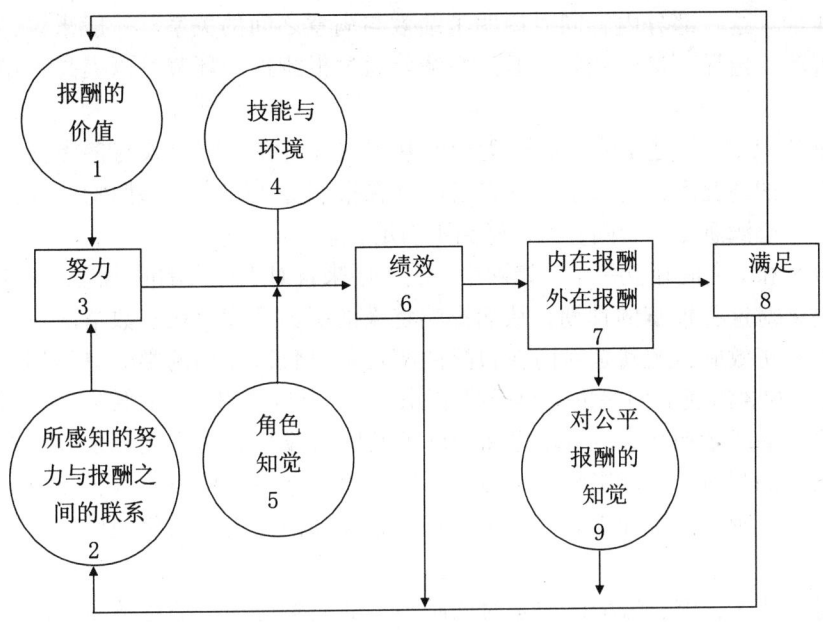

图 11-3　综合激励模型

　　图 11-3 中，框 1、2、3 是对期望理论的简单概括。报酬的价值指二级结果的效价总和，所感知的努力与报酬之间的联系包括期望和对工具性的知觉，努力指激励力，个人决定在工作中作出多大努力，取决于他对工作的结果产生的可能报酬的判断和对努力与绩效、绩效与报酬之间联系的感知。

　　框 3、4、5、6 是对激励与绩效之间关系的概括。欲使个人努力取得成效，必须满足以下条件：①个人具有完成工作任务的 THC 技能；②工作条件和组织文化等环境因素有利于个人任务的完成；③个人十分明确自己的工作任务和组织的期望（特别是良好绩效的标准），并且清楚自己在组织中的地位、角色和作用。不满足其中任何一个条件，努力与绩效之间的联系就十分微弱。

　　框 6、7、8 是对需要理论、强化理论和绩效与满足之间关系的高度概括。个人在工作中取得成就将会产生具有正效价的二级结果，这些结果就是对良好绩效的报酬。报酬分内在报酬和外在报酬。内在报酬包括成就感、自我实现、取得进步等；外在报酬包括工资、奖金、表扬等。不同报酬反映了个人的不同需要。一般而言，只要存在个人的内在需要，内在报酬与绩效之间的联系就十分牢固和可靠。但外在报酬与绩效之间的联系却不那么可靠，因为这不是个人所能决定的，而是取决于组织的评价、奖酬制度和组织代理人对绩效、评价和奖酬的看法。但无论如何，合理的外在报酬对强化或维持取得绩效的行为是必不可少的。这一部分内容同时说明了绩效与满意之间的关系，一般来说，工作满意并不一定导致良好绩效，但良好绩效通过报酬这一环节可以提高工作满意程度。

框7、8、9描述了公平激励理论的基本内容。在假定个人与参照物都付出同样努力的情况下，个人感知到自己的外在报酬等于和大于参照物的外在报酬时，就会心满意足，否则，就会感到不满足。

框8和1之间建立一个反馈网络，它表明来自对工作报酬的满意会影响到个人在将来对这些报酬的预期，从而影响将来的努力程度。在多数情况下，这种影响具有正效应，尤其是对内在报酬的满足和对将来预期的影响更是如此。框6、7、2和3组成的回路也是起反馈作用的，努力与报酬之间的联系（由努力与绩效之间的联系和绩效与报酬之间的联系共同组成）直接影响着个人在将来对这种联系的判断，从而影响未来行动，因为由于努力工作而获得实际报酬的人将会运用这种信息指导未来的努力。这两条反馈回路也为强化理论作了很好的注释。

综上所述，综合激励模型是对激励理论的完整概括，是对激励过程的全面描述，它对各种激励理论进行整合，使之更趋向于对复杂管理实践所作的真实描述。

第三节　从激励理论到激励实践

管理激励之真谛就是既要尽人之力，又要尽人之智。这就要求管理者在组织中最大程度地挖掘员工的工作潜力，调动他们的工作积极性和创造性，使之为实现组织目标做出自己的最大贡献，同时促进员工的成长，并维持其对工作的满意感，而做到这些依赖于管理者所具有的高超的管理艺术。

一、外在激励与内心激励

就激励而言，管理者关于人性的观点是至关重要的。消极的观点假定个人是不负责任的、懒惰的、凶恶的和呆笨的，只对薪金、安全和轻松的常规工作感兴趣，追求生理需要、安全需要、外在奖励和良好的工作条件。这种观念导致管理者将管理程序集中于限制和约束个人的行为，凭借组织赋予的权力给予员工详细的命令和严格的监督，采用"胡萝卜＋大棒"的办法，刺激员工按要求努力工作。这就是外在激励（Extrinsic Motivation）。这类激励方法强调工作的高度程序化、严格的控制、外界压力和物质奖励，谋求服从，着眼于对员工进行强制。可见，传统的外部激励不能为员工成长与发展留有余地。

积极的观点假定个人负责、勤奋、善良和机敏，对个人的成长与发展、工作成就、对内容丰富的工作感兴趣，追求自我实现需要、成就需要、内心激励和具有挑战性的工作环境。这种观点导致管理者树立了以人为本和视员工为人力资源的现代管理理念，注重人力资源开发和员工全面成长，在组织目标的指引下，采用丰富工作、参与管理、技能培训、成就激励和团队建设等方法激发员工的工作动力。这就是内心激励（Intrinsic Motivation）。这类方法谋求内心激励，着眼于人的内心世界和心服口服，设法促使个人主动、积极和创造性地为组织目标的达成做出贡献。所以，内心激励之目的在于促进个人与组织的一同进步。

正如综合激励模型指出的那样，在管理实践中，不存在仅仅使用单一的外在激励方法或单一的内心激励方法的情况，而是寻求各种方法的综合应用。从个人需要的多样化可以看出，对行为指导和强化的理由是多种多样的。管理者应该认识到这种多样性，在管理实践中勿将激励工作的注意力集中于某一单一需要上，否则，激励只会是短效的，甚至是无效的。"期望"的作用看来是一目了然的，如果人们相信他们的努力会获得高绩效，而高绩效会带来适当的报酬，那么他们就会努力工作。同时，即使管理者确切地知道指导和强化行为的因素是什么，也还需要了解个人差异问题，因为每个人都有不同的需要强度。把根据不同情况和个人差异变换管理实践方法的要求牢记心头，本节所介绍的某些激励指导方法可能会有所帮助。

需要的多样性和个体的差异性，使激励问题没有单纯的最佳方法。权变思想又一次起了作用。就前述两类激励方法而言，按照现代管理的基本立场，管理既需要外在激励方法，又需要内心激励方法。不过，应该牢记的是，深刻了解个人的需要，谋求最大程度的内心激励，附之以利用权威的外在激励，则会收到事半功倍之效。

二、激励因素之一——金钱

金钱（Money）能否成为一种激励因素，不同激励理论给出了不同答案。双因素理论认为，工资是一种保健因素，不会有助于激励。需要层次论和 ERG 理论认为，对那些具有较低层次需要的人来说，工资具有较强的激励作用；对那些具有较高层次需要的人来说，工资的激励作用退居于次要地位，但高层次需要难以满足的人，可转而寻求金钱的补偿。成就需要理论并没有直接涉及金钱的作用。强化理论是建立在学习基础之上的，很明显，对于那些有金钱需要愿望的人来说，金钱对其行为的强化作用是不言而喻的。期望理论认为，金钱是个人工作努力的结果之一，只要在努力与金钱之间存在着紧密联系，金钱就具有激励意义。公平理论则认为金钱是否具有激励作用取决于个人与参照物比较的结果，若比较结果大于或等于1，则金钱具有激励作用。

从现实生活来看，以下做法往往降低了金钱的激励作用：①大多数组织把工资仅看做是维持组织适当的人事结构的工具，支付适当的工资以维持组织的稳定；②在确定工资水平和标准时采用横向比较的平衡原则，使在一定范围内的各类组织中的同类人员享有大约相等的薪金；③国家确立的最低工资保障制度；④按年增资机制。这种做法使工资真正成为了保健因素。有些组织为了使金钱成为激励因素，在工资之外实行了奖金制度。但由于奖金额太小且档次拉得不大，久而久之使奖金也异化为保健因素。在这种环境中，金钱只有用于下列情况方可成为激励因素：①给那些急于要养家糊口的人支付金钱，因为此时的金钱是达到最低生活标准的急切工具；②期望报酬比个人定期收入要大得多时，如谚语"重奖之下必有勇夫"的含义一样；③取得额外成就，立即给予奖金。

但我们不要忘记，金钱是大多数人从事工作的主要原因。有一篇综合报告概括了80项评价激励方式及其对员工生产率影响的研究，其结论是：当仅仅根据情况来设定目标时，生产率水平提高16%；重新设计工作，使工作丰富化，生产率水平提高8%～16%；让员工参与决策的做法，使生产率水平提高不到1%；然而，以金钱作为刺激物却使生产率水平提高30%。[1] 这是因为金钱并不仅仅代表金钱。它可以交换食物，购买汽车和住宅；它还可以满足社交需要，赢得他人尊重；工资的增长或奖金的获得表明上级对你的关心和组织对你的认可，并提高你在朋友或家庭中的声望，表明你胜任工作，以此获得极大的心理满足；增长的收入是你成就感和自我实现的标志。虽然金钱对个人来说是外部的东西，但它可以带给你内在的满足，由此又演化为一种内在推动力。也就是说，金钱的"溢出效应（Spill-over Effect）"十分强大。可见，金钱是一种不可忽视的重要激励因子。问题在于如何使用金钱，如何变革工资制度。从理论上讲，综合激励模型已经告诉我们答案，这就是要将金钱报酬与工作绩效紧密结合起来，高绩效获得高报酬，低绩效获得低报酬。

激励理论浅显易懂，但理论转化为实践的操作技术复杂而困难。一般来说，在工人层面实现任务绩效工资计划，而在技术人员和管理人员层面则实行管理（或技术）绩效工资计划。任务绩效工资计划就是一种将生产任务完成情况与工资报酬挂钩的激励方案，它的原型是泰罗发明的计件工资制。在生产任务可分离到单个员工的时候，就可采用定额管理，实行计件工资；当生产任务不可分

---

〔1〕 ［美］斯蒂芬·P. 罗宾斯：《管理学》，孙健敏译，中国人民大学出版社1997年版，第404页。

离到个人（像流水作业，平炉炼钢等），但可分离为群体任务时，则可采用团队管理，实行单位产量工资制的群体刺激方法。任务绩效工资计划是一种与产量成比例的正强化方法，而传统的计时工资制只是一种与固定时间相关的正强化方法，而与个人的工作行为无关系。强化理论、期望理论和公平理论都支持任务绩效工资计划。强化理论表明，员工在任务绩效工资计划中能够控制任务的强化比率和积累数量，从而提高工作绩效。期望理论表明，任务绩效工资计划将提高良好绩效和获得工资之间的工具性。公平理论表明，在相同的工作环境中，多劳者多得，使人感到公平。在管理实践中，采用任务绩效工资计划的组织普遍提高了生产率。有一项调查表明，实行这种计划的公司比没有实行这种计划的公司的生产率提高43%～64%。[1] 但是，在现实生活中，任务绩效工资计划并没有成为主流激励方案。究其根源，可能有以下原因：①工作设计上的困难，传统的工作设计是按照计时工资制设计的，而针对任务绩效工资计划重新设计工作岗位存在着技术上的困难，尤其不习惯于团队任务设计；②管理部门担心这种计划在提高生产率的同时损害产品或服务的质量；③员工可能形成非正式群体，共同抵制提高生产率。

管理绩效工资计划是组织目标完成情况与工资报酬挂钩的一种激励方案，最典型的管理绩效工资计划是针对公司高层管理者的年薪制，即高层管理者的年薪与公司年度利润和资产增值情况紧密联系起来的报酬制度。管理绩效工资计划的普遍推广有赖于管理绩效的测定办法的简单易行，目前的做法就是用目标完成情况评定管理绩效，成本目标、利润目标、产量目标、生产率目标和销售额目标等都是常用的管理目标。传统报酬制度是建立在管理者的职务等级和资历基础之上的，很明显，这种制度与管理绩效或管理行为都无任何直接关系，因而不会具有激励作用。管理激励工资计划是建立于激励理论基础之上的，这种以绩效为根据来支付报酬的做法对提高管理工作的效率具有极大的激励作用。许多研究结果有力地支持了这一结论。但遗憾的是，实际运用管理绩效工资计划的组织并不太多，尤其在党政机关和事业单位中更是如此。可能是因为以管理目标为基础的绩效评定存在技术方面的难处，或者因为管理当局不愿意变革具有强大惯性阻力的职务等级工资制，或者因为管理人员感觉不到绩效与工资之间的联系，并且认为绩效完全依靠上级的主观判断。

总之，现行工资制度并未完全发挥甚至根本没有发挥金钱的激励作用，但人们在不断地摸索建立在绩效与金钱紧密联系基础之上的激励方法，并且企业在这些方面已经取得卓越成效，如利润共享计划和员工持股计划等。

---

〔1〕 ［美］加里·约翰斯：《组织行为学》，彭和平译，求实出版社1989年版，第204页。

　　利润共享计划（Profit – Sharing Plans）是指将利润中的一部分作为员工补充性收入的激励方案。将利润共享推而广之就是效率成果共享（Gain Sharing），即员工可以从任何增进组织效益的成果中获得收益，如从降低成本或者减少费用中获得奖励。可见，效率成果共享计划同样适用于党政机关和事业单位。员工持股计划（Employee Stock Ownership Plan，ESOP）是指由内部员工出资认购本公司部分股权，委托员工持股会作为社团法人托管运作，集中管理，员工持股管理委员会或理事会作为社团法人进入董事会参与按股份分享红利的一种新型股权激励形式。股票期权（Stock Option）是指公司授予员工在一定的期限内按照某个既定的价格购买一定公司股票的权利，由此形成期权激励计划，但股票期权计划较员工持股计划复杂得多。股票期权是应用最广泛的前瞻性的激励机制，只有当公司的市场价值上升的时候，享有股票期权的人方能得益，股票期权使雇员认识到自己的工作表现直接影响到股票的价值，从而与自己的利益直接挂钩。这也是一种风险与机会并存的激励机制，对于准备上市的公司来说，这种方式最具激励作用，因为公司上市的那一天就是员工得到回报的时候。

三、激励因素之二——目标

　　本书第五章已经详细论述目标管理方法，并已经涉及目标具有激励作用这一命题。但十分令人遗憾的是，在现实生活中，多数组织成员常常报告说，他们不清楚自己在组织中的角色，即他们确实不知道组织或其上级对他们的期望是什么，这说明个人的组织目标是模糊的或不存在的。

　　目标对个人具有激励意义须具备以下三个条件：具体性、挑战性和可接受性。目标的具体性是指某种活动在一定时间内所达到的一种可检验的结果，这是本书在第五章第一节中曾经论述过的目标对象、时限和定额等三要素的要求。目标的挑战性是指目标实现的困难程度，目标的挑战性比具体性更具个性化。确立"努力跳一跳就可摸得着"的目标就是具有挑战性的目标，因为它比不用跳就可摸得着或任你跳也摸不着的目标具有更大的激励力。可见，特别容易实现的目标和特别难以达到的目标都不能有效地激励个人。目标的可接受性是指个人对具体的、有挑战性的目标的认可和接纳。如果目标不是被个人有意识地情愿接受，而是上级的"强行摊派"，那么目标不会成为其目标。提高个人对目标的认可程度的主要途径有：①个人适当参与目标的设立。参与管理对提高绩效的研究证据并不十分充足，常常是十分混乱的，个人是否参与目标设定，取决于组织文化、管理者与员工的情感距离和管理者对员工抵制目标的预期等。无论是管理者设定还是员工参与目标设定，有一点是可以肯定的，那就是个人不会认可上级强制推行的目标；②组织目标与个人目标一起设立；③将目标达成与外在报酬"捆绑"在一起；④在组织中建立良好的绩效反馈制度；⑤在对待未能实现目标的员工的反应方面，组织的可取态度应该是给予鼓励和调整，而非吹胡子瞪眼睛的威胁和惩罚。

具体的、有挑战性的和被接受的目标本身就可以成为有效的激励因素，因为激励理论支持个人具有这种目标。需要理论表明，成就感、胜任感和尊重感将会随着出色地完成挑战性目标而产生。期望理论表明，目标的具体化和被认可既加强了个人对绩效的期望，又加强了工具性。另外，有效的目标设立可以在员工中展开正式的或非正式的竞赛，相互赶超。当然，在整个组织中实行目标管理，可以将"目标心理"扩散于组织上下，创立一种以目标为激励因素的组织环境。

四、激励因素之三——工作设计

需要理论，尤其是双因素理论，表明工作丰富化可以从内心有效地激励员工，这就需要变革传统的工作设计（Job Design）。

传统工作设计思想是工作专业化或工作简化，这种思想认为，专业化是提高生产率的关键。工作专业化就是把一种产品的生产分解为非常基本的简单步骤，甚至是一名未受过任何教育的工人也能通过掌握某一个步骤而贡献其一份力量。泰罗发起的科学管理革命将工作专业化推向了顶峰，甚至把科学管理扩大到领班的工作，提倡职能工长制。专业化的工作设计适应了产业革命完成后的机械化大生产需要大量产业工人，而这些工人缺乏相关的工作知识与技能的情况。但到了20世纪中叶以后，各国政府在基础教育阶段采行义务教育政策和大力促进高等教育的社会化，使大多数社会成员受到了良好的教育，并且其基本需要已获得较为充分的满足，人们开始怀疑专业化的工作设计对绩效和工作生活质量的影响，并开始探索新的工作设计方法。

新的工作设计方法是建立在工作特性模型（Job Characteristic Model）[1] 基础之上的，该模型由管理者所期望的结果、员工临界心理状态、核心工作特性和调节因素四个部分的内容组成。如图11-4。

---

[1] 工作特性模型是由美国行为科学家 L. 理查德·哈克曼（J. Richard Hackman）和雷戈·奥尔德姆（Greg Oldham）在1976年合作发表的"通过工作设计和激励：测试一个理论"一文中提出的。

核心工作特性	员工临界心理状态	调节因素	管理者期望结果
(1)技能多样性 (2)任务完整性 (3)任务重要性 (4)自主性 (5)工作反馈	(1)体验到工作的意义 (2)感受到对工作结果负有责任 (3)了解工作活动的实际结果	(1)知识和技能 (2)成长需要的强度 (3)"关联因素"的满足	(1)很高的内在激励力 (2)高质量的工作表现行为 (3)对工作的高度满意 (4)很低的旷工率和流动率

图 11-4　工作特性模型

工作特性模型关心的是工作本身如何对员工产生高内在激励力。它认为，五种核心工作特性可以使员工产生三种关键的心理状态，员工具备了三种关键心理状态和满足三类调节因素就可以产生出管理者所期望的四种结果。所以，新的工作设计就是通过工作诊断进行工作调整，使每个职位上的工作具有五项核心特性并通过员工调查确认个人的调节因素得以实现的手段。

工作丰富化是新工作设计的概称，它试图通过重新设计工作，增强员工的内在激励力和提高员工的工作生活质量。工作丰富化没有固定规则，成功与否取决于工作诊断、员工调查、高层支持和员工培训等因素，通常包括以下几种设计方法：①合并任务。即拓展工作宽度，把本应多人完成的工作交由一人完成；②减少监督。即拓展工作深度，允许员工对工作进行计划和控制；③工作轮换。即组织员工定期从一个岗位转换到另一个岗位；④成立团队。即以团队形式"承包"某项个人无法独立完成的工作；⑤直接反馈。即员工在产品上签名，并留有地址和电话，客户有问题可直接与之联系；⑥建立内部客户关系。即围绕产品或服务，建立起组织内部个人之间的直接联系；⑦建立外部客户关系。即围绕产品或服务，建立起员工和外部客户之间的直接联系。工作丰富化是与知识化社会相适应的，是对工作专业化的一种否定。尽管有充分的证据证明工作丰富化对员工有极强的激励，可以明显地提高工作绩效，但有效实施工作丰富化仍存在许多障碍。不应该忘记，工作丰富化并不是管理当局一厢情愿的策略。

五、激励因素之四——其他

1. 弹性工作时间制度。传统的工作时间是固定的，每周工作 5 天，每天 8 个小时，上下班时间统一规定。弹性工作时间制度则给予员工工作时间自主权，通常有以下几种形式：①每天工作 8 小时，上班时间在上午 6 点 ~9 点之间，下班时间在下午 3 点 ~6 点之间，员工可以自由选择上下班时间，但员工在上午 9 点 ~ 下午 3 点的核心工作时间内必须在岗。②平均每天工作 8 小时，允许员工以周或月为单位计算总工作时数，但仍要求员工在每日的核心工作时间内在岗。③每周工作 40 小时，每天工作 10 小时，每周工作 4 天，简称为 4 - 40 工作制。④在家里办公。弹性工作时间制度在某种程度上是由某些社会问题引起的，如节约能源、缓解高峰时间的交通压力等，但它却对员工的激励和工作生活质量发生了影响。弹性工作时间制度通常是在管理人员、技术人员和营销人员中实施的。研究表明，这种灵活工作时间制度的采用减少了缺勤、迟到和离职等情况的发生，并使员工提高了工作满意度，但没有证据表明它对提高工作绩效有直接影响。

　　2. 培训。培训作为一种激励因子愈来愈受到各类组织的重视。需要理论、期望理论和工作特性模型都指出，个人的知识和技能影响着工作绩效，培训就是一种开发人力资源的最佳方法。德鲁克在 1978 年召开的第十八届世界管理科学大会上作了题为"现实的和未来的管理问题"的讲话，他说："今天的管理，核心任务在于提高资源的生产率，未来的管理更是这样。……资源不是天生的，而是人们创造的。对于人本身和资金这两种关键性资源来说，尤其如此。人原本不是资源，只有通过培训、造就和妥善利用，人才变成了资源。"培训作为一种激励因子的前提假定是：一个人只有热爱某项工作，并且有能力做好某项工作，他才有可能自觉地和创造性地完成那项工作。培训的意义就在于使人热爱工作，使人具有做好工作的知识和技能。培训是以人为本管理思想的具体表现形式。通过培训使人更为"成熟"和"自由"，使人发展得更为全面，使人能充分地实现自我。政府对公务员的培训以立法形式予以保障，有固定的培训机构和财政经费。工商企业对管理人员、技术人员和普通员工的培训工作已在企业的战略规划中占有重要位置。培训内容十分广泛，涉及工作技能、知识和方法、对组织的忠诚心、工作责任感、人际沟通技能等。多项研究证实，培训对提高工作绩效和组织业绩有巨大影响。

　　此外，参与管理、加强责任心等也都是激励因子，此处不再一一赘述。

本章小结

　　人性就是人的本性，对人性作出假设是与人的行为有关的学科的共同特点。激励理论对人性的假设有：X 理论—Y 理论、不成熟—成熟理论、复杂人假设和孔茨假设。其中的孔茨假设对管理者有较大影响，其基本内容有：人最关心他自己，人是乐于工作的，人是可以被领导的，群居和独处都是人的天性，人对组织有依赖性，不存在"平均的人"，以及人能尽力接受挑战。

从组织的角度看，激励是通过满足人的各种需要，激发、加强和维持人的行为并引导行为指向组织目标的过程，它涉及需要、绩效、期望、报酬、满足等范畴。激励是高绩效的必要条件而非充分条件。激励理论有需要理论、过程理论和强化理论三类。需要理论试图阐明个人所具有的各种需要类型。需要层次论认为个人具有从低到高的生理、安全、社会、尊重和自我实现等五个需要层次。双因素理论就是激励—保健理论，激励因素涉及内在需要，保健因素涉及外在需要。成就理论则认为推动社会进步、组织发展、个人成长的最大需要就是成就感。ERG 理论则是将需要层次论的五个需要层次概括为生存、交往和发展三个层次。过程理论侧重描述激励的产生过程。期望理论认为激励是个人的一个判断和作决定的过程，其基本范畴有期望、效价、工具性和一级结果、二级结果、激励力等。公平理论认为个人时刻就付出和报酬因素与参照物进行比较，检查公平性。强化理论是以操作学习的强化原则为基础的理解和修正人们行为的激励理论，正强化和负强化是增强或维持行为的强化类型，消退和惩罚是减少或抑制行为的强化类型。综合激励模型将三类激励理论、激励与绩效、满意与绩效综合起来考虑，可以更好地解释现实生活中的激励问题。

在激励实践中，有外在激励和内心激励两类方法，但需要的多样性和个体的差异性决定着没有"万能"的激励方法。激励因子有金钱、目标和工作设计等，任务绩效工资计划和管理绩效工资计划都是良好的金钱激励方法，具体的、有挑战性的和被接受的目标对个人具有极大的激励作用，工作丰富化在知识社会中是一种具有激励作用的工作设计方法，这些激励方法在现实生活中的有效运用仍存在着某些障碍。

自我测试 11

回答你使用下列激励方法的频率。请在合适的位置上做记号

	几乎不用	有时使用	经常使用
1. 我会试着找出何种奖励对他更有吸引力	—	—	—
2. 我会不时地为他提供一些工作上的指导	—	—	—
3. 我给所有人同样的奖励以保证公平	—	—	—
4. 通过吓唬促使他把工作做得更好一些	—	—	—
5. 我会确定所有人都被公平地对待	—	—	—
6. 我相信足够的微笑就可以使他人更加努力地工作	—	—	—

7. 完成工作虽是分内的事儿，我也会给予表扬　　　　　—　　　　—　　　　—

8. 我会让人们知道他们怎样做才能达到我的期望　　　　—　　　　—　　　　—

9. 表现优异者，我会马上认识到他的成就并给予反馈　　—　　　　—　　　　—

10. 重新设计适合于他的工作岗位　　　　　　　　　　—　　　　—　　　　—

11. 按照职务级别普遍加薪　　　　　　　　　　　　　—　　　　—　　　　—

12. 我认为授权会促使每个人取得更大的工作成就　　　—　　　　—　　　　—

第十一章

第十二章

领 导

> **提示：**
>
> 　领导不同于管理？—领导在激励中的意义—职位权力和个人权力—专制和民主—特质、情境、权变—双因素—管理方格—领导支持员工还是员工支持领导？—领导方式多样性—你是事务型领导还是变革型领导？

领导是管理的构成要素。组织的成败与领导者自身的素质、能力、品质有直接的关系。领导者的权威观、人才观、价值观等，直接影响被领导者作用的发挥，也是成为有效管理者的关键。在理想条件下，所有的管理者都应该是领导者，即都应成为拥有管理权力并能影响或促使组织成员努力实现既定目标的人。在管理过程中，如何成为有效领导者？决定领导成效的因素有哪些？这是本章的讨论重点。

第一节　领导与影响力

一、领导（者）与管理（者）

案例 A

张某是某机关职能科室的科长，手下有 8 个科员。张科长工作勤恳，为人谦和，对每一个下属都想给予一些关怀和照顾，所以跟大家的关系还算不错。并且他还有一个最大的特点就是：他对主管他的处长言听计从，处长安排什么，他马上向下属宣传贯彻什么。一旦下属提出异议，他马上便说："处长说了，就照这样执行。你照吩咐做了，出了差错处长不会怪你，你如果不照这样做，出了问题你得自己担着。"下属一听觉得也有道理，于是便开始认真执行。但渐渐地下属有了不明白的地方，也就不再问他，而是隔着他直接请示处长，因为大家知道跟他说了也没有用，他还得去请示处长。后来他发现手下有人直接向处长请示工作，公然不再听从他的指挥，逐渐地，他的"无能"被传播开来，以至于其他原本"听话"的下属也开始不拿他当回事了。

案例 B

在某机关里，李处长在很多人的眼里是一个出色的领导，因为他聪明、勤奋，同时他对下属要求十分严格，但他是个急性子，这种性格使他在对下属交代过工作任务之后还一直很难放心，于是他便不断地询问工作的进展情况，但又感觉直接向科长询问工作进度时，科长有时也不太清楚，于是便直接追问科员。追问完工作进度之后他当然还要像很多"领导"一样再"即兴"对大家的工作进行一些具体的"指导"，于是大家便在处长和科长两位领导的"指示"中"就高不就低"，于是，科长就这样被渐渐地"晾"在了一边。

案例 C

2009 年 1 月 20 日，奥巴马宣誓就职美国总统。奥巴马获胜的主要原因是什么？其一，奥巴马提出的竞选口号是"更新美国的承诺"，并提出在 16 个月内完成从伊拉克撤军任务，这一承诺深得人心。如今美国的主要问题是金融危机，财政吃紧，集中资金抗击金融风暴是当前迫在眉睫的大事，也是政府的目标。而伊拉克战争使美国陷入泥潭，美国士兵和成千上万的家属怨声载道。从伊拉克撤军，不仅能够减轻财政压力，而且顺应民心。而麦凯恩坚决支持伊拉克战争显然与民心不符，失道寡助。其二，奥巴马的竞选经费超过麦凯恩 3～4 倍，奥巴马有实力动员大批志愿者挨家挨户去做宣传和拉票，这建立了另一条与民众沟通的渠道。因此，奥巴马胜过麦凯恩一筹。其三，年轻人是国家改革的生力军，奥巴马让年轻人看到希望，激励年轻人参与政治，关心国家的命运，因此，年轻选民对奥巴马的支持率比麦凯恩高出 29 个百分点。其四，奥巴马提出的偏向较低收入人群的福利计划，受到低收入人群的欢迎，推出的减税政策更能迎合中小选民，而麦凯恩的减税政策是针对世界 500 强的公司税减征。

在管理学语境中，领导（Leadership）是指在特定环境中影响组织成员行为以达到组织目标的过程。简言之，领导即影响力（Power of Influence）。依据领导学学者约克（Gary A. Yorke）的研究，领导影响力产生于以下方面：对合法要求的服从而产生，对制约的服从而产生，对强迫的服从而产生，由理性的说服而产生，对理性的信任而产生，通过鼓舞的诉求而产生，由教导和社会化过程而产生，由个人的认同或敬佩而产生，通过操纵和改变相关的物质和社会情境而产生，以及对决策的认同而产生。

领导是管理诸要素中的一个重要概念。管理者不一定就是领导者，领导者也不一定就是管理者。"管理者必须及时处理组织中日常的复杂事件，真正的领导包括对重大变化的妥善处理。在制订必要的计划和进行日常预算时，领导还包括为公司设定目标（设想一个愿景）。管理需要调整组织结构，并配置合适的人才，而且监督其日常工作；而领导除了要完成以上工作外，还要激励员工实现这个愿景目标。杰出的领导能够激励员工克服任何困难，全力实现目标。"[1]一个人能否有效领导是其成为有效管理者的关键，因此，成功的管理者与他是否是一个有效的领导者有很大的关系。只有在最理想的状态下，所有的管理者才都是领导者。

唐僧、悟空、八戒、沙僧师徒四人，唐僧能力最弱，与其他三人相比，可谓手无缚鸡之力，是被保护对象，却贵为四人中的领导核心，何故？从管理学角度来看，作为团队的核心，应该能够最大限度地发挥成员的特长。作为团队核心的个人，其能力未必胜过其他成员，甚至可能是最弱的，但他具有难以替代的协调能力和凝聚力，因此团队核心非唐僧莫属。另外，作为领导人，应该有定力。唐僧的目标非常明确，无论艰难险阻，都要求得真经，永不言弃。无论是孙悟空"跑回花果山"，还是"猪八戒要回高老庄"；无论是"吃唐僧肉"的威胁，还是美色的诱惑，唐僧西天取经的"定力"不变，因此唐僧是当之无愧的团队领导。

三国时期，蜀国刘备，文不如诸葛亮，武不如赵子龙，但他确是领导者。除了他"皇叔"和"大哥"的身份外，更主要取决于他"恢复汉室"的目标不变和他能够知人善任、统驭下属的能力。

二、领导与激励

作为组织的领导者应创造一种良好的环境，使组织中的每一个人都能充分发挥自身的潜能，为实现组织的目标而努力工作。因此，就要求组织的领导者必须懂得激励成员的因素，并能将激励因素运用到组织中去。激励因素在组织中能否得到很好的运用，取决于组织领导者是否具备激励方面的知识，以及能否将其运用到管理的整个过程中。领导者的主要工作，就是激励成员为组织做出贡献，以达成组织的目标。要引导和影响成员的活动方向，领导者必须要了解和引导成员应该做什么，用什么方法来激励他们。

要做到这一点，领导者至少应具备以下三个基本要素：①在不同的阶段、不同情况下，要有不同的激励方式和激励能力；②要有鼓动、号召成员的能力；

---

〔1〕 ［美］托马斯·S. 贝特曼、斯考特·A. 斯奈尔：《管理学：新竞争格局》，王雪莉译，北京大学出版社2007年版，第399~400页。

③在组织成员中要有创造激励氛围的能力。具备第一要素的领导者，就要了解人类在不同时间、不同情况下的激励力量。但是，在现实中，我们经常会发现理论与实践相脱节的现象。作为组织的领导者，不应满足于仅仅是懂得激励理论、激励的种类、激励系统的本质，更重要的是要把这些理论知识应用到组织管理的各个环节中去。与此同时，组织的领导者掌握了现行的激励理论和激励要素，就更能深刻地理解人类的本质需要及强烈程度，从而设计出更合理、更有效的激励方法，并加以实施，满足成员的需要，达到组织的目标。

虽然激励因子的应用应以组织成员的需要为中心，但鼓舞却来自于领导者。这就要求领导者要具备鼓舞、号召他人的能力，推动并激励组织成员竭尽全力地完成工作任务。领导者的鼓舞能力，有时是来自他们自身的某种魅力和吸引力，可以表达出成员的某些愿望与要求，员工自然就愿意忠实地追随、拥护这样的领导者。这并不是成员的需要得到了满足，而是他们认为这样的领导值得追随与拥护，领导的这种鼓舞能力，在绝望和恐惧的情况下能得到最好的证实。譬如一个战败的领导者却能得到忠实追随者的拥护，追随者对他完全信任。

领导者的工作作风以及由此造成的气氛与他创造激励氛围的能力有很大关系。我们知道，激励的力量在很大程度上取决于人们对报酬的期望、付出的努力、所从事的工作和其他环境因素。作为组织的领导者最基本的工作是建立一个良好的工作环境，使组织成员对金钱、地位、成就等方面的需要几乎都能得到满足，从而促进组织的发展。

由于人们愿意追随那些他们认为可以满足自己需要、实现自身价值、达到人生目标的领导者，所以领导者就应对激励成员的因素以及如何运用激励因素有一个全面的了解。由此可见，领导与激励是紧密相关的，在了解了激励之后，才能更好地理解成员需要什么，以及为什么他们会那样做。作为领导不但要顺应这些激励因子，而且要通过他们本身的行为创造一种良好的组织氛围，从而加强激励因子的作用，使组织的管理工作更加科学、有序，这些都是成为一个有效领导者的重要条件。

三、领导权威完备性原理

领导被定义为影响力，也就是说，领导者能够影响人们心甘情愿地为实现组织目标而努力工作。能够改变个人或群体思想和行为的这种影响力，则来自于权威。

（一）两种权威观

管理者的领导权威（Authority）来源于职位权力和个人权力。职位权力源自行政职务，与职位相连，有职则有权，无职则无权。职位权力是正式组织保持运行的基本要素。个人权力则来源于个人的性格、知识、经验、能力、技术，乃至个人的品质和行为等，即取决于个人素质，与职位无关。个人权力是正式组织保持运行的重要补充要素。

由于对以上两种权威来源的认识和理解不同，自然形成两种权威观：①正式权威论。这是古典管理学派的权威观。他们把被领导者看成"经济人"，因此主要依靠职位权力来树立威信。法约尔说："所谓权限，是指发布命令的权力和引导职工服从命令的能力。"他们主张充分利用职位权力，在发号施令中树立领导权威。②权威接受论。这是以巴纳德为代表的社会系统学派的观点。他们认为，权威的主要来源是个人权力，而非职位权力，权力和权威不是来自上级的授予，而是来自下级的认可。领导者的权威是否成立，不在于发布命令本身，而仅仅在于命令是否被接受和执行。

（二）两种权力的影响方式

职位权力的影响方式有：①合法要求。管理者在职权范围之内，可要求所管辖的员工履行与工作有关的责任和义务。②奖励报酬。可分为经济性奖酬和非经济性奖酬。前者包括提供佣金、红利、加薪、入股、福利待遇等经济诱因；后者包括表扬、升迁、调派较好的工作条件、调整有利的工作时程、授予更大的自主权等非经济诱因。③强迫。强迫的影响方式在于由恐惧引发的服从，如批评谴责、罚款、减薪、降职、降级、停止加薪、开除等。这种方式在现代组织管理中已受到严格的制度限制，作为管理者也应尽量不用这种方式影响他人。④决策。通过决策的制定和实施来影响个人和群体。如修改工作程序、机构调整、人事任免、组织目标的确定、政策的制定、解决问题方案的抉择、人力资源与物质资源的调配等，都是决策影响方式。⑤信息控制。在信息时代的今天，组织的管理者必须要懂得如何获取信息、如何控制信息、如何利用信息，无论是对内还是对外，管理者都应有效地控制各种情报信息的流程，从而影响和制约被影响者。需要说明的是，信息控制不只是职位权力者所有，个人权力者也有。

个人权力的影响方式有：①专家权。指个人具有明显高于别人的专业知识和技术能力，在某一领域有很高的知名度。有时也表现为文凭、执照或资格证书。专家权具有个人认同感，因此，管理者在实行这一权力时具有说服力，从而对组织能产生良好的影响。②个人魅力。个人魅力产生于领导者的特质个性。斯托格第尔研究表明：个人魅力表现为生理特质（如精力、外貌和身高等）、智慧与能力特质、个性特质（如适应性、进取心、积极性、自信心等）、工作特质（如成就欲、持久性、主动性等）、社会特质（如合作性、交际技巧、管理能力）等几个方面。由于领导者具备了这些特质，因此，人们愿意追随那些他们认为可以满足他们个人需要的人，并且深信他一定能够带领他们走向成功。③良好

第十二章

的人际关系。在工作中建立良好的人际关系，是影响组织成员的一种重要方式。有学者认为，个人事业的成功，30%取决于技术、知识和智慧，70%取决于人际关系。因此可以说，建立在相互尊敬、羡慕、了解和信任基础上的良好的人际关系是完成工作的一种重要权力来源。另外，良好的人际关系也可以成为重要的信息渠道，为组织的发展提供有效的信息来源。④高尚的品质。作为组织的领导者，应具有高尚的品质，忠诚正直，廉洁奉公，群体为高，以人为本，一视同仁。只有这样，才能提高个人的威望，在组织中产生极大的影响力，形成良好的组织氛围。⑤创新精神。创新是组织生存和发展的必由之路，墨守成规的组织必将被时代所淘汰。所以，一个具有创新精神的领导者，在组织中就会形成强大的个人影响力，带领成员达到组织的目标。

（三）领导权威完备性

领导权威完备性原理可以表述为：管理者的领导权威是职位权力（影响力）和个人权力（影响力）的统一体。

四、领导类型

在现实社会中，管理者的领导影响力与其自身的行为类型有很大的关系。对领导类型的分析多种多样，有些人把任务取向和人事关系取向作为前提假设来分析领导者；也有人把领导的行为重点集中在领导能力和追随意愿的假设上。在此，我们从领导者如何运用职权的角度，对领导的类型进行分类。

领导类型可分为以下三种基本形态：①专制型领导者。这种类型的领导者喜欢用行政命令的方式让成员服从，独断专行，不信任属下，利用奖励和惩罚来控制部下。工作和信息流通是在高压和不信任的气氛中进行的。②民主型或参与型领导者。这种类型的领导者在计划和决策时，能和部属进行商讨，对属下较为信任，并鼓励他们参与。组织目标与个人目标能够协调统一，组织中的信息能得到很好的交流，无论是横向还是纵向都能保证信息的畅通无阻。属于这种类型的领导，通常情况下在开始工作之前要和部属进行沟通、协商，最终达成共识。组织工作是在相互信赖、友好的气氛中深入进行的。③放权型领导者。这种类型的领导者很少使用其职位权力。如果使用，他们也会给部属充分的自主权或自由支配权。这种组织领导者的主要工作方式有：①部属制订目标；②领导者设计实现目标的方法。而领导的任务是向组织成员提供信息情报，协调各种关系，包括内部关系和外部关系，帮助他们完成任务，实现组织的目标。

第十二章

第二节　领导理论

一、特质理论（Trait Theory）

在现实生活当中，当你向一些人询问，他们心目中的领导应该是什么样的，你可能会得到许多关于领导应具备的品质特征，如智慧、自信、诚实与正直、决策力、个人魅力、合作能力、成就欲等，这样的回答与特质理论密切相关。人们为了寻找领导者与非领导者的本质区别，进行了大量的调查研究。通过对那些世人公认的领导者个体的研究，如马丁·路德·金、纳尔逊·曼德拉、玛格丽特·撒切尔、甘地、毛泽东、周恩来、邓小平等，发现他们确实在许多方面具有相似特质，但又都有各自不同的特质。

研究发现与领导能力有关的特质主要有：①生理特质（如精力、外貌和身高）。中国老一辈无产阶级革命家，如毛泽东、周恩来、邓小平、陈毅、贺龙等就是突出代表，他们光彩照人的形象、脱俗不凡的气质将一个领导者的生理特质表现得淋漓尽致。②智慧和能力的特质（如学识、判断与决策能力）。周恩来总理是一个冷静而机智的国家领导人。有一次，周恩来总理接见外国记者团，其中有一个美国记者不怀好意挑衅地问："总理阁下，你们中国人为什么把人走的路叫做马路呢？"周恩来机智而自豪地回答："我们中国人走的是马克思列宁主义的路，简称叫马路。"这位美国记者还不死心，又想出一个难题："总理阁下，在我们美国，人们都是昂着头走路，而你们中国人总要低着头走路。这又怎么解释呢？"周恩来笑着说："这不奇怪，问题很简单嘛！你们美国人走的是下坡路，当然要经常仰着头；而我们中国人走的是上坡路，当然必须低着头了。"③个性特质（如适应性、进取心、自信心）。邓小平会见英国首相撒切尔夫人谈到香港回归条件时，斩钉截铁地说，"主权问题不能谈判"，否则，"我们将考虑收回香港的方式"，强硬的态度、坚定的语气是小平同志个性特质的独有表现。④与工作有关的特质（如成就欲、持久性、主动性）。前国务院副总理吴仪在出访日本时，针对日本领导人接连参拜靖国神社并发表不利于中日关系改善和发展的言论，突然中断访问行程，取消原定与日本首相小泉纯一郎的会面，提前回国。吴仪副总理为了达到有效警告日本的目的，甘冒自身外交形象在国际社会有可能一时受损的风险，向国际社会展示出中国的外交魄力，同时也向世人充分展示了"中国铁娘子"的人格魅力与卓越的领导才华。⑤社会特质（如合作性、交际技巧和管理能力）。第十一届全球女企业家会议开幕式于2004年9月16日下午4点在人民大会堂举行，前国务院副总理吴仪致词："在座的女士们、姐妹们和少数的先生们，大家下午好！"吴仪的话音刚落，一阵阵开心的笑声和掌声便响起来，一个小小的玩笑，不但活跃了气氛而且拉近了代表们之间的距离。吴仪的风度和幽默充分体现了一个领导者的社会特质。

还有研究发现领导者与非领导者有六种不同的特质，即进取心、领导愿望、诚实与正直、自信、智慧和工作相关知识，见表 12 - 1。

表 12 - 1　区分领导者与非领导者的六项特质

进取心	领导者拥有较高的成就感，渴望成功，进取心强，精力充沛，对自己所从事的事业能坚持不懈地努力，并有极强的主动精神。
领导愿望	领导者具有影响和领导他人的强烈愿望，而且他们敢于承担责任。
诚实与正直	领导者通过自己的真诚、无欺、正直和言行一致，建立起一种与下属相互信赖的关系。
自信	下属认为领导者从不缺乏自信。领导者为了使下属相信他的目标和决策的正确性，必须表现出高度的自信。
智慧	领导者需要具有足够的智慧来收集、整理和解释大量信息，并能确立目标、作出正确的决策。
工作相关知识	有效的领导者应对本组织、本行业以及相关的技术进行全面的掌握，拥有较高的知识水平。广博的知识才能作出富有远见的决策，并能理解决策的意义。

然而，单纯的特质并不能够完全准确、充分地来解释领导者。也就是说，特质理论对领导行为的解释力和预测力十分有限。许多研究表明，这些特质与实际的领导事例之间，并没有明显的关系。正如心理学家尤金·詹宁斯（Eugene E. Jennings）所说的："各种研究推测方法列出如此繁杂的特征来描述领导，对于实际的目的来说，它一点也不实用。50 年的研究并没有找出一个人的特质，或是找出一套素质来区分领导者与非领导者。"可能是因为特质理论忽略了一个重要因素——情境因素。

二、情境理论（Situational Theory）

在对特质理论进行了大量研究之后，研究者们发现，要想成为一个有效的领导者，只具备领导的某些特质还远远不够，必须要具有把握情境的能力，他们相信领导者是时势造就出来的。许多研究表明，领导者所处的情境，对他们的领导能力影响很大。如希特勒的兴盛，墨索里尼早期的得势，罗斯福的显露，毛泽东的出现，邓小平的复出等，这些现象似乎都是情境所定。这种从情境来探讨领导能力的方法，实际上是支持了"追随者理论"。该理论认为，群众与领导之间，存在着某种交互作用，即人们愿意追随那些他们认为（不管对不对）

可以满足他们个人需要的人。所以，领导者要了解他们的需要，并采取行动以满足他们的需要。作为一个组织的领导者，掌握这一领导理论具有很大的现实意义。领导的最终效果如何，关键看下属的执行情况，如果下属接纳领导者的方案，则目标有可能达成；如果下属拒绝执行领导者的方案，则目标无法实现。即领导任务完成与否，取决于下属的重视程度。然而这一重要维度却被许多领导理论所忽视或低估。

以保罗·赫塞（Paul Hersey）和肯尼斯·布兰查德（Kenneth Blanchard）为代表的情境领导理论（Situational Leadership Theory）得到广泛推崇。可以说，这是一个重视下属的权变理论。赫塞和布兰查德认为，领导能否取得成功，关键看下属的成熟度，以便正确地选择领导风格。他们将成熟度定义为：个体对自己的直接行为负责任的能力和意愿。它包括工作成熟度和心理成熟度两个要素。其中，工作成熟度包括工作和技能，如果他有足够的知识、能力和经验，就可以在无人指导的情况下顺利地完成工作任务；心理成熟度是指做某事的意愿和动机。心理成熟度高的个体无需太多的外部鼓励，主要靠自身内部的激励。

情境领导模式使用两个领导维度：任务行为和关系行为。根据每个维度的高低，可以组成指示、推销、参与和授权四种领导风格，下属成熟度的四个阶段与之相对应（见图 12 - 1）。

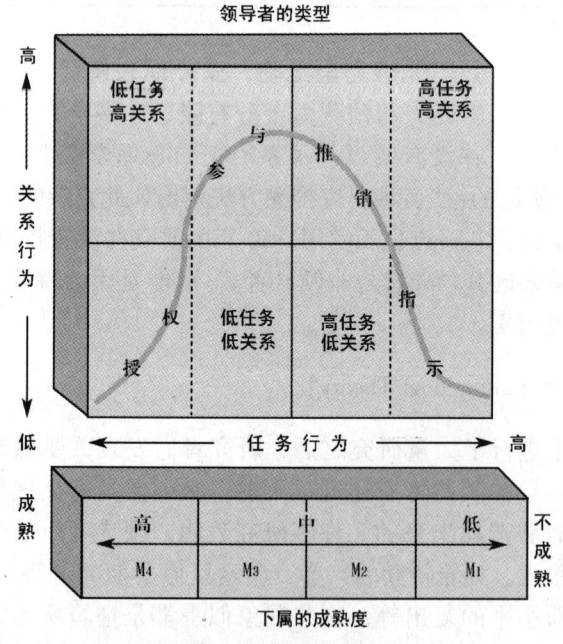

图 12 - 1　情境领导模型

（1）指示（高任务—低关系）。领导者规定角色，告诉下属应该干什么、怎么干以及如何去干。处于第一阶段的人，可以说执行任务时既无能力又不情愿。他们既不胜任工作又不能被人信任。

（2）推销（高任务—高关系）。领导者在提出任务的同时也提供指导性的行为与支持性的行为。处于第二阶段的人，虽然能力缺乏，但还是愿意从事必要的工作。他们有工作的积极性，但工作技能还有待提高。

（3）参与（低任务—高关系）。领导者与下属共同决策，领导者的主要角色是提供便利条件与沟通。处于第三阶段的人，虽有能力，但不愿意干领导者希望他们做的工作。

（4）授权（低任务—低关系）。领导者提供很少的帮助、指导与支持。处于第四阶段的人，他们既有能力，也愿意干领导者交给他们的工作任务。由此可见，当下属的成熟度水平不断提高时，领导者不但可以逐步减少对活动的控制还可以不断减少关系行为。到了最后阶段，领导者无需做太多的工作。

在此，聪明的读者可能发现，情境理论与管理方格理论有相似之处，只不过管理方格理论强调的是对生产和成员的关注程度，强调的是态度，而情境理论强调的是任务与关系的行为，反映出下属成熟度的四个阶段。

三、权变理论（Contingency Theory）

用权变的方法探讨领导，是一种分析领导形态的基本方法，伊里诺大学的费德勒（Fiedler）提出一个权变领导模型。费德勒权变模型（Fiedler Contingency Model）是指要使组织的群体绩效获得有效的结果，一是看领导风格与下属之间的相互作用如何，二是看领导者对情境的控制和影响程度如何。可以说，费德勒的权变理论在某种程度上是特质理论和情境理论二者相结合的产物。费德勒认为，领导是一个程序，在这个程序中，组织的目标达成，一方面要看领导者如何运用自身的影响力，另一方面看组织成员是否接受领导者的行为、品格及工作方法。换句话说，一个人之所以能成为领导者，不仅是由于他的人格特征，还要受许多客观因素影响，以及领导者与这些客观因素是否能够很好地协调。

1. 影响领导的关键因素。根据多年的研究，费德勒认为对领导影响最大的权变因素是职位权力、任务结构以及与成员的关系。①职位权力是指领导者职权的大小以及这种权力变量（如聘用、解聘、惩戒、晋升、加薪）的影响程度。拥有重要职权的领导者，就容易获得下属的信任与追随。②任务结构是指工作任务的程序化程度（结构化和非结构化）。领导者在布置工作任务时一定要把成员的每项任务交代清楚，各负其责。任务交代清楚，工作质量就易于控制，组织的成员才更具有责任心。③领导者与成员的关系是指领导者对成员的信任、信赖和尊重程度。领导者与成员的关系如何，主要与成员是否欣赏和信任领导者，并且愿意追随他们的程度有很大关系。

2. 领导的类型。费德勒根据以上三种权变变量，即根据职位权力的强弱，任务结构的高低，领导者与成员关系的好坏对情境进行评估。三种权变变量综合起来，可得到不同的情境或类型，每个领导者都可以找到自己的位置。为了便于研究，将领导类型分为两种，一种是任务取向，另一种是关系取向。任务取向的领导者在特别有利的情境和特别不利的情境下工作任务完成得最好，他们可以从完成任务中获得满足。而关系取向的领导者在适度有利的情境中干得最好，为他们有良好的人事关系和自身杰出的社会地位而感到满足。

3. 费德勒的权变模式。费德勒推导出来的领导的权变理论，简单地概括起来就是：组织成员的工作绩效如何，取决于领导的类型和成员的具体情况以及领导者对全体成员的影响程度如何。用他自己的话说："领导绩效，依赖组织和依赖自己的程度相同。也许除了特殊情况以外，要说一个领导者是否有效是没有意义的。我们只能说一个领导者在某一种情况下有效，而在另一种情况下就可能无效。如果我们要提高组织和群体的效率，不仅要知道如何更有效地训练管理者，而且还要知道如何建立一个使领导顺利工作的组织环境。"

4. 费德勒的管理模式。通过对费德勒权变理论的研究，不难发现，无论是任务取向还是关系取向，领导的有效性都取决于组织群体环境当中的各种因素。组织的领导者在实施管理的过程中，应当意识到管理不仅需要科学，也需要艺术，激励组织的成员努力工作，在实现组织目标的同时也能满足他们自身的需要。因此，能否正确地判断和驾驭组织所处的环境是成为最有效、最优秀领导者的关键因素。对于领导来说，应时刻关注领导者的人格、领导与成员的关系、组织任务和组织氛围等方面的变化情况。领导者无论采用哪一种管理理论和技术，都应尽可能地将其设计得合情合理，使组织的多数成员都能接受并得到有效的实施，从而实现组织的目标。

第三节　领导行为

一、双因素论

领导行为的双因素模式是美国俄亥俄州立大学的研究成果。为了确认领导者行为的独立维度，他们收集了大量的下属对领导行为的描述，通过调查、分析、研究，最后把领导行为归纳为两大类："定规"和"关怀"维度，也叫主动结构式和体谅式。

定规维度是指为了达到组织的目标，领导者与下属之间界定或建造一个有利于组织发展的关系程度。这是以工作为中心的领导行为模式，强调任务、生产、工作和组织的需要，通过制订组织战略和目标、制定政策和制度、规定程序和方法来控制和引导组织成员的行为。关怀维度是指领导者信任和尊重下属的观点与情感的程度大小。这是以人际关系为中心的领导行为模式，强调组织成员的个人需要与和谐的人际关系，通过对组织成员个人生活与需要的关心，创造相互信任、和谐、友好的氛围，从而使组织成员自觉地完成工作任务。

该理论认为，这两种领导行为并不相互排斥，而是有相容性。研究者曾用四分图表示双因素结合而产生的四种领导行为：低结构—低体谅，低结构—高体谅，高结构—低体谅，高结构—高体谅。有效的管理者应追求高结构—高体谅的领导行为模式，因为这一模式更能使下属达到高绩效和高满意度。但是，这种模式并不总是能产生积极的效果，如当工人从事一般性常规工作时，以高结构为特点的领导行为可能导致高抱怨率、高缺勤率和高离职率，工作的满意度水平也会降低。

总之，俄亥俄州立大学的研究表明，一般来说，高结构—高体谅型的领导模式能够产生积极的效果，但同时也发现在实施这一理论时还应加入情境因素，这样效果会更加理想。另外，需要指出的是，在俄亥俄州立大学研究的同时，密歇根大学调研中心也在进行着类似的研究，即确定领导者的行为特点与其工作绩效的关系。密歇根大学的研究小组也将领导行为划分为两个维度：成员导向和生产导向。成员导向的领导者重视人际关系，他们常会考虑到下属的需要，并承认人与人之间的不同；相反，生产导向的领导者则注重强调工作任务，关心的是组织任务的完成情况，并把组织成员看做是达到目标的工具。

由此可见，成员导向的领导者与高结构—高体谅型的领导模式是一致的，而生产导向的领导者则与低结构—低体谅型的领导模式相类似。

二、管理方格论

在双因素领导行为模式的基础上，布莱克和莫顿（Blake and Mouton）两人发展了领导风格的二维观点，在"关心人"和"关心生产"的基础上提出了管理方格论。对关怀与定规维度和成员取向与生产取向维度进行了高度概括。管理方格如图 12 - 2 所示，它在两个坐标轴上分别划出 9 个等级，从而产生 81 种不同的领导类型。但是，管理方格理论主要强调的并不是产生的结果，而是领导者为达到这些结果应考虑哪些主要因素。

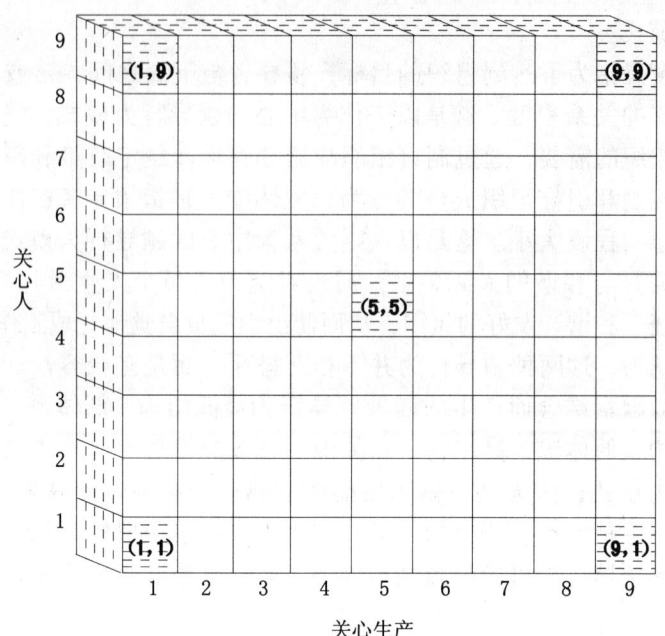

图 12 - 2　管理方格

注：(1, 9) 表示乡村俱乐部型管理：对员工的需要关怀备至，创造了一种舒适、友好的氛围和工作基调。

(9, 9) 表示团队型管理：工作的完成来自于员工的奉献，由于组织目标的"共同利益关系"而形成了相互的依赖，创造了信任和尊重的关系。

(5, 5) 表示中庸之道型管理：通过保持必须完成的工作和维持令人满意的士气之间的平衡，使组织的绩效有实现的可能。

(1, 1) 表示贫乏型管理：以最小的努力完成必须做的工作，以维持组织成员的身份。

(9, 1) 表示任务型管理：由于工作条件的安排达到高效率的运作，使人的因素的影响降到最低程度。

尽管在管理方格中存在 81 种类型，但布莱克和莫顿主要阐述了五种最具代表性的类型：① (1, 1) 贫乏型：领导者付出最小的努力完成工作。以最小的努力完成了必须做的工作，使组织得以维持。② (9, 1) 任务型：领导者只注重任务效果，不注重下属的发展和士气。由于工作安排达到了高效率运作，使人的因素影响降到最低限度。③ (1, 9) 乡村俱乐部型：领导只注重支持和关怀下属而不关心任务效率。这种管理方式可以创造一种舒适、友好、和谐的组织氛围和工作环境。④ (5, 5) 中庸之道型：领导者尽量维持足够的任务效率和令人满意的士气。通过保持必须完成的工作和基本令人满意的工作环境，以实现组织的绩效。⑤ (9,9) 团队型：领导者通过协调、组织与工作有关的活动，来完成工作任务、提高工作效率、鼓舞工作士气。工作的完成来自于成员的奉献。管理者注意将组织目标与个人目标结合起来，使组织与个人形成相互依赖、相互信任和相互尊重的关系。

三、支持关系论

支持关系理论是指领导者要考虑成员的处境、利益和愿望，支持、鼓励成员实现其自身目标，让成员在工作中充分认识到自己的价值和重要性。领导者支持、鼓励成员，才能激起成员对领导者的信任与依赖，从而更好地与领导者配合，支持领导者的工作。该理论是由美国行为科学家伦西斯·利克特（Rensis Likert）提出的。支持关系理论是建立在"以人为中心比以工作为中心有更高的效率"的假设基础之上的。他认为一个有效的领导者应该紧紧地依靠其下属，通过沟通使各部分工作结为一体。组织中的所有成员，只有在相互合作、相互支持的关系下，才会感觉到有真正共同的需要、价值、愿望和目标。由于这种方法对成员有很大的激励作用，所以，利克特认为它是领导群体的最有效的方法。

利克特经过多年的研究，推论出四种管理系统：①"刚性权威"的管理。这种管理者极为专制，对下属毫无信任，几乎不让下属参与决策。组织目标与决定采用由高层向下推行的做法，用恐惧和惩罚及偶尔的奖励来激励成员。工作和信息流通是在高压和互不信任的气氛中进行的。②"柔性权威"的管理。这种管理者相信和依靠下属，领导者与下属之间有类似于主仆关系的信心和信赖。大部分决策权仍由高层控制，在严密的政策规定下，给予下属一些有关具体工作的决策权。用有形或无形的奖励和恐惧与惩罚来激励和督促下级完成工作任务。上下级之间的信息交流虽然增多，但并非是在平等的地位和相互信任的气氛中进行的。③"协商性"的管理。这种管理者对下属有一定的信心和信任，但并不完全信赖。事关全局的决策仍掌握在高层管理者手中，特殊工作的决策由下属决定或上下级共同协商制定。主要使用奖励或偶尔的惩罚以及协商决定的方式来激励下属。组织中上下信息交流较为畅通，组织的任务是在非常信任的气氛中进行的。④"参与性群体"的管理。利克特认为管理者最具有参与性。这类管理者对下属有完全的信任感，任何事情下属均可参与。决策权并不完全集中于上层，而是遍布于整个组织，低层次的成员也完全可以对组织工作发表意见。组织目标与个人目标得到了较好的结合，主要使用参与决策和管理、发表意见和奖励的方式来激励组织成员。组织中的信息交流不仅仅存在于上下级之间，同时也有"横向"和"斜向"的信息交流，而且这种交流是在相互信赖和友好的气氛中进行的。

第十二章

利克特认为，在以上四种制度中，第一种属典型的传统管理方式，第二种和第三种管理制度与第一种虽在程度上有所差别，但本质上都属于命令式和权力主义的管理方式，因此，前三种制度统称为权力主义的领导方式。组织只有采用第四种制度来管理，才可以取得最大的成就。这要归因于领导者对人进行的全方位的激励：①自我激励——成长、发展和自我实现的需要；②创造需要——好奇心的满足，对新经验、新技术的需要和创新；③目标激励——组织目标的实现使人振奋，个人目标的实现使人满足；④经济激励——对组织成员完成工作的奖酬；⑤完全激励——组织成为每个成员的"第二个家"，成员完全信赖它。支持关系理论是第四种制度的基础。

第四节　领导方式

一、领导方式的连续统一性

在美国管理学家汤宁鲍姆（Tannen baum）和施密特（Schmidt）提出的关于领导方式连续统一性的理论中，充分地说明了领导形态的情况和权变的本质，不存在普遍适用的"最好的"领导方式，不同的领导方式有不同的激励效果，领导方式随组织环境、工作任务、成员素质、上下级关系、组织结构的变化而有所改变，如图12-3所示。

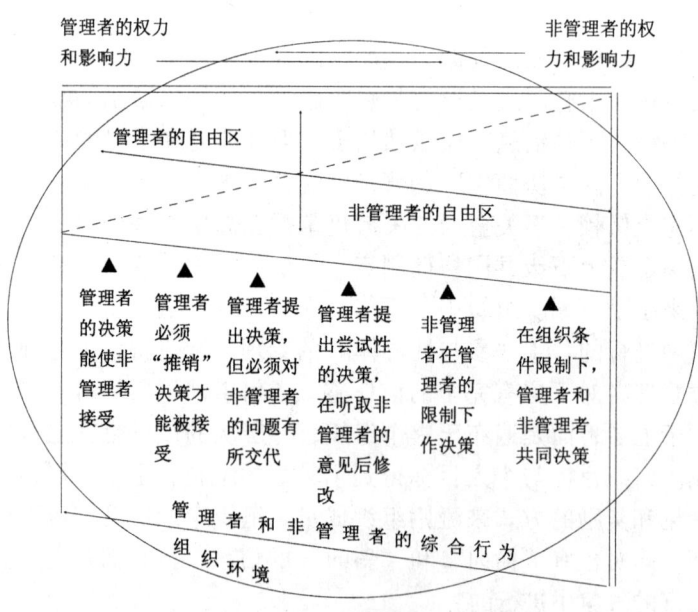

图 12-3　管理者—非管理者的行为

汤宁鲍姆和施密特认为领导包括多种方式，从高度的领导中心到高度的部属中心，领导形态随着领导者或管理者授予部属权力的大小而变化。所以，这种方法并不把领导形态分为集权（以领导为中心）或民主（以成员为中心）两种极端的领导模式，而是提出连续统一体的领导方式，但并不评价每种领导方式的好坏。这种管理理论认为，一种合适的领导方式取决于领导的人格和组织的具体情况，在连续统一体的链条中，能影响管理方式的最重要的因素包括：管理者的人格作用、组织成员的素质和组织环境的要素。在特定的情境中，究竟采用哪一种领导方式更为有效，取决于以上三个要素的组合情况。管理者要素主要包括管理者的社会背景、文化知识、经验和性格、管理者的价值系统、管理者对不确定因素的安全感等；成员的要素主要包括下属人员对本身的独立自主的需要程度、下属人员对决策问题是否感兴趣、下属人员的知识和经验；环境要素主要包括组织的结构体制、集体的经验、知识、能力和内聚力，还有决策问题的性质、复杂和难易程度以及时间的紧迫程度。除此之外，还应充分考虑来自组织内的组织环境和社会环境的各种影响。

二、目标—途径方式

领导有效性的目标—途径的理论和方法，对管理者来说非常重要。这一理论已成为当今最受人们关注的领导方式之一。加拿大的管理学家罗伯特·豪斯（Robert House）和美国的管理学家特伦斯·米切尔（Terenle Mitchell）根据各种激励理论和领导方面的理论，提出了这一管理理论。该理论认为领导者的工作是帮助下属达到他们的目标，并提供必要的指导和支持，从而确保组织成员的目标与组织的目标相一致。"目标—途径"的概念便来自于这种信念，即有效的领导者在确定组织目标的同时就要帮助下属，并尽量为下属清除各种障碍和风险，以便尽快达到目标。其要点主要有：①被组织成员接受的管理行为能导致其眼前和未来利益的满足；将工作成就同其需求联系起来；引导、支持成员达成目标。②管理者应激起和控制组织成员对工作目标的需要，并增加目标成果的强度，从而提高对组织成员的激励力。③对组织成员加以指导和训练，提高其达成目标的技能，并创造条件，解决工作中的困难，从而增加组织成员达到目标的期望几率。

为了检验这一目标的达成情况，豪斯确定了四种领导行为方式：①指示性方式：给下属发布明确的指示，给他们提供必要的指导和帮助，使下属按照工作程序完成工作任务；②支持性方式：平等、友善地对待下属，尽量考虑和满足下属多方面的要求；③参与式方式：遇事尽量与下属商量，听取下属的意见，让下属参与组织的决策与管理；④成就指向式：为组织成员树立具有挑战性的目标，相信并鼓励成员实现组织目标。领导者到底采用什么样的领导方式最好，还是取决于权变因素：一方面决定于组织成员的个人特点，如受教育程度，对成就的需要程度，领悟能力，愿意承担责任的程度，对独立的需求程度等；另一方面是环境因素，如工作本身的性质，正式组织权力的结构和非正式组织等。

当环境结构与领导方式相比重复多余或领导方式与下属特点不一致时，效果均不佳。以下是目标—途径理论引申出来的一些假设范例：①对于具有高度结构化和安排完好的任务来说，当任务不明或压力过大时，指导型领导可获得更高的满意度；②当下属执行结构化任务时，支持型领导可增强成员的高绩效和满意度；③对知觉能力强或经验丰富的下属，指导型的领导可能被视为累赘；④组织中的正式权力关系越明确、越官僚化，领导者就应多用支持型，少用指导型的领导方式；⑤控制点为内部的下属，对指导型风格更为满意；⑥当任务情况不清时，成就导向型领导将会提高下属的工作水平，从而达到高绩效的目标。

对这些假设进行验证性的研究，常会令人振奋。这些证据支持了理论背后的逻辑性。也就是说，当领导者弥补了成员或工作环境的不足，则会对成员的绩效和满意度起到积极的影响，但是，当任务本身十分明确或成员有能力和经验处理它们而无需干预时，如果领导还花费时间解释这些任务，则下属会把这种指导性行为视为多余甚至是无用的。

三、领导—参与方式

美国匹兹堡大学的维克多·弗鲁姆（Victor Vroom）和菲利普·耶顿（Phillip Yetton）于 1973 年提出领导—参与模型。主要是说明了领导行为和决策参与的关系。由于人们认识到常规活动和非常规活动对任务结构的要求各不相同，研究者认为领导者的行为必须加以调整以适应这些任务结构。弗鲁姆和耶顿的模型是规范化的，它提供了根据不同的情境类型而遵循的一系列规则，用以确定参与决策的类型和程度。这一决策模型包括了两个关键因素、七个权变因素和五种决策方式。

1. 影响决策的两个关键因素。①决策质量和合理性，它直接影响组织成员以后的行动表现；②下属对决策的接受程度，它直接影响组织成员对决策的执行和负责程度。

2. 影响决策效果的七个权变因素。①问题的性质是否达到了非决策不可的程度？②是否已经掌握了进行有效决策所需的各种信息情报？③信息渠道是否畅通及信息传递的组织结构是否已形成？④下属对决策的接受和对决策的执行是否很重要？⑤若管理者单独决策，则下属对决策的接受程度如何？⑥下属是否愿意参加有关组织目标和组织任务的决策？⑦如果作出决策，是否会在下属中引起矛盾？

3. 领导者的五种决策方式。①独裁方式（A1）：管理者自己单独进行决策；②独裁方式（A2）：可能在向下属说明或不说明原因的情况下，向下属了解情况，然后管理者再自己单独进行决策；③协商方式（C1）：向下属说明问题的性质，倾听下属的意见，在此基础上，管理者再自行作出决定；④协商方式（C2）：管理者与下属一起讨论问题，听取大家意见，然后自己作出决定；⑤群体决策（G）：管理者作为小组成员一起参加小组讨论，由小组集体进行决策。

弗鲁姆和耶顿认为，根据管理者对以上七个问题的回答，便可以确定应采用哪种决策方式模型最为适宜。同时，他们还提出了模型选择的七条规则：信息规则；目标一致规则；课题明确规则；下属接受规则；避免冲突规则；公平合理规则；接受优先规则。

领导—参与模型进一步说明了领导研究应指向情境而非个体，也许称为专制和参与的情境，要比称为专制和参与的领导更讲得通。与豪斯的目标—途径理论相同，弗鲁姆和耶顿都反对把领导者的行为看做是固定不变的，他们认为，领导者可以根据不同的情境来调整他们的领导风格。

四、领导理论的最新观点

在此列出了三种观点来概括对领导理论的最新看法：领导的归因理论、领袖魅力的领导理论以及事务型与变革型的领导。总之，领导的这些新观点，可以说除了特质理论之外，比以往的理论更加实际。因为这些领导观是以一个"走在大街上的"普通人的眼光来看待这一主题的。

（一）领导的归因理论

归因理论认为，我们对个体的不同判断取决于我们对给定行为归因于何种意义的解释。即要搞清楚原因与结果之间的关系。领导的归因理论指的是，领导是人们对其他个体进行的归因。运用这一理论可以发现，人们经常这样描述领导者的某些特质，如智慧、随和的个性、很强的语言表达能力、进取心、理解力和勤奋。可见，这些描述和俄亥俄州立大学研究中的高结构—高体谅领导模型相一致。也就是说，无论情境如何，人们都认为高结构—高体谅型领导者的知觉是最佳的。因此，在领导的归因理论中，人们通常认为一个有效的领导者，应对自己所作的决策和设定的目标坚定不移，敢于承诺，保持一贯的作风。所谓"伟人式"的领导人就是敢于面对困难，善于寻找时机，迅速作出决策，具有信心和坚强的毅力，最终获得成功的人。

（二）领袖魅力的领导理论

这一理论是归因理论的扩展。对领袖魅力的研究，主要是确定具有领袖气质的领导者与无领袖气质的领导者之间的行为差异。罗伯特·豪斯（Robert House）认为有领袖魅力的领导者应具备三种因素：极高的自信、支配力以及对自己信仰的坚定信念。瓦伦·本尼斯（Warren Bennis）研究了美国90位最有效和最成功的领导者，发现他们有四种共同的能力：①有令人折服的远见和目标意识；②能清晰地表述这一目标，使下属明确理解；③对这一目标的追求表现出一致性和全身心的投入；④了解自己的实力并以此作为资本。不过，最全面的分析是麦吉尔大学的杰·康格（Jay Conger）和鲁宾德拉·卡农格（Rabindre Kanungo）进行的。他们的结论是，有领袖魅力的领导者都有自己的理想目标；为此目标能全身心的投入和奉献；反传统；非常固执而且自信；具有变革创新精神。综合来看，可以从以下七个方面判断有领袖魅力的领导者的突出特点：①自信：有领袖魅力的领导者对其自身的判断和能力有充分的信心；②远见：他们有理想、有目标，相信未来更美好，理想目标与现状差距越大，下属越认为领导者有远见卓识；③表达能力强：他们能够明确地陈述目标，使下属明白领导者对他们的信任与需要，从而形成一种激励力量；④坚定的信念：他们具有强烈的奉献精神，敢于承担高风险、高代价，为实现目标不惜牺牲自我；⑤不循规蹈矩：他们的行为被认为是新颖、反叛、违反常规的，当获得成功时，令人佩服和崇敬；⑥改革的代言人：他们被认为是激进变革的代言人而不是传统现状的卫道士；⑦环境敏感性：他们能够对需要变革的环境进行约束，对资源进行切实可行的评估。总之，有领袖魅力的领导者能激励成员更努力地工作，同时由于成员喜爱自己的领导，也会有更高的满意度。

（三）事务型领导与变革型领导

其实我们本章介绍的大多数领导理论讲的都是事务型领导。这些领导者是通过明确角色和任务，要求、指导或激励下属完成既定目标。变革型领导者则是鼓励下属为了实现组织的利益而要超越自身的利益，同时对下属能产生不同寻常的影响。如美国有限零售连锁店的来斯利·韦克斯纳（Leslie Wexner）和微软公司的比尔·盖茨。他们非常关怀组织成员的日常生活和自身的发展需要；他们帮助下属如何用新观念看待老问题，进而改变对这一问题的看法；他们能够激励、唤醒和鼓舞下属为达到组织目标而更加努力工作。在此，我们不应把事务型领导与变革型领导对立起来，因为变革型领导是在事务型领导的基础上形成的。变革型领导更具领袖魅力。单纯领袖魅力的领导仅仅是想让下属适应领袖魅力的世界就足够了，而变革型领导者则试图逐步培养下属的能力，使他们不但能解决那些由观念而产生的问题，而且完全能解决那些由领导者提出的问题，可以说，事务型领导与变革型领导相比，在低离职率、高生产率、成员满意度高等几个方面，变革型领导更具有优势。

（四）转换型领导

综观前面提到的理论的内涵，仍存在着以下几点缺失：①过去的领导理论皆将重点放在影响领导效能的各种因素上；②过去的领导理论奠基于"领导者"、"被领导者"的二分角色关系上，关注于领导与从属之间的角色区分，而忽略了组织成员自我引导、自我要求的可能性；③过去的领导理论常将"领导者"与"管理者"混为一谈，而未能辨明管理者的主要任务在于"创造"，基于对组织使命的深切体认和个人积极主动的开创精神，引导组织整体的变革方向。

转换型领导的意义：①领导者在不同的情境中运用不同的领导形态时应本着个人良知，确实明了各种领导行为的价值意义和可能结果；②领导者应以超越私利的心情，为谋求组织更大的利益来努力；③从这种利他的实践过程中，赋予部属更宽广的自主权力和自我发展空间，以促进其自我的实现。换言之，转换型领导肯定人员有自我实现的需求，并有自主自动的能力，领导者通过激励与引导，唤醒成员自发的意识与自信心，而能心悦诚服地认同组织的目标，肯定组织与自己的未来发展，置个人私利于度外以成就组织整体的成功。转换型领导源于魅力与交易领导两种理论，是一种能够结合组织成员共同需求与愿望的组织变革过程，通过领导的作用，建立起人员对组织目标的共识与承诺、领导创造人员信念和行为转变的有利条件。

转换型领导由四个要素构成：①个别的关怀。转换型领导对部属个别的关怀表现在三个方面：发展取向的关怀，即领导能够针对部属的个别条件与潜能进行了解，依照不同的属性指派任务，促进其个别能力的发展。亲和取向的关怀，即领导者与部属之间保持密切的接触关系，能逐个即时提供反馈，当面告知的工作表现如何，有否改进之处，并让不是充分明了组织的运作现况。辅导取向的关怀，即领导者不仅关心旧部属的情况，更注意新进人员的适应问题，能够从旁辅导，使其安心工作。②动机的启发与精神感召。领导者必须先揭示一个能够结合组织发展与个人成长的未来愿景，同时考虑组织所处之情境和部属个别的需要，使这个共同的愿景或组织目标成为人员工作的动机源头，赋予个人的工作行为比较深刻的行动意义。③才智的激发。基本上，转换型领导假定人员才智能力的发挥是组织存在、发展的命脉所在，所以，领导者的职责在于建立一种能够激发组织上下才智的互动过程。才智激发的领导方法包括理性导向、存在导向、理想导向三种途径。④相互的影响关系。转换型领导的领导者与部属间的关系，是一种"相互影响"的关系，这种关系的产生可能基于专业上的尊重、社会的影响力，或是情感的交流，但基本上是超越层级、职位、权力的。

转换型领导者是组织活动的中心，也是组织图存变革的发动机，其应具的领导特质可以归纳如下：①创造前瞻愿景。转换型领导者的个人魅力来源于其能创造组织前瞻的愿景，借以凝聚内部的向心力和信任感，使人员的努力有了可以期待的目标，而不致彷徨无措；②启发自觉意识。转换型领导并非通过强制的方式来获取权力，而是领导者能够洞察人员不同的长处和潜能，循循善诱，加以启发，而部属从授权的过程中得到自我发展，并心悦诚服；③了解人性需求。从领导交易理论来说，掌握人员的需求、促进员工的绩效表现，是领导者的要务；而转换型领导也必须能够了解人员需求的个别差异问题，给予适当的回应，只有如此，才能有效激发其潜能；④鼓舞学习动机。在科技日新月异、竞争激烈的现代环境中，信息和知识是组织图存发展的唯一利器。转换型领导者本身不但有渴求新知识的强烈学习欲望，还有能培养部属不断学习新知识的习惯；⑤树立个人价值。转换型的领导过程中，领导者是组织上下信仰的对象，是操纵组织存续的关键，所以转换型领导者必须树立起诚实、有信、正义、公道等价值信念，作为人员奉行的依据；⑥乐于工作。领导者要求部属全力投入工作，自己也必须展现出对工作的高度热情，并能将这份热情加以扩散，来感染组织成员。

本章小结

管理者是被任命的，他们拥有合法的权力进行奖励和处罚，其影响力来自于他们所在职位赋予的正式权力。领导的影响力建立在权力基础之上。权力分为职位权力和个人权力，其影响力和影响方式各不相同。因为领导者可以是任命的，也可以是从基层群体中产生出来的，领导者可以不运用正式权力来影响他人。领导者的主要工作，就是激励成员为组织做出贡献，以达成组织的目标。要引导和影响成员的活动方向，领导者必须要了解和引导成员应该做什么，用什么方法来激励他们。可以概括为外在激励方法和内在激励方法两大类。

领导理论主要有特质理论、情境理论和权变理论。通过分析，我们从中可以发现，领导者有六项特质不同于非领导者：进取心、领导意愿、诚实与正直、自信、智慧以及工作相关知识。然而拥有这些并不能保证你一定能成为领导者，很重要的一点是绝不能忽略情境因素。费德勒的权变模式确定了三项情境变量：领导与成员的关系、任务结构、职位权力。在十分有利和十分不利的情境中，任务取向的领导者工作是最好的；在中度有利或不利的情境中，关系取向的领导者工作更为突出。赫塞与布兰查德的情境理论认为，组织中存在四种领导风格——指示、推销、参与、授权。领导者选择何种风格取决于下属的工作成熟度和心理成熟度。如下属的成熟度较高，领导者就可以选择指示与推销，尽量减少控制和参与。

领导行为理论包括双因素模式，管理方格理论，支持关系理论。这些理论从不同角度描述了领导行为，希望找出有效领导者行为的独到之处，从而通过训练使人们成为一个合格的领导者。

领导方式多种多样，在此主要介绍了领导方式的连续统一体；目标—途径方式；领导—参与方式。其中目标—途径方式指出有两种权变变量：一类是环境变量；另一类是下属个性的特点。领导者在选择具体行为（指导型、支持型、参与型、成就导向型）时要与环境要求和下属的特点相匹配。

在某些情况下领导者可能显得并不那么重要。如当个体的变量可以取代领导者支持时；当能力具备使工作结构化和降低任务的模糊性时；当任务明确、常规、或自身能满足个体时；当组织的目标明确、规则与程序严格时；当高内聚力的群体活动可以取代正式领导时。这时领导的重要性就不那么突出了。

具有领袖魅力的领导者是自信的、有远见的，对目标有强烈的信念，具有反传统性，常被认为是激进改革的代言人。事务型的领导通过明确角色和任务要求来指导下属达到组织目标。变革型的领导则是鼓励下属为了组织的利益而超越自身的利益，并对下属有着深远而不同寻常的影响。

自我测试 12

你是否有以下行为或态度，请在合适的位置上做记号

	具备	不具备
1. 告诉他人将做什么，然后全程指导完成工作	——	——
2. 被他人认为是可以信赖的人	——	——
3. 保守秘密，不传播小道消息	——	——
4. 总是说实话	——	——
5. 尽量少告诉别人他希望知道的事	——	——
6. 帮助下级或同事完成工作	——	——
7. 言行一致地向人们发布信息	——	——
8. 己所不欲，勿施于人	——	——
9. 不伪善	——	——
10. 乐于接受来自于他人的对自己有利或不利的反馈	——	——
11. 当与他人交谈时，能够多利用眼神进行交流	——	——

第十二章

12. 在作决策时表现得十分自信　　　　　　　　　　　　　——　　——
13. 对个人给予赞扬，而不是向一群人说"你们真棒！"　——　　——
14. 能与他人同甘共苦　　　　　　　　　　　　　　　　——　　——
15. 不为了争取他人的合作而危言耸听　　　　　　　　——　　——
16. 善于通过与他人合作而做出有创造性的决定　　　　——　　——
17. 能够与组织中的各色人等打交道　　　　　　　　　——　　——
18. 准备好与他人共享财务信息　　　　　　　　　　　——　　——
19. 能够倾听他人意见，并从中选择好的建议　　　　　——　　——
20. 行为表现出一贯性（可预测性）　　　　　　　　　——　　——

第十三章

沟　通

提示：

　　沟通和信息—沟通七要素—两项原则—信息接受的选择性—信息内容的权威性—语言问题—沟通手段—小道消息。

对于管理者来说，有效沟通不容忽视，因为管理者所做的每一件事中都包含着沟通。管理者通过信息作出决策，而信息只能通过沟通得到。一旦作出决策，又要进行沟通。这种沟通任务的完成，是通过双向传播交流。在传播的过程中，也许会遇到沟通的障碍。因此，管理者需要掌握有效的沟通技巧，掌握开发人际交往的技能。只有这样，才不致使管理者陷入管理的困境。本章将阐述沟通原则，分析沟通障碍和沟通方式，说明如何开发人际交往技能。

第一节　沟通概述

一、沟通的基本含义

沟通（Communication）是一个通过词汇、字母、符号和非语言行为交换和理解信息的过程。Communication 一词，从翻译的角度来看，通常译为"传播"、"传达"、"沟通"、"交流"、"交际"乃至"交通"等。在现代汉语中，"交流"与"沟通"意义相近，都是一种相互交换信息的活动。[1] 因此把这个词翻译成沟通还是非常符合管理过程中的管理者行为的。

沟通的基本含义应该包括以下两个方面：①沟通是一个有计划的、完整的行动过程。有计划，是因为整个沟通活动必须按照说话者的意思有步骤地进行。沟通包含着信息的传递。如果信息或想法没有被传送到，则意味着沟通没有发

---

〔1〕　董天策：《传播学导论》，四川大学出版社 1995 年版，第 20 页。

生效力。但是，要使沟通成功，信息不仅需要被传递，还需要被理解。理想的沟通，如果存在的话，应该是经过传递之后被接受者感知到的信息与发送者发出的信息完全一致。②沟通是一种信息的分享活动。发出信息与接受信息的双方是在传递、反馈、交流等一系列过程中获取信息的。因此这不是一般意义上的单向信息传递，而是通过双向的信息沟通，使双方在利益限度内最大程度地取得理解，做到有效沟通。

向他人发送信息并让这些信息按照原意得以解释是一件十分复杂和困难的事情，其根本原因在于沟通是建立在理解的基础上的。但由于各自个性、经历、知识和兴趣等有所不同，人们对词汇、符号、动作甚至颜色的理解也会千差万别。

二、沟通过程

（一）沟通的要素

要了解沟通的过程，必须先要清楚沟通的构成要素。沟通的基本要素包括：①信源和信宿。信源就是信息源，指信息的发送者；信宿就是接受者，指接受并利用信息的人。②信息。是对一切沟通内容的抽象概括，涵盖消息、动态、情况、情报、知识、资料、观点、思想、情感等交流内容。③信息编码。就是把需要表达的某种思想感情用一些话语或动作、姿态、表情等表达出来，如果是间接传播，比如通信、发表文章，编码则要通过逻辑性的文字符号表达出来。④信道。即媒介物，指用以记录和保存信息并随后由其重现信息的载体，如信件、电子邮件、书面备忘录、传真、影像或视频、录音、档案等。⑤信息解码。如果接受者决定接受某些信息，就会按照自己的方式将发送者发送的信息进行阐释，重建信息的意义。⑥反馈。指接受者接受信息后，将自己的感受、评价以及愿望和态度向传播者作出的反应。

（二）沟通过程

图13-1描述了沟通的基本过程，包括信源（发送者）、联结各个部分的信息、编码、信道、解码、信宿（接受者）和反馈等七个部分。此外，整个沟通过程容易受到"噪音（noise）"的影响。在沟通的过程中，常常被各种噪音所干扰。比如无线电广播中的静电干扰，电话里的声音模糊不清，电视图像的失真，以及排印的错误，难以辨认的字迹，接受者的疏忽大意，转移听话人注意力的马达声，都是"噪音"。噪音可能在沟通过程中的任何环节上造成信息的失真。

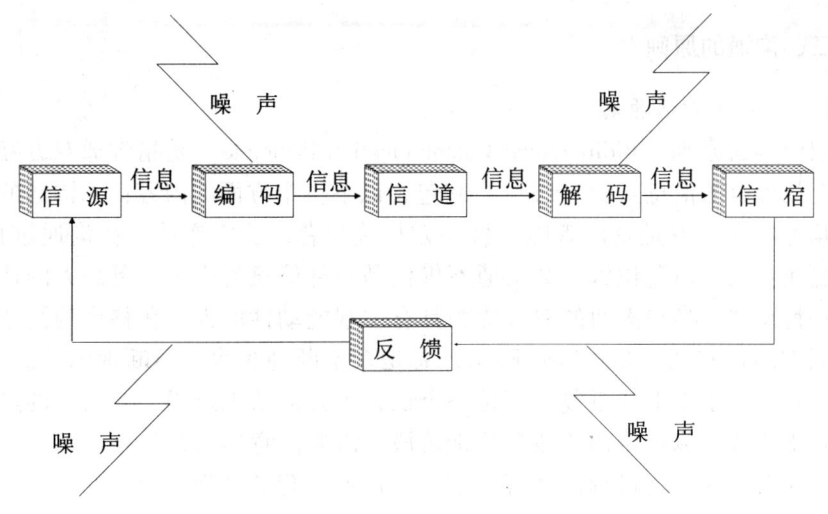

图 13 – 1 沟通的基本过程[1]

从这个过程可以看出，把头脑中的想法进行编码（Encoding）而生成信息，如语词和手势等。被编码的信息能否被顺利地传递出去，受到发送者自身的沟通技巧、经验、见解、知识水平等多种条件的影响。也就是说，作为发送者对于信息来源的挑选过程，都或深或浅地染上了发送者的主观色彩。比如，关于某一问题，知识的限制影响着人们传递信息，人们无法传递自己不知道的东西，反过来，发送者知道的范围极为广博，接受者可能不理解他们的信息。

传递信息的信道（Channel）是由发送者选择的。口头交流的信道是空气，书面交流的信道是纸张。如以频道为传递信息渠道的，则应选择电子类的载体。在组织中，不同的信道适用于不同的信息。对于一些重要事件，如员工的绩效评估，管理者就可以运用多种信道，在口头评估之后再提供一封总结信，这种方式减少了信息失真的潜在可能性。

在解码（Decoding）程序中，与编码相同，接受者同样受到自身的沟通技巧、经验、见解、知识水平等多种条件的影响，发出者应擅长于写或说，接受者则应擅长于读或听。一个人的知识水平不仅影响着他传递信息的能力，同样影响着他的接受能力。

反馈（Feedback）的过程非常重要，它是接受者对传递者所发出信息的反应，这是一种信息的回流。发送者可以根据反馈检验沟通的效果，并据此调整、充实，改进下一步的行动。

---

〔1〕 〔美〕斯蒂芬·P. 罗宾斯：《管理学》，孙健敏译，中国人民大学出版社 1997 年版，第 438 页。

三、沟通的原则

（一）双向沟通原则

双向沟通原则（Bidirectional Communication Principle）是指沟通双方互相传递、互相理解的信息互动原则。[1] 它包含以下三个方面的内容：①沟通的双方互为角色。当一方是发出者时，另一方是接受者，反之亦然。在沟通过程中，不断更换自己的角色位置。②沟通不仅仅是一种信息的交流，更是人的认识活动的一种反映。参与沟通的双方皆为具有主观能动性的人，在整个的沟通过程中，双方的认知场（Cognitive Field）总是在不断地扩大、不断地深化。因此，沟通不是在原水平上的重复，而是一个螺旋上升的认识过程。③沟通的过程由两个基本阶段组成：传递阶段和反馈阶段。需要注意的是，如果反馈成功，那么就意味着一次沟通过程的实现和下一次沟通过程的开始。因此，沟通始终是一个没有终点的循环活动。

双向沟通原则在具体的沟通过程中，作用十分突出。①它提高了信息互动的质和量。从信息互动的质上看，双向沟通的信息比单向沟通更为准确、完善，因为发送者可以根据反馈，不断地检验所送出的信息，从量上看，双向沟通比单向沟通大大加速了信息流量，增加了信息的内容。②最大限度地迅速消除沟通障碍。在沟通过程中，总会出现干扰因素，而这些障碍如果没有及时地进行双向沟通，发出者往往还不会意识到，这样就会严重影响传播的效果。一般地说，沟通过程中传而不通的情况有两种：一是信息未到位，即信息已经传递出去，但是对方没有收到，这一般是信道受阻；二是信息不同质，传出的信息未被人所理解，造成这种情况的原因很复杂，有的可能是受人文性因素影响，有的可能是受其他因素影响。以上情况都是属于信息沟通没有实现。如果贯彻双向沟通原则，那么，第一个反馈行为发生时，发出者就会立即采取相应的措施，消除障碍，畅通渠道，保证沟通活动的顺利进行。

（二）有效原则

有效原则（Effective Communication Principle）是指通过传受双方的沟通行动取得预期效果的原则。[2] 它包含沟通的有效度和效率两个方面的内容。

沟通的有效度（Validity）是指传者对受者态度变化的影响程度。这里的态度有正向和逆向两种状态，例子见图 13－2。

---

〔1〕 熊源伟主编：《公共关系学》，安徽人民出版社 1990 年版，第 162 页。
〔2〕 熊源伟主编：《公共关系学》，安徽人民出版社 1990 年版，第 171 页。

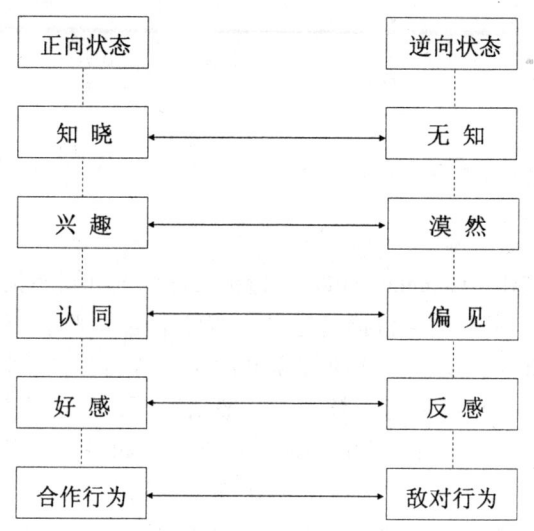

图 13-2 沟通有效度的两种状态

沟通的有效度主要看传者转变受者态度的状态及其程度。一般有两种情况：①受者原来就处于正向状态的态度，沟通后使其程度得到进一步提高，此称为"顺向强化"；②受者原来处于逆向状态的态度，沟通后使其改变了态度，成为正向状态的态度，此称为"逆向转化"。

沟通的效率（Efficiency）是指沟通有效数与沟通信息总数之比，可用下列公式来计算：

$$沟通的效率 = \frac{沟通信息总数 - 无效数}{沟通信息总数} \times 100\%$$

沟通中无效数产生的原因是多方面的。有来自发出者方面的原因（如不适时、不适量等），也有来自接受者方面的原因（如语言障碍、文化差异等），还有来自沟通渠道方面的原因。贯彻有效原则有两个明显的作用：①可以不失时机地充分利用信息。当今世界，一个组织的战略资源不再是资本，而是信息，信息是一个社会组织发展的源泉。然而，信息的时效性很强，信息一旦过时，就失去或减弱其价值。因此，在沟通中贯彻有效原则，就是为了不失时机地充分利用信息，使信息更迅速、更广泛地发挥其独特的作用。②力求达到最佳的沟通效果。最佳的沟通效果就是使接受者和发送者在沟通的互动过程中抱有良好的"正向状态"。态度是行为的先导，比如好感和反感，这两种态度在沟通中往往会产生两种不同的行为方式。

第二节　沟通方式

一、语言沟通与非语言沟通

（一）语言沟通

语言沟通（Verbal Communication）包括书面沟通和口头沟通两类。

1. 书面沟通。书面沟通包括备忘录、信件、电子邮件、短信、文件、组织内发行的期刊、布告栏及其他任何传递书面文字或符号的手段。书面沟通的重要功能在于其持久、有形和可以核实。一般情况下，发送者与接受者双方都拥有沟通记录，沟通的信息可以无限期地保存下去。如果对信息的内容有所疑问，过后的查询是完全可能的。对于复杂或长期的沟通来说，这尤为重要。一个新产品的市场推行计划可能需要好几个月的大量工作。以书面的方式记录下来，可以使计划的构思者在整个计划的实施过程中有一个参考。书面沟通的最终效益来自于其过程本身。除个别情况外（如准备一个正式演说），书面语言比口头语言考虑得更为周全。把东西写出来促使人们对自己要表达的东西更认真地思考。因此书面沟通显得更为周密，逻辑性强，条理清楚。当然，书面沟通也有自己的缺陷。书面方式更为精确，但耗费更多时间。同是一个小时的测试，通过口试你向教师传递的信息远比笔试多得多。事实上，花费一个小时写出的东西只需 10 分钟~15 分钟就能说完。书面沟通的另一个主要缺点就是缺乏反馈。口头沟通能使接受者对其所听到的东西提出自己的看法，而书面沟通则不具备这种内在的反馈机制。其结果是无法确保所发出的信息能被接收到，即使被接收到，也无法保证接受者对信息的解释正好是发送者的本意。

2. 口头沟通。人们之间最常见的口头沟通方式即交谈。其他常见的口头沟通还包括演说、问答、谈判、辩论、讨论等。口头沟通的优点是快速传递和快速反馈。在这种方式下，信息可以在最短的时间里被传送，并在最短的时间里得到对方的回复。如果接受者对信息有所疑问，迅速的反馈可使发送者及时检查其中不够明确的地方并进行改正。但是，当信息经过多人传送时，口头沟通的主要缺点便会暴露出来。在此过程中卷入的人越多，信息失真的潜在可能性就越大。每个人都以自己的方式解释信息，当信息到达终点时，其内容常常与最初大相径庭。如果组织中的重要决策通过口头方式在权力金字塔中由上至下传送，则信息失真的可能性就相当大。

（二）非语言沟通

非语言沟通（Nonverbal Communication）顾名思义是指运用非语言信号进行

信息交流的过程。肢体语言就是最常见的非语言沟通。

肢体语言（Body Language）又称身体语言，是指经由身体的各种动作，从而代替语言借以达到表情达意的沟通目的。广义言之，肢体语言也包括面部表情在内；狭义言之，肢体语言只包括身体与四肢动作所表达的意义。谈到由肢体表达情绪时，我们自然会想到很多惯用动作的含义。诸如鼓掌表示赞成或兴奋，顿足代表生气，搓手表示焦虑，垂头代表沮丧，摊手表示无奈，捶胸代表痛苦，身体向前倾斜表示关注或感兴趣，正直站立表示有信心，频繁看表是无聊和不安的表现，点头表示同意或明白，摇头表示不同意或不相信，眯着眼表示厌恶或不欣赏，走动表示发脾气或受挫，扭绞双手表示紧张、不安或害怕，懒散地坐在椅中表示无聊或轻松一下，抬头挺胸表示自信和果断，坐在椅子边上表示不安、厌烦或提高警觉，坐不安稳表示不安、厌烦、紧张或者是提高警觉，正视对方表示友善、诚恳、外向、有安全感、自信和笃定等，避免目光接触表示冷漠、逃避、不关心、没有安全感、消极、恐惧或紧张等，晃动拳头表示愤怒或富攻击性，打哈欠表示厌烦，手指交叉表示好运，轻拍肩背表示鼓励、恭喜或安慰，搔头表示迷惑或不相信，笑表示同意或满意，咬嘴唇表示紧张、害怕或焦虑，抖脚表示紧张，双手放在背后或环抱双臂表示愤怒、不欣赏、不同意、防御或攻击，眉毛上扬表示不相信或惊讶。当事人以这些肢体活动表达情绪，别人也可由之辨识出当事人用其肢体所表达的心境。

人际距离和个人空间在非语言沟通中也显得尤为重要。人类学家观察发现，人与人之间在面对面的情境中，常因彼此间情感的亲疏不同，而不自觉地保持不同的距离。最亲密的人，彼此间可以接近到 0.5 米；有私交的朋友间，彼此可以接近到 0.5 米 ~ 1.25 米；一般公共场所的陌生人之间沟通时，彼此间的距离通常维持在 3 米以上。此种因情感亲疏而表现出的人际间距离的变化，在心理学上称为人际距离（Interpersonal Distance）。显然，人际距离的变化，是由双方当事人沟通时，在肢体语言上的一种情感性的表示，彼此熟悉者，就亲近一点，彼此陌生时，就保持距离。如一方企图向对方接近，对方将自觉地后退，仍然维持相当的距离。正因如此，心理学家提出一个如下的假设：当你对人说真话的时候，你的身体将与对方接近；当你对人说假话的时候，你的身体将离开对方较远。对这一假设验证的结果发现：如果要求不同受试者分别向别人陈述明知是编造的假话与正确的事实时，说假话的受试者会不自觉地与对方保持较远的距离，而且显得身体向后靠，肢体的活动较少，惟面部笑容反而增多。与人际距离相似的另一现象就是个人空间（Personal Space）。个人为了保持其心理上的安全感受，会不自觉地与别人保持相当距离，甚至企图在其周围划出一片属于自己的空间，不希望别人侵入。在图书馆或公共场所内，经常看到很多人，除自己坐一个位子外，还企图以其携带的物品占据左右两边的空座位。此时肢体语言所表达的是一种防卫，防卫外人侵入其个人空间时带来不安的情绪。读者可注意观察此种人的情绪变化，如有陌生人要求坐在他的旁边，他就会感到不安，甚至起身离去，如有他熟悉的人到来，他会招呼对方，主动让给对方左右的位子，而且他会因此而感到高兴。

此外，手语、环境、服饰、发型等也构成非语言沟通的重要选项。

二、正式沟通与非正式沟通

（一）正式沟通

正式沟通（Formal Communication）一般指在组织系统内，依据组织明文规定的原则进行的信息传递与交流。例如，组织与组织之间的公函来往、组织内部的文件传送、召开会议、上下级之间的定期情报交换等。

根据古典组织理论，沟通应遵循指挥或层级系统，越级报告或命令通常是不允许的。组织内更多的是垂直沟通，同一层级的横向沟通较少，因此产生了委员会，或公文抄报之类的措施，以便在同级之间进行横向沟通。但这仍然属组织正式结构所安排的路线，仍属正式沟通性质。组织正式沟通包括链式、环式、Y式、轮式和全通道式五种形态，见图13-3。[1]

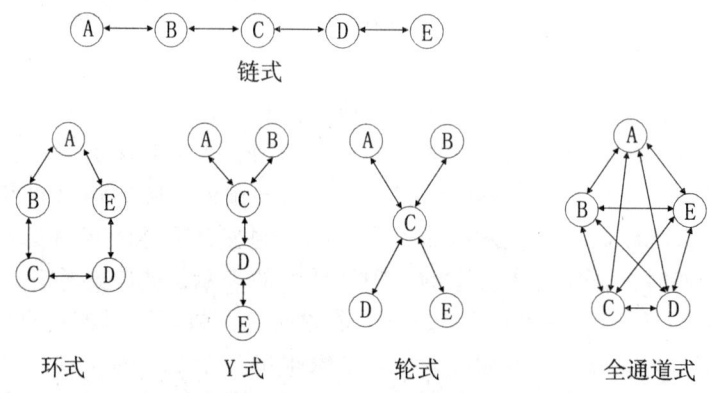

图 13-3　正式沟通形态

1. 链式沟通。这是一个平行网络，其中居于两端者只能与内侧的成员联系，居中者则可分别与其左右侧的两人沟通信息。在一个组织系统中，它相当

〔1〕 孙钱章等主编：《新领导力全书》，中央党校出版社1998年版，第571页。

于一个纵向沟通网络，代表一个五级层次，逐渐传递，信息可自上而下或自下而上进行传递。在这个网络中，信息经层层传递、筛选，容易失真，各个信息传递者所接收的信息差异很大，平均满意程度有较大差距。在组织领导中，如果组织系统过于庞大，需要实行分权或者授权，那么链式沟通网络是一种行之有效的方法。

2. 环式沟通。此形态可以看成是链式形态的一个封闭式控制结构，表示 5 个人之间依次联络和沟通。其中，每个人都可同时与两侧的人沟通信息。在这个网络中，组织的集中化程度和领导人的预测程度都较低；畅通渠道不多，组织中成员具有比较一致的满意度，组织士气高昂。如果在组织中需要创造出一种高昂的士气来实现组织目标，环式沟通是一种行之有效的措施。

3. Y 式沟通。这是一个纵向沟通网络，其中只有一个成员位于沟通内的中心，成为沟通的媒介。在组织中，这种网络大体相当于组织领导、秘书班子再到下级成员之间的纵向关系。这种网络集中化程度高，解决问题速度快，组织中领导人员预测程度较高，组织成员的平均满意程度较低。此网络适用于领导者的工作任务十分繁重，需要有人选择信息，提供决策依据，节省时间，而又要对组织实行有效的控制。但此网络易导致信息曲解或失真，影响组织中成员的士气，阻碍组织提高工作效率。

4. 轮式沟通。属于控制型网络，其中只有一个成员是各种信息的汇集点与传递中心。在组织中，大体相当于一个主管领导直接管理几个部门的权威控制系统。此网络集中化程度高，解决问题的速度快。领导者的预测程度很高，而沟通的渠道很少，组织成员的满意程度低，士气低落。轮式网络是加强组织控制、争时间、抢速度的一个有效方法。如果组织接受紧急攻关任务，要求进行严密控制，则可采取这种网络。

5. 全通道式沟通。这是一个开放式的网络系统，其中每个成员之间都有一定的联系，彼此了解。此网络中组织的集中化程度及领导者的预测程度均很低。由于沟通渠道很多，组织成员的平均满意程度高且差异小，所以士气高昂，合作气氛浓厚。这对于解决复杂问题，增加组织合作精神，提高士气均有很大作用。但是，由于这种网络沟通渠道太多，易造成混乱，且又费时，影响工作效率。

正式沟通的优点是：沟通效果好，比较严肃，约束力强，易于保密，可以使信息沟通保持权威性。重要的消息和文件的传达、组织的决策等，一般都采取这种方式。其缺点在于，因为依靠组织系统层层传递，所以很刻板，沟通速度很慢，也存在着信息失真或扭曲的可能。表 13-1 从集中性、速度、正确性、领导能力、全体成员满足五个角度对五种正式沟通形态的效果进行了比较。

表 13 - 1　不同沟通形式的效果表

沟通形式 评价标准	链式	轮式	Y 式	环式	全通道式
集中性	适中	高	较高	低	很低
速度	适中	快（简单任务） 慢（复杂任务）	快	慢	快
正确性	高	高（简单任务） 低（复杂任务）	较高	低	适中
领导能力	适中	很高	高	低	很低
全体成员满足	适中	低	较低	高	很高
示例	命令链锁	领导对四个部属	领导任务繁重	工作任务小组	非正式沟通（秘密消息）

（二）非正式沟通

与正式沟通不同，非正式沟通（Informal Communication）是指通过正式组织途径以外的信息流通程序进行的沟通。这些途径非常繁多且无定型。如同事之间任意交谈、传闻等都算是非正式沟通。非正式沟通和个人间非正式关系往往平行存在。

很多研究者认为，由于非正式沟通不必受到规定手续或形式的种种限制，因此往往比正式沟通还要重要。美国人常称这种途径为"葡萄藤（Grapevine）"，用以形容它枝繁叶茂，随处延伸。非正式沟通的产生和蔓延，主要是由于人们通过正式沟通途径得不到他们所关心的消息，它具有以下几个特点：消息越新鲜，人们谈论得就越多；对人们工作有影响的，最容易招致人们谈论；最为人们所熟悉者，为人们谈论得最多；在工作上有关系的人，往往容易被牵扯到同一传闻中去；在工作中接触多的人，最可能被牵扯到同一传闻中去。

非正式沟通的类型，依照最常见到较少见的顺序分别为：①集群连锁，即在沟通过程中，可能有几个中心人物，由他转告若干人，而且有某种程序的弹性。②密语连锁，即由一人告知所有其他人，犹如其独家新闻。③随机连锁，即碰到什么人就转告什么人，并无一定中心人物或选择性。④单线连锁，就是由一人转告另一人，他也只再转告一个人，这种情况最为少见。见图 13 - 4。

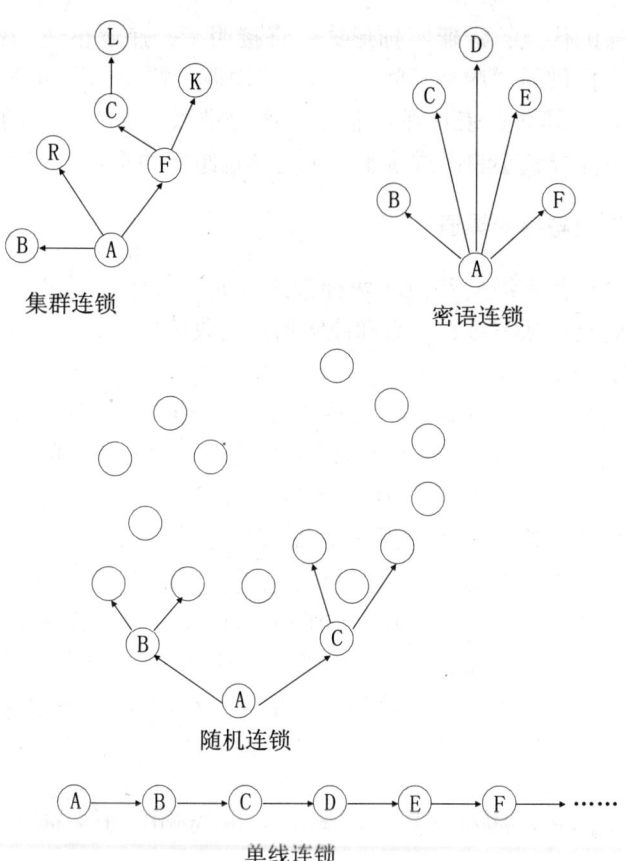

集群连锁

密语连锁

随机连锁

单线连锁

图 13-4 非正式沟通形态

　　小道消息（Hearsay）是一种主要的非正式沟通途径。研究表明，大约 3/4 的小道消息是真实的，正因为如此，人们很愿意相信小道消息；小道消息传递信息的速度快得惊人，如裁员信息可以在半个小时内传遍公司；相当一部分员工将小道消息作为其了解组织消息的主要渠道；听到小道消息的人中，只有 10% 左右的人会继续传播消息，通常会传给多个人。[1] 谣言（Rumor）是虚假信息，就此而言，它不同于小道消息，但谣言通常是通过小道途径得以传播的，二者经常混在一起，难辨真假。管理者不可忽视小道消息和谣言。提高组织的民主化程度、信息公开程度以及强化新闻发布的及时性等，对抑制或减少小道消息和谣言的传播具有至关重要的意义。

〔1〕〔美〕安德鲁·J. 杜伯林：《管理学精要》（第 6 版），胡左浩等译，电子工业出版社 2003 年版，第 313 页。

非正式沟通的优点：沟通不拘形式，直接明了，速度很快，容易及时了解到正式沟通难以提供的"内幕新闻"。非正式沟通能够发挥作用的基础是组织中良好的人际关系。其缺点表现在：非正式沟通难以控制，传递的信息不确切，容易失真，还可能导致小集团或者小圈子而影响组织的凝聚力和人心的稳定。

三、纵向沟通与横向沟通

在任何组织里都有纵向和横向两种沟通方向。管理者不仅向这两个方向发出沟通信号，而且也从下级、上级和同级那里接收信号。

（一）纵向沟通

纵向沟通（Vertical Communication）包括向下和向上两种交流方向。

1. 向下沟通。组织机构图会显示向下沟通沿着预先确定的职权链从上级流向下级。向下沟通旨在向部属提出指示和指导，以帮助他们达到组织目标。这种沟通也用来传达组织内部管理所需的规章制度、工作程序和日常信息。因而向下沟通的性质主要是权威性的。它可能包括正式的书面文件、日常工作情况介绍和工作布置会议或上下级之间单向的面对面交谈。一般说来，向下沟通是快速的。然而，如果把沟通的有效性解释为从甲方向乙方准确无误地传递意思，那么向下沟通最有可能发生理解错误。向下沟通相对较快的速度通常是牺牲充分的反馈机会后取得的。沟通者可能不知道沟通的原意是否被理解。一旦出现意思含糊的向下沟通时，信息的接收者无法回到信息源那里要求予以澄清，其结果将是接收者向错误的目标行动。所以，一味采用向下沟通这种沟通手段对管理者来说是危险的。

2. 向上沟通。从沟通的控制模式可知，向上沟通可以是管理者从部属那里接收到的反馈（语言和非语言的），也可能是从较低层次发出的原意信息。与向下沟通一样，向上沟通也可采取管理者与部属面对面的交谈，或较正式的会议或情况介绍，或通过书面的形式。

许多研究表明，信息的向上流动会使沟通变得更为有效。从沟通的控制模式可看到，反馈对管理者不断重新评估和调整对部属的指导提供补充。一个管理者除非对部属的表现和反应有准确的了解，否则就无法进行充分的监督。反馈上下往返的双向沟通不仅表明会导致更为有效地完成任务，而且会使部属更容易接受领导，动力更大。但现实是，组织内部的有效向上沟通不能令人满意。①组织内部各级地位的不同确保向下沟通要比向上沟通普遍得多，沟通往往更容易从地位高的人流向地位低的人，沟通的方向事实上也能够帮助确定地位。②研究还表明，在向上沟通的准确性方面存在严重的问题。向上的负反馈相当缺乏，这是不难理解的。因为人们总是倾向于把他们要上级听的事情——那些

第十三章

对他们有利的事情——告诉上级，而避而不谈或少谈对他们不利的事情。毫无疑问，发生上面两种情况的原因来自组织机构本身固有的地位和权力差别，即上级有权实施奖惩，如果只根据正反馈给予奖励，那么负反馈就会很快消失。"敞门政策（Open – Door Policy）"可以部分解决向上沟通问题，因为敞门政策允许员工不经过其直接领导而向高层管理者投诉，这样能使高层管理者了解基层员工面临的问题，从而修正向上沟通，帮助他们解决高层不易发现的问题。

（二）横向沟通

横向沟通（Horizontal Communication）是指流动于组织机构中具有相对等同的职权地位的人之间的沟通。在组织中，横向沟通比纵向沟通更为经常，原因是横向沟通通常被认为威胁性要小些。正常情况下也不像向上沟通那样与惩罚发生联系。而且，由于同级的人一般来说具有更为共同的参照系，横向沟通在正常情况下不像向上或向下流动那样容易被曲解。

在一个等级森严的机构中，人们往往不想进行横向沟通。理论上，信息应该自下而上沿职权链流向一个共同的上级，然后再向下返回到适当的层次。然而，如果过多地依赖纵向沟通，则应当考虑信息失真的机会，更不用说时间之长了。作为对纵向沟通局限性的反应，在组织内部必须调整其沟通系统，使较低层次的横向沟通更加容易。

第三节　沟通障碍分析

沟通过程中存在诸多障碍，如不适当的语言、不诚实的谈话、防御态度、缺乏兴趣、沟通技巧不足、肢体语言运用不当、信息超载、信息过滤等，加之存在着噪音，可能会导致信息的失真。归类分析，沟通障碍存在于沟通主体、沟通信息及沟通技术三个方面。

一、沟通主体障碍

（一）发出者因素

作为信息的发出者，一方面能够将信息编译成能够被接受者理解的信号，另一方面能够利用适当的渠道将信息传送给接受者。但发出者有时故意操纵信息，对信息进行过滤（Filter），使信息显得对接受者更为有利。比如，管理者告诉上司的信息都是上司想听到的东西，这位管理者就是在过滤信息。过滤的程度与组织层级和组织文化两个因素有关。组织的纵向层次越多，过滤的机会也就越多。组织文化则通过奖励系统或鼓励或抑制这类过滤行为。奖励越注重形式和外表，管理者便越有意识按照对方的品味调整和改变信息。

那么，如何避免传播中的信息过滤问题呢？应该运用反馈来加以克服，很多沟通问题是直接由于误解和不准确造成的，如果管理者在沟通过程中使用反馈回流，则会减少这些问题的发生。这里的反馈可以是言语的，也可以是非言语的。当发出者问接受者："你明白我的话了吗？"得到的答复代表着反馈。但反馈不仅仅包括是或否的回答。最好的办法是，让接受者用自己的话复述信息，如管理者（发出者）听到的复述正如本意，则可增强理解与精确性。反馈还包括比直接提问和对信息进行概括更精细的方法，如综合评论、绩效评估、薪金核查等形式。

（二）接受者因素

接受者接受发出者的信息不应是消极和被动地吸收，而是要进行积极和主动的选择，具体表现为选择性接收、选择性理解、选择性记忆。

在接收信息的时候，接受者的感觉也会影响到他对信息的解释，这主要是由心理因素决定的。心理因素主要是指信息接受者的情绪心理状态。在不同的情绪状态下，人们接收信息的效果是不一样的。心理学原理揭示了这样一条规律：凡是在一定活动中伴随着使人"愉悦"的情绪体验，都能使这种活动得到强化，而"不满意"的情绪体验，则使这种活动受到抑制。因此，缺少心理上的沟通，是无法获得最佳沟通效果的。

了解情绪能使信息传递严重受阻或失真，则了解了沟通行为的发生、延续和发展都是建立在双方心理相悦这一基础上的，因此遇到所接受的信息发生误解，并在表述自己信息时不够清晰和准确的情况下，发出者和接受者都应该暂停进一步的沟通直至恢复平静，要善于抑制情绪。

二、沟通信息障碍

沟通要想取得预期有效的效果，与被传递信息的内容有很大的关系。在沟通过程中，信息内容权威性越高，那么接受者就越信服。反之，就很难让接受者信服，从而影响传播效果。

传播的信息应具有真实性、吸引性、显著性和新鲜性的特点，这样才能避免沟通的障碍。真实性是指信息必须以事实为基础，尽管有时真实性在产生预期效果方面无显著影响，但是在沟通活动的成功方面有很大的潜在影响力。吸引性是指信息应对接受者自身的利益有利，最佳的效果是发出的信息正是接受者需要了解或急需了解的信息。显著性是指发出者所选择的信息要具有一定的强度和明显的刺激力，能很好地吸引接受者的注意力。新鲜性是指所选择的沟通内容应是新近发生的，具有新颖独到之处或即使是一种久存的需要解决的问题也应以一种新颖的形式传给接受者，否则，没有新鲜感的信息就不会引起接受者的兴趣和注意。

三、沟通技术障碍

（一）语言障碍

由于不同的年龄、经历、教育程度及文化背景等因素的影响，同样的词汇对于不同的人来说含义是不一样的，这是语言障碍产生的较为普遍的原因。组织内除了这些一般性原因外，还有一些特殊的原因，如专业分工或部门化使得不同领域或部门的人员发展各自的行话和技术用语，层级的划分也使得不同层级的人使用语言的风格有所差异等。更重要的问题是，组织中的成员常常不知道他所接触的其他人与自己的语言风格不同，他们自认为自己的语言能够被其他人恰当地理解，这在实际上却导致了不少的沟通问题，这就存在着沟通技巧问题。

由于语言可能成为沟通障碍，因此管理者应该选择适当的措辞，使得信息清楚明确，易于被接受者理解，管理者不仅要简化语言，还要考虑到信息所指向的听众，以使所有的语言适合于接受者。切记，有效的沟通不仅需要信息被接受，而且需要信息被理解。通过简化语言并注意使用与听众一致的语言方式可以提高理解效果。比如，在具体实施过程中，在传递重要信息时，为了使语言问题造成的不利影响减少到最低程度，可以先把信息告诉不熟悉这一内容的人，这样有助于对一些不清楚的问题进行确认。

（二）非语言障碍

非语言沟通也是信息传递的一种重要方法。非语言沟通几乎总是与口头沟通相伴，如果两者协调一致，则会彼此强化。比如，上司的语言告诉你他很生气，他的语调和身体动作也表现得很愤怒，于是你推断出他很恼火，这极可能是正确的判断。但当非语言线索与口头信息不一致时，不但会使接受者感到迷茫，而且信息的真实性或清晰度也会受到影响。如果上司说他真心想知道你的困难，而当你向他述说时，他却在浏览自己的信件，这便是一个相互冲突的信号。

要想克服这种沟通障碍，在沟通技术方面应注意非语言提示。有效的沟通者应十分注意自己的非语言提示，保证它们同样传达出所期望的信息。非语言信息在沟通中占据很大比重，著名的传播学家艾伯特·梅瑞宾认为："人际传播38%的信息是靠声音（包括音调、变音和其他音响）传达出来，语词传达的信息只占7%，而其他55%的信息是靠无声手段传达的。"伯德惠斯特尔则认为，人们面对面进行交流时，有声信息只有35%，而65%的信息是无声信息。尽管学者们的估计有出入，但是经验告诉我们，人类境遇中所产生的许多信息，有时大部分是在借助或不借助语言的情况下，通过触摸、目光、发音的细微差别或面部表情来表达的。[1] 可见，非语言行为在沟通过程中具有不可忽视的重要作用。

本章小结

沟通就是信息的传递和理解，它由信源、信宿、信息、编码、信道、解码和反馈等要素构成。信源指信息的发送者，信宿指信息的接受者，信息指沟通内容，编码指思想和情感的表达，信道指传递、记录或保存信息的媒介物，解码指信宿对收到信息的阐释，反馈指信宿向信源做出的反应。沟通的基本原则有双向沟通原则和有效原则。双向沟通原则指沟通主体间保持互动，有效原则指取得预期沟通效果（包括沟通的有效度和效率两个方面）。

沟通途径有语言和非语言沟通之分、正式和非正式沟通之分、纵向和横向沟通之分。语言沟通分书面语言和口头语言沟通两种，肢体语言是非语言沟通的主要类型。正式沟通分链式、环式、Y式、轮式和全通道式五种类型，非正式沟通分集群连锁、密语连锁、随机连锁和单线连锁四种类型。纵向沟通分向下和向上沟通两种类型。不同的沟通方式有不一样的沟通效果，管理者应该根据情境选择不同的沟通方式，以取得最佳的沟通效果。

有效沟通对管理者来说十分必要，但沟通中存在一些障碍因素影响沟通效果。沟通的主体障碍因素有发出者对信息的过滤和接受者对信息的选择；信息障碍因素有虚假、无吸引力、无激励力、陈旧等；技术障碍因素有语言和非语言两个方面。

自我测试 13

下列陈述是否符合你的行为或态度，请在合适的位置上做记号

	几乎没有	有时有	经常有
1. 做很多笔记	—	—	—
2. 跟人讲话时，很难与那些与我没有目光交流的听众沟通	—	—	—
3. 读小说时，非常关注对服装、场景和设施等的描绘	—	—	—
4. 初次会面时，首先注意对方衣着整洁程度和外貌特征	—	—	—
5. 参加派对时，喜欢站在后面，观察大家	—	—	—

---

[1] 董天策：《传播学导论》，四川大学出版社 1995 年版，第 170 页。

6. 空闲时间喜欢看电视或者读书 ——　——　——

7. 回忆事情时脑海里能够记起在哪儿见过 ——　——　——

8. 阅读时，大声朗读或动嘴唇让自己听到这些内容 ——　——　——

9. 与人交谈时，不大会处理那些只听不反馈的人 ——　——　——

10. 读小说时，非常关注涉及交谈、对话的部分 ——　——　——

11. 通过反复陈述，能很容易地记住事情 ——　——　——

12. 参加派对时，喜欢在对我很重要的话题上进行深度
交谈 ——　——　——

13. 与报纸相比，更喜欢从收音机里获取信息 ——　——　——

14. 空闲时间最喜欢听音乐 ——　——　——

15. 不擅长阅读或倾听别人的诉说 ——　——　——

16. 与人交谈时，不大会处理那些不动情感的人 ——　——　——

17. 读小说时，非常关注展示感情、行为和情节的内容 ——　——　——

18. 桌子上很杂乱 ——　——　——

19. 参加派对时，我喜欢参加跳舞、游戏等活动，放纵
自己 ——　——　——

20. 喜欢四处走动，坐在会议室或桌子后面太久会让我
难受 ——　——　——

21. 空闲时间喜欢锻炼 ——　——　——

第
十
三
章

控 制 篇

第十四章
控制理论与技术

> **提示：**
>
> 控制是操纵、抑制、监督、命令、纠偏？——功能价值——对什么进行控制——三类控制——控制系统四要素——六类标准——衡量、比较、矫正——控制机制异化——TQM——三类预算——ZBB——弹性预算——三类责任中心——平衡计分卡

航行于波涛汹涌的大海上的船舰，依靠舵手对航向的不断修正，方能平安地到达目的地。"对航向的不断修正"就是对管理控制职能的一种形象描述。控制就是将组织的活动维持在允许的范围内，保证组织沿着"既定方向"前进的一种管理职能。规划的有效实施、组织的良性运行、行为的合理引导，都有赖于控制机能的有效发挥。在管理实践中，控制与规划、组织、激励共同构成管理过程，难以将控制行为单独分离出来，需详细观察和理性思考方能辨认出来。本章将揭示控制概念的内涵，阐明控制的基本原理，介绍控制技术。

第一节　控制概述

一、控制概念

"控制"一词的字面意思为"掌握住不使任意活动或越出范围"。在控制论（Cybernetics）中，"这一名词的定义可包括人们所使用的，克服他们自然环境和技术环境中反常情况的任何合理的方法。一种控制理论的广义目的是使一个系统——任何种类的系统——以更符合需要的方式运行：使它更加可靠、更加便

利和更加经济。"[1] 在日常生活中，"控制"一词含有以下几层含义：操纵或支配；抑制或限制；监督或制约；指导或命令；核对或验证。这五种"控制"对组织理论和管理实践来说都是重要的，但都未能准确地揭示作为学科基本概念的控制之内涵。

在管理学中，控制（Control）可以定义为监视各项活动，测量、核对和验证这些活动的偏差，并采取措施纠正各种重要偏差，以保证活动按规划进行的过程。或者说，控制就是为实现组织的既定目标，检查并调整组织的一切活动，将这些活动维持在允许的限度（由期望来衡量）内，使之按规划进行的过程。

控制涉及组织方方面面的活动，所有管理者都必须承担控制的职责。不能认为控制只是高层管理者的责任或者只是某个专有部门的责任，任何部门都应该将正在进行的工作或已经完成的工作与规划所要求达到的标准进行比较，检查工作是否正常进行。高层管理者的控制职能主要与组织战略活动和涉及组织整体目标的活动相关，中层管理者的控制职能主要与组织在各个领域的职能活动相关，基层管理者的控制职能主要与具体生产活动和业务活动相关。事实上，就工作控制而言，每个组织成员都负有控制之职责，全面质量管理（TQM）活动的开展明显地说明了这一点。可见，组织中从上到下形成了一个控制系统。有效的控制系统可以保证各项行动的方向是朝向组织目标的。

二、控制的功能

基于以下两点原因，使控制成为管理的必要职能：①适应组织环境和组织自身情况的变化。组织的战略、目标和计划都不是在瞬间可以实现的，它需要一定的时间。在实施规划的过程中，组织环境与组织本身的情况都会发生变化，由此影响着原有规划的完成。有时需要修正原有规划，有时需要重新制订新规划，使之符合新情况。一般来说，规划的时间跨度越大，控制职能就越重要。有效的控制系统可以帮助管理者检查规划的落实情况，或在情况出现变化时，及时对规划作出正确调整。②及时纠正管理者在工作中出现的错误。由于各种各样的原因，管理者在工作中出现疏漏或错误在所难免。小漏洞逐渐积累起来会造成极为严重的后果，"千里之堤，溃于蚁穴"，就是这个道理。组织可以依靠控制系统及时发现并纠正管理者在工作中出现的错误，以免给组织造成更大的损失。

1. 控制的功能价值表现在确保规划的有效实施。控制与规划是密切联系的两项管理职能，规划规定人们的活动范围，为控制提供标准，反过来，来自控

---

〔1〕〔美〕理查德·贝尔曼："控制理论"，载《美国科学》1964 年 9 月号。

制的反馈经常引发制订新规划的需要，或至少对现行规划进行调整的要求。"目标及计划，只是从在执行中受到控制时起，才开始显示其意义。换句话说，所确定的不伴随控制的计划和目标是毫无意义的。再进一步说，只有通过控制过程中的分析与评议，才能取得制订计划的头绪。从这一意义上讲，可将目标、计划与控制比喻成是管理这部车子的两个轮子。"[1] 管理就是规划—执行—控制这一循环的动态平衡过程。

2. 控制的功能价值表现在授权方面。许多管理者认为授权是一件十分困难的事。究其根源，恐怕主要是担心被授权者犯错误时必须由授权者来承担责任。所以，在现实生活中，许多管理者宁可自己事无巨细地处理各种事务，也不愿意授权给下级或其他人，形成"忙死"上级而"闲死"下级的局面。但有效控制系统可以改变这种局面，使管理者放心授权，因为有效的控制系统具有良好的信息反馈机制，可以为管理者随时提供被授权者工作绩效的情况，管理者可以据此有效地纠正其"不轨行为"，从而保证其真正将权力的行使用于完成组织目标。

三、控制指向

控制指向（Controlled Points）是指管理过程中的主要控制对象，包括人员、信息、财务、作业和绩效等。

1. 控制人员行为。管理者是通过他人的工作来实现组织目标的。泰罗曾经给管理下的定义就是确切地知道你要别人去干什么，并使他使用最好的方法去干。所以，管理者的一项重要工作就是保证员工理解其期望并按照其期望的方式进行工作。为做到这一点，管理者通常使用的最直接、最简明的控制手段有：①现场巡视，即管理者亲临工作场地指导员工的工作行为并纠正员工偏离标准的行为。②绩效评估，即管理者根据激励理论，定期对员工的绩效给予系统评估并根据评估结果给予报酬。这两种控制手段最为常见。③甄选，即识别和录用那些态度和个性符合管理者期望的人。④培训，即通过正式培训向员工传授期望的工作方式。⑤社会化，即让员工了解规定了何种行为是可接受的或不可接受的内容之规章制度。⑥传授，即让老员工对新员工传授"该知道和不该知道"的规则。⑦目标认同，即当员工接受了具体目标后，这些目标就会指导并限制其行为。⑧工作设计，即合理的工作设计方式会限制员工的工作节奏、活动方式和相互作用。⑨外在报酬，即组织使用报酬手段强化期望行为并消除不期望的行为。⑩组织文化渗透，即通过故事、榜样和仪式等方式传递含有组织

第十四章

---

[1] 日本产业能率短期大学编：《管理者》，企业管理出版社 1984 年版，第 102 页。

期望行为的文化。

2. 控制组织信息。任何管理者都知道信息对管理工作的重要性，管理工作尤其依赖于对信息的控制。现代组织都建立了以计算机和网络为基础的管理信息系统（见第十五章），这种系统试图在正确的时间、以正确的方式、为正确的人提供正确的数据和情况。日常工作汇报、定期报告或报表、临时重大事项报告、设立信息员、设立意见或建议箱等传统信息管理方式在今天仍起着一定作用。管理者要有效地控制信息，就需要在两个方面正确作为：①必须知道什么信息是必需的和如何完整地收集有效信息；②应该清楚什么信息应该扩散，什么信息应该保留，即对什么人在什么时候应该正确地传递什么信息。

3. 控制财务活动。控制财务活动是传统的控制内容，其目的就是降低成本、减少费用、提高资金利用率，使资源得以充分利用。企业管理者要仔细查阅每季度的收支报告，以发现多余的支出，也要对重要财务指标进行计算，以保证有足够的资金支付各种费用，保证债务负担合理。政府和事业部门的管理者主要是控制费用支出，他们主要借助预算手段进行财务控制（见第十五章第三节）。下面给出工商企业常用的一些财务比率指标，这些指标可以作为财务活动的控制手段。①流动比率：流动资产/流动负债，检验组织偿付短期债务的能力。②速动比率：流动资产/存货，对流动性的一种更为精确的检验。③存货周转率：销售收入/存货，表示存货资产的利用率。④总资产周转率：销售收入/总资产，表示组织全部资产的利用率。⑤销售利润率：税后净利润/销售收入，说明产品的利润。⑥投资收益率：税后净利润/总资产，度量资产创造利润的效率。⑦资产负债比：全部负债/全部资产，对组织财务杠杆作用的检验。⑧利息收益倍比：纳税付息前利润/全部利息支出，度量组织的利息支出能力。

4. 控制作业活动。一个组织成功与否，在很大程度上取决于其作业能力，即取决于其提供产品或服务的效率与效能。作业控制就是用来评价一个组织的转换过程的效率与效能问题的。典型的作业控制包括：①评价组织的购买能力，以尽可能低的价格提供所需质量和数量的原材料；②监督生产活动以保证其按计划进行；③检测产品或服务的质量，以保证其符合预定标准；④保证所有设备处于良好的使用状态。

5. 控制组织绩效。管理者最关心组织的整体绩效，他们在为寻找评价组织绩效的合理方法做着不懈的努力。但事实证明，没有单一的指标可以用以衡量组织的绩效。控制组织绩效的指标有很多，涉及市场的有市场份额、销售量等；涉及收入的有利润、资金周转率、收入的稳定性等；涉及生产或服务的有产量、生产率、管理效率等；涉及员工的有士气、满意度、旷工率、流动率等；涉及组织成长的有稳定性、适应性、变革力、研究与发展能力等；涉及外部关系的有投资人、供应商、顾客、政府代理部门等的满意程度。这些指标都从不同侧面反映组织绩效，无疑都是衡量组织整体绩效的重要指标，但其中任何一个单独的指标都不能等同于组织的整体绩效，即便是我们最注重的利润指标也是如此。所以，管理者对组织绩效的控制手段应该是多样性的和综合性的，对组织绩效的控制思想应该是多方平衡思想。管理者应该明白，在有些指标令你十分愉快的同时，可能有些指标表明在某些方面隐藏着巨大的祸患。

四、控制种类

按照时间维度可以将控制分为前馈控制、即时控制和后馈控制三类。

1. 前馈控制。前馈控制（Feedforward Control）是未来导向的，控制作用发生在行动之前，故又称为未来定向控制。它是在实际工作开始之前，管理者作出某种预测，对预期出现的偏差，预先采取各种防范措施，期望组织未来的活动保持在允许限度内的一种控制类型。计划评审技术（见第五章第四节）既是一种有效的规划技术，又是一种有效的前馈控制技术。它设法找出计划完成的关键因素，以便将注意力集中于关键路径上，跟随工作的进展，必要时对各种资源作出调整，进行重点控制。作为一种前馈控制技术，计划评审技术可以全面地对时间、成本、资源和组织结构等进行多方面的控制。由政策、规则和程序组成的持续性计划就是组织用来建立一种预期的或事先的控制手段，因为这类规划试图限制组织和个人在未来的某些不合管理者期望的决策和行为，如对司机进行有关交通法规和违章操作后果的教育是一种利用持续性计划预先控制驾驶行为的企图。另外，在组织成员中建立起比较一致的价值系统也是一种可供选择的预先控制方案，这在宗教、政治和军事等组织中是一种传统的重要控制手段。组织成员的价值观有差异是正常的，但如果在任何事情上都难以达成一致，那么组织将呈现混乱状态。在尊重个人价值观的同时，需要组织成员为了某种共同目的进行合作与妥协，这就需要在群体中建立某种比较一致的价值观。

2. 即时控制。即时控制（Concurrent Control）是同期导向的，控制作用发生于行动之时。从维持组织动态平衡的观点来看，即时控制比等结果产生后再进行行为检测的后馈控制更令人满意。当微小的偏差发生时即加以调整，比稍后时间改正较大的偏差来得容易。因此，即时控制概念对在组织继续运行时把各种活动过程维持在期望限度之内是十分重要的，这种控制可以帮助个人学会在期望限度内工作。机器设备可以设计成具有即时控制的功能，如计算机系统在程序中就设置了这样的功能，当错误命令被输入时，程序的即时控制功能就会拒绝你的要求，有时甚至会告诉你为什么错了。在组织中，常见的即时控制方式就是现场视察，管理者在工作现场直接观察员工行为，在偏差发生的当时立即予以纠正。有些组织，如造币厂、银行、大城市的交通管理部门等，建立了全天候的电视监视系统，控制人员在主控室就可以了解被控对象的即时活动情况。这种借助于机器系统的控制之主要目的在于及时观察到非期望行为的发生，并立即给予纠正或制止。但是，仅靠无生命的机器监视系统不能做到全方位的即时控制。现代控制理论认为，必须使每个组织成员都加入控制行列，加强自我控制能力，即时控制方可成功有效。西方企业于20世纪60年代创立的"零缺点"（Zero Defects or ZD）管理就是在产品质量控制方面的一种有效的即时控制方式。ZD管理要求每个员工具有"不发生错误"的决心，在其职责范围内，按照预先确定的目标，力求作业标准、工作程序和工作方法的正确执行，尽可能做到无缺点，从而保证生产高质量的产品。

3. 后馈控制。后馈控制（Feedback Control）是过去导向的，控制作用发生于行动之后，属于一种"亡羊补牢"式的控制。这类控制是管理者在获得信息时行为结果已成事实，需要对其作出评价并决定是否采取行动以改正或调整未来可能出现的同类行为，如对超速驾驶车辆的司机给予罚款，就是一种维持交通秩序的后馈控制。后馈控制是一种传统的并且是最常用的控制类型，控制时间滞后是其重要特征。后馈控制为管理者提供规划执行效果的真实信息。如果反馈显示的偏差在期望允许的限度之内，说明规划目的达到了；若偏差超出允许的限度，管理者就会利用这一信息使新计划制订得更为有效。后馈控制还是激励员工的一种手段。由激励理论可知，个人十分希望获得评价其绩效的信息，而反馈正好可以提供这种信息。

第二节　控制过程

一、控制标准

虽然各类组织的控制系统千差万别，但经过抽象与归纳，一般控制系统的基本要素还是清晰可见的。有四个基本要素对所有控制系统都是共同的，它们是：①具有为人所知的可度量和可控制特征的标准；②度量上述特征的手段；③把实际结果与标准进行比较并评价其差异的手段；④引起组织中的变化以便调整有关特征的手段。可见，确定标准是实施控制的基础。标准（Control Norms）就是一系列的目标和指标，它们是由规划职能产生的。如果组织采用目标管理方法，并且目标是明确的、可证实的和可度量的，那么这些目标就是比较和衡量工作过程的标准。如果组织不采用目标管理方法，那么应该有用于衡量组织活动的指标体系，这些具体指标就是控制标准。总之，缺乏控制标准的控制过程是不存在的。

控制标准的表现形式多种多样，常见的有物理标准和经济标准。物理标准是指表示工作或工作对象某种性质的标准。它是对工作结果的一种描述，广泛地应用于作业层。物理标准可以反映出工作的数量绩效，如单位产品所需工时、单位原料可以生产的产品数量、周授课时数、月平均结案率等。物理标准还可以反映出工作的质量，如轴承的硬度、纺织品颜色的退色率、产品质量问题的投诉率、上诉案件的改判率或复审率等。经济标准是指表示工作的支出和收益的标准，包括成本、资金和收益等标准。成本标准是指用货币表示的作业成本标准，广泛地应用于作业层。如单位产品的材料成本、单位产量的人工费用、单位销售的推销成本、单位案件的平均费用等都是常用的成本标准。资金标准则是表示资金运用结果的标准，广泛地应用于企业经营活动和公共投资活动中。如投资报酬率就是一个表示投资活动结果的典型资金标准。平衡表可以列出一系列的资金标准，如同期资产负债比、负债与净值比、固定投资额与总投资之比、现金和应收账款与应付账款之比、票据或证券同股本之比以及资金周转率等。收益标准是表示组织提供产品或服务后获得收入的标准。如单位产品收入、运输的吨公里收入、单位时间的销售额等都是常见的收益标准。

需要注意的是，物理标准和经济标准都是可以客观衡量的标准，控制过程中是否存在一些需要依靠管理者主观判断优劣好坏或有效无效的标准？严格来讲，控制系统是排斥主观标准的。但组织中确实存在着某些无法完全客观衡量的方面，如个人的工作能力、工作态度、组织忠诚心、工作责任心等，以及组织的民主化程度、文明程度、服务水平、战略对组织未来发展的影响等。控制系统要求标准具有可度量性和可控制性的特征，如果组织的某些活动无法客观地衡量，那么对相关活动的控制就只有依赖管理者的智慧和经验。管理者能力高低的区分也许正好取决于对这些"主观标准"的把握和对基于这些"主观标准"评价的那些活动的控制艺术。

国际标准化组织制定的 ISO9000 质量管理体系标准和 ISO14000 环境管理体系标准可以分别作为质量管理和环境管理的控制标准。

二、控制过程

控制系统有四个基本要素，当它们在一个循环中相继连接起来的时候就变成了一个控制过程（Control process），包括衡量、比较和矫正三个环节。

（一）衡量：测定和验证实际成就

衡量的首要工作就是收集信息。管理者可以借助于个人观察、统计报告、口头汇报和书面报告等形式收集信息。在小型组织或没有时限要求的大中型组织中，管理者通过视察可以获得关于实际工作的最直接和最深入的第一手资料，这种方式较阅读报告或听取汇报可获得更为丰富和完整的信息。在具有欺上瞒下、报喜不报忧的传统组织中，个人观察更有其现实意义。走动式管理（management by walking around）就是要求管理者走出办公室，到现场了解情况并解决问题的一种控制方法。统计报表是按照管理者的要求用图形或图表列出各种数据以传递信息的形式。在计算机化的今天，管理者越来越多地依赖统计报表来衡量员工的实际工作情况，统计报表是对工作活动结果的高度抽象与概括，它可以清楚明白地显示出各种数据之间的关系，使管理者了解员工表面行为背后的东西，这是个人观察所做不到的。但是，它只能提供有限的信息，因为它的基础是关键因素控制原理。[1] 口头汇报也是一种常用的信息收集形式，可以分为集体汇报和单人汇报、面对面汇报和电话或网上汇报等方式。口头汇报有快捷和反馈等优点，但也有过滤信息和不易存档的缺点。书面报告是一种更正式、更全面、更精确的信息传递形式，但它可能在时间方面来得更慢。管理者在衡量工作绩效时一般是综合利用这四种信息来源方式，区别只在于由于管理者的风格有异而导致的对信息收集方式的不同偏好。

衡量工作对员工行为有较强的导向作用。衡量什么样的工作内容也是衡量中的关键问题。从理论上讲，衡量是对工作绩效的衡量，但从操作角度来讲，就没有这么简单，如是否衡量工作活动过程？注重结果还是结果与过程同时注重？一项工作活动的结果总是多种多样的，绩效指的是哪种结果？如何衡量常规性活动和创造性活动？在这方面没有什么统一有效的衡量模式供读者学习使用。各个组织都会有自己的惯用衡量模式，甚至每个管理者都可能会有自己的惯用衡量模式。一般而言，越是接近基层的管理者，越注重对过程或常规性活动的衡量；越是接近高层的管理者，越注重对结果和创造性活动的衡量。简单来说，衡量就是对与规划确立的标准相关的内容的衡量，像工作满意度、出勤率、生产率、原材料利用率等指标看似结果，实际上是通过对这些指标的评价来衡量工作过程，而对产量、销售额、市场份额等指标的评价更多关注的是工作结果。

（二）比较：确定偏差

通过比较可以确定实际工作绩效与标准之间的偏差。比较时需要做到：确定偏差范围和偏差大小及方向。

---

〔1〕 关键因素控制原理又称为控制关键点原理。可以将其表述为：为了进行有效控制，需要特别注意根据各种计划来衡量工作成效时有关键意义的那些因素。优选控制的关键点是一种管理艺术。

偏差范围是管理者可以接受的绩效与标准的偏离程度，它包括允许上限和允许下限，有时候偏差范围就是允许上限或允许下限。如某公司的利润增长目标是10%，允许下降1%，那么利润目标的偏差范围就是－1%。又如《公务员法》规定，机关有权辞退连续旷工15天的公务员，15天就是旷工控制标准的偏差范围。国家法律、法规和政策规定了某些控制对象的偏差范围，对各类组织普遍有效。组织控制中的多数偏差范围都是组织根据自己的情况确定的。

确定偏差的大小及方向就是要将衡量所得的实际工作绩效与标准相比较，从而获得偏差绝对值和偏差发展趋向。这时需要对以下问题作出回答：偏差是否在允许限度内？偏差是稳定的还是正在扩大或缩小？偏差的发展速度如何？偏差是在标准之上发展还是在标准之下发展？偏差产生的关键原因是什么？这样的原因是否在管理者的控制范围内？在对这些问题作出明确回答的基础之上，用简明而清晰的语言概括偏差及其成因。

（三）矫正：采取措施，修正行为

如果测定的偏差超出了偏差范围，那么管理者就应该有所行动。一般而言，若偏差及其成因可以十分清晰地表达出来，且组织结构又是良好的，则矫正可有效地进行。因为控制职能告诉我们偏差发生在什么环节，组织职能告诉我们该环节由某人或某部门负责，因而便可以很快采取措施加以矫正。管理者的矫正行动可以在以下两个方案中进行选择：改进实际绩效或修订标准。

如果偏差产生的原因是在管理者所能控制的范围内，且标准又是适当的，那么矫正行动应该采用改进实际绩效的方案。此时需针对偏差产生原因，运用组织功能或激励功能矫正偏差。可选策略有：明确划分职责范围，重新分配职务，增加工作人员，辞退不得力人员，清楚地交代工作内容，加强沟通和合作，进行技术或工艺变革，改变领导方式，强化资源供给，重新设计工作，轮换工作，培训人员，给员工以明确的奖励期望，开展合理化建议活动，开展工作竞赛活动，关心员工成长与发展，职业生涯设计等。

如果偏差产生的原因是管理者所不能控制的，且组织在排除障碍方面又不能给予有效帮助，那么矫正行动就只能采取修订标准的方案了。修订标准是运用组织的规划职能矫正偏差，可选策略有：提高标准或降低标准。此处的修订主要指降低标准。需要特别注意的是，对标准的修订实质上是对原有规划的修订。这种修订是立足于早先的规划不适应当前情况的基础上，即在实现原定标准的过程中，存在着重大的、难以克服的现实障碍，而非立足于标准执行者抱怨的基础上。因为，归因理论告诉我们，无论是普通员工还是管理人员，当他们没有达到标准时，首先想到的是责备标准本身。如果管理者认为标准是现实的，那么就要坚持标准，并向标准执行人员作出解释，帮助其解决工作中的困难，提高执行者对标准的实现期望，而不能随便修订标准，否则会引起许多麻烦。

衡量、比较、矫正构成一个完整的控制过程。控制职能的履行就是由衡量—比较—矫正形成的连续循环，从而使组织处于动态平衡的发展之中，如图14－1。

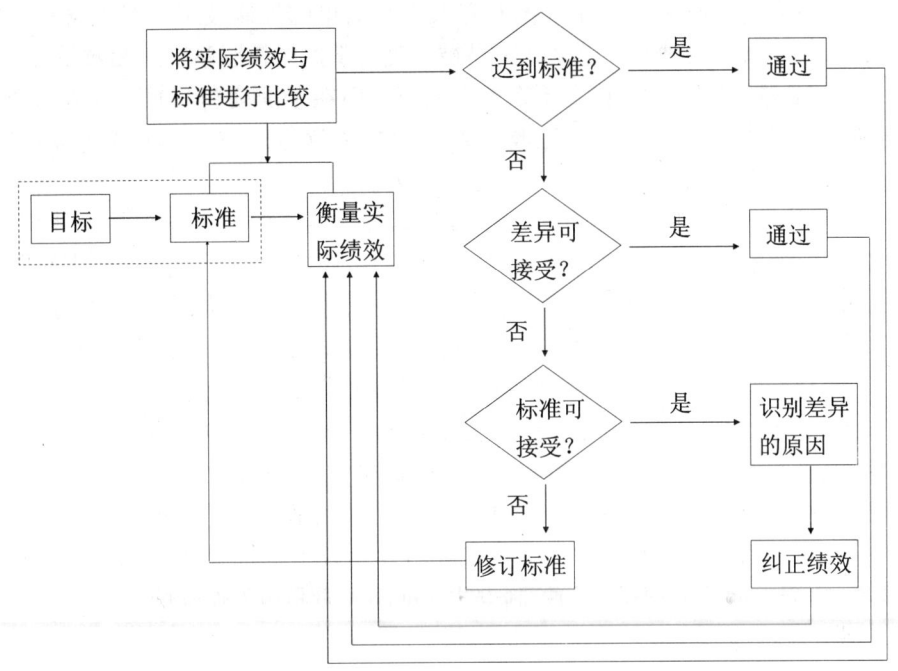

图 14-1　控制过程

三、有效控制的特性

组织可以通过控制系统，检查一切事情的进展是否符合规划。虽然控制系统千差万别，但有效控制系统都倾向于有某些相同特性。

1. 与规划匹配。控制要"盯住"规划的执行情况，及时发现并矫正偏差，保证目标的实现。所以，控制系统的设计应该能反映规划之要求，应该能使管理者同步了解规划执行情况。与规划匹配的控制系统是通过对关键因素的掌握来控制整个规划的实施的，正如光控路灯只注意光线的明暗程度一样。

2. 与组织结构匹配。组织结构可以反映规划执行的责任所在，控制越能反映出组织内部的责任所在，就越能促进对偏差的矫正。成本中心、利润中心和投资中心（参见本章第三节）都是与组织结构有效匹配的良好控制方法。

3. 与管理者性格匹配。控制系统是为了帮助管理者履行其管理职能的，故管理系统的设计应该因人而异，应该符合管理者的"口味"。有人喜欢用抽象的图表反映情况，有人喜欢用形象的连环画带来信息；有人喜欢通过互联网进行沟通，有人喜欢通过现场走动进行控制；有人喜欢书面报告，有人喜欢面对面的交流；有人喜欢复杂的控制技术，有人喜欢简单的控制技术；有人喜欢专家帮助，有人喜欢单打独斗。总之，不易被管理者掌握的控制系统是无效系统。

4. 信息准确而及时。信息不在于多而全，而在于准确和及时。控制系统提供准确而及时的信息可以迅速地改变管理者的注意力，并使之采取有效行动。信息如果是不准确的或过时的，那就毫无用处。

5. 经济性。控制的效益有多大很难计算，但控制的成本通常是可计算的。对控制系统的投入取决于被控活动的重要性和组织规模两个变量，如尖端军事武器的研制对国家安全至关重要，跨国公司由分散在世界各地众多的分公司、子公司或合作、合资公司组成，它们对控制系统投入的费用是巨大的。总之，以最小的成本发现并纠正偏差的控制系统就是最经济的。

6. 标准多重且合理。标准是行动的指挥棒，单一标准控制往往导致员工形成狭隘的工作方式，多标准控制可以促进组织和个人的全面发展。

7. 战略高度。战略高度与关键因素控制法是相辅相成的，控制重点应放在对目标实现有重大影响的地方，即最容易出现偏差且一旦出现偏差则危害甚大的地方。"眉毛胡子一把抓"的控制方式从战略上看是得不偿失的。

8. 强调例外。控制系统应该具有对例外情况及时报告并迅速作出反应的机制，但良好的例外控制机制有赖于完善的持续性计划和权责明确的组织结构。

9. 纠正行动。有效控制系统不仅可以显示出偏差的发生，而且还能显示出矫正措施，就是说，它在指出问题所在的同时也可以给出解决问题的办法。

10. 灵活性。控制系统应该具有适应变化的能力。在规划发生变化或出现了规划未曾预料到的情况，或组织规模和结构发生了变化，或决策失败时，控制系统会适应情况继续有效地起作用。随着时间或条件的变化，控制系统应能调整其控制方式。

四、控制机能异化

控制的目的在于改善组织行为，保证目标的实现。但在实际生活中，控制往往出现异化现象，偏离了控制的要求。

控制过度是控制机能异化的常见表现。事无巨细地给予监督和指导、对那些仍处于偏差范围内的问题大发雷霆、将所有权力收归于管理者、下班时对每个员工进行搜身、过度限制员工上厕所的时间和次数等，都是控制过度的表现形式。过度控制既耗费时间和精力，又耗费金钱，还可能引起不满情绪和对抗行为，导致组织的正常功能失调，从而降低了生产率。

目标置换（参见第五章第一节）是控制机能异化的又一表现。由于控制系统强调标准的清晰和严格，致使某些员工僵死地执行标准，忘却了标准来自于目标，甚至忘却了标准有其允许的偏差范围，用标准的工具性价值代替了目标的最终价值。目标置换否定了控制的灵活性，导致管理效率和效能的下降。

弱化直接控制是控制机能异化的第三种表现形式。直接控制是针对间接控制而言的，间接控制是立足于他人的控制，直接控制则立足于组织成员的自我控制。现代控制理论倡导以直接控制为主，辅之以间接控制，在目标管理、全面质量管理、零缺点管理中都贯穿了这一思想。但在现实生活中，有些管理者认为控制就是监督、制约和操纵下级人员，因而采独裁管理风格，对下属工作说三道四，任意指责，这种做法严重弱化了直接控制，其直接后果就是挫伤了下属的工作积极性，降低了工作效率。

篡改控制数据是控制机能异化的第四种表现形式。由于控制系统的存在，导致有些员工为避免上级指责而采用歪曲实际数据、强调功劳、隐匿过失等方式对抗控制，使个人或部门的工作绩效看上去非常好。组织中越重要的事情，对个人或部门报酬越大的工作，篡改控制数据的事情就越有动力，因为与其实实在在地工作，不如操纵衡量标准或上报数据来得那么轻松。篡改控制数据常常导致组织决策失误，并使控制机能严重失调。

单一标准导向是控制机能异化的第五种表现形式。尽管控制系统强调标准多样化，但组织在特定时期需要突出中心目标，加之关键点控制理论，致使组织成员作出上级只关心某个单一标准的错误判断。标准的导向作用指挥着员工只在这个标准上花费时间和精力，使其看起来非常好。单一标准导向通常造成组织的畸形发展结果，同时，很难发展出健全的组织文化。

五、全面质量管理

（一）全面质量管理概念及原理

全面质量管理方法不仅体现了全面质量改进的经营理念，而且体现了先进的控制思想和控制理论。质量管理革命不仅席卷全球企业界，而且在新公共管理运动中大大地影响和改造着公共领域的管理。[1]

全面质量管理（Total Quality Management，TQM）是指一个组织以质量为中心，以全员参与为基础，目的在于通过让顾客满意和本组织所有成员及社会受益而达到持续性发展的管理途径或方法。顾客满意、全员参与、附加价值、持续改善是其基本理念。

全面质量管理的核心就是质量控制。质量控制（Quality Control）短语由质量和控制两个词组成。"质量"一词并不具有绝对意义上的"最好"，而是指"最适合于顾客的要求"，包括产品的实际用途和售价。"控制"一词表示一种管理手段，包括四个步骤：制定质量标准、评价标准的执行情况、偏离标准时采取纠正措施和安排改善标准的计划。

影响产品质量的因素无非就是技术方面的（即机器、材料和工艺）和人力方面的（即操作者、班组长和其他人员），在这两类因素中，人的因素重要得多。为有效地控制影响产品质量的因素，就必须在生产或服务过程的所有主要阶段加以控制，包括新设计控制、进厂材料控制、产品控制和专题研究四个方面，这些合起来称为质量控制工作（Job of Quality Control）。从人的方面来看，质量管理包括两个方面：一是为有关的全体人员和部门提供产品的质量信息和沟通渠道，二是为有关的雇员和部门参与整个质量管理工作提供手段。人的方面是质量控制的根源，通过由操作者自己衡量成绩来促进和树立他对产品质量的责任感和关心是全面质量管理工作的最积极成果。站在组织角度上看，全面质量管理是上层管理部门的工具，必须有上层管理部门的全力支持，总经理应当成为公司质量管理工作的"总设计师"，同时，他和公司其他主要职能部门还应促进公司在效率、现代化、质量控制等方面的发挥。

TQM 是一种由顾客的需要和期望驱动的管理哲学。它以质量为中心，建立

第十四章

[1] 质量控制理论的发展可以概括为五个阶段。①20 世纪 30 年代以前为质量检验阶段，仅能对产品的质量实行事后把关。②1924 年提出休哈特理论，质量控制从检验阶段发展到统计过程控制阶段，利用休哈特工序质量控制图进行质量控制。休哈特认为，产品质量不是检验出来的，而是生产制造出来的，质量控制的重点应放在制造阶段，从而将质量控制由事后把关提到制造阶段。③20 世纪 50 年代，戴明和朱兰将在美国不受欢迎的全面质量管理方法运用于日本的制造业，大获成功。1961 年菲根堡姆总结全面质量管理理论（TQM），将质量控制扩展到产品寿命循环的全过程，强调全体员工都参与质量控制。④20 世纪 70 年代，田口玄一博士提出田口质量理论，它包括离线质量工程学（主要利用三次设计技术）和在线质量工程学（在线工况检测和反馈控制）。田口博士认为，产品质量首先是设计出来的，其次才是制造出来的。因此，质量控制的重点应放在设计阶段，从而将质量控制由制造阶段进一步提前到设计阶段。⑤20 世纪 80 年代，利用计算机进行质量管理（CAQ），出现了在 CIMS 环境下的质量信息系统（QIS）。借助于先进的信息技术，质量控制与管理又上了一个新台阶，因为信息技术可以实现以往所无法实现的很多质量控制与管理功能。

在全员参与的基础上，其目的在于长期获得顾客满意、组织成员和社会的利益。因此全面质量管理的基本原理适用于任何制造产品和提供服务的过程，适合于任何公共和私人领域的管理，区别仅在于具体方法的使用上略有不同。

（二）TQM 的基本要求

1. 强烈地关注顾客。这里的顾客不仅包括购买产品或服务的外部个人或机构，还包括组织内部相互提供服务的部门。顾客是衣食父母，以顾客为中心的管理模式正逐渐受到公私部门的高度重视。全面质量管理注重顾客价值，其主导思想就是"顾客的满意和认同是长期赢得市场，创造价值的关键"。为此，全面质量管理要求必须把以顾客为中心的思想贯穿到所有业务流程的管理中，不但要生产物美价廉的产品，而且要为顾客做好服务工作，最终让顾客放心满意。

2. 坚持不断地改进。TQM 是一种永远不能满足的承诺，"非常好"还是不够，质量总能得到改进，没有最好，只有更好。在这种观念的指导下，持续不断地改进产品或服务的质量和可靠性，确保获取竞争对手难以模仿的竞争优势。通过 PDCA 循环(亦称戴明循环)提高产品、服务或工作质量。P(Plan)——计划；D(Do)——实施；C（Check）——检查；A（Action）——处理。计划阶段 P（Plan）的主要内容是通过市场调查、用户访问、国家计划指示等，搞清楚用户对产品质量的要求，确定质量政策、质量目标和质量计划等。执行阶段 D（Do）是实施 P 阶段所规定的内容，如根据质量标准进行产品设计、试制、试验，其中包括计划执行前的人员培训。检查阶段 C（Check）主要是在计划执行过程中或执行之后，检查执行情况是否符合计划的预期结果。处理阶段 A（Action）主要是根据检查结果，采取相应的措施。四个阶段循环往复，没有终点，只有起点。

3. 改进组织中每项工作的质量。TQM 采用广义的质量定义，不仅与最终产品有关，并且还与组织如何交货、如何迅速地响应顾客的投诉、如何为客户提供更好的售后服务等都有关系。全面质量管理的全面性包括设计过程、制造过程、辅助过程、使用过程等四个过程的质量管理。产品设计过程包括市场调查、产品设计、工艺准备、试制和鉴定等过程（即产品正式投产前的全部技术准备过程）。制造过程是指对产品直接进行加工的过程，是产品质量形成的基础。辅助过程是指为保证制造过程正常进行而提供各种物资技术条件的过程，包括物资采购供应、动力生产、设备维修、工具制造、仓库保管、运输服务等。使用过程是考验产品实际质量的过程，是组织内部质量管理的继续，也是全面质量管理的出发点和落脚点，这一过程中质量管理的基本任务是提高服务质量（包括售前服务和售后服务），保证产品的实际使用效果，不断促使企业研究和改进产品质量，主要的工作内容有开展技术服务工作、处理出厂产品质量问题、调查产品使用效果和用户要求等。

4. 精确地度量。TQM 采用统计度量组织作业中人的每一个关键变量，然后与标准和基准进行比较以发现问题，追踪问题的根源，从而达到消除问题、提高品质的目的。其中常常会用到数理统计方法，如显著性检验（假设检验）、实验设计（试验设计）、方差分析与回归分析、控制图、统计抽样等。但应注意，无论何时、何处用到数理统计方法，它也只是全面质量管理中的一个内容，并不等于全面质量管理。

5. 向员工授权。TQM 吸收一线员工加入改进过程，广泛地采用团队形式作为授权的载体，依靠团队发现和解决问题。TQM 的实施步骤包括以下六个环节：①观念。通过培训教育使员工牢固树立"质量第一"和"顾客第一"的思想，制造良好的组织文化氛围，采取切实行动，改变组织文化和管理形态。②标准。制定人、事、物及环境的各种标准，保证运作过程中衡量资源的有效性和高效性。③参与。推动全员参与，对全过程进行质量控制与管理，确保在推行 TQM 的过程中采用系统化的方法进行管理。④计量。计量包括测试、化验、分析、检测等，是保证计量的量值准确和统一，确保技术标准的贯彻执行的重要方法和手段。⑤信息。组织根据自身的需要，应当建立相应的质量信息系统，并建立相应的质量数据库。⑥责任。全面质量管理的推行要求组织员工自上而下地严格执行，建立质量责任制，设立专门质量管理机构负责检查。

第三节　预算、责任中心和平衡计分卡

一、预算类型

预算概念在第五章第三节中作为计划的一种手段已经提到。的确，预算是一种被广泛使用的管理技术，它既是规划工具，又是控制工具。虽然它是一种传统技术，但在现代管理中仍是一种重要的管理工具。预算（Budget）是计划的数量说明（不只是金额的反映），它用数字方式表示预期结果。这种结果可以是财务方面的，像收入、支出、资本预算等；也可以是非财务方面的，像工时、销售量、产量等。预算构成了控制系统的数量基础。由于它使计划数字化，所以常被用来衡量部门的工作情况或生产情况和部门与部门之间的绩效差异，也成为对一个部门在不同时期的工作情况进行衡量和比较的一个标尺。具体地说，预算的意义在于：①帮助管理者协调物质资源和金融资源；②以预算为基础更容易建立控制标准；③可以清楚地表示出组织资源去向及其运用效果；④有利于对管理者及各个部门的工作进行评价。

组织计划的多样性决定着预算的多样性，一般来说，预算主要包括业务预算、专门决策预算和财务预算三大类。

（一）业务预算

业务预算（Operational Budget）又称营业预算，指组织日常发生的各项基本活动的预算。业务预算一般按年度进行编制。对企业来说，这些基本活动包括销售、生产、采购和管理等方面。

（1）销售预算（Sales Budget）：关于产品销售收入的计划。企业通常是在对自己的销售历史资料进行分析并对未来销售作出预测后，分别按照产品名称、数量、单价、销售金额等项内容编制销售预算，一般是按月或按季度编制年度销售预算，在销售预算正表下面通常附有计划期间内的"预计现金收入计算表"。

（2）生产预算（Production Budget）：关于产品生产数量的计划。生产预算是根据销售预算作出的，通常按照产品名称和数量编制。

（3）直接材料采购预算（Purchases Budget of Direct Materials）：关于生产产品所需直接材料数量的计划，它是根据生产预算作出的。通常在采购预算正表下面附有计划期间内的"预计现金支出计算表"。

（4）直接人工预算（Direct Labour Budget）：关于生产产品所需人工工时和人工成本的计划。该预算是根据生产预算中的预计生产量以及单位产品所需直接人工小时和每小时的工资率进行编制的。

（5）制造费用预算（Manufacturing Overhead Budget）：又称工厂间接费预算，是关于生产成本中除去材料费和直接人工费以外的一切费用的计划。它包括变动费用和固定费用两类，前者含有间接人工费、间接材料费、维护费、水电费、润滑费等项，后者含有维护费、折旧费、管理费、保险费、财产税等项。制造费用预算正表下面通常附有计划期间内的"预计现金支出计算表"。

（6）单位生产成本预算（Unit Production Cost Budget）：关于单位产品成本的计划。该预算是根据前五类预算编制的。通常采用变动成本法作该项预算，即单位产品成本中只包括料、工、费三大因素的变动部分。

（7）推销及管理费用预算（Selling & Administrative Expense Budget）：关于制造业务范围以外预计发生的各种费用的计划。它同样包括变动费用和固定费用两类，前者含有销售佣金、办公费、运输费等项，后者含有广告费、管理人员薪金、保险费、财产税等项。在正表下面通常附有"预计现金支出计算表"。

（二）专门决策预算

专门决策预算（Special Decision Budget）：指针对组织非日常性专门项目的预算，这类决策不是日常性经营决策，多数涉及需大量资金投入且在较长时间内（1年以上）对组织有持续影响的投资决策，所以，这类预算又称资本预算（Capital Budget）或资本支出预算（Capital Expenditure Budget）。如重要设备购置、工厂扩建、技术改造、设备更新、研究与发展投入等项目的预算就属于专门决策预算。专门决策预算是在事先做好的项目可行性分析的基础上编制的，预算应该具体反映出何时投资、投资多少、资本从何处取得、何时可获得收益、每年的现金净流量是多少、需多长时间回收全部投资等项内容。另外，筹措资金、发放股利、将闲置资金向外界投放等项目也需要作出专门决策预算，它应该具体反映出筹措、发放、投放的金额、日期、利率等项内容。每项专门决策预算的具体情况各不相同，没有统一的预算格式，预算人员可自行设计。

（三）财务预算

在企业中，财务预算（Financial Budget）是指在计划期内反映有关预计现金收支、经营成果和财务状况的预算，包括现金预算、预计收益表和预计资产负债表三种。业务预算和专门决策预算都可折合成金额反映在财务预算内，在此意义上讲，财务预算就是总预算（Master Budget），业务预算和专门决策预算就是分预算（Partial Budget）。①现金预算（Cash Budget）：主要反映计划期间预计的现金收支的详细情况，包括现金收入、现金支出、现金余额和通融资金（或投放资金）四个部分；②预计收益表（Preformed Income Statement）：用来反映企业在计划期间生产经营的财务情况，并作为企业控制其经营活动最终成果的重要依据，包括销售收入、变动成本、贡献毛益、期间成本、税前净利和净利等项内容；③预计资产负债表（Preformed Balance Sheet）：主要用来反映企业在计划期末那一天预计的财务状况。它的编制需以计划期初的资产负债表为基础，根据计划期间各项预算的有关资料作必要调整。

二、预算方法

（一）零基预算

零基预算（Zero-Base Budgeting or ZBB）的全称叫做"以零为基础的编制计划和预算的方法"。它要求管理者每年都要重新论证他们的预算申请，而不管以前是否有过拨款。[1] 零基预算与传统的增量预算法或减量预算法[2]截然不同，其基本原理是：在任何一个预算（计划）期内，任何一种费用项目的开支数，无论是原有项目或新立项目，都从零开始，而不以原预算为基数或援引前期的开支水平。这样，以既无费用、亦无服务，既无成本、亦无收入为始点，从根本上来考虑各个费用项目的必要性及其规模。

零基预算的编制过程，大体上可分为三个步骤：①各个部门的管理者，根据组织在计划期间的战略目标和本部门承担的具体任务，详细分析本部门在计划期内需要发生哪些费用项目，并对每个费用项目编写一套方案，提出费用项目和需要开支的数额。②预算委员会审核各个部门呈报的预算方案，对每一费用进行成本效益分析，将其所费与所得进行比较，用来对各个费用开支方案进行评价。在仔细评估组织每项活动的基础上，确定每项活动的优先顺序，决定每项活动是继续进行，还是修改或者终止。③按照优先顺序，结合计划期间可动用的资金来源，分配资金，落实预算。

（二）弹性预算

弹性预算（Flexible Budget）就是在编制费用预算时，考虑到计划期间业务量可能发生变动，编制出一套能够适应多种业务量的费用预算，以便分别反映在该业务量的情况下所应开支的费用水平。简言之，弹性预算是针对变化着的业务量编制与之相适应的费用水平的一种预算。

弹性预算与固定预算[3]相对应，前者是在后者的基础之上作了一定的调整，其基本原理为：以固定预算中的预计业务量为基础，上下以一定间隔（一般为5%或10%）进行变动，编制出各项目与变动的业务量对应的弹性费用，形成一套费用随业务量变动而变动的预算方案。

总之，弹性预算可以根据实际发生的业务量水平，选用相应的业务量水平

---

[1] 零基预算是美国德克萨斯仪器公司的彼得·派尔（Peter Pyhrr）于1970年12月发表在《哈佛商业评论》上题为"零基预算"一文中正式提出的一种现代预算方法。该方法深受卡特赞赏。他在1973年任佐治亚州州长时，曾将这种新方法运用于政府预算。在1977年任美国总统后，命令行政部门都采用零基预算制，颇见成效。

[2] 传统的预算编制一般都是以基期的各种费用项目的实际开支数为基础，然后再根据计划期间各种因素的变动情况来确定各项费用的预算。如果编制费用预算是在原有基础上增加一定的百分率，就叫做增量预算法（Incremental Budgeting）；如果是在原有基础上减少一定的百分率，就叫做减量预算法（Decremental Budgeting）。

[3] 固定预算(Fixed Budget)是根据计划期的某一预计业务量水平来确定各个费用项目的开支数目的预算方法。它的缺点在于：每当实际发生的业务量与编制预算所根据的业务量发生差异时，各费用项目的实际数与预算数无可比基础。在实际工作中，由于市场形势的变化或季节性原因，实际业务量水平常常起伏波动，为使实际的费用开支与预算的费用开支可以进行比较，于是产生了弹性预算方法。

的费用预算数与实际支付数进行比较，便于管理者事先据此严格控制费用开支，也有利于事后仔细分析各项费用节约或超支的原因，但弹性预算的预算成本也较高。

三、责任中心

责任中心（Responsibility Center）指各责任层次能够严格进行控制的活动区域，即责任层次对它们所进行工作活动的明确的责任范围。责任中心控制方法就是明确各责任层次的责任中心，通过考核和评价，按成果对各责任层次进行奖惩的控制方法。它是一种统一领导、分级管理的内部控制制度，包括成本中心、利润中心和投资中心三类。

（一）成本中心

成本中心（Cost Center）是成本发生的区域，它只能控制成本，即只对成本负责。成本中心通常没有收入，因而也无须对收入和投资负责。成本中心的应用范围最广，任何对成本负有责任的部门都是成本中心，如工厂、车间、班组和工段等。有些不进行生产的服务部门，如财务部门、人事部门、法律部门和后勤部门等，均称为费用中心（Expense Center），也都属于广义的成本中心。

成本中心所计算和考核的是责任成本，而不是传统的产品成本。凡按"谁受益谁承担"的原则把成本归结到各产品明细账上的，叫做产品成本。它是按承担的客体（产品）进行计算的，反映和监督产品成本计划的完成情况，并且是实行经济核算制的重要手段。如按"谁负责谁承担"的原则把成本归结到负责控制的成本中心编号账户上的，则叫做责任成本。它是按责任中心进行计算的，反映和考核责任预算的执行情况，是控制生产耗费和贯彻经济责任制的主要工具。

一般将成本分为可控成本和不可控成本两类。成本中心只对可控成本负责，即属于成本中心的各项可控成本方构成该中心的责任成本。对责任中心的成本考核以及责任中心的业绩报告均以可控成本为依据。

（二）利润中心

利润中心（Profit Center）是既对成本负责又对收入和利润负责的区域，就是说，利润中心既要控制成本的发生，也要对取得的收入负责。利润中心可能是自然形成的，也可能是人为划分的，前者犹如独立的企业，可在外界市场上销售产品和服务，后者是在组织内部各责任中心之间，按照内部转移价格，"销售"自己的产品和服务。如此看来，实际上大多数成本中心都可转为人为的利润中心。

利润中心的产品可能是物质产品，也可能是各种类型的劳务。为计算其经济效益，每个利润中心必须进行完整独立的变动成本和固定成本计算，以便算出收入和成本的差额。对利润中心的评价与考核以及利润中心的业绩报告，都应以贡献毛益和税前净利为重点。[1]

（三）投资中心

投资中心（Investment Center）是既对成本、收入、利润负责，又对投入资金负责的区域，就是说，投资中心不但要控制收入与成本，同时也要控制其所占用的全部资金。投资中心限于规模和经营管理权力较大的部门，如事业部、子公司或分公司等。投资中心对投资的经济效益负责，拥有充分的决策权。组织对各投资中心共同使用的资产必须划分清楚，共同发生的成本也应按适当标准进行分配。对投资中心的评价与考核以及投资中心的业绩报告的重点都应放在投资报酬率和剩余收益两个指标上。[2]

四、平衡计分卡

（一）平衡计分卡的概念及原理

对于组织绩效而言，预算和财务比率虽很重要，但不完全或有局限性，平衡计分卡[3]的绩效控制方法因运用而生。

平衡计分卡（Balanced Score Card，BSC）方法是一套从学习与成长、业务流程、顾客、财务等四个方面对组织绩效进行财务与非财务综合评价的方法。传统的财务会计模式只能衡量过去发生的事情（滞后的结果因素），但无法评估组织前瞻性的投资（领先的驱动因素）。在工业时代，注重财务指标的管理方法还是有效的。但在信息社会里，传统的业绩管理方法并不全面，组织必须通过在客户、供应商、员工、组织流程、技术和革新等方面的投资，获得持续发展的动力。BSC正是基于这样的认识发展起来的。

BSC的学习与成长维度是指组织为实现远景战略应该取得哪些进步来适应变革和发展，业务流程维度是指组织为满足顾客和股东的需求应该在哪些业务中处于领先地位，顾客维度是指组织要实现远景战略应该向顾客展示什么，财

---

[1] 贡献毛益=销售收入-变动成本；税前净利=贡献毛益-固定成本。

[2] 投资报酬率=税后净利润/总资产。剩余收益=营业利润-（投资总额×预期最低报酬率），其中，预期最低报酬率一般等于或略大于市场的存款利率。

[3] 平衡计分卡是在20世纪90年代初由哈佛商学院的罗伯特·卡普兰（Robert Kaplan）和诺朗诺顿研究所所长、美国复兴全球战略集团创始人兼总裁戴维·诺顿（David Norton）发展出的一种全新的组织绩效管理方法。平衡计分卡自创立以来，在国际上，特别是在美国和欧洲，很快引起了理论界和客户界的浓厚兴趣与反响。平衡计分卡被《哈佛商业评论》评为75年来最具影响力的管理工具之一，它打破了传统的单一使用财务指标衡量业绩的方法，在财务指标的基础上加入了未来驱动因素，即客户因素、内部经营管理过程和员工的学习成长。

务维度是指组织要在财务方面取得成功应该向股东展示什么。可见，平衡计分卡方法打破了传统的只注重财务指标的业绩管理方法，反映了财务、非财务衡量方法之间的平衡，长期目标与短期目标之间的平衡，外部和内部的平衡，结果和过程的平衡，管理业绩和经营业绩的平衡等多个方面。BSC 能反映组织综合经营状况，使业绩评价趋于平衡和完善，利于组织长期发展。

　　（二）平衡计分卡的内容

　　平衡计分卡中的目标和评估指标来源于组织战略，它把组织的使命和战略转化为有形的目标和衡量指标。BSC 中的学习和成长维度确认组织为了实现长期的业绩而必须进行的对未来的投资，包括对雇员的能力、组织的信息系统等方面的衡量。BSC 的业务流程维度关注对客户满意度和实现组织财务目标影响最大的那些内部过程，并为此设立衡量指标，它重视的不是单纯的现有经营过程的改善，而是以确认客户和股东的要求为起点、满足客户和股东要求为终点的全新的内部经营过程。BSC 的客户维度确认组织将要参与竞争的客户和市场部分，并将目标转换成一组指标，如市场份额、客户留住率、客户获得率、顾客满意度、顾客获利水平等。组织在上述三个方面的成功必须转化为财务上的最终成功，BSC 的财务维度列示组织的财务目标，并衡量战略的实施和执行是否在为最终的经营成果的改善做出贡献。BSC 中的目标和衡量指标是相互联系的，这种联系不仅包括因果关系，而且包括结果的衡量和引起结果的过程的衡量相结合，最终反映组织战略。

　　BSC 不仅能有效克服传统的财务评估方法的滞后性、偏重短期利益和内部利益以及忽视无形资产收益等诸多缺陷，而且是一个集战略管理、绩效评估和组织控制于一体的管理系统。其基本流程如下：①以组织的共同愿景与战略为内核，运用综合与平衡的哲学思想，依据组织结构，将组织愿景与战略转化为下属各责任部门（如各事业部）在财务、顾客、内部流程、学习与成长四个方面的具体目标（即成功的因素），并设置相应的四张计分卡（见图 14 – 2）。②依据各责任部门分别在财务、顾客、内部流程、学习与成长四种计量可具体操作的目标，设置一一对应的绩效评价指标体系，这些指标不仅与组织战略目标高度相关，而且是以先行（Leading）与滞后（Lagging）两种形式，同时兼顾和平衡组织长期和短期目标、内部与外部利益，综合反映战略管理绩效的财务与非财务信息。③由各主管部门与责任部门共同商定各项指标的具体评分规则。一般是将各项指标的预算值与实际值进行比较，对应不同范围的差异率，设定不同的评分值。以综合评分的形式，定期（通常是一个季度）考核各责任部门在财务、顾客、内部流程、学习与成长等四个方面的目标执行情况，及时反馈，适时调整战略偏差，或修正原定目标和评价指标，确保公司战略得以顺利与正确地实行。

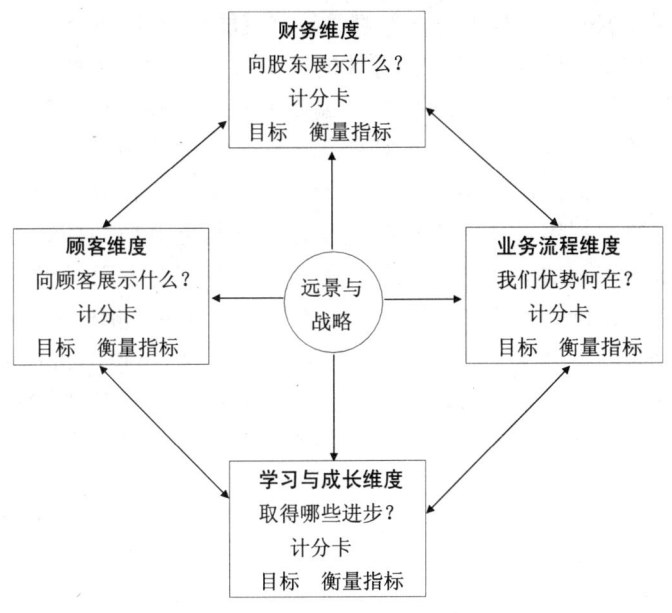

图 14 - 2　平衡计分卡示意图

本章小结

　　控制就是监视各项活动，测量、核对、验证这些活动的偏差，并纠正各种重要偏差，保证活动按规划进行的过程。控制除具有确保规划有效实施的功能外，还有助于管理者消除因授权产生的困惑。控制的指向主要是人员行为、组织信息、财务活动、作业活动和组织绩效。根据时间维度可将控制分为具有未来导向的前馈控制、具有同期导向的即时控制和具有过去导向的后馈控制三类。

　　控制系统有四个基本构成要素：可度量、可控制的标准；度量结果的手段；比较偏差的手段；调整偏差的手段。其中，标准是控制的基础，它可以分为物理标准和经济标准，其中的经济标准包括成本标准、资金标准和收益标准。控制标准来自于规划，是由目标延伸出来的。控制过程包括衡量、比较、矫正三个环节。衡量就是通过收集信息来测定和验证实际绩效，比较就是确定绩效与标准之间的偏差大小和方向，矫正就是对超出允许值的偏差予以纠正。控制过程是控制系统有效运行的过程，有效控制系统都有如下特性：与规划匹配，与组织结构匹配，与管理者性格匹配，信息准确而及时，经济性，标准多样且合理，战略高度，强调例外，纠正行动和灵活性。控制是改善组织行为的有效手段，但控制不当可能会导致控制机能异化，控制过度、目标置换、弱化直接控制、篡改控制数据、单一标准导向等都是控制机能异化的表现。

　　预算控制是一种传统的但十分有效的控制技术。业务预算、专门决策预算和财务预算是三类常用预算。现代预算编制方式有零基预算和弹性预算，零基预算是对传统的增量预算和减量预算变革的结果，弹性预算则是对传统的固定预算的有益补充。责任中心指责任层次的责任范围，包括成本中心、利润中心和投资中心三类，利用责任中心进行控制是一种行之有效的控制方法。平衡计分卡是一套从学习与成长、业务流程、顾客、财务四个方面对组织绩效进行财务与非财务综合评价的方法，它打破了传统的只注重财务指标的业绩管理方法，反映了财务、非财务衡量方法之间的平衡，长期目标与短期目标之间的平衡，外部和内部的平衡，结果和过程的平衡，管理业绩和经营业绩的平衡等多个方面，是一个集战略管理、绩效评估和组织控制于一体的管理方法。

自我测试 14

你是否有下列行为或态度？请在合适的位置上做记号	几乎没有	有时有	经常有
1. 我不惜一切代价都要争取胜利	—	—	—
2. 我会以他人的需要为先	—	—	—
3. 我寻找双方都满意的解决方案	—	—	—
4. 我设法卷入冲突	—	—	—
5. 我努力调查、理解引起冲突事件的原因	—	—	—
6. 我从不会从激烈的争论中退出	—	—	—
7. 我努力创造和谐气氛	—	—	—
8. 我通过协商获得自己想得到的那部分利益	—	—	—
9. 我避免公开讨论有争议的问题	—	—	—
10. 当遇到不一致的情况时，我将信息公开	—	—	—
11. 我不愿妥协，而是尽全力争胜	—	—	—
12. 我通过接受他人建议解决冲突	—	—	—
13. 我寻找中立方案解决意见不一致的问题	—	—	—
14. 我总是坚持自己的真实观点，以避免给人虚伪的印象	—	—	—
15. 我鼓励将各类问题予以公开	—	—	—
16. 我不愿意承认自己是错的	—	—	—
17. 在讨论中，我避免使别人处于尴尬境地	—	—	—
18. 我强调付出和奉献	—	—	—
19. 我早早地让步而不是争论不休	—	—	—
20. 我申明自己的立场并强调这是唯一正确的观点	—	—	—

第十五章
管理信息系统

提示：

　　信息是知识增量？——信息流——MIS——管理信息系统就是计算机系统？——信息处理三阶段——网络式数据处理——专家系统——决策定向——安全性检查——特别事项——面对面交流的价值是什么？——用 MIS 建立起竞争优势。

　　众所周知，信息对于管理工作是至关重要的，准确而及时的信息可以有效地降低或消除问题的不确定性，使管理工作更有成效。任何组织，不论管理者是否意识到，都存在着正式的或非正式的、人为设计的或自然形成的信息系统，管理者正是凭借着它们提供的信息，履行着自己的各项管理职能。尤其是管理的规划职能和控制职能的履行，与信息系统密切相关。可以说，缺少信息的管理将是艰难的，缺乏有效信息系统的组织将会遇到一系列麻烦。现代组织都致力于建立一个良好的管理信息系统为其服务。本章将定义信息概念，阐述管理信息系统的设计和实施，分析信息系统对管理的影响。

第一节　信　息

一、什么是信息

　　"信息"一词通常指音信和消息。在信息论中是指用符号传送的报道，报道的内容是接受符号者预先不知道的。在管理学中，信息（Information）是指改变某一特定情况的不确定程度的一种知识增量。这个定义是针对信息接受者而言的，有两个基本特性：①信息对管理者来说是一种知识增量，也就是说，管理者预先不知道信息的内容；②信息对管理者来说改变了某一特定情况的不确定程度。在多数情况下，信息会减少某一特定情况的不确定性，但有时信息也会增加某一特定情况的不确定性。

由定义可知，同一个报告、同一则消息、同一件事实、同一种现象、同一组数据等，是否透露出某种信息，常常因人而异，因为个人的认识能力和知识水平是有区别的。另外，一样东西是否构成信息，还取决于个人所关心的问题和他确立的参照标准。可以说，信息是造成管理者行为大不相同的原因之一。

在管理实践中，管理者追求信息与工作良好匹配的理想境地，但实际上，管理者经常面临的是信息超载或信息缺乏的情况。面对信息超载，管理者必须具有有效地处理信息的能力，筛选出对自己有用的信息，以保持与环境的平衡。如果管理者无力筛掉与工作无关的资料，自己就会陷入"信息海洋"中，超载情况就会继续发展，久而久之，管理者就会对现实世界产生麻木的感觉，导致不能有效地应付外界的变化。面对信息缺乏，管理者必须具有有效地获取信息的能力，保持与环境联络渠道之畅通，以便及时获取有效信息。如果管理者长期缺乏信息，同样会对环境失去知觉，最终必然导致决策失误。优秀的管理者会努力建立有效的管理信息系统，确立信息获取和传送的原则，保证恰如其分地获取和运用信息。

二、信息流

信息流（Information Flow）是指信息的传播与流动。信息流分采集、传递和加工处理三个过程，采集通常由操作层完成，传递由管理人员按管理结构层层传达，加工处理由统计人员按管理结构层层进行统计分析。

组织的正式信息流主要是由纵向交流（参见第十三章第三节）形成的。高层管理者在规划过程中要接受组织环境和组织内部的信息，经过一段时间的信息聚集，形成由战略、目标和各种计划组成的整体规划，这种规划以各种形式的信息通过中层流向作业系统。中层制定的职能计划和基层制定的实施方案也一并流向作业系统。规划以指示、命令、决定和工作规范的形式信息流向作业系统的同时被储存在控制系统中，以便日后与作业结果对比。作业系统被置于监督之下，以便维持对过程的控制。作业系统在接受组织的信息流的同时，也接受环境投入的物流和信息流，并在各个阶段向控制系统提供有关产出的质量、产量、成本等反馈数据。控制系统对反馈数据进行处理，获得信息，与规划比较。同时，控制系统也会接受环境的信息流入，结合作业系统的反馈信息，作出决策，调整不合适的规划。控制系统产生定期的工作总结和不定期的例外报告，流向高层管理者，成为高层检查和评价过程的一部分，这一评价过程又会导致对目标的修正，后续的规划活动将反映出此种反馈，整个过程是重复进行的。"一个组织及时地通过计划、执行和反馈的过程进行学习。"[1] 信息流对这种学习不断地产生着某种刺激作用。

通过以上分析可以看出,组织信息是由环境信息和内部信息共同构成的。控制系统是信息流的中心,它同时接受环境数据和内部数据,经过分析和处理,形成由外界信息和内部信息组成的信息库,并向管理者提供管理信息,这样的控制系统就具有管理信息系统的功能。

第二节 管理信息系统

一、什么是管理信息系统

管理信息系统(Management Information System or MIS),一般多解释为向管理者提供信息的计算机中心机构。本书在此略作扩展,将管理信息系统定义为能够为管理者经常提供所需信息的系统。这种系统可以是基于手工的,也可以是基于计算机的。当然,计算机支持的管理信息系统是研究的主要对象。

管理信息系统由信息源、信息接受者、信息管理者和信息处理机构等要素构成,如图 15-1。

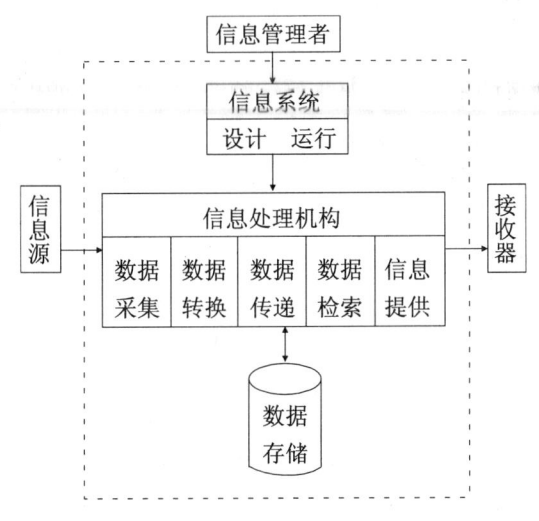

图 15-1 管理信息系统模型

---

〔1〕 〔美〕弗里蒙特·E. 卡斯特、詹姆斯·E. 罗森茨韦克:《组织与管理》,李柱流等译,中国社会科
　　学出版社 1985 年版,第 413 页。

信息源（Source）即信息的来源。管理信息系统的输入数据源可以按地点和时间两个标准进行分类。根据地点的不同，可分为内源和外源。内源数据产生于组织本身的活动，外源数据产生于组织的环境。根据时间的不同，可分为初始数据源和二次数据源。初始数据反映组织及其环境在某一时刻的情况，它处于不断变化之中，二次数据是系统现存数据库中的信息，它是对初始数据经过加工处理后的派生信息，获取初始数据必须运用各种数据采集手段，获取二次数据则必须解决检索技术的方法问题。

信息接受者（Recipient）表明信息的去向。系统输出信息的去向是存储载体或是直接使用者。

信息管理者（Manager）就是负责管理信息系统的设计和运行，并保证与其他因素恰当地协调配合的人。在手工处理的信息系统中，信息管理者的角色并不明显，因为他与信息处理机构是混在一起的。而在计算机支持的信息系统中，信息管理者的作用十分明显。根据系统类型的不同，信息管理者可能是管理人员、会计人员、统计人员、系统分析人员或系统工程师，甚至是一个独立的管理机构。

信息处理机构（Processor），从广义上讲是指获取数据，将它们转换为信息，并向接受者提供信息的一组装置。通常由数据采集装置、数据转换装置、数据传递装置以及数据存储和检索装置等部分构成。

管理信息系统中的"系统"二字具有一种顺序、安排和目的的意思，它特别强调提供给管理者的是信息，而非单纯的数据。"今天的组织就像一个摆满书籍的图书馆，根本就不缺乏数据，而是缺乏处理数据的能力，也就是说，缺乏将正确的数据在需要的时候送给正确的人。"[1] 简单说来，建立管理信息系统之目的就是采集数据并将其转换成对管理者有用的信息，并能将正确信息在正确的时候传递给正确的人。

二、管理信息系统的演变过程

"管理信息系统"是一个与计算机紧密联系在一起的概念，它的使用只有50余年的历史。但就管理信息系统关于信息的收集、加工、存储和传递的内涵来看，它有很长的历史。以信息处理采用的技术手段为标准，可将其划分为手工、机械和计算机三个阶段。

在19世纪以前，信息处理工作使用的是各种初级的计算工具，如算盘、手摇计算机、电动计算机等，这一阶段属于手工信息处理阶段。1890年，人们发

---

〔1〕 ［美］斯蒂芬·P. 罗宾斯：《管理学》，孙健敏译，中国人民大学出版社1997年版，第498页。

明了第一台卡片制表机（Tabulating Card Machine），并用于编制人口普查表，此后开始了信息处理的新阶段。这类机器与古典手工计算机有原则上的区别，它包括穿孔机、分类机、卡片机、整理机、复孔机和制表机等，能半自动地进行工作，通常称之为机械信息处理系统。但由于存储数据和处理能力的限制，致使系统处理信息的效率很低，应用范围仅限于金融会计和企业统计制表等方面。20世纪40年代以来，人类发明了电子计算机，随后出现了磁带、磁盘、光盘等大容量快速存储介质，加之互联网的形成，使得电子计算机在处理信息方面的应用范围有了突飞猛进的发展。人们通常将计算机支持的信息处理系统称为电子信息处理系统，应用于管理中则称之为管理信息系统。

在过去的半个世纪里，管理信息系统经历了一个快速变化的过程，其中的许多进步来源于计算机能力的提高和互联网的发展，这种发展趋势使得信息处理工具正朝着体积更小、速度更快、技术更先进、功能更强大、价格更便宜的方向发展。计算机支持的管理信息系统在其不断演变的过程中经历了四个阶段。

1. 间断集中式数据处理阶段（1954年~1964年）。虽然世界上的第一台计算机于1946年在美国诞生，但用于商业目的的第一台计算机却是在1954年安装的。由此出现的管理信息系统在此后10年间，只是利用计算机进行集中数据处理，其标志是批处理（Batch Processing），即在一定时间内（通常为1个月）存储所有相关数据，然后一次统一处理完毕，故称之为间断集中式数据处理，间断性（Discontinuity）是其特点。这种管理信息系统仅仅处理工资、账单和类似的文书工作，应用范围很窄，这项工作常常由组织中的财务总监负责。间断集中式数据处理虽然在产生月度会计报表方面应用得很好，但由于不能提供组织当前活动的信息，因而严重限制了管理信息系统的应用。

2. 即时集中式数据处理阶段（1965年~1979年）。由于计算机可以收集和分析大量的依靠人工不可能处理的数据，因而在20世纪60年代中期，各个行业的管理者开始认识到了计算机可以帮助他们更有效地工作。如市场部门的管理者通过管理信息系统不仅可以看到每位销售人员的每周销售报告，还可以看到按产品分组的销售报告，如果某种产品的销量突然下降，计算机生成的分析报告可以迅速地发出警告并允许立即采取相应措施。因此，在第二阶段，集中式的数据处理突破了财务领域，扩展至管理和作业领域。信息处理由第一阶段的间断性演变为第二阶段的即时性（Instantaneity），主要依赖于管理信息系统在两个方面的变化。第一个方面的变化是将远程终端引入系统中，管理信息可以通过远程终端从遥远的地方进入中央主计算机，远程终端不仅可以为中央主机提供各类信息，而且还可以使管理者不通过信息部门而直接获得他想要的信息，从而来检查或修改计划。第二个方面的变化是管理信息系统成为一个独立部门，由专家负责数据系统或信息系统的设计与运行，并为管理者在信息控制方面的问题提供解决办法。

3. 即时分布式数据处理系统（1980年~1989年）。在这个阶段中，分布式数据处理系统取代了集中式数据处理系统，即计算机全部的或部分的逻辑功能是在中央主机之外实现的。管理信息系统在三个方面发生了变化。第一个方面的变化是管理者成为终端用户。个人电脑的逐渐普及使管理者变为一个终端用户，他对信息的控制负有责任，不再需要某个部门或某位助理代理此事。第二个方面的变化是个人电脑软件包的出现。随着软件用户界面友好程度的增加，使得管理者减少了对计算机的反感情绪（这种情绪是因为害怕学习计算机的复杂专业术语而产生的），认识到了他们有了一个很好的信息库，可以利用它即时作出决策。管理者若能明智地选择合适的软件，如文字处理、电子表格、数据库管理、绘图和通讯等软件，则可以在几秒钟内找到他所需要的信息。第三个方面的变化是数据系统部门演变为一个信息支持中心。这些部门由向管理者提供信息转变为帮助管理者成为高效率的终端用户，如提供软件使用建议、进行软件使用培训、告诉他们如何进入主机获得数据库中的信息、提供热线服务等，以便使管理者能够独自获得自己所需要的信息。

4. 即时网络式数据处理阶段（1990年至今）。管理信息系统在这个阶段高度依赖通讯软件来实现其系统目标，重点是建立和实现终端用户间的联络机制。借助于互联网，每位管理者的电脑都可以与其他电脑进行通讯联络，形成电子邮件、电视会议和组织之间的互联等。互联网正在改变着管理者的工作。电子邮件可以减少管理者对电话和传统邮递业务的依赖，电子信息可以在几秒内就传送出去。电视会议可以大大减少外出旅行，彼此相隔千万里的人也可以在一起开小组会议。远程通讯可以使管理者在家里工作，通过个人电脑时刻与办公室保持着联系。互联网使组织之间的信息交流更加快速、方便和广泛，并减少了传统的文书工作。国际互联网在扩大数据库管理方面起到了非常重要的作用，管理者不出办公室，就可以使用各种数据库，如管理者可以通过外部数据库来获得地球上任何公司的资料。网络还可以使管理者更加密切地"注视着"下属的工作，只要下属在计算机终端旁工作，管理者通过软件就可以详细地统计每位员工每小时的产量和次品率等，做到真正的即时控制。这个阶段的另一个重要进展就是蜂窝通讯技术的产生，蜂窝式调制解调器大大扩展了联结计算机的网络范围。管理者携带一部移动电话和手提电脑，就可以很方便地与其他人或办公室中的电脑保持联系，手机上网也已经成为现实。互联网和蜂窝技术支持的无线通讯把全世界人们的计算机全天候地连接在了一起，固定办公室的概念已被24小时运作的和移动的决策者所取代。

5. 未来。未来的管理信息系统除了继续沿着互联网和蜂窝通讯技术的方向发展外，另一重要发展方向就是建立专家系统（Expert Systems）。一个高度发达的管理信息系统将会应用人工智能进行管理决策，专家系统正是在这方面做出的努力。它使用的是将各类专家的相关经验编入计算机程序中去的软件，可以像专家一样分析和解决非结构化的问题，其主要特征有：①系统使用针对特定问题的专门知识，而不是适用于所有问题的一般知识；②采用定性推理而不是数值计算；③作用十分强大，远远胜过非专家人员之能力。专家系统解决的是通常由中高层管理者负责解决的非结构化问题。

三、管理信息系统的设计

对于小规模组织的运行和简单问题的解决来说，个人存储的知识、信息和在决策过程中已经有的经验就足够了，这时的管理者个人就是"信息系统"的主体。但对大规模组织的运行和复杂问题的解决来说，就必须建立一个正式的相对独立的管理信息系统，以便为管理者服务。到目前为止，管理信息系统的设计并没有一个公认的方法和标准程序。本书仅通过对一般设计步骤的介绍来明确设计中的一些关键因素。

第一步是决策系统分析。管理信息系统设计的最好方法就是以决策定向，即只对决策点可能有用的资料和数据加以处理。管理信息系统设计的第一步就是要识别组织中的所有决策点（Decision Point），同时应该明确每个决策点上负责决策的适当部门和适当的人。如果决策点或作决策的人这样的问题不能在设计之前予以解决，那么必然导致整个信息系统的设计错误。

第二步是信息需求分析。在决策点被分离出来以后，就要分析在每个决策点上需要什么样的信息。对于管理者来说，他所需要的信息应该是：必要的信息；在需要的时候能够得到的信息；适当数量的信息；可靠的信息。"各种信息系统都是根据管理系统的目的而选择出来的，都必须为满足这四个要素而进行设计、管理和运营。"[1] 一般来说，管理职能和管理层次不同，所需要的信息会有较大差异。良好的管理信息系统应该是一个满足管理者的不同信息需求的系统。

第三步是决策集成分析。一个组织对信息的需求是大量的、多样的和变化着的，重叠信息不可避免。在识别出决策点并明确了决策点所需要的信息之后，就必须解决重叠信息的问题。为让系统包含尽可能少的重叠信息，决策集成就

----

〔1〕 〔日〕北原贞辅：《现代管理系统论》，于延方、陈徽、陶新中译，中国人民大学出版社 1987 年版，第 193 页。

是必需的了，即相似的决策或需要同类信息的决策由一个人来作出。决策集成涉及组织结构问题，有时难以实现。

第四步是信息处理设计。这一阶段就是狭义的管理信息系统设计，在此阶段，组织内部专家和外部顾问可以在一起共同研究开发出一个收集、存储、传送和查询信息的实际系统，画出简明的包括数据来源和类型、用户位置、存储方式等因素在内的系统流程图，同时确定所需要的硬件和软件。

四、管理信息系统的实施

管理信息系统的设计完成以后，系统就要实施安装。该阶段以预调试系统为开始，以建立定期核查制度为结束。

1. 安装前对系统进行预调试。预调试之目的在于检查系统的设计缺陷，以便在安装之前得以矫正。安装之前矫正系统比安装之后矫正系统的成本要低得多。如因某种原因不能对系统进行彻底的预调试，那么管理者就要考虑新老系统并行使用一段时间，以便暴露新系统在运行中的缺陷并予以修正，这样对组织的正常运行造成的影响较小。

2. 培训用户。系统作用的充分发挥有赖于用户对系统功能的充分了解、掌握和利用，因此，新系统的实施必须包含对管理者的培训时间和经费。

3. 对抵制情绪做好充分准备。正如本书在第九章第一节中所讲的一样，人们总是倾向于抵制那些看起来对他们有威胁的变革。在组织中引入计算机支持的管理信息系统对某些管理人员会构成某种威胁，如适应不了新系统、学不会新系统的使用技术、担心新系统影响其权威或降低其工作保障等，从而对新系统的实施产生对立情绪，变革的推行者需引导用户，保证新系统的顺利实施。最有效的方法就是让用户直接参与到系统的设计和实施过程中，使系统用户早早熟悉系统并了解其作用，增强用户的责任感，减少用户感到被忽视而产生的不良反应。

4. 安全性检查。当管理信息系统处于集中数据处理阶段时，由于数据库集中在单一地点，只有少数人可以接触到组织的重要数据库，系统安全性无太大问题。但随着分布式信息系统的实现，安全性检查就成为一种非常关键的要求。所谓安全性，即指未经授权的个人不得接触机密或特殊的信息。在互联网时代，数据库非常容易受到非授权者闯入的侵害，因此，要求信息系统有足够的安全措施。解决办法有：进入硬件安放地点应该受到严格控制；安全保管软件；设置不可能被破译的系统进入口令；要求用户每次进入系统都要提供证明；实施严厉的电话线进入系统控制等。

5. 建立定期检查制度。信息系统的实施可以看成是一个持续过程的开始，为保证系统的有效运行，就必须对系统进行定期检查和修改，核查对象包括硬件、软件、安全性、数据库等。通过定期的系统核查和修改，确保系统的运行适应于用户不断变化着的需求，以实现系统目标。

五、特别事项

（一）管理信息系统是以人为主体的人机系统

计算机支持的管理信息系统已经极大地改变了管理者监督和控制组织活动的能力。计算机具有的极其优异的信息处理功能是不可否认的，但计算机的这种功能只是在程序化了的范围内对数据进行收集、处理和存储，它不具备无限的能力。到目前为止，它对非程序化范围内的决策问题的解决仍无太大作用，说明计算机不能取代人的作用，它永远是为了有效运营管理系统而被利用的机器。"计算机作为机器所起的作用表现在把'怎样的信息'用'怎样的方式'来收集和处理，在'怎样判断和利用'其结果的中间过程中，'怎样'和'怎样的'问题则是人的任务。只有理解管理系统及信息的含义，才有可能考察管理信息系统，它不是电子计算机中心，应认为是决策中心。"[1]

可见，管理信息系统只是负责决策的管理者的一种有用工具，即使从获取信息的角度来看，计算机信息系统也非唯一手段，会议、简短的会面、单独谈话、现场视察、社交活动、电话交谈等仍然是管理者获取信息的重要渠道。管理者应该认识到，有很多管理决策所需要的信息是不能计算机化的，语言交流依然是管理者工作的主要方式，通过面对面的语言交流，管理者可以接受到大量的关于事情进展如何、有什么问题或可能会出现什么问题的内容翔实的信息，这样获得的信息比机器系统提供的信息更为直观和丰富，能更快地引起管理者对潜在问题的警觉。

总之，管理信息系统不是包医百病的灵丹妙药，不应对其寄予过分的希望，人仍然是管理中最重要的因素。解决问题的人的知识、经验、多面性和独创性与计算机系统的迅速、精确和储存能力相结合，可能是最有价值的。

（二）管理信息系统的成本与效益

在信息时代，由于计算机具有巨大的信息处理能力，管理信息系统有可能包括来自于组织各个方面的所有数据，即使如此，能否有效地利用资源却还不清楚。系统应该在成本效益分析的基础上加以评价，在系统的成本与所产生的信息价值之间应维持一个平衡。"估价设备和编制程序所需要的总增值成本，以

第十五章

---

〔1〕　〔日〕北原贞辅：《现代管理系统论》，于延方、陈撒、陶新中译，中国人民大学出版社1987年版，第205页。

及系统发展的经常费用，是很重要的。此种成本费用应与改进信息和管理决策所得到的收益联系起来进行分析。对所有信息系统都应进行这种类型的分析。我们应既关心有效性，又关心效率，使系统符合组织内决策者的需要，并使之奏效，是很重要的。但也有一些必须予以承认的对效率的限制因素，系统只是技术上可行是不够的。"[1]

（三）　两大危险观点

在管理信息系统的设计和实施过程中，始终可能存在着两大危险观点。

第一个危险观点是希望系统尽可能多地收集并存储大量的、各种类型的数据，以备随时之用，简言之，就是信息愈多愈好。这种企图严重违背了我们在本节中提出的对管理信息系统四要素的要求。它是建立在"管理者应该获得他所要求的一切信息，而且信息越多作出的决策越好"这一假设基础之上的，但这一假设并不正确。因为：①每个决策对信息的依赖都有一个合理的限度。当信息量未超过这个限度时，新增信息对决策者是有用的；当信息量超过这个限度时，额外增加的信息只会对决策造成障碍，使决策质量下降。②决策不仅依赖信息的数量，更要依赖信息的质量，相关、完整、可靠、及时等都是信息的质量要求，如果不满足这些要求，可能就会产生大量无用的信息。③不论信息的数量和质量如何，决策效果取决于管理者对决策问题的理解能力。决策是个理性的或非理性的过程，在此过程中，了解决策问题产生的原因、确立解决问题的目标、选择解决问题的最好办法等都依赖于管理者的理解力和感悟力。尤其在有多种因素需要考虑的情况下，管理者常常难以理解各个因素之间的因果关系，再多的信息也不可能改变这一点。另外，我们还需考虑信息量的增加往往伴随着成本的增长这样一个事实。对任何增加信息的要求都要从成本效益角度予以衡量。在实际生活中，"管理者需要更多信息"往往是决策失误、厌恶风险、推卸责任、拖延决策的合理借口。

第二个危险观点是希望信息系统拥有最新技术。电视会议、声控装置、蜂窝系统、大容量内存的超级计算机以及还没有命名的未来的新技术等，在某些情况下会提高管理效率，但认为信息系统应该采用最新技术的观点却是危险的。在信息社会，新的计算机外部设备、新的软件和其他新设备、新技术越来越多，技术的变更周期越来越短。一个组织的管理信息系统是否需要拥有最新技术，主要取决于系统目标，即用户需求的满足，并非越新越好。除系统目标之外，我们还要综合考虑改进技术的成本、新系统的引入所产生的混乱、组织及其管

〔1〕　〔美〕弗里蒙特·E. 卡斯特、詹姆斯·E. 罗森茨韦克：《组织与管理》，李柱流等译，中国社会科学出版社 1985 年版，第 421 页。

理者的学习能力等因素。盲目地追求时髦，必然会产生许多不良后果。

第三节　管理信息系统与组织

一、信息交流方式的变革

本章第一节中介绍了组织中的信息交流的各种方式。随着管理信息系统的进步，改变了组织收集、综合、整理、监督和传播信息的能力，同时引起了组织中信息交流方式的变革。

传统的正式信息交流与组织结构一致，主要是纵向进行，有下向交流和上向交流两种"合法"方式，越级交流和横向交流是受到严格限制的。管理信息系统允许更多的正式信息以越级方式和横向方式进行交流。系统为组织提供了内部网络，组织中的任何成员可以跨越组织层次和部门的界限，避开纵向交流所产生的障碍，直接获取各种数据，更为有效地完成其工作。正式交流方式的多样化和直接性减少了传统交流方式中对信息的过滤和篡改现象，减少了非正式交流中的小道消息的传播，拓宽了参与管理的渠道，提高了管理的民主程度。传统的面对面信息交流方式在信息时代仍会被保留下来，但其价值已发生了巨大变化。在面对面交流所带来的信息中可以被计算机化的那部分信息已被纳入到管理信息系统中，剩下的不能被计算机化的那部分信息的获取，正是信息时代面对面交流方式的真正价值所在。实际上，面对面交流方式在信息时代的根本作用是体现管理者对员工的关心，而非体现在数据的采集方面。

二、管理者工作的改变

管理信息系统一经建立并进入正常运行之后，它就会对管理工作产生重大影响，管理者应该对此有足够的认识。

1. 对规划的影响。某些类型的信息，如环境信息、竞争信息和内部信息等是规划所需要的。大多数组织有一些系统方法将供规划用的内部信息纳入管理信息系统，但环境信息和竞争信息却在有些组织的管理信息系统中无从体现，而这两类信息正是规划所必需的。与控制职能更多地关注内部信息相比，规划职能更多地关注外部信息，战略层的规划尤其如此，所以，良好的信息系统必须将环境信息和竞争信息纳入自己的"视野"之内。快速反应的管理信息系统可以准确及时地将组织内外信息传至决策点，使管理者的规划工作更有成效。完整全面地提供信息可以提高规划的质量，准确及时地提供信息可以有效地修改规划。

2. 对决策的影响。有效决策依赖于有效信息。管理信息系统能够极大地改变信息的数量和质量，并提高信息的传递速度，所以，有效的管理信息系统有助于提高管理者的决策能力。管理信息系统有助于问题的识别、方案的评价和优选。在线即时系统使管理者在问题产生的同时就可以发现它；数据库管理程序可以使管理者很快查明事实真相，而不用查阅大量的纸张文件或依赖他人提供数据，大大地提高了分析问题的效率；利用电子表格软件和一系列"如果……将会……"的提问对财务数据进行分析，对可行方案进行反复比较，从中找出适合于当前问题的最优方案。

3. 对组织的影响。管理信息系统使组织内的信息流动加速，传统的层级、部门、地理位置等概念逐渐变得模糊，组织结构正在悄然地发生着变化：组织层次更少，结构更为有机化。传统的工作监督依靠的是人力，而信息系统的建立则利用计算机对工作实施控制，增加了管理幅度。另外，计算机对信息处理的强大优势使传统的资料分析人员成为多余。控制幅度的增加和资料人员的减少的双重力量使得组织结构正在趋向扁平。在传统管理中，为便于控制，管理者都有一种对科层制的偏好倾向，但在信息时代，信息系统可以使高层管理者迅速对各种决策后果进行评价，并且允许他们对不符合要求的决策采取纠正行动，这样，管理者可以在不削弱任何控制的前提下，通过放松集中程度和增大分散化来增强组织的有机性。

4. 对激励的影响。管理信息系统的建立对激励在两个方面产生影响。一方面，管理信息系统丰富了作为其用户的组织成员的各项工作内容，增加了组织成员的参与机会，扩大了组织成员了解信息的渠道和范围，增加了组织成员的信息交流方式，增强了组织成员的工作责任心，总之，信息系统的出现，改变了组织成员的传统工作方式，对组织成员产生了某种程度的激励作用。另一方面，管理信息系统可以使管理者及时准确地掌握员工的工作情况，使即时激励成为现实。

5. 对控制的影响。管理信息系统对组织的最大影响可能就是强化了管理者特别是高层管理者的控制手段。在传统组织中，高层管理者依赖于中层管理者、中层管理者依赖于基层管理者定期向他们提供信息，而且这种信息经过过滤或者强化，管理者只能知道下级想让他们知道的东西。对信息的掌握本身就是一种控制权力。在传统组织中，上级很难对下级的行为和工作做到完全控制。在建立了信息系统的现代组织中，终端用户系统能够将完整的信息传送到高层管理者手边，他们可以直接读取来自"前线"的数据，从而大大弱化了中间管理层的信息控制权，强化了高层的信息控制权，使控制职能发生了变化。一方面，实现了高层管理者对整个组织的即时控制。在线即时系统和数据库管理使管理者能够很快发现问题并确定偏差和问题根源，迅速地采取纠正措施。另一方面，实现了组织的全员控制。信息系统使组织成员互联起来，每个人都可以迅速地获得与其工作相关的数据，随时可以对照标准，自我纠正偏差。上级控制和员工的自我控制相结合，实现了真正意义的全员控制，大大地提高了控制的质量。

三、获取竞争优势

本书在第四章第三节中讨论过，组织为了发展和壮大，总是在寻找着比竞争对手有优势的战略，如成为某一市场上的成本领先者战略，使自己的产品与众不同的战略，产品组合战略，等等。在管理信息系统引入组织之后，许多管理者认识到了信息系统本身就是一种具有竞争优势的工具。

航空公司可以通过管理信息系统开发出订票系统，这个系统可以将公司的数百条航线或运输线的数万种机票的信息传递给数千家机场和数万家旅行社，并通过互联网将此信息传递到世界的各个角落，大大方便了乘客，由此形成一种竞争优势。商业连锁公司可以通过投资信息技术开发出计算机化的销售系统和库存管理系统，这个系统可以时刻跟踪库存变化和会计及收款问题，存储各种销售数据，也可以向供货商下达电子采购单，就近向零售商店供货，数千家零售商店可以进入公司的销售终端检查其商品的销售情况及供货情况。这个系统可以使连锁公司保持低成本运作，建立起竞争优势。连锁食品公司可以利用现代管理信息系统将世界上数百万个食品店联结起来，在同一时间以同一种方式推出同一种新产品，从而建立起竞争优势。

当然，管理者应该十分清楚，任何竞争对手都会利用信息系统来建立起自己的竞争优势，关键在于是否能够领先对手一步建立起这种优势，并通过不断地修改和更新系统时刻保持着这种优势。

本章小结

信息是改变某一特定情况不确定程度的一种知识增量，是经过加工和处理的一种资料或数据。对信息接受的差异是造成管理行为大不相同的原因之一。组织的信息流是由环境信息和内部信息共同构成的，管理工作在很大程度上依赖于信息流。

管理信息系统就是能够为管理者经常提供所需信息的系统，它可以是基于手工的，也可以是基于计算机的。现代管理信息系统都是以计算机为基础建立起来的信息系统。管理信息系统的构成要素有：信息源、信息接受者、信息管理者和信息处理机构。从信息处理的技术手段看，信息系统经历了手工、机械和计算机三个阶段。计算机支持的管理信息系统是在 20 世纪中叶出现的, 它已经历了间断集中式数据处理、即时集中式数据处理、即时分布式数据处理和即时网络式数据处理四个阶段, 未来则向着专家系统方向发展。管理信息系统设计的步骤有: 决策系统分析、信息需求分析、决策集成分析和信息处理设计。系统实施的主要内容有: 安装前对系统的预调试、培训用户、对抵制情绪做好充分准备, 安全性检查和建立定期检查制度。尽管计算机有着信息处理的巨大优越性, 但管理信息系统只是人的工具, 不可能代替人的作用。在设计信息系统时, 应进行成本效益分析, 既要关心系统的有效性, 又要关心系统的效率。信息越多越好和技术越先进越好是信息系统在设计和实施过程中始终可能存在着的两种危险观点。

管理信息系统的出现对组织的方方面面产生了影响。首先, 它引起了信息交流方式的变革; 其次, 它对规划、决策、组织、激励和控制等各项管理职能产生了影响; 最后, 管理信息系统是组织获得竞争优势的良好工具。

自我测试 15

下列说法是否适合你? 请在合适的位置上做记号。

	不准确	中间	准确
1. 有人曾经说过, 自己是自己最大的敌人	——	——	——
2. 若没有出色地完成工作, 我就会感到自己无能	——	——	——
3. 我对自己要求很高	——	——	——
4. 当参加体育比赛或其他竞技项目时, 在终点我会用尽全力	——	——	——
5. 干什么事情我总是拖延	——	——	——
6. 我很难集中精力干那些重要的事情	——	——	——
7. 我不愿意接受批评, 即使是来自朋友的批评	——	——	——
8. 当我犯错误时, 总是去责备其他人	——	——	——
9. 怕被别人认为愚蠢, 我不愿提出问题或说出自己的想法	——	——	——
10. 在多数情况下, 我总是想着最糟糕的结果	——	——	——
11. 我经常将日常用品放错地方, 然后对自己生气	——	——	——
12. 若接管更多的工作, 我认为会对我有更高的期望	——	——	——
13. 人们说我是"办公室里的小丑"	——	——	——
14. 我对权力和金钱永不满足	——	——	——
15. 我讨厌与人谈判时做出让步	——	——	——
16. 即使是很小的伤害, 我也会寻机报复	——	——	——
17. 当受到赞美时, 我常常觉得自己不配	——	——	——

第十五章

18. 我总会和那些想帮助我的人发生冲突   —   —   —
19. 我觉得我常常是失败者   —   —   —
20. 我避免参加竞技运动，在这种情况下人们会了解我的
    弱点   —   —   —

自我测试说明

自我测试 1

目的：测试你潜在的管理能力

计分规则：回答"不适合"、"中间"和"适合"的，分别计 1、2、3 分，然后加总。

解释：20~33 分说明潜在的管理能力较为薄弱，34~46 分说明潜在的管理能力属于中等，47~60 分说明潜在的管理能力较为突出。

自我测试 2

目的：测试你的情商

计分规则：回答"不准确"、"中间"和"准确"的，分别计 1、2、3 分，然后加总。

解释：情商（Emotional Intelligence，EI）是指接人待物、理解别人、自我激励等方面的能力，包括自我意识、自我管理、社会意识和关系管理四个方面的素质。12~19 分说明情商较低，20~28 分说明情商中等，29~36 分说明情商较高。

自我测试 3

目的：测试你的基本文化价值倾向

计分规则：回答"反对"、"中立"和"同意"的，分别计 1、2、3 分，然后按照顺序，每五个问题构成一组，五组各自加总分数。

解释：每组的分数都在 5~15 之间。1~5 题测试个人/集体主义倾向，分值越高说明集体主义倾向性越高。6~10 题测试权力差距倾向，分值越高说明分权主义倾向性越高。11~15 题测试不确定性规避倾向，分值越高说明规避风险的倾向性越高。16~20 题测试男性/女性气质倾向，分值越高说明男性气质倾向性越高。21~25 题测试儒家文化倾向，分值越高说明儒家文化的倾向性越高。反之亦然。

自我测试 4

目的：测试你的创造力障碍因素

计分规则：回答"适合"、"中间"和"不适合"的，分别计 1、2、3 分，然后加总。

解释：15 个问题中包含与自信、冒险、需求、抽象、系统分析、环境等与创造力相关的障碍因素。15～24 分说明创造力障碍因素较少，25～35 分说明创造力障碍因素中等，36～45 分说明创造力障碍因素较多。

自我测试 5

目的：测试你的时间管理能力

解释：这 20 个观点涵盖了管理者在履行规划、组织、激励、控制职能时的某些时间管理问题，认真思考这些观点有助于提高你的时间管理能力。测试完成后，执行你指定的那些"马上做"项目，完成这些项目后执行那些"以后做"项目。之后，重新阅读"不适合我"项目，看是否有变为"适合做"的项目。

自我测试 6

目的：测试你的决断力

计分规则：回答"从来没有"、"有时有"和"经常有"的，分别计 3、2、1 分，然后加总。

解释：6～9 分说明决断力较弱，10～14 分说明决断力中等，15～18 分说明决断力较强。

自我测试 7

目的：测试你对职务投入的程度

计分规则：针对 1、3、4、6、7、10 的观点，回答"不同意"、"中立"和"同意"的，分别计 1、2、3 分；针对 2、5、8、9 的观点，回答"不同意"、"中立"和"同意"的，分别计 3、2、1 分。然后加总。

解释：10～16 分说明较低程度的职务投入，17～23 分说明中等程度的职务投入，24～30 分说明高度的职务投入。高度职务投入间接说明对工作的满意度高，事业有成或者未来事业大有成功的希望。反之亦然。

自我测试 8

目的：测试你从事人力资源管理和开发工作的适当性

计分规则：回答"是"和"否"的，分别计 1 分和 0 分。

解释：14 个问题包括了与人力资源管理和开发相关的薪酬管理、福利工作、培训工作、职务管理、人事信息工作、人事发展等方面的潜在胜任因素。0～4 分说明从事人力资源管理和开发工作的胜任因素较少，5～9分说明从事人力资源管理和开发工作的胜任因素中等，10～14分说明从事人力资源管理和开发工作的胜任因素较多。

自我测试9

目的：测试你对变革的态度

计分规则：对1、3、4、5、8、12的陈述选择"适合"的，以及对2、6、7、8、9、10、11、13的陈述选择"不适合"的，各计1分，相反选择者计0分，然后加总。

解释：总分在0～13之间。分值越高，说明越喜欢变革以及由此带来的不确定性，反之亦然。超过9分者，将会喜欢在创造高新产品的组织工作，剧烈的变革激励着你；5～8分者，将会喜欢在不断改进产品的组织工作，你会喜欢渐进式变革；4分以下者，将会喜欢在一个提供清晰的绩效考核体系和职业发展道路的组织工作，你会尽量回避变革。

自我测试10

目的：测试你对大型官僚组织的适应程度

计分规则：1、2、4、6、7、8、10、11、14、15、16、17、18、19选择"同意"的以及3、5、9、12、13、20选择"不同意"的，分别计1分，反之计0分，然后加总。

解释：0～7分说明适应程度较低，8～14分说明适应程度中等，15～20分说明适应程度较高。间接地说明，获得这三类分数者在大型官僚组织中工作分别会感到"力不从心"、"喜忧参半"和"如鱼得水"。

自我测试11

目的：测试你对激励的认知度和激励他人的能力

计分规则：对1、2、5、7、8、9、10的回答选择"几乎不用"、"有时使用"和"经常使用"的，分别计1、2、3分；对3、4、6、11、12的回答选择"几乎不用"、"有时使用"和"经常使用"的，分别计3、2、1分。然后加总。

解释：12～19分说明激励认知度较低和激励能力较弱，20～28分说明激励认知度和激励能力中等，29～36分说明激励认知度较高和激励能力较强。

自我测试12

目的：测试你具备的被员工和委托人信任的领导特征

解释：这些陈述都是领导者的自我反省，不存在特殊的得分技巧。不过，假设你的回答诚实的话，那么适合你的陈述越多，你就越值得员工和委托人信赖。

自我测试 13

目的：测试你在沟通中的学习风格

计分规则：回答"几乎没有"、"有时有"和"经常有"的，分别计 1、2、3 分。按照顺序每 7 个问题一组各自加总。

解释：学习风格包括视觉、听觉和行为三类，上述三组分数分别是你的视觉、听觉和行为的分数。人们可以从三种风格中同时学习，但分值最高的那项就是你的主要学习风格，即学习效果最佳的途径。沟通中，当你主要的学习风格与他人运用的沟通风格一致时，沟通有效性就会有所提高。所以沟通效果是双方共同作用的结果。

自我测试 14

目的：测试你的冲突管理风格类型

计分规则：回答"几乎没有"、"有时有"和"经常有"的，分别计 1、2、3 分。然后将 4、9、14、19 作为一组加总，将 2、7、12、17 作为一组加总，将 1、6、11、16 作为一组加总，将 3、8、13、18 作为一组加总，将 5、10、15、20 作为一组加总。

解释：冲突管理风格有逃避型、包容型、强制型、妥协型和合作型五类，以上五组问题分别测试这五类风格。分值最高那项就是你管理冲突的主要风格，第二高的那项是你的备选风格，分值越低的项，离你的主要风格越远。

自我测试 15

目的：测试你的自我挫败的倾向性

计分规则：回答"不准确"、"中间"和"准确"的，分别计 1、2、3 分，然后加总。

解释：20~33 分说明自我挫败倾向性较低，34~46 分说明自我挫败倾向性中等，47~60 分说明自我挫败倾向性较高。分数越高，你就越有可能给自己带来失败、挫折和不满，从而使自己在工作和生活中处于不良感觉状态；分数越低，你就越有可能给自己带来成功、如意和满足，从而使自己在工作和生活中处于良好感觉状态。

图书在版编目（CIP）数据

管理学 / 刘俊生主编. —北京：中国政法大学出版社，2000．1
ISBN 978-7-5620-2058-5

Ⅰ.管... Ⅱ.刘... Ⅲ.管理学 Ⅳ.C93

中国版本图书馆CIP数据核字(2000)第87318号

出版发行	中国政法大学出版社
经　　销	全国各地新华书店
承　　印	固安华明印刷厂

787×960　　16开本　　22.5印张　　390千字
2009年8月第2版　　2009年8月第1次印刷
ISBN 978-7-5620-2058-5/D·2018
定　价: 32.00元

社　　址	北京市海淀区西土城路25号
电　　话	(010)58908325 （发行部）　58908285(总编室)　58908334(邮购部)
通信地址	北京100088信箱8034分箱　邮政编码 100088
电子信箱	zf5620@263.net
网　　址	http://www.cuplpress.com （网络实名：中国政法大学出版社)
声　　明	1. 版权所有，侵权必究。
	2. 如有缺页、倒装问题，由本社发行部负责退换。
本社法律顾问	北京地平线律师事务所